道商范蠡

第二版

李海波 著

化学工业出版社

·北京·

图书在版编目（CIP）数据

道商范蠡/李海波著． — 2版． — 北京：化学工业出版社，2019.10（2024.9重印）
ISBN 978-7-122-35033-6

Ⅰ.①道… Ⅱ.①李… Ⅲ.①范蠡（前536年－前448年）—传记 Ⅳ.① K827=25

中国版本图书馆CIP数据核字（2019）第173808号

责任编辑：周天闻　龚风光　　　　　装帧设计：今亮后声
责任校对：王素琴

出版发行：化学工业出版社（北京市东城区青年湖南街13号　邮政编码100011）
印　　装：中煤（北京）印务有限公司
710mm×1000mm 1/16　印张27　字数430千字　2024年9月北京第2版第7次印刷

购书咨询：010-64518888　　　　　　　售后服务：010-64518899
网　　址：http://www.cip.com.cn
凡购买本书，如有缺损质量问题，本社销售中心负责调换。

定　价：78.00元　　　　　　　　　　　　　　　　　　版权所有　违者必究

序 言

终南先生李海波者,西蜀人氏也。

先生好道学,善独思,喜谋略,守清静,不与俗同。少年远游,自蜀入鄂,投师于汉阳谢先生门下,历十年而得六图,悟其玄趣,渐达真意。常捧读《道德》《阴符》二经,昼夜不倦;长仰慕范蠡、子房之功,人皆言痴。后被青城后山蒋信平道长收纳门下,以"道能护国治天下,不在功名而在德"数语相授,后又师事于沪上道门宿老薛先生,习清微之法。

所谓"仙道贵生,无量度人"。道之言"生"者,乃生生不息之意也。生命、生活、生存、生态、生机,莫不得其生意而万化无穷。海波先生执其生意,而守之以"一",故以"道商"而解范蠡,以一人而窥一门,以一法而通万事。初,众学士闻"道商"而讥之:"道,何其尊贵也!以商论之,贱也。大谬!"先生笑而不语,甘守其辱,历数年,众皆效仿而称道,以为妙也。先生笑言:"道尊德贵,此言不假。然'处众人之所恶,故几于道'。道之所在,高以下为基,贵以贱为本。天下万事,无道不生,富国大略,无商不活。以商证道,实曲则全之妙法也。"人闻其言,皆以"道商之师"赞之。时年,先生初登而立之年也。

余虽商贾,世居潮汕,亦以习武、读书二事为人生之至乐。数年之前,缘遇先生《势》作,细读之下,深感其书可谓深谋独具,尤能启迪于人,常置案头,捧读研学,神交久矣。后几经辗转,相访于先生,情义往来,遂结为肝胆相照之至交,成一大快事。

章太炎先生于《国学讲演录》中称:"历来承平之世,儒家之术,足以守成;戡乱之时,即须道家,以儒家权谋不足也。凡戡乱之辅佐,如越之范蠡,汉初之张良、陈平,唐肃宗时之李泌,皆有得于老子之道。"今海波先生历时两年完成新作,以老子道学思想深解范蠡治政经商之道,揭秘2500年前发生在中国版图上的"越国复兴梦"。以道之博大,执术之要妙,通于百业、成于人事、无往不利、无往不胜也。其间立身之道、谋职之法、兴国之略、强兵之术、富民之策、逍遥之境,俱集于斯也。

天道循演,世事如棋。读罢海波先生此作,余不禁掩卷长思:2500年前,老、孔二圣所遭遇的道德滑坡，与今之世我们正在面临的严重信仰缺失，是否可以相参照？负能量言论满满的伍子胥，与国人表现出来的各种社会焦虑与相互埋怨，是否值得深思？在文化产业大行其道的今天，各种被冠以华丽名义的隐态战争手法层出不穷：经济战、粮食战、人才战、健康战、艺术战、娱乐战、贿赂战，我们该如何强化国防安全意识？当"无神论"成为社会主流意识时，吾辈神州大地上的中华儿女，该如何正确对待"神"与"圣"？所幸的是，《道商范蠡》给了我们很好的启示与解答。

余曾闻："世之为病有二：曰人为之病，曰天运之病。人运之病，戾气所钟，所谓'自作之孽不可活'，唯有权者能医之。天运之病，邪气所遣，所谓'天作孽，犹可恕'，唯有道者能医之。"

医世济民之法，《老子》有言："天之道，利而不害""高者抑之，下者举之；有余者损之，不足者补之。"《管子》亦称：故善者圜之以害，牵之以利。能利害者，财多而过寡也。"今之世，"富强"二字已写入社会主义核心价值观，富强非一人一己之富，在均也，在平也。正如本书借范蠡之口言：执其中则昌，失其中则亡。夫天命帝王治国之法，以有道德为大富，无道德为大贫困。名为无道无德者，恐不能安天地而失之也。(《太平经》)富国之法，必以道治。道行天下，则万事顺理，百业兴旺，民利若能百倍，天下势必归心。

道商始祖范蠡，以天下之共富共利而辅治越国，佐勾践成其霸业，道通于政也；以有无交易于天下之中而三迁皆荣，助猗顿共成富有，道通于商也。以此而论，道学思想若欲造就全球首脑、世界首富，岂非反掌之易？

海波先生以红尘隐者的道家风骨，遵其师嘱，静守不争，和光同尘，修养天心，以一部《道商范蠡》，剖其心智，上溯道商始祖范蠡经世济民之功；道其利害，下探兴越灭吴天下共尊复兴之梦。欲余作序，余亦欣然，遂不揣浅陋，成上述文字，与有缘诸君共话。

以道治国，天下共利！以道辅国，天下共富！以道护国，天下共尊！以此结语。

沈水海 谨识

（本文作者系深圳正阳集团董事长）

目录

引子 _001

第壹篇 天地人和 范蠡之初

第1章 **春秋：一个自由任性的时代** / 006

春秋：为政者太任性的"奖品"_006
好名字，是父母留给我们的财产 _010
惟楚有才：在楚文化浸润下的范蠡 _013
独立思想，让范蠡成为"被精神病"者 _014

第2章 **老子：道学引路者** / 019

时代风气影响个人思维 _019
范蠡会聆听老子的教诲吗 _023

第3章 **计然：低调而神秘的入门之师** / 030

计然：身兼七国顾问的"流亡者"_030
阴阳两利：道商经济学家的宏观视野 _037

第4章 **文种：范蠡的转运贵人** / 047

君子在野，如何扭转势能 _047
犬吠试人：人生无处不考验 _051

第5章 **敢问路在何方** / 055

改变个人命运要依靠团队 _055
改变国家命运要面向实际 _058

第 6 章　吴国强盛的前世今生 / 064

没有调查权，就没有被选择权 _064
《吴国调查报告》_065
阖闾：吴国"政改"的破坏者 _068

第 7 章　没有伍子胥，就没有陶朱公 / 072

不弃小义：活下去才能解决问题 _072
仇恨之火：是动力也是阻力 _076
史上最狠毒的"掘墓人" _079
彪悍的人生需要强大的对手 _084

第   篇　承前启后　范蠡入越

第 8 章　允常为何不重用范蠡 / 090

第 9 章　知识青年到农村去 / 098

越国国情调查：掌握顶端的战略思维模式 _099
改天换地，首先要认识天地 _103
道不外求：高手出自民间 _112

第 10 章　槜李大捷：年轻人的侥幸胜利 / 116

机会，是对手送上门来的 _116
恐怖大王阖闾之死 _119

第 11 章 夫椒失利:战略冲动的惩罚 / 125

伍子胥:此恨绵绵无绝期 _125
轻则失根,躁则失君——青年勾践的人生之误 _128
勾践的第一堂哲学课 _130
夫椒之战为什么会失败 _134

第 12 章 会稽论道:痛彻心扉的领悟 / 141

老板在什么时候肯学习 _142
要善于识别"敌中之敌"和"敌中之友" _147
激活外部矛盾,解决内部危患 _151
让敌人帮你找到"活下去"的理由 _155

以道治国 兴越灭吴

第 13 章 不要把自己当成失败者 / 162

敢于直面失败,你就并没有真败 _163
智力来源于责任力 _169

第 14 章 男人之间不可说的秘密 / 176

范蠡与伯嚭之间的秘密协议 _176
伍子胥与阖闾之间的秘密对话 _182
真正了解你的,往往是你的敌人 _186

第 15 章 高手过招,一计定乾坤 / 190

严重人才危机,老板才会更爱你 _190
生病受灾,最验人心 _195
如何策划让老板去吃粪便 _197

第16章 天下共富与越国复兴梦 / 204

如何重铸国民信心 _204

"以道治国"的伟大探索 _207

"天遂人愿"的七条中和之策 _213

第17章 实干兴邦的七大环节 / 221

通关破节：如何让理念落地奔行 _221

政治的清明，首重于领导人的自我修养 _223

国家的兴衰，在于人才的聚散 _225

生育政策、农业生产、经济增长、民生问题，
　　决定战争成败 _230

城市建设要符合生态价值观 _236

第18章 隐态战争的九种武器 / 242

如何有效地对吴复仇 _242

文种"九术"与"隐态战争" _246

重建国民道德信仰价值体系 _249

艺术青年夫差与越国"神木"计划 _252

第19章 西施的美丽不可超越 / 257

美女海选背后的娱乐战争 _257

西施凭什么成为"美女"品牌代言人 _259

当西施爱上了范蠡 _263

品牌路演与伍子胥猜想 _267

西施的可怕与可爱 _271

第20章 史无前例的粮食战争 / 275

天灾促成的战机 _276

"人道主义"背后的阴谋 _278

"转基因"粮食的始作俑者 _283

第 21 章 防不胜防的意见领袖 / 287

孔子品牌传播的幕后推手 _288

战争其实就是一笔生意 _289

"国际化视野"下的套 _291

儒商始祖与道商始祖的首轮合作 _294

第 22 章 猎鹰计划与伍子胥之死 / 299

伍子胥的性格缺陷 _299

"裸官"有风险,入门需谨慎 _303

负能量言论,害死人 _304

第 23 章 逆袭的勾践成了天下霸主 / 310

越王勾践的道家领导力 _310

战前的动员准备必须充分 _313

"不战而屈人之兵"取决于国家经济实力 _317

伍子胥为何成了"带路党" _320

吴越战争《十胜论》_322

道商合一 富传千载

第 24 章 给勾践上的最后一堂哲学课 / 330

范蠡为什么会离开越国 _330

越国的国家命运线有多长 _336

西施有没有追随范蠡而去 _339

我不求财财自来 / 345

范蠡为何辞官下海经商 _346

齐国：范蠡自主创业第一站 _349

道商视野：取财于"天下之中" _355

道商五宝：开启以智启财新模式 / 361

道商生意经：有无相生 _361

带动身边人创富，你才会更富有 _363

借商立德：商人必须遵循的价值信仰 _368

富传千载的陶朱世家 / 378

范蠡周游列国的主要目的 _379

范蠡丧子：为富者不可践踏法律 _385

黄老道学的幕后推手 / 392

黄帝是如何成为"黄老学派"形象代言人的 _392

范蠡治道思想《八十八字诀》_393

范蠡兵法 _397

黄老智库，思想生辉 _400

道商思想催生世界首富 / 406

道商 = 商圣 = 财神 _406

中国道商的历史贡献 _412

附录 **中国道商赋** _417

引 子

在中国历史的浩瀚长河中,竟有这样一位奇男子。

他前半生从军从政,与越王勾践深谋二十余年,最终辅佐一个濒临灭亡的诸侯国成为春秋霸主,雄屹天下。在"吴越争霸""卧薪尝胆"这些惊心动魄、励精图治的词语背后,闪掠过他智慧、淡定的目光与惊鸿一瞥的身影。

当政治生涯正值巅峰时刻,他却又能保持清醒的头脑,功成身退、逍遥而去,一叶扁舟,亦商亦游。十九年中,三次富甲天下,财富巨万,却又能散尽家财,救济苍生。由楚到越,由越到齐,由布衣客到上将军,由流亡者到大富豪。他以忠事君,以勇克敌,以智保身,以商致富,曾两度官至卿相,三迁皆有荣名,让秦相李斯发出了"千载而下,孰可比伦"的感慨。

在这位旷世奇才的身上,有太多的桂冠可以加:不管是思想家、政治家、军事家、经济学家、慈善家、商业家、建筑设计大师,还是"中国辞官下海经商第一人""中国多元化集团经营第一人""中国思想扶贫第一人""中国慈善第一人""中国第一位旅游达人"。

他既是中国道商的始祖,也是美女西施钟爱之人。

他是学者型官员,其开创的"黄老道学"思想体系与中国的盛世景象密切相关。

他是世所罕见的商人,其"以道经商"的智慧理论与"富而好德"的行为风范,被薪火相传,千年延续,代代祭祀不辍,家家奉若神明。

这个有着完美形象和圆满人生的魅力男人,到底是谁?

他就是范蠡。

从范蠡的为人、处世、治国、从政、行兵、经商等经历中,我们可以看出,范蠡可谓通达事理而又不拘俗礼,深谙谋略而又灵变有度,内心强大而又外示柔弱,情意深重而又逍遥自乐。

对范蠡这样一位"像雾像雨又像风"的魅力男人,我们现在了解他、评论他、传颂他,多以其历史功勋和商业成就、道德规范等常规指标来作为判断标准。当我们一次又一次为范蠡的人生智慧所折服、喝彩的同时,我们是不是也蓦然发现,我们用一切世间的、常规的、符合我们理解认识的规范标准去定义他,常常显得苍白无力,无从下手。我们会迷惑:

范蠡到底是人还是神?如果说范蠡是人,他超凡的智慧又是从何而来?因何而得?

正是基于以上的思考,我们才应该重新审视、深度剖析、立体解读、全新定义范蠡。对于范蠡这样的千古智者,我们应该突破表象,超越技能层面的认知,从范蠡所承传、拥有的学术思想体系和精神世界中,去把握最核心的本质,循于技而求于道,真正地走进范蠡,与"商圣"偕行。

中国道商始祖
陶朱公范蠡

（第壹篇）

天地人和 范蠡之初

第 1 章

春秋：一个自由任性的时代

春秋，是一个美丽炫彩的名词：春花秋月，日月轮转；春种秋收，四时迭代；春华秋实，精彩纷呈；春来秋去，虚度几何。

春秋，是一部响亮千古的经籍：春秋大义，贤圣之功；春秋笔法，字字针砭；胸中泾渭，皮里春秋；甘洒热血，著于春秋。

春秋，是一个奇妙澎湃的时代：礼崩乐坏，诸侯争霸，群雄逐鹿，百家争鸣，群星闪耀，动荡不安，惊心动魄。

纵观历史，横观当代，每一位堪称伟大的思想巨匠、政治领袖、英雄豪杰、名士才子诞生的背后，都有着独特的时代背景。

正所谓时势造英雄，英雄必弄于时势。

而我们的主人公范蠡，则在中国历史上春秋这段特殊时期应运而生了。

春秋：为政者太任性的"奖品"

孔老夫子之鲁国编年史《春秋》记事，从周平王四十九年至周敬王三十九年（公元前722～前481年），计242年，史称春秋时代。今多以周平王东迁至韩、赵、魏三家分晋（公元前770～前476年），共295年，为春秋时期。

春秋这个时代的隆重揭幕，其实来源于一场看似美丽的"焰火晚会"。

公元前781年，周宣王之子幽王即位。这位西周最后一任君主有个爱好，那就是喜欢美女。爱美之心，人皆有之，这本无可厚非，但你爱美女、宠美女到了极端的心理状态，丧失了君王掌握天下公器的神圣性和治理天下的原则性时，这问题也就大了。

俗话说，人有无道之心，必有昏庸之行。

昏庸无道的周幽王为了博取冷若冰霜的"冷美人"褒姒灿若桃李一笑，听信佞臣虢石父之言，在骊山上演了一出"烽火戏诸侯"的闹剧。这下，美人倒是笑了，可是周幽王"倾城又倾国"的噩梦也开始上演了。

冷美人褒姒开颜一笑，让周幽王心里乐开了花，于是大方地以千两黄金重赏虢石父。如果说，幽王仅止于此，偶尔逗美人一笑，倒也情有可原。关键问题是，幽王被成功的喜悦冲昏了头脑，激动之下更忘记了自己是谁。《史记》载："幽王说之，为数举烽火。"看到美人笑了，幽王后来又玩了几次火。

骊山上接二连三上演的"焰火晚会"，让各路诸侯心存不满。但为了进一步讨好褒姒，周幽王罔顾老祖宗的规矩和王室的反对，废黜王后申氏和太子宜臼，册封褒姒为后，立褒姒生的儿子伯服为太子，并下令废去老丈人申侯的爵位，还准备出兵攻伐他。

为政者不可任性！周幽王的"废嫡立庶"主张一下子捅了大窟窿！

太史伯阳感慨："祸成矣，无可奈何！"果然，申侯得到这个消息，决定先发制人。公元前771年，申侯联合缯侯及西北夷族犬戎之兵，进攻镐京。周幽王听到犬戎进攻的消息，惊慌失措，急忙命令烽火台点燃烽火。烽火倒是点起来了，可惜诸侯们因前几次受了愚弄，这次都不再理会。在内乱外患的双重打击下，醉生梦死的周幽王带领褒姒、伯服等人携王室珍宝逃往骊山，最终落得个身首异处、命丧黄泉的悲惨下场。

至此，西周终于断送在周幽王的手上了。

有人说，幽王之错，错就错在错爱了一个女人，放错了一把火。女人也好，烽火也罢，不过都是遁词。一个女人一把火，哪里有那么大"倾国倾城"的威力。但是，有一个道理我们必须明白，那就是玩火者必将自焚。《史记》载：

幽王以虢石父为卿，用事，国人皆怨。石父为人佞巧，善谀好利，

王用之。又废申后，去太子也。申侯怒，与缯、西夷犬戎攻幽王。幽王举烽火征兵，兵莫至。遂杀幽王骊山下，虏褒姒，尽取周赂而去。

周幽王的败局祸根，源于自身的"炼己"不纯。

身为一国之君、天下之主，周幽王终日沉溺酒色、不理政事，在各种社会矛盾急剧尖锐化、政局不稳、天灾频发的特殊时期，不但不知存恤百姓，反而变本加厉地剥削，并任用佞臣虢石父之流主持朝政，引发内外怨愤。尤其是烽火戏弄诸侯，天子失信天下，盲目废嫡立庶，更直接触犯了申侯等人的根本利益。

人失信，天失序。最终，周幽王未能逃脱宿命的预言，就像他的谥号一样，成了刀下幽魂。他的死，宣告了一个时代的结束，也标志着一个新时代的到来。

公元前770年，原太子宜臼在申侯的拥戴下即天子位，延续周祀，是为周平王。面对着被战火毁坏得一塌糊涂，国库被犬戎抢掠一空的镐京，更为了避免熟门熟路的犬戎在不打招呼的前提下突然"造访"，平王萌生了迁都洛邑（洛阳）的想法。于是，在一场声势浩大的东迁工程中，历史迈进了春秋时代。

周平王是幸运的。

当命运冷不丁对他开起了玩笑，当太子的桂冠险些滑落并酿成杀身之祸时，他起于乱军之中，受命于危难之际，借助了申侯和缯侯、犬戎的势力而重获尊位。从某种意义上来讲，《史记》上所谓平王避犬戎东迁倒真值得考量。犬戎助平王杀父，实乃友而非敌，是大大的好人嘛。

周平王也是不幸的。

公元前770年，当周平王在秦襄公、晋文侯、郑武公、卫武公的带兵护送下东迁洛邑时，周幽王的弟弟余臣在虢公的支持下也称王，即周携王，形成分裂之势。一山不容二虎，一国不容二主，周王室二王并立，诸侯们互相侵伐。在东周这一剧烈变动的历史时期，中国社会动荡不安，各类矛盾错综交织，各种势力都在不断地分化，并在不同时期按照各自的利益寻求新的伙伴关系。伴随着西周灭亡、周平王东迁，周王室迅速衰微，不仅无力中兴，而且原先"礼乐征伐自天子出"的盛周景观不复存在。

平王东迁看似是"择善地而居"，却也直接导致了周王室国力式微。周平王虽位居天子之尊，但其继位的合法性却受到了诸侯的普遍质疑。虽然到了"二王并立"后期，社会形势发生了剧变，以晋文侯为首的诸侯竟杀废携王，转而拥立平王。但是，天下潮流浩浩荡荡，顺之者昌，逆之者亡。

王室盛气不复重现，丧失了实际控制能力的周天子，已沦落到还不如一个诸侯国君的地步。

就此而论，范蠡的成功，也不是偶然，而是这个特殊时代造就的必然。

范蠡是不幸的。

因为他生逢乱世。在这样的大背景下，王权旁落、礼崩乐坏、战乱纷起、诸侯争霸、道德沦丧、人心不古。人们该相信谁？人们该坚持什么？一切都呈现出急速动荡的变数，未来呈现给人们的更多是迷茫与无知。在乱世之中，许多人都分不清方向，认不清自我，随波逐流，心无所归，到头来祸福无常、身不由己。

范蠡又是幸运的。

因为世乱时变，新旧交替，必有天赐良机出现。在这个大变革、大动荡的时代，当四海独尊的天子从高高在上的王权神座上无情跌落时，旧制度、旧统治秩序、旧等级阶层也随之而被打破和颠覆，新制度、新统治秩序、新道德标准正在确立，新生代的阶级力量正在慢慢凸显和逐步壮大。

落魄文人可以走向朝堂，荣登尊位；奴隶死囚可以绝境逢生，指点江山；少年童子可以临危受命，官拜上卿；白发老翁可以重出江湖，再振雄风。

孟子说："虽有智慧，不如乘势；虽有镃基，不如待时。"在这动荡不安却又自由任性的岁月里，上天极其公平地赋予了范蠡绝佳的成功机会：他不仅获得了接受学习教育和思想成长的历史性机遇，成了"天子失官，学在四夷"这场"文化下移运动"的最大获益者，还拥有了草根翻身的人才竞争机会。

"祸兮福之所倚，福兮祸之所伏"。春秋，是乱世不假。但是，春秋的乱中藏福、动中藏机。在这个战火横飞、竞争不绝的特殊时代，对于人才的需求和重视被推到前所未有的高度。正因为有了强大的外敌和急剧的动荡，以论资排辈来封官定爵的旧体制才会被打破，出人头地、竖子成名的历史机遇也才会神奇般地降临在范蠡这样的平民身上。

这就是春秋！这就是机遇！

天道无亲，常与善人。当机遇来临时，我们有没有真正地准备好呢？

好名字，是父母留给我们的财产

范蠡，字少伯，曾化名为鸱夷子皮，自号陶朱公。

他是春秋时期伟大的思想家、政治家、智谋家和经济学家，也是老子道学思想体系的第三代正宗传人，为中国道商之鼻祖，被后世尊为"商圣""财神"。

《史记正义》曰："范蠡，字少伯，越之上将军也。本是楚宛三户人，佯狂倜傥负俗。文种为宛令，遣吏谒奉。"

《吕氏春秋·当染》高诱注："范蠡，楚三户人，字少伯。"

值得一提的是，在诸多历史文献中，对于范蠡的生卒年份皆未作准确记载。

关于这段涉及范蠡"生死"的千古之谜，我个人所持的观点是：范蠡的出生年，应以公元前520年之说较靠谱。

在范蠡自幼的成长环境中，他是"官二代""富二代"，还是"贫二代"？他的父母给予了他什么样的支持和期盼？他的至亲在他的生命中为他提供了怎样的帮助？他的人生大成是得益于他人的安排，还是来源于自我的提升？

《越绝书·越绝外传记范伯第八》曰：

> 昔者，范蠡其始居楚，曰范伯。自谓衰贱，未尝世禄，故自菲薄。饮食则甘天下之无味，居则安天下之贱位。复被发佯狂，不与于世。

范蠡的成功是父母给予了优厚的先天基础条件吗？从上述文字中我们可以得出一个结论：范蠡是出生于贫苦农家的子弟，属于典型的"贫下中农""穷二代"。

然而，我们不得不说：范蠡的成功，首先必须感谢他的好父母。

身为"贫下中农"的范蠡父母，虽然没有让范蠡一出生就拥有显赫耀眼的身份、衣食丰足的生活，却赐予了他一份无可估量的财产，那就是一个好名字。

蠡，其本意是用葫芦做的瓠瓢，也有人说是用大贝壳做的"舀水瓢"。此后，还衍生出"蠡勺""蠡见""蠡酌管窥"等词语。

据部分资料记载，范蠡在越国做大将军时，曾发明了一种防矢石的军队盔帽，因其形似瓠瓢，又名蠡帽。在经商时，范蠡还发明过一种容量为一升的瓢，被命名为蠡升。至唐宋时期，把螺号也常称为"蠡""大蠡""蠡角"，如《旧唐书·音乐志二》载："贝，蠡也。容可数升，并吹之以节乐，亦出南蛮。"（南蛮，泛指长江以南的地域，而春秋战国时期的楚国和吴国、越国曾被中原诸国称为南蛮。）"蠡角"此物，似乎与历史上的吴越争霸有着千丝万缕的关联。

我们不妨来了解一下"范蠡"这个名字隐藏至深的内在含义。

范蠡的父母为什么要给他取名叫"蠡"？或许，当一个小生命呱呱落地，来到这个纷繁动乱的人世间时，他的父亲正在用家中大贝壳做的"舀水瓢"取水；闻听家中添丁，按捺不住心中的激动和欣喜之情，应景而命名。或许，是父母希望这个小生命的未来人生，能够像蠡勺一样，宽容虚怀，成为有用之才。

其实，"蠡"还有更深层次的意思，那就是从中国汉字独有的意蕴结构上来理解。蠡，从彖，从双虫。什么是"彖"呢？

《说文解字》上说："玉篇作豕走悦也。恐是许书古本如此。周易卦辞谓之彖。爻辞谓之象。辞传曰：彖也者，才也。"又说"虞翻曰：八卦以象告。彖说三才。故言乎象者也"。

《史记·孔子世家》记载，孔子晚年非常喜好《易经》，曾序彖系象而说卦文言。"彖辞"，就是《易经》六十四卦中每一卦开头的卦辞，是对卦象的吉凶断定，与"爻辞"相对而言。所谓"彖说三才"是指天、地、人三才，这是告诉我们，先仰观天，以知道天文及天时、天子的信息；次俯察地，以知道地户、地势及地理的信息；再综观于人，以知道天下大众民心向背等人心、人文、人事的信息，然后把这三种信息综合在一起分析、判断就能决断事情。故《周易正义》讲："彖，断也。"断一卦之义，断一事之动，断一战之决，断一国之谋。皆名为彖。

这是彖的第一层意思。从这里，我们似乎看到了范蠡父母对儿子的期待，希望他能够观天地人三才八卦之象，悟吉凶祸福、进退显隐之机，而成为一个可以谋断大事的人。

作为中国春秋时期第一谋士，范蠡果然不负此名。

"彖"，我们还可理解为半包边的猪嘴，取其拙意。我们可以猜测范蠡的父母在对儿子寄予成才的期望后，也希望他能够慎用智慧，守拙示愚。

范蠡在兴越灭吴后，能够主动放弃功名富贵而急流勇退，同时选择了当时最为卑贱的商业存身创业，苦力戮身以治产，诚信公平而经商，这在很多人眼里看似愚蠢的举动，实乃深得"面带猪相，心头瞭亮"的大智若愚境界。

"蠡"，"彖"字下面有双"虫"。

虫在古代一是指蛇（喻小龙），二是指老虎（大虫）。能把龙与虎都镇压其下的，想必是天神降世、智冠群伦、忠正善慈、雄霸天下之人吧。

我们再来看看范蠡的字。范蠡，字少伯。在古代，伯同霸，是诸侯联盟的首领。或许，降龙伏虎，霸领诸侯，这才是父母对范蠡的真正期望与要求吧。

范蠡，果然没有让父母和天下人失望。在那样一个风云激荡、道德沦丧的时代背景下，少年范蠡并没有因贫穷而自暴自弃，也没有因卑微而怨天尤人，更没有因父母早逝而失去信念。在他幼小的心灵中，一颗智慧的种子正在开始破土发芽，茁壮成长。

《文子》曰："所谓圣人者，因时而安其位，当世而乐其业。""静即与阴合德，动则与阳同波。"父母的期盼与祝愿、认定与恩赐，这才是我们人生中最不可估量的财富。而子女对父母的尽孝，则是开启这座财富宝库大门的金钥匙。一旦父慈子孝、地天交泰，源源不断的祖宗福德与天地机运，便如泉涌而至，不竭于人生。

"静即与阴合德"，这是黄老道学中不可告知与示秘的真正枢机所在。

有时候，我们实在是百思不解而又窥测不透。这究竟是一对怎样的农民父母，他们隐遁于红尘俗世，有着极高的文化素养与智慧见解，却甘心专务农耕，乐享清贫。他们将满腔的抱负、一生的智慧倾注"加持"于二子范蠡身上，寄予厚望与重托，希望他能承担起匡扶天地、一展雄才的历史使命。

惟楚有才：在楚文化浸润下的范蠡

圣智之人降诞于世，必占天时，得地利。

范蠡是哪里人呢？在成长过程中，地理环境及地方文化对于范蠡有什么样的影响呢？

《史记集解》引《太史公素王妙论》曰："蠡本南阳人。"

《越绝外传纪策考第七》曰："范蠡其始居楚也，生于宛橐，或伍户之虚。"

楚国在哪里？宛又在哪里呢？这是一片怎样的神奇土地，竟然孕育了中国道商的始祖范蠡？

我们先来说说楚国。

楚国是中国春秋战国时期南方最大的诸侯国，辖地大致为现在的湖北全部及湖南、重庆、广东、安徽、江苏、河南、江西的部分地方。楚人是华夏族南迁的一支，其先祖出自黄帝，国君为熊氏，这在我国古代重要文献中都有明确的记载。

《史记·楚世家》说："楚之先祖出自帝颛顼高阳。高阳者，黄帝之孙，昌意之子也"。后来，周武王分封荆楚民族一支的首领熊绎于荆山丹阳，为楚子，标志着楚国历史的开始。起初，楚国在诸侯国中等级较低，控制地域也非常小。西周后期，楚国通过不断的战争逐渐控制了长江中游地区，遂成为"春秋五霸"之一。

在800多年的历史长河中，楚国作为春秋战国时期的大国，在政治上占有举足轻重的地位，是当时中国南方的政治、经济和文化中心。楚国创造了灿烂辉煌的文明成果。无论是独步一时的青铜铸造工艺、领袖群伦的丝织刺绣工艺、巧夺天工的漆器制造工艺、义理精深的哲学、汪洋恣肆的散文、精彩绝艳的辞赋、五音繁会的音乐、翘袖折腰的舞蹈、恢诡谲怪的美术，都是十分宝贵的楚文化富矿，并最终汇聚成为中华民族文化的重要组成部分。

春秋战国时期百家争鸣，为了传播自家学派的思想以达到扩大自身影响，各个学派的学者都去各诸侯国游说、到各地讲学。相应的，每一个学派都有自己的学术影响地。出于史官的道家对楚文化的发展和繁荣有深刻的影响，道家的清静、平等、宽容、思考精神，深刻地影响着楚文化。

司马迁说："蠡，本南阳人。"南阳"宛"，三皇时代就读"yuān"。宋代语言学家陈彭年、丘雍合著的语音专著《广韵·元韵》篇对"宛"的注释："宛，於袁切，古县名，宛、宛县，在南阳。"

范蠡，在楚国这片底蕴深厚、文化浓郁、教育发达、贤智辈出的土地上生活成长，自然也就求学有路、成功在望了。

独立思想，让范蠡成为"被精神病"者

范蠡的成功绝非偶然，他是在天、地、人、时、空演变中"独占其机"的宠儿。他的成功既有天道时运的契合，也有环境地理的暗助，更有家庭教育和社会资源等要素的推动。春秋时期的混乱时局，吴越争霸的强弱势变，为范蠡提供了机遇；楚国的社会风气，南阳的人杰地灵，为范蠡提供了人文机遇；殷切期望的父母、默默奉献的兄嫂、慧眼识人的文种、言听计从的勾践、齐心合谋的同僚、无怨无悔的西施……这一切都在为范蠡的"证圣封神"之路，默默付出，全程支持。

当然，以上这些条件都是"外缘"。

天雨虽宽，不润无根之草；道德虽广，不度无缘之人。

生命的真正力量，其实来自我们的内心。真正让范蠡变得智慧而强大的，则在于他通过身与心的不断修炼，让自己的人生获得螺旋式的上升与进化。

或许，在2500年前的春秋时期，范蠡就已懂得一个深刻的人生道理——知识改变命运，勤奋培育天才，逆境造就英雄，思考成就圣哲。

作为一名农村待业青年，范蠡在少年时代即聪明颖悟，博闻强识，精通"六艺"，抱负远大。在"生""养"自我内势的过程中，他苦读了《书》《易》《诗》等典籍，学到了诸多历史知识和治国安邦的理论。他不仅弄通了风后的《握奇经》，还潜心钻研了姜太公大力发展农业、手工业和商业的策略。当时著名的道学思想家、经济学家计然（世称"文子"）到南阳云游时，范蠡还拜他为师，学习经济知识和阴阳哲学。

范蠡的成功，更在于他从小就拥有与众不同的思维。

《越绝书》记载："其为结僮之时，一痴一醒，时人尽以为狂。然独有圣贤之明，人莫可与语，以内视若盲，反听若聋。""复被发佯狂，不与于世。"

在春秋那个时代，范蠡还没有受到学术"独尊"造成的思想禁锢，显然不属于"固化"教育的受害者。范蠡的性格中，携带着与生俱来的孤独、异俗反常的反叛、匪夷所思的创新等难能可贵的自然天性。

少年时代的范蠡，自父母去世后，便跟随哥嫂生活。虽家境贫寒，出身卑微，却也从不用为日常生计操心，而是读书游学，不事耕种，衣来伸手，饭来张口。众乡邻实在无法理解这个出身底层却行为怪异的年轻人，更对他的人生战略和远大抱负嗤之以鼻，认为是天方夜谭。在其他族人的眼里，这样的人简直就是个"傻子""疯子""神经病"。

由此看来，有着"小疯子"绰号的范蠡，很可能是中国历史上首例被载入史册的"被精神病"者。

装傻是一门学问，也是人生的艺术课。

一个人要真傻，并无难度，难就难在装傻。所以郑板桥说：由糊涂变聪明易，由聪明转糊涂难。装傻而非傻，示拙而存真，这绝对是拥有大境界的高人。

"一痴一醒"，这个词很值得考量。这并不是说范蠡的精神病反复发作，备受折磨。"痴"的意思绝非傻，亦非呆，更非笨。

"痴"的第一层意思是"痴心"。

当一个人高谈阔论其人生理想、未来愿景，且又脱离实际时，我们通常笑斥其"痴心妄想"。但是真理往往无声地告诉我们：朝菌不知晦朔，秋蝉不知经年，鸿鹄壮志，燕雀怎知？当我们的人生战略和抱负超越了表象的束缚，超前于大众的认知，窥其先机、目透未来时，无法理解的常人只能站在自己狭隘的立场视之为"痴"。

范蠡从小就表现出来的远大志向，让许多安于现状的地方前辈们指指点点——这小子疯了！这小子脑子烧糊涂了！

在那个想象力严重缺失的年代，当社会中鼓励想象力、回报想象力的"土壤"流失时，绝大多数人只能不断压缩自己的生存空间，禁锢自己的思维，挤压自己的幸福，长此以往，也就真的逐渐变得呆板、无趣了。

"痴"的第二层意思是"痴迷"。

一个人对于知识、学问的热爱程度，对哲理的研究深度，对生活万事的领悟广度，对技能工艺的思考力度，都可以用痴迷、执着来形容。

道家醉心于对自然的研究，尤其对循环的现象感兴趣，如四季的往复和生死的交替，以及宇宙和生物现象中一切周而复始的变化，所以他们更容易被变化的问题所困扰。就像庄子那句震撼世俗的发问："天之苍苍，其正色邪？"我们普通人看到天色深蓝，就理所当然地以为这就是天的本色。

但，事实上是吗？或是因为天太远太高，我们看不到它的边际和本色呢？

道家认识自然，不仅仅是通过"清静内守"的"静观论"来认识大道本体，获得"感而遂通"的唯心认识，还善于把握"大曰逝，逝曰远，远曰反"的逆向思维法则，通过"玄览论"来认识大道的变易，从而了解变化、顺应变化。

老子认为，宇宙是逝逝不已、无穷往复的历程。自然万物，一切都在变动流转之中，无一刻停息。所以，我们认识宇宙总规律和认识一般事物的方法应该不同，不但要通过"静观"向心灵深处悟道，获得灵感和智慧，更要掌握"反者道之动"的演变规律，与变化同变化。

人一旦有了"观天之道"的想象力和愿景，就必须具备"执天之行"的脚踏实地的精神，否则难免好高骛远、不切实际。

思想的解放与开悟、学问的广博与透彻，显然不是朝夕之功可以成就的，也不是三天打鱼两天晒网就可实现的。而必须有铁杵磨针、磨石为镜的勤奋精神，像春蚕吐丝一样绵绵不绝，像啄木鸟一样勤奋，炼心如金石之坚，不为外物所动。

老子讲："上士闻道，勤而行之；中士闻道，若亡若存；下士闻道，大笑之。"

范蠡对自然天道的无限痴迷，和对那种足以改变突破人力本身限制的技术创新的热爱与琢磨，也让身边的人想不通了。

"痴"的第三层意思是"痴傻"。

人的一生，其实就是一个去假伪存真、完善自我，把人从私欲之海解脱出来、走向自由王国的过程。在这个过程中，必须学会的就是放弃与割舍。

一个真正强大的人，是不会把太多的心思花在取悦和依附别人上面的，所谓的圈子、人脉都是衍生品，最重要的是提高自己的内功修为。只有自己修炼好了，才会有别人前来依附；只有自己是梧桐树，凤凰才会来栖息；只有自己是大海，百川才会来汇聚。

你只有到了那个层次，才会有相应的圈子，而不是倒过来搞关系求捷径。故而摒弃私念，清静身心，严格自律，恪谨修为，超越现象，感悟无形，求人之所不求，为人之所不为，行人之所不行，以自胜之心求自强之道，是道家人士的重要功课。

独立的思想，有时是一件奢侈品。如果你恰巧是一个有独立思想的人，那么就要小心了，因为绝大多数没有思想的人，会固执地认为有思想的你是一种奇怪而可怕的怪物。人们有责任、有信心、有耐力、有手段、有时间，通过大量口水来说教你、解救你，直到你也成为没有独立思想的人。

作为一个"士"，我们应该干什么？不应该干什么？这是人生的大方向。人一旦太聪明，太有心，就会被私欲蒙蔽智慧，被妄念左右道德，陷入无休无止的利益争夺中，戕害身心，荼毒精神，颠倒是非，丧失本真。尤其是在学术研究与科技研发中，人们到底该坚持什么？该放弃什么？该追求什么？该减损什么？一定要保持清醒认识并身体力行。我们这个时代，显然需要更多的"痴儿"。

胜人者有力，自胜者强。

有"独见之明"的范蠡，面对着族人乡邻异样的目光，眼见"俗人察察""俗人昭昭"，却始终保持着智慧而又淡定的微笑，不偏激，不浮躁，守柔弱，能示愚，"处众人之所恶"，不予争辩，任人评价。他反复咀嚼思考着楚庄王韬光养晦、一鸣惊人的故事，回味感悟着老子提出的"良贾深藏若虚，君子盛德若愚""君子得其时则驾，不得其时则蓬累而行"的精彩言论，八风不动、目光坚定地选择了自己的人生态度——"我独昏昏""我独闷闷"。

发现自己，正视自己，磨砺自己，坚持自己。

"炼己"功夫若纯，成就自己，只在当下。

静心读

《道德经》

大道废,有仁义;

智慧出,有大伪;

六亲不和,有孝慈;

国家昏乱,有忠臣。

众人皆有馀,而我独若遗。

我愚人之心也哉,沌沌兮。

俗人昭昭,我独昏昏。

俗人察察,我独闷闷。

澹兮其若海,飂兮若无止。

众人皆有以,而我独顽且鄙。

我独异于人,而贵食母。

第 2 章

老子：道学引路者

人的一生，成才离不开明师，成功离不开导师。

让范蠡一生受益无穷的"好思维"，到底是从何而来的？

范蠡接受的又是什么样的思维训练呢？

时代风气影响个人思维

作为道商始祖，范蠡的思维方式首先是来自于"道"。在那样一个年代，他的思维与那些"大佬"们肯定有着千丝万缕的关联。

那是一个虚心向学的年代，而翘楚，就是老子！至于"大佬"们如何问学，让我们首先来回顾一个非常重要的人物。

就在范蠡苦读诗书、勤研经典、周游列国、四处求师参学的过程中，这个时代还有位鼎鼎有名的大人物，也孜孜不倦地走在"三人行，必有我师"的求师访道进程中。这个人就是被后世尊为"万世师表""天纵之圣"，拥有"弟子三千，七十二贤"，影响至深、至大、至广的教育家、思想家孔子。

作为大成至圣先师，孔子的名字可谓家喻户晓，他的思想已渗透于我们的血液里，其影响常常从我们不经意的一言一行当中折射出来。

但孔子究竟是一个怎样的人呢？

孔子，名丘，字仲尼，春秋后期鲁国人。在兄弟中排行第二，所以也有人称之为"孔老二"。其头有异骨，相貌雄伟，身材高大，"长九尺有六寸，人皆谓之'长人'而异之"。先秦时代，一尺约合今天的 0.66 尺，按此折算，孔子身高约 2.112 米了。武艺非凡、膂力过人的孔子，绝非后世某些人认为的文弱书生形象。

3 岁丧父、17 岁丧母的孔子，其身世可谓不幸。然而，"祸兮福之所倚，福兮祸之所伏"。也正是缘于家庭的变故，使得孔子坠落到社会的最底层，不得不自幼奋斗，以求发展。孔子自述："吾十有五而志于学""吾少也贱，故多能鄙事"。聪明好学的孔子，在二十岁时，学识就已经非常渊博，被时人称赞为"博学好礼"。

* 贯五经、通六艺的孔子，他的导师是谁？

他是如何从一个学生变成老师的？

是谁改变了他的人生命运？

是谁助他成就了"文圣"之名？

相传，孔子曾问礼于老聃，学乐于苌弘，学琴于师襄。而老聃，就是我们常说的"老子"。

老子，姓李名耳，字伯阳，又称聃，诞生于春秋时期楚国苦县厉乡曲仁里。作为我国春秋时期一位伟大的思想家、哲学家，老子曾在周王朝担任守藏室史官。用今天的话说，就是周天子的"中央政府"高级顾问兼国家档案文献馆馆长。

由于古代学在官府，再加上老子的学问渊博、声名远播，天下学子争相宗之为师，或受业其门，或辗转相传。

据史料记载，孔子曾五次去周朝的国都，向老子问道。

关于"孔子适周，问礼于老子"的故事，在《史记·老子韩非列传》《礼记·曾子问》及《庄子》的《知北游》《天道》《天运》等古籍中均有明确记载，言之凿凿，具体详细。从文献透露的信息看，孔子与老子相见绝不止一次，如《史记·孔子世家》称孔子问礼于老子时，仅有十七岁至二十岁，而《庄子·天运》中却说孔子问礼于老子时已年五十有一了。

或许，问礼年龄记述的差异，从另外一个角度反证了孔子向老子求学的次数之多吧。

《史记·老子韩非列传》记载：

> 孔子适周，将问礼于老子。老子曰："子所言者，其人与骨皆已朽矣，独其言在耳。且君子得其时，则驾。不得其时，则蓬累而行。吾闻之：良贾深藏若虚，君子盛德若愚。去子之骄气与多欲，态色与淫志，是皆无益于子之身。吾所以告子，若是而已。"

在太史公的记载中，我们得知当年的孔子，作为一名适逢乱世的热血青年，看到周礼的废弃、世道的衰落，礼义道德，荡然无存，尔虞我诈，民不聊生。在这种时代背景下，君不仁，臣不义，社会风气每况愈下。于是孔子胸怀复兴文艺的宏伟目标，千里迢迢地从鲁国赶去远在洛邑的"中央政府"，拜见了老子并咨询：该如何才能恢复周朝的"礼制"，而回复昔日的盛世。

老子接见了孔子。但是他站在宏观的角度，用发展的眼光明确地告诉孔子：周礼的衰落，是社会发展、时代变迁的必然结果。现在，连那些制定"礼制"的人都不复存在了，我们还停留、倒退回去，逆天下潮流而动，又能产生什么实际的意义和价值呢？

同时，老子针对当前孔子的状态，给出了真诚的建议：

首先，我们应该顺应时机。时机来了，就要把握机会，积极有为；时机不到，就应该稍息等待，甚至隐藏无为，卑微低调做人，而不能不遵循规则地强行和冒进。

其次，"良贾深藏若虚，君子盛德若愚"。要学会隐藏自己的实力，韬光自己的智慧。

最后，还应当把自身修养中的不利因素去掉，如"骄气、多欲、态色、淫志"，这些都不利于自己未来的发展。

当孔子离开洛邑时，老子特意为他送行。老子对孔子说："我听说，富贵者赠送人以财物，仁人者赠送人以格言。我不能富贵，所以只有赠送你以嘉言。"老子告诫孔子："聪明深察而近于死者，好议人者也；博辩广大危其身者，发人之恶者也。为人子者毋以有己，为人臣者毋以有己。"（《孔子家语·观周》），一个聪明深察的人而走近于失败者,就是因为他喜好议论别人的是非;一个博辩广大的人而危害其本身者,就是因为他喜好揭发别人的罪过。为人子者不要只知有己,为人臣者不要只知有己。

孔子西行洛邑拜见老子,对自己人生境界的提升及中华文化的传承具有非凡意义。中国历史上两位思想巨人的相会,是仁者的沟通、智者的激荡、圣者的交流。老子"因应变化于无为"的深远妙道,对孔子内心深处产生了真正的撼动。也曾周游列国、见多识广的孔子,面对着博古通今、不可窥测的掌握天下学术思想的老子,恍惚之中,似乎看到了传说中那变化无穷、"乘风云而上天"的神龙,让他连续三天"神错而不知其所居也",并由衷地发出了赞美老子的"犹龙"之叹。

孔子回去后,不但虚心接受老子的教诲"子绝四:毋意、毋必、毋固、毋我"(《论语·子罕》),也在自己的人生中领悟深思,积极践行。他从老子"良贾深藏若虚,君子盛德若愚"的教诲中,悟到了"聪明睿智,守之以愚;功被天下,守之以让;勇力振世,守之以怯;富有四海,守之以谦",并称这是"损之又损之道"。

当孔子被困于陈、蔡两国之间,七日无火食。子路认为夫子"累德、积义、怀美",行之日久,尚无好报,那我们坚持道德理想还有什么意义。面对弟子因为所处困窘环境而对信念产生怀疑,孔子阐述了他的智慧见解:"夫遇不遇者,时也;贤不肖者,材也。君子博学深谋,不遇时者多矣。由是观之,不遇世者众矣,何独丘也哉!"

在孔子看来,品德、学识、努力并不是最终赢得成功的决定性因素。一个人是否成功,能否在人生的道路上一帆风顺、如鱼得水,除了必须具备上述这些基础条件之外,更需要候"时"得"机",才有机遇与幸运的青睐。所以圣人常顺时而动,智者必因机而发。而事实上,"不遇世者众",唯有"博学深谋,修身端行,以俟其时",才能守得云开见月明,实现人生的辉煌。

从洛邑回来之后,孔子见识增长了、学问广博了、境界提高了、智慧通达了。作为天下第一学问大家老子的真传弟子和朋友,孔子的命运也改变了。

《史记·孔子世家》说:"孔子自周反于鲁,弟子稍益进焉。"

《孔子家语·观周》说，孔子"自周反鲁，道弥尊矣。远方弟子之进，盖三千焉"。

"镀金"归来后的孔子，一时间成为广受尊重的学问家。前来求学的人络绎不绝，甚至包括此前不愿意屈尊前来的卿大夫的子弟们。

面对着三千之众的弟子，孔子发自内心地为自己的老师打出了这样一句广告语——朝闻道，夕死可矣！

范蠡会聆听老子的教诲吗

在中国思想史上，谁具有"神龙"般的莫测智慧呢？那就是道学文化的创始人老子。

作为春秋战国时代最具创造性的哲学家、思想家，道家学派的创始人，老子在综合继承殷商以前文化传统的基础上，以"道"为核心概念，以"尊道贵德、清静无为、道法自然"为基本原则，创建了中国思想史上第一个系统探讨世界存在始源问题的哲学理论体系。

水有源，树有根。老子也是有老师的。

《文子·上德篇》曰："老子学于常枞，见舌而守柔。"常枞，也有学者认为就是商容。因为《淮南子》说："老子学商容，见舌而知守柔矣。"老子曾经跟他学得和悟出什么"道"呢？那就是保持柔弱的生存之道。

据说，有一次常枞病重了，年轻的老子前去探望他。好学的老子不放过任何一个求学的机会，他对常枞说："先生病得如此重，有什么可以告诉弟子的吗？"常枞看到老子如此虚心好学，很开心："就是你不问，我也要说了。"

常枞对老子说："经过故乡要下车，你记住了吗？"老子回答："经过故乡下车，就是要我们不忘旧。"常枞说："对呀。"又说："看到乔木就迎上前去，你懂吗？"老子回答："看到乔木迎上去，就是让我们要敬老。"常枞说："是这样的。"然后，常枞又张开嘴给老子看了看，问道："我的舌头还在吗？"老子说："当然还在。"常枞又问："我的牙齿还在吗？"老子笑了："早就没有了。"常枞紧接着问老子："你知道原因是什么吗？"老子回答："那舌头之所以存在，是不是因为它很柔软得以生存？牙齿不存在，是不是因为它太刚硬从而丧失？"常枞听了老子的回答，非常满意地说："回答得太好了！是这样的。世界上的事情都已包容尽了，我还有什么可以再告诉你的呢？"

常枞通过自己的言传身教，让老子早就掌握了知返、知反的规律，明白了"舌存齿亡"的道理，"齿坚于舌而先蔽，舌柔于齿而常存"。后来老子在《道德经》中，写下了"天下之至柔，驰骋天下之至坚"这样的感悟。老子的伟大，不仅仅在于他创立了一种影响千古、享誉全球的道学思想体系，更在于他善处无为之事、行不言之教。

有学者认为，中国历史上第一位打破学在官府，创办私学的应该是老子。身为周王朝中央政府史官的老子，不但掌握和管理着王室的天文历法、地理地图、历史文献、礼制王法等知识，同时还担任为王室、诸侯国培养高级人才的教育培训任务。老子自己也承认：吾将以为教父。

孔子是老子的学生，这毋庸置疑。然而，孔子并不是老子培养成才的唯一学生。

司马迁在《史记》中说，老子"居周久之，见周之衰，乃遂去。至关，关令尹喜曰：'子将隐矣，强为我著书。'"

那一年，学问广博、闻名天下的王室顾问老子将要退休归隐的消息传开后，极大地轰动了教育很不发达的春秋时代。一些无缘接受老子教化、人生方向困惑、渴望求道开智的中下层贵族及希望改变自己命运的布衣百姓，自然不会放过这样好的学习机会。

首先抓住这次历史大机遇的是周王朝一位贤大夫尹喜。

尹喜自幼究览古籍，精通历法，善观天文，能识星象，据说能知前古而见未来。周敬王二十三年（公元前497年），尹喜通过观察天上星斗的运行轨迹，知道有圣人将要经过函谷关。于是，他便辞去朝官职务，主动请求到函谷关去当关令，并在关旁结草为楼，称之为楼观，每天在上面观察天象。

有一天夜里，尹喜在楼观上凝视，忽见东方紫云聚集，长达三万里，形状犹如飞龙，由东向西滚滚而来，十分惊喜，自语道："紫气东来三万里，圣人西行经此地，青牛驾车载老翁，藏形匿迹混元气。"于是立刻召见守关兵卒说："若有老翁从东来，乘青牛，切勿放行，立即禀报。"同时，尹喜自己也天天沐浴，日日斋戒，净身等待，并派人清扫道路四十里，夹道焚香，以迎圣人。

某一天，果然见一老者，天庭饱满，鹤发童颜，两耳垂肩，眉长三寸，目光炯炯射人。青牛迈着有节奏的步伐，老者坐在牛背上，逍遥自在，悠然自得。尹喜看见后，惊喜地发现，那不正是声名远播天下的老子吗？于是赶紧迎上前去，再三稽首参拜："圣人来矣，有请！"

老子在函谷关住下后，尹喜在老子前执以弟子之礼，不时请问道要。尊师好学的尹喜，很担心以后难以见到归隐故里的老子，便言："子将隐矣，强为我著书！"一个"强"字，可知尹喜与老子的关系已经熟而不拘了。老子通过这几天的观察，也见尹喜心慈人善、气质纯清，并鉴于他的诚意恳请，便将自己一生修道的心得和古代流传下来的修道经验，以及我国历代盛衰存亡、世人祸福寿夭的经验教训，对照当时已掌握的科学文化，以人之道比较天之道，综合考察，进行总结，为尹喜著书上下篇五千余言后，飘然而去。

对于老子和尹喜之间的师承关系，始见于东汉末年高诱注《吕氏春秋·审己》："子列子，贤人，体道者，请问其射所以中于关尹喜，关尹喜师老子也。"唐时成玄英在《庄子·达生》中也认为："关令尹真人，是老子弟子。"由此可见，曾任函谷关令的尹喜，是老子道学的第二代传人，而尹喜又将老子的道学思想授传给了列子。"老聃贵柔，关尹贵清，子列子贵虚"，在学术传承的同时，又有所侧重、有所发展。

退而不休的"古之博大真人"老子在同归楚国故里后，一方面继续潜心研学，乐道修道，另一方面又把自己一生悟道的心得体会及在周王室所掌握的历史经验、学术思想广为传播，开创了民间弘道、广收门徒的新局面。

根据《文子》《列子》《庄子》等书的相关记载，老子收授的弟子有：孔子、尹喜、文子、杨朱、阳子居、崔瞿、士成绮、庚桑楚、南荣趎、柏矩等。值得注意的是，这些弟子大多是在朝廷之外受教于老子，他们拜老子为师时，老子已归隐还乡了。

老子不但有上述这些名载史册的正传弟子，也有不记名的隐传弟子。在春秋时期，受老子影响至深却不为外界所知的，则非兵家代表人物孙武莫属了。

孙武是军事家,却特别告诫不要随便动刀兵。他觉得兵事不祥,于是提出了一个"上兵伐谋""不战而屈人之兵"的用兵原则,希望能够尽量用政治解决问题。孙武的军事哲学思想及所著《兵法》十三篇,处处体现了道家的哲学。

老子讲:"以正治国,以奇用兵,以无事取天下。"孙武继承了老子这个观点,提出了"以正合,以奇胜"的主张。

老子认为:"上善若水""天下莫柔弱于水,而攻坚强者莫之能胜,以其无以易之。弱之胜强,柔之胜刚,天下莫不知,莫能行。"《孙子兵法·虚实第六》也阐述了"夫兵形象水,水之形,避高而趋下;兵之形,避实而击虚"等观点。孙武在这种思想的指导下,帮助吴王阖闾,击败强楚,称霸诸侯,充分显示了道家思想在事功上的伟大。

《东周列国志》载:

> 孙子之才,彰于伍员,法行二嫔,威振三军。御众如一,料敌若神,大伸于楚,小挫于秦。智非偏拙,谋不尽行。不受爵禄,知亡知存。身出道显,身去名成。书十三篇,兵家所尊。

能在二十多岁写出影响千秋的兵书,孙武肯定是受过高人的指点。那么在当世能够指点孙子的高人会是谁呢?想来,只有老子可以成全孙武之功与名。为什么史书上没有明确的记载呢?因为老子道学思想本来就强调"生而不有,为而不恃,长而不宰,功成而不居"的无为之功。

"上士得道于三军,中士得道于都市,下士得道于山林。"一代兵圣孙武子功成身退,世莫知其所踪,这俨然一派老子遗风。

不但孙武得到过老子的悉心教诲,甚至连孙武的好朋友伍子胥也曾面见老子,受他指点。《吴越春秋》一书中,曾多次记录伍子胥引用老子的名言劝谏阖闾、夫差父子。如《阖闾内传》中的"伍子胥谏曰:'臣闻:兵者,凶事,不可空试。'"《勾践阴谋外传》中的"臣闻五色令人目盲,五音令人耳聋"。遗憾的是伍子胥并没有得到"曲则全,枉则直"的忠告,或者他并没有掌握好老子那句"自知者明"的教诲,最后因为性格的强势酿成大祸。

有时候，老子的弟子们去拜见他、请教他，也会顺道把自己的弟子和随从带上，而这些年轻的后学们能够亲自聆听圣人的教诲，无疑是人生最大的收获。

《庄子·天运篇》记载了这样一则故事：孔子拜见老子回去后，整整三天不讲话。弟子们好奇地问道："先生见到老子，对他做了什么诲劝吗？"孔子说："我直到今天才发现老子的思想才是真正的龙呀！龙，合而成体，散而成章，乘云气而养乎阴阳，我只有张开嘴巴表示惊诧并仰望的份，哪里敢对他做出诲劝呢！"

龙是神话传说中的神异动物，也是中华民族的图腾、中国文化的象征。对每一个炎黄子孙来说，"龙的传人"是一个至高无上、血脉相连的符号名词。传说中的"龙"，能隐能显，能大能小，春分时登天，秋分时潜渊，又能兴云致雨，具有主宰和操控自然万物的无穷神力，代表了中华民族最深厚的文化底蕴。

然而，孔子的这番真情告白，却让无限崇拜自己的弟子子贡很不服气。他对老师表现出对老子的折服非常不满，说道："这么说，这个世界上居然有安居不动而精神显扬如腾龙见于天，缄默不语却能感人至深如疾雷震耳，发生和运动犹如天地运动变化的情况吗？我可以去看看他吗？"

于是，子贡以孔子的名义拜访了老子，这是一场充满了火药味的相会。

子贡问："远古时代三皇五帝治理天下各不相同，然而却都有好的名声。唯独听说先生您认为他们不是圣人，请问这是为什么呢？"

老子说："年轻人，你稍稍近前些！你凭什么说他们各自有所不同？"

子贡回答："尧传给舜，舜传给禹，大禹用力治水而汤用力征伐，文王顺从商纣不敢有所悖逆，武王悖逆商纣而不顺服，所以我说他们治天下的方法不同。"

老子看着眼前这个有些不知天高地厚的年轻人，耐心地对他说："年轻人，你再稍微靠前些！我给你说说三皇五帝治理天下的事。黄帝治理天下，使人民心地淳厚保持本真，天下大同，人民团结。尧治理社会，使民心亲爱，尚可，就是让老百姓爱自己的亲人，爱父母、爱兄弟、爱子女甚于爱其他的人，有了区别，有了等级。舜治理天下，使百姓心存竞争，怀孕的妇女十个月生下孩子，孩子生下五个月就张口学话，不等长到两三岁就开始识人问事，于是开始出现夭折短命的现象。夏禹治理天下，使百姓心怀变诈，人人存有机变之心因而动刀动枪成了理所当然之事，杀死盗贼不算杀人，人们各自结成团伙而肆意于天下，钩心斗角，尔虞我诈，所以天下大受惊扰。三皇依仗他们的心智，上而不见日月的光明，下而违反山川的精华，中而破坏四时的运行。由此可见，他们的心智毒如蝎子的尾端，就连小小的兽类也不可能使本性和真情获得安宁，却还自以为是圣人，不是可耻吗？"

"失道而后有德，失德而后有仁，失仁而后有义，失义而后有礼。夫礼者，忠信之薄，而乱之首。"老子的这一番惊世骇俗言论，是子贡闻所未闻的。我们的人生到底该追求什么？该坚持什么？该放弃什么？如何才能保持清醒的认识，处其厚，不处其薄，居其实，不居其华？老子的一番追问，听得子贡坐立不安、惊慌失措。

既然孔子可以携带自己的弟子，委派自己的弟子去拜望和求教于老子，那么同为老子门人的计然，是否也曾经派出自己的弟子范蠡，去向老子虚心请教，聆听教诲呢？

这完全是可能的。

范蠡是计然的学生，计然是老子的门人，他们之间有着千丝万缕的关联，这种关联浸入了范蠡一生为人处世的思维之中。

明师难得，贤徒亦难得。

计然，绝对是幸运的。他的幸运在于，不但投拜和拥有了老子这样伟大的明师，还培养和成就了范蠡这样难得的贤徒。

静心读 《道德经》

天下有始,可以为天下母。
既得其母,以知其子。
既知其子,复守其母,没身不殆。
人之所以教我,亦我之所以教人。
强梁者不得其死,吾将以为教父。

计然：低调而神秘的入门之师

无论做何学问，成何事业，无师难成，正所谓"未遇明师谈道难"。

自古以来投师如投胎，倘若我们在人生中有幸得遇明师指引、高士点拨，则有可能顷刻之间，造化立生；假如错投名师，则如盲人骑瞎马，不但荒废此生，百事无成，更怕误入歧途，悔之晚矣。

生我者父母，教我者师父。

在春秋那个不论学历、不看文凭的时代，要想获得诸侯国君的另眼高看，"你的导师是谁？"却会成为你赢取"就业晋职"机会的敲门砖。

计然：身兼七国顾问的"流亡者"

我们要解读范蠡的一生，计然是一个不得不讲的人物。因为他是范蠡的老师，与范蠡的一生息息相关。下面我们先了解他的这位入门之师。

《北史》萧大圜云："留侯追踪于松子，陶朱成术于辛文。"

汉初三杰之一的留侯张良在功成之后，以追随赤松子之游的名义而归隐身退，陶朱公范蠡之所以能够走向成功，固然离不开自身的天赋与不懈的努力这些内势根基，但又何尝不是得益于自己的导师——计然呢。且让我们对计然的个人履历做一个简单介绍吧。

《太平御览》中的"计然传"是这样记载的：

> 计然者，蔡丘濮上人，姓辛氏，名文子。其先，晋国亡公子也，博学无所不通。为人有内无外，形状似不及人，少而明，学阴阳，见微而知著。其行浩浩，其志泛泛，不肯自显诸侯，阴所利者七国，天下莫知，故称曰计然。时遂游海泽，号曰"渔父"，尝南游越，范蠡请见越王，计然曰："越王为人鸟喙，不可与同利也。"范蠡知其贤，卑身事之，请受道，藏于石室，乃刑白鹅而盟焉。

计然是春秋时期蔡丘濮上（今河南民权、兰考一带）人。据说，他曾拥有一个显赫的家族，是晋国"亡公子"，有的版本也称"三公子"，恐为传抄之误。在春秋那段战乱频繁的岁月里，大国忙于争霸天下，小国则时刻面临着被吞噬的危险。动荡纷争的社会局势，不但没让这位晋国的"公子"养尊享福，反而逼着他从此踏上了永无归期的流亡之路。

《汉书·艺文志》道家类著录《文子》九篇，班固在其条文下注明："老子弟子，与孔子同时。"

北魏李暹作《文子注》，传曰："姓辛，……号曰计然。范蠡师事之。本受业于老子。"

计然学道早通，以老子道学思想为总纲，又游学各地，糅合他言。经过自己的融会贯通，遂别生新义，甚至超过了自己的老师，故而在老子门下众弟子中得道尤高。王充在《论衡·自然》中极尽赞誉之词："老子、文子，似天地者也。"对他大加赞赏，推崇备至。

作为一个流亡者，避祸保命的最佳方式，就是自己定期或不定期改名换姓。所以，我们很惊奇地看到了计然在不同场合使用的不同名字：辛研、文子、计然、渔父……

本名辛研的计然，为什么要用"计然"二字作为自己的化名呢？有人认为，作为中国历史上第一位经济学家和理财家，"计然"体现着"计划使然、谋划未然、计合自然"的思想。也有人认为，计然者，寂然也。《周易·系辞下》：

"《易》无思也，无为也，寂然不动，感而遂通天下之故。"代表着自己的内心世界寂寥独立，静若深渊。纷纷扰扰的外物变化，虽无穷无尽，我不为所动，则如镜中显影，不见而明，不行而知。

这，似乎更加符合老子的道学思想。

计然与计倪是同一人吗？

在很多文献资料与学者的观点中，作为范蠡之师的计然与越国大夫计倪被视为同一人。我们也看到，在《越绝书》中，留下了大量有关计倪向勾践陈述如何以"农业、经济"复兴越国的进言，其"习源流、重积蓄、通历法、明治岁、利农商、知阴阳"的思想主张，不但与范蠡的富国战略保持高度一致，也与传说中的计然有着不可剥离的内在联系。而在《吴越春秋》中，这个计倪被写成了计研。

笔者认为，作为范蠡之师的计然与越国大夫计倪，二人之间虽然思想体系保持着高度的一致，但还是有区别的。

其一，计然与计倪的年龄不符。

班固《汉志》对计然注云："老子弟子，与孔子并时。"计然的年龄应该是与孔子年龄相仿的；同时，计然还曾被楚平王召请过去问政，楚平王在公元前516年已离开人世了，对于楚平王这样一位既昏庸又英明的君主，哪怕他在临死前召请了计然，那时候的计然也绝非未成年，而那一年，范蠡和勾践都刚刚满5岁。如果我们相信计然就是越国大夫计倪，那么该如何解释后来计倪的"年少官卑"？

《越绝书·越绝外传计倪第十一》曰："计倪官卑年少，其居在后。"

《吴越春秋·勾践阴谋外传》曰："于是计研年少官卑，列坐于后。"

勾践向计倪问策的时候，是勾践十年（公元前485年），那时候30多岁的范蠡已是越国相国了。如果计倪是范蠡之师，仍然"年少官卑"，于情于理都似乎说不过去。

其二，计然与计倪的风格不符。

计然的风格是"其行浩浩，其志泛泛，不肯自显诸侯"。就这样一个天生不受任何拘束和管制的闲散人，怎么可能在越国埋头苦干二三十年呢？计然早就劝告过范蠡，"越王为人，长颈鸟喙，可与共患难，不可与共荣乐"。这位先知的智者，又怎么会在范蠡离开越国之后才"计研佯狂"。

笔者倒觉得，越国这位年少官卑的大夫计倪，很可能就是计然的儿子。这位"阴所利者七国"的计然，为了帮助自己的弟子范蠡成就经世之功名，也为了天下的和平与稳定，暗中将自己的孩子送去了越国协助范蠡开展工作。这样的猜测有根据吗？除了学术思想体系的高度一致外，我们不要忘了《越绝书·越绝计倪内经第五》还有这样一段对话。

> 越王曰："善。子何年少，于物之长也？"计倪对曰："人固不同。慧种生圣，痴种生狂。桂实生桂，桐实生桐。先生者未必能知，后生者未必不能明。是故圣主置臣不以少长，有道则进，无道则退。"

勾践问计倪："你年纪这么轻，怎么对事物的研究如此透彻呢？太让我震撼了。"

计倪回答："人与人之间能一样吗？我的能力来源于我的家族遗传基因和家道传承。智慧的父母就会培养出圣明的孩子，痴呆的父母则容易教育出愚狂的孩子。桂树的种子发芽成桂树，梧桐树的种子自然成长为梧桐。大王你不要看我年轻，我们家族世代学道悟道的，有道则进，无道则退，家庭教育好，比什么都强！"

这段文字赤裸裸地泄露了天机。

至于另外有说法称计然就是文种，这就更加不可能了。计然早就提醒自己的弟子，勾践之人不可共富贵。怎么可能在范蠡离开越国并留下书信发出警示的时候，文种还犯糊涂舍不得走，并最终酿成杀身之祸。这完全就是两种思想风格的人。

这个世界真的有天才存在吗？

相比于"三十而立，四十而不惑"的孔子而言，"少而明"的计然从小就已显露出了他非凡的天赋。他自幼就刻苦好学，通览群书，再加上特殊的流亡生涯，让他学会了时常观察学习大自然，善于从事物刚开始发生露出端倪时，就能知道事物的发展规律,知道别人的想法。而漂浮不定、居无定处的生活方式,让计然比常人更有机会访求明师,结交高人。人常说,苦难是人生的一笔宝贵财富。从某种意义上讲,正是由于这种颠沛流离的人生经历,才锤炼、铸就了计然的博学多才,培养、激发了计然的见微知著,使得他对天文地理无所不通、阴阳四时无所不晓。

上天是公平的。天才嘛,总得带有那么一丝丝缺陷和遗憾。

不知道是在流亡生涯中的人为整容,还是我们通常说的大智若愚,计然那看似愚钝、平庸的形象仪容,总不能做到让人赏心悦目,顿生亲近之感。计然那"有内而无外"的相貌无情地背叛了他,严重地颠覆了他本身固有的内在才学与高超智慧,也挡住了众多只求其表的狂热追随者。

计然作为老子门下最具代表性的弟子之一,他的人生风格与专业成就体现在哪些方面呢?

其一,计然好"隐"。

他继承了老子"其学以自隐无名为务"的行事风格,不求名不求利,喜欢偷偷帮助人、成就人。"阴所利者七国。"暗中帮助和辅导了不少国家的君主,偷偷培养和发掘了不少国家的人才,他是中国最早的地下战线工作者,也是春秋时期最让人尊敬的"活雷锋"。计然的身上完美体现了"生而不有,为而不恃,长而不宰,功成而不居"的精神风貌。

其二,计然好"谋"。

满腹经纶、喜好思考的计然继承了老子"绰然而善谋"的智慧,他通晓富民强国之道,精于"天文历法、农业地理、管理之道、谋略兵法",善于出谋划策,尤其在经济方面更是独树一帜,闻名天下。计然也是中国的咨询业祖师,"阴所利者七国"就是他不为人知的业绩。

据说,当计然周游天下行至楚国期间,楚平王熊弃疾听说他对治理国家的策略极有研究,便专程接见了他。楚平王问计然:"吾闻子得道于老聃,今贤人虽有道,而遭淫乱之世,以一人之权,而欲化久乱之民,其庸能乎?"我听说先生您是老子的真传弟子,请问在这个乱世之中,该如何治国安民呢?

计然的回答很有高度,他并没有从自己所擅长的经济学角度来谈治国方略,而是真诚告诫眼前这位看起来谦卑求道的"楚国一哥":"用高尚的道德纠正邪恶,就能使国家安宁。要使人人都注意道德修养,使天下安定,关键在于君主一人。君主对百姓恩德深厚,国家就会兴旺;暴虐积怨,国家就要灭亡。唐尧、虞舜以仁德治天下,百姓拥戴,国家昌盛;夏桀、商纣虐待百姓,众叛亲离,国破家亡。"

楚平王马上接话过去,说:"我知道如何才能使国家安定富强了。"

遗憾的是,楚平王不但欺骗了计然,也欺骗了自己,他压根儿就没听进去计然的忠言相告。这个顶替了自己儿子入洞房的一国之君,既不能依计然之言修"正身之道",也不能"谨左右",而是错误地宠信了费无忌这样的佞臣。最后的结局嘛,不但差点酿成了亡国之祸,自己也被仇恨冲天的伍子胥掘墓鞭尸,遭受了生罪死受的奇耻大辱。

要是楚平王识人,重用计然,历史必将改写。

其三,计然好"色"。

这个"色",不是美色女色,而是善于察言观色,精通相人之术。在辅佐勾践复国期间,范蠡曾想将自己的恩师计然推荐给越王。但是阅人无数、见微知著的计然,一眼看出脖子细长、嘴尖如鸟的勾践将来一定会过河拆桥。于是他忠告范蠡:"越王为人,长颈鸟喙,可与共患难,不可与共荣乐。"

后来,果真如此。

其四,计然好"游"。

一个人的想法往往可以决定他的生活,有什么样的想法,就有什么样的未来。

品性刚直、热爱自然的计然,虽然才华盖世,冠绝古今,却不肯主动游说而自荐于诸侯。他怀着"大丈夫恬然无思,淡然无虑,以天为盖,以地为车,以四时为马,以阴阳为御,行乎无路,游乎无怠,出乎无门"的泛泛大志,经常遨游于山海湖泽,自号"渔父",不为天下所知。

在《庄子·杂篇》中,记载了一则不知真伪的"渔父"故事。故事中的渔父,是道家学派隐世高人的写照,更有可能是计然的一段经历。

故事说,孔子有次来到一个名叫缁帷的树林,坐在杏坛上休息。弟子们在一旁读书，孔子在弹琴吟唱，好一派学习型组织的融洽氛围。就在曲子还未奏到一半的时候，有个须发皆白的渔父下船而来，只见他披着头发扬起衣袖，沿着河岸而上，来到一处高而平的地方便停下脚步，左手抱着膝盖，右手托起下巴听孔子弹琴吟唱。

曲终，渔父用手召唤子贡、子路两个人过去，问弹琴的是何人。子路回答："他是鲁国的君子，姓孔。"渔父又问："孔老师钻研并精通什么学问？"这时候子贡抢答："我们的孔老师性服忠信；身行仁义，饰礼乐，选人伦，上以忠于世主，下以化于齐民，将以利天下。"渔父听罢，笑着背转身去边走边说道："孔老师虽然讲仁奉行仁，但他还是解决不了自身祸患问题，苦心劳形以危其真。唉，他离大道还是太远了！"

子贡把跟渔父的谈话汇报给孔子后，孔子当即走下杏坛寻找渔父。他来到湖岸边对着渔父行礼，说："刚才先生留下话尾而去，我实在是不聪明，不能领受其中的意思，希望能有幸听到您的谈吐以便有助于我！"渔父赞扬了孔子的好学精神，对他说："同类相从，同声相应，固天之理也。自古以来，天子、诸侯、大夫、庶民，这四种人能够各自摆正自己的位置，也就是社会治理的美好境界，四者倘若偏离了自己的位置，社会动乱也就没有比这再大的了。官吏处理好各自的职权，人民安排好各自的事情，就不会出现混乱和侵扰。如今你上无君侯主管的地位，而下无大臣经办的官职，却擅自修治礼乐，排定人伦关系，从而教化百姓，不是太多事了吗？"

渔父对孔子"不在其位而谋其政"的行为提出了直接批评，同时也给他指出了"八疵""四患"的行为。他劝告孔子先要清除自身"摠""佞""谄""谀""谗""贼""慝""险"这八种毛病，同时要改掉"叨""贪""很""矜"四种祸患，方才可以教育。他认为孔子一生仔细推究仁义的道理，考察事物同异的区别，观察动静的变化，掌握取舍的分寸，疏通好恶的情感，调谐喜怒的节度，却几乎不能免于灾祸。这由其自身修养身心的功夫不够，没有谨慎地保持自己的真性，颠倒了本末所致。

如何修养自己的真性呢？渔父告诉孔子："真者，精诚之至也。不精不诚，不能动人……圣人法天贵真，不拘于俗。愚者反此……"所谓真，就是因循自然的规律，内心精诚到极点。真正的悲痛没有哭声而哀伤，真正的怒气未曾发作而威严，真正的亲热未曾含笑而和善。与天地相通的真心在身内，虽然含而不露，但是人心感应天地后，却可以获得自然造化的神机，从而凭借自然无为而有助于自己的成功。在渔父看来，最大的成功，首先要修好我们每个人自己的真性，要善于跟天地沟通。

孔子听完渔父的教诲，又一次深深行礼后站起身来，说："如今我孔丘有幸能遇上先生，好像苍天特别宠幸于我。我冒昧地打听先生的住处，请求借此受业于门下而最终学完大道。"渔父却缓缓地顺着芦苇丛中的水道，划船而去。

渔父的言论是否符合计然的思想观呢？我们看《文子》一书是怎么说的。文子告诉我们"圣人安乎治人，而在乎自理"。一切的改变首先要从自我管理做起。又说"治身，太上养神，其次养形""真人者，通于灵府，与造化为人，执玄德于心，而化驰如神"。无论这位渔父是杜撰中的虚拟人物，还是其他具有道家思想的隐者，以"渔父"的名义深藏功与名的计然，观水悟道堪为他人生中最大的乐趣。

然而，计然终还是为人所知、为人所学、为人所爱了。

唐天宝元年（742年），计然被崇道的玄宗皇帝赐封为"通玄真人"，与文始真人尹喜、冲虚真人列御寇、南华真人庄周并称道教四大真人，其著作《文子》也被尊为《通玄真经》。1973年，河北定县四十号汉墓出土《文子》残简。该墓位于河北省定州城关西南4公里八角廊村，称"八角廊竹简《文子》"，墓主被确定为西汉中山怀王刘修。八角廊竹简《文子》与今本《文子》相同处有六章，可见它并非伪书，而是一部先秦古籍。

把《文子》带到棺材里的中山怀王刘修，对于计然，那可真算得上是"死了都要爱"呀！

阴阳两利：道商经济学家的宏观视野

人类社会的竞争，表面上纷乱复杂，各为其主，千变万化，莫衷一是。在道家看来，究其深层，还是无形制约有形，一道化生万术。如《文子》所言：

"道者一立而万物生矣……万物之总，皆阅一孔，百事之根，皆出一门。"万物变化，合于一道。如果我们能够循其根源，执其精要，"能知一则无一之不知"，即可化复杂为简单。那么，这个合万物变化而为"一"的道，究竟是什么呢？

《系辞》曰："富有之谓大业，日新之谓盛德。生生之谓易……"

司马迁在《史记·货殖列传》中总结出："天下熙熙，皆为利来；天下攘攘，皆为利往。"一语道破红尘滚滚的本质——唯利是图。在残酷的人类社会竞争中，其背后都有一个亘古不变的实质内容，那就是利益。

人生一世，草木一秋，小到一个个体，大到一个国家，所谓的生命、生存、生活、生意、生态……都是为了"趋利"而"谋生"，都是在朝着利益最大化的方向合理流动、奔腾不息。

何谓经济学？今人的定义是："经济学是研究价值的生产、流通、分配、消费的规律的理论。"学经济学的最大作用就是揭示规律、解释现象。

道学本为重生、贵生之学。老子提出，"道生一，一生二，二生三，三生万物"，社会富有日新，并且生生不息，才是发展的气象。谁能够将这套理论悟透，就可以"上富其国，下富其家，内正其身，外治天下"，建功立业，不争而胜。

作为中国传统经济学的鼻祖，计然是老子道学的正宗传人，是中国历史上一位了不起的经济思想巨匠与商业哲学大师，也是中国传统诸子百家中"计然家"的形象代言人。

计然家，又叫轻重家。所谓轻重，就是钱的问题。计然家主要研究国家的经济发展问题，并以此为治国之道。通过对天人、本末、农商、轻重、国民、虚实的分析研究和动态调控，来实现商业的成功、经济的腾飞、国民的富强、社会的发展。所谓"富上而足下"，成就圣王之圣事也。

老子有没有经商？史书中没有记载，我们也无从知晓。以老子当时中央档案文献馆馆长兼周天子顾问的政治身份，从商的可能性几乎为零。但是，老子绝对研究过商业。孔子适周问礼于老子时，老子说："吾闻之，良贾深藏若虚，君子盛德若愚。"如果老子没有研究过商业，没有研究过商人，自然不会对"良贾深藏若虚"这个结论如此认同。

老子要是真正从事经商活动的话，相信凭借他的道学智慧，一定可以成为世界上最伟大的商业天才和营销大师。"无为自化"的老子，在《道德经》书稿创作完成后，任何看似有效的宣传工作都没有进行。然而，从《道德经》问世一直到现在，它却拥有过数以千计的注释者，以及400多个不同的版本，并被翻译成30多种文字；影响遍及世界，高居联合国教科文组织统计的世界图书发行量排行榜前列。其传播之广、影响之深，让人叹为神奇！仅就图书发行版税收入这一项，老子完全可以做到高居全球富豪排行前列。

然而，无为不争的老子，作为人类思想史上最伟大的学者，却把成为天下富豪的机会让给了自己的徒子徒孙——计然、范蠡。

计然，不但深得老子信任，也深得老子真传。他将老子道学的思想，巧妙地与社会生活中的政治、经济、军事和天道、人事相结合，在2500年前就清楚地为世人揭示了经济发展规律，阐述了商业经营本质；并且通过亲身实践，帮弟子范蠡助越王勾践复国成功，切实检验了这套道商经济学的正确性，实在是一位了不起的经济学家。

作为老子门下最具代表性的弟子，计然与其他同门师友相比，其学术体系有何独特之处？

老子的观点认为："一阴一阳之谓道。""学阴阳，见微而知著"的计然，学的是什么阴阳呢？是算命吗？是看相吗？是看风水吗？不，这些都不是计然的研究方向。他学的"阴阳"是指老子道学中深蕴的朴素辩证法思想。

《史记·货殖列传》说范蠡拜计然为师，而计然教会范蠡的是什么呢？除了老子所研究的"祸福成败存亡之道"外，他还教给范蠡"计然七策"，即经世济民之道。后来，范蠡仅仅用了其中五策，便使越国强盛，成为春秋五霸之一。

其一，要掌握好"不易"与"变易"的总体认识。

老子认为，"道"是先天地而生的无形的存在，具有"独立而不改"的永恒本性；是"周行而不殆"的运动实体，可以成为天地的产生者。老子通过观天之道与执古之道，看到了一切事物都是在川流不息的变化中，相互激荡、相互制约，既相反又相成，还相返。

鉴于此，老子提出了他的六字真言——"道，可道，非常道"。在万事万物的"变易"(可道)之中,我们既要把握其"不易"(道)的本质,又要正视和接受其"交易"(非常道)的事实,同时还要严格遵循并主动把握其"变易"的规律和法则。老子认为,这是"自古及今,其名不去"的伟大存在。

在老子看来,万物都是"负阴而抱阳"的,宇宙间一切事物都是相反相成的,一切事物都是变动转化的。所谓祸福、尊卑、曲直、强弱、否泰、善恶等对立现象,都是辩证统一、相互依存的。

"故有无之相生,难易之相成,长短之相形,高下之相倾,音声之相和,先后之相随"。但同时又周行循环,相互转化,"曲则全,枉则直,洼则盈,敝则新,少则多,多则惑"。

这个既相互生成又相互克制,既相互促进又相互破坏的规律,就是"道",故"恒也"。日月循环、寒暑更替,四时的生长化收藏,即万物的生长规律,无不包含于阴阳交替之中。这其中,自然也免不了经济学的发展。

其二,要掌握好"有欲"与"不欲"的研究工具。

经济学的核心思想是物质稀缺性和有效利用资源。经济学者们通过研究一个社会如何利用稀缺的资源生产有价值的商品,并对它们在不同的个体之间进行分配。但很多资源都具有稀缺性,所以人类的经济活动就面临选择。

而老子在自己的思想体系中,早就提出了"有欲"和"无欲"的两种价值认识观。老子站在人生的边缘,以带着超越现实的"不欲"眼光,审视着人生理想与现实的荒谬和矛盾,批判人类自身理智的浅薄和愚蠢;以"道"的观点来看世界,得出了"人法地,地法天,天法道,道法自然"的"自然无为"的结论。自然无为,就是让事物依照自身的状况去自由发展,而不要以外在的力量去干预它、约束它。

这是道家思想的本质,也是老子提供给统治者为政方略的基本原则,留给社会大众人生处世的基本方法。

道家智慧最鲜明的特点就在于对人世间一切利害关系转化的深刻洞察。老子指出:"反者道之动。""反"就是事物运动的总规律。所谓"将欲翕之,必固张之;将欲弱之,必固强之;将欲废之,必固兴之;将欲夺之,必固予之"。我们只有在"有欲"的主动认识和把握下,在"知其雄,守其雌"的兼顾原则下,才能实现以弱胜强、以柔克刚、以少胜多。这对于政治斗争、军事斗争和商业竞争而言，具有不可忽视的影响力。

其三，要掌握好"天道"与"人道"的对应关系。

老子通过对天道月满则亏、水满则溢这些自然现象的综合观察和成熟思考，得出了"天之道，损有余而补不足""金玉满堂，莫之能守；富贵而骄，自遗其咎"的整体认识。

计然把老子的这种天道思想具体应用在了经济学领域。在计然看来，作为国家经济政策的制定者，一定要掌握"平粜法"，做到阴阳平衡、农商两利。他举例分析说，用一石二十的极低价格向百姓收买粮食，就会伤害农民的积极性；用一石九十的极高价钱卖粮食给商人，就会伤害经商的动力。农民没有了积极性，稻田里的农作物就没有人管理；商人没有了动力，就不买卖货物。所以，粮食出售价不宜高过八十，收购价不宜低于三十。这样对农民和商人都有利。这种思想，完全就是老子道学中"守中"理念的应用体系。

《文子》中说："凡举百事，必顺天地四时，参以阴阳，用之不审，举事有殃。"成败、利害、取予、得失的关键，就在于顺应天时，掌握天时的变化而制定方案，确定动静。计然根据天体星象的变化规律，提出了"十二周期循环理论"。他认为："知斗则修备，时用则知物。""故岁在金穰、水毁、木饥、火旱。"当岁星处于金星的三年中，大地就丰收；处于水星的三年中，就会遭遇灾祸；处于木星的三年中，就会收获平平；处于火星的三年中，就会遇到旱灾。所以，能帮我们安然度过灾祸的，是对自然规律的客观认识及在和平时充足的准备。

后世杜道坚认为："文子归本老子之言，历陈天人之道、时变之宜，卒万古于一遍，诚经世之枢要也。"

其四，要掌握好"买进"与"卖出"的对应关系。

作为春秋时期最有影响力的经济学家、理财专家，计然告诉他的弟子范蠡：你看，要成为高明的商人，必须懂得按照自然变化及市场缺乏的多寡来预备货物，等待时机。根据市场经济的变化规律，来决定是买进还是卖出。当市场需求还没有来时，买入价格就低；当需求时机来临时，就可以赚取几倍、十几倍的厚利。所以，只有先于别人，才能很快聚集起财富。

根据市面上货物流通量的多与少，就可以预测出价格的贵与贱，这就是经济学原理中最为朴素的"需求和供给决定价格"的最早论述。如何将阴阳学说中的"动静"思维运用到商业与经济领域呢？计然提出了"贵上极而反贱，贱下极而反贵"的观点。这体现了"祸兮福之所倚，福兮祸之所伏"的阴阳转变，是符合自然规律的唯物主义价值观。在商品的价格波动中，贵了就要把它像粪土一样出掉，贱了就要把它像珠宝一样买进，这反映的是价格围绕价值波动的原理。在经济学家的眼里，所有财富的使命都是用来流通的，只有利用经济规律如同流水一样快速流通周转，才能创造出更多的财富。

其五，要掌握好"实体"与"虚拟"的对应关系。

老子是哲学思想家，但是他的真知来源于生活实践。他不但研究了商业与商人，还进行了诸如制造业、加工业、建筑业等跨行业研究。

《道德经》第十一章言：

> 三十辐，共一毂，当其无，有车之用；埏埴以为器，当其无，有器之用；凿户牖以为室，当其无，有室之用。故有之以为利，无之以为用。

在这里，我们看到了一个对车辆制造、陶器加工、居室建筑等诸多实业制造有着研究认知的智者老子。而后来的计然、范蠡所提出的"旱则资舟，水则资车"理论，以及范蠡在实体经营中的巨大成就，也是得益于这种有无相生、虚实相合的思想观念。

其六，要掌握好"有余"与"不及"的对应关系。

礼崩乐坏、诸侯争霸的春秋乱世，是天运更是人祸。这种人祸的酿成和放大，源于人心的贪婪和不公，是殷、周之时"嗜欲达于物，聪明诱于外，性命失其真"的恶果。老子认为，"民之饥，以其上食税之多，是以饥；民之难治，以其上之有为，是以难治；民之轻死，以其上求生之厚，是以轻死"。"天下多忌讳，而民弥贫"。社会经济的不健康发展，贫富差距的拉大失衡，就在于统治者与民夺利，过分地剥夺和伤害了社会大众的利益，以及太多的人为干预，限制和左右了社会发展规律和经济演变规律，社会从而出现动荡不安。

统治者如何解决这个问题呢？首先要"去甚、去奢、去泰"，减损自己的欲望；其次要保持"以其无私，故能成其私"的良好心态，摆正自己的位置；最后要以"我无为而民自化，我好静而民自正，我无事而民自富，我无欲而民自朴"的原则，降低政府对于市场过分的人为干预，不轻易发号施令，以免破坏和影响"微观"市场的自发自律。在这个过程中，还需要用好"中和"的原理，进行贫富与有无的宏观调控，"高者抑之，下者举之，有余者损之，不足者补之"。只有在"天之道，利而不害"最高原则的指导下，万物才会因为得到"利"这个"一"而得以蓬勃发展，呈现出生生不息之新意。在老子看来，如果侯王能够谨守和把握好上述原则，天下将自宾，万物将自化，五湖四海的财源将会滚滚而来，自动归顺臣服；社会亦将和谐稳定，人民也会"甘其食、美其服、安其居、乐其俗"，过上幸福美好的生活。

老子一方面对"五色令人目盲，五音令人耳聋"的物质资源开发利用提出批评，另一方面又抛出了吸引消费需求的"乐与饵，过客之"策略。对于稀缺性的转化和价格波动规律，老子认为"贵以贱为本，高以下为基"，并提出了"天下皆知美之为美，斯恶已；天下皆知善之为善，斯不善已"的逆向思维观点。为了防止阴阳矛盾走向反面，背道而驰，老子告诫世人应该"欲不欲，不贵难得之货"。

计然深刻感悟到：一朝一国之兴，往往兴于为公而衰于自私，兴于利而误于害，兴于让而废于夺。所以，计然把他对"无为"的理解告诉了范蠡，那就是"私志不入公道，嗜欲不枉正术，循理而举事，因资而立功，推自然之势也"。他秉承了老子"慈""俭""自然""守中"的思想教诲，倡导低碳、环保生活。他提出了"不竭泽而渔，不焚林而猎。草木未落，斤斧不得入于山林；昆虫未蛰，不得以火田；育孕不牧，卵不探，鱼不长尺不得取，犬豕不期年不得食"的主张。对自然资源采取了有节制的利用和开采，对正处于生长期的幼小生灵发起了爱心保护的呼吁，这种讲究科学发展、可持续发展的态度，才是富国利民之道。

其七，要掌握好"财货"与"生命"的对应关系。

马歇尔在《经济学原理》中称："经济学是一门研究财富的学问，同时也是一门研究人的学问。"阴阳之道的自然规律告诉我们，阴阳是转化变易的，一切现象界的事物都是不长久的。"持而盈之，不如其已；揣而锐之，不可长保。金玉满堂，莫之能守，富贵而骄，自遗其咎。"宇宙万物皆平衡，凡事不可走极端。

老子在他的《道德经》中问我们："名与身孰亲？身与货孰多？得与亡孰病？"

到底是虚名重要还是身体重要？到底是身体值钱还是财货值钱？到底是拥有后产生的问题隐患多，还是失去后产生的麻烦问题多？过分地爱惜名利地位者，必有无辜的耻辱和大破费；过多地占有资金财物者，必有惨重的损失和大灾难。

当我们每个人都学会算账后，就自然会明白"祸莫大于不知足，咎莫大于欲得"，就会"虽有荣观，燕处超然"，并最终恍然大悟——"知足之足，常足矣！"唯有身体才是革命的本钱，只有懂得知足知止者，身体生命和事业才会长久平安。

在计然的悉心栽培下，范蠡深刻地认识到，"圣人不耻身之贱，恶道之不行也；不忧命之短，忧百姓之穷也"。而真正的富国强兵之道，则是"广兮其若谷者，不敢盛盈也。进不敢行者，退不敢先也。""视民所不足及其有余，为之命以利之，而来诸侯，守法度，任贤使能，偿其成事，传其验而已。如此则邦富兵强而不衰矣"。无论是以道治国还是经商，都要以百姓心为心，以天下公心为心，不要自满自持。根据百姓的缺乏和盈余，帮助和诱导他们进行生产，积累财富。这样一来，天下诸侯将争相学习。要强调国家的法律纲纪，任用有才能的人，帮助他们各自成就一番事业。帮人就是帮己，利人就是利己，我们可以凭借所"投资"之人的功业而成就自己，长盛不衰。

从某种意义上讲，计然的这番高论显然属于人才投资和期货投资。

作为"经世济民"的缩写，中国传统经济学派（轻重家、计然家）的诞生不但早于西方传统经济学千年以上，更由于其尊道贵德、富民让利的理念高度，对于经济运作过程中的道德归属问题、利益分配问题有着独到而卓越的解决方案。梁启超甚至认为,在中国传统的各门学问中,"经济学"尤为发达,完全可以媲美乃至超越古代的希腊。

千经万典,不如名师指点。

正所谓名师出高徒。计然用几句简单的格言,便把自己的弟子培养成天下"祭祀不辍"的财神爷。试问古今中外,谁能望其项背?

而范蠡,也没有让他的老师失望。他的一生,都遵循"知常容,容乃公,公乃全,全乃天,天乃道,道乃久,没身不殆"的准则,追求着唯道是从、大道为公的大成境界。陶朱公,无公岂称陶朱?只可惜,后世的商人往往追求留恋于"富比陶朱"的财富积累,却不知无公、失公久矣!

道商之学,遂隐而不行。

静心读《道德经》

古之善为士者,微妙玄通,深不可识。

夫唯不可识,故强为之容。

豫兮若冬涉川;犹兮若畏四邻;俨兮其若客;涣兮若冰将释;敦兮其若朴;旷兮其若谷;混兮其若浊。

孰能浊以静之徐清,孰能安以动之徐生。

保此道者,不欲盈。

夫唯不盈,故能蔽而新成。

故有无之相生,难易之相成,长短之相形,高下之相倾,音声之相和,先后之相随。恒也!

第 4 章

文种：范蠡的转运贵人

一个人，是不是赶上了机遇丛生的时代，生长于人杰地灵的地方，学会了经天纬地的本领，就一定可以叱咤风云，施展抱负，华丽地登上历史的舞台，笑傲天下呢？回答是否定的。

古往今来，有才华者不一定得到重用，有思想者不一定得到认可，有信义者不一定得到富贵，有慈爱者不一定成就大业。世事多无常，造化常弄人。蛟龙未遇，只能潜身于鱼鳖之中；君子失时，难免拱手于小人之下。抛开那些"时也、运也、命也"的宿命论话题，我们会发现，其实这涉及一个很深刻的"遇合"问题。

你能不能在正确的时间遇到正确的人，这又是黄老道学关于"成功"与否的一大关键。

君子在野，如何扭转势能

虽然计然智冠当世，可惜他自己都"不肯自显诸侯"，自然不会帮范蠡开具"就业推荐信"了。作为"其学以自隐无名为务"的老子道学第三代传人，范蠡只能依靠自己的努力与机运了。

所幸的是，在这份还不算漫长的等待中，范蠡终于遇见了他生命中的贵人——文种。

大约是在楚昭王十八年（公元前506年），范蠡迎来了他人生命运的转折点。在这一年里,孤独、寂寞的天才少年范蠡,因为其户籍所在地的楚国宛邑被新委派了一位县长大人而开始转运了。

这位县长大人就是文种,也是后来与范蠡一起完成"霸越灭吴"计划的亲密战友,春秋时期著名的政治家、战略家、谋略家。

文种,字会、少禽,一作子禽,春秋末期楚国郢人,后定居越国。当时,楚国的都城就是郢,也就是今天湖北省荆州市江陵县的西北部。文种志向远大,才能出众,是一个具有战略眼光的政治家,也是一个潜心思考如何强国富民的思想者。文种擅长系统思考、整体布局,是一位不可多得的治国良才。

然而,政治家与政客是有本质区别的。楚王需要的不是政治家,而是溜须拍马、同腐同乐的政客。作为满腹才学的京都人氏,文种并没有得到楚平王、楚昭王的另眼垂青。有经世之才的文种,便鬼使神差地受命来到偏远的宛邑上任,做了宛邑这边的地方基层官员。

君子不会害怕在野和遭贬,因为"正复为奇,善复为妖,孰知其极?"离开郢都,对文种来讲是一种无奈,但更是一种机遇。眼见着忠臣被诛,小人得势,深感国家前途渺茫,衰败加剧。文种离开了郢都,也就远离了"伴君如伴虎"的旋涡中心,远离了朝臣之间钩心斗角、争权夺利的政治斗争。他迫切地需要换一片清静的天地,好好思考下国家的前途、个人的命运,以及自己能够为这个"想说爱你并不是太容易"的国家做些什么……

身处天涯,心忧国家。被"发配"到边陲小邑来做了一个县令后,文种并没有一蹶不振、自暴自弃,也没有怨天尤人、性情大变,更没有搜刮民财、卖官营私;而是静下心来,不骄不躁,以积极的心态、饱满的姿态,满腔热忱地投入到为地方民众服务的工作中去,把宛邑治理得井然有序,在社会经济与社会治安等方面表现十分出色。文种在治政爱民的同时,还在基层发动开展了一项具有战略意义的工作——民间访贤。

天地间真滋味,唯静者能尝得出;天地间真机栝,唯静者能看得透;天地间真情景,唯静者能题得破。

文种内心的这份静定,对他的人生起了重要的推动作用,使得他和闻名宛邑的"小疯子"范蠡有了遇合的机缘。

《越绝书》载：

> 范蠡其始居楚也，生于宛橐，或伍户之虚。其为结僮之时，一痴一醒，时人尽以为狂。然独有圣贤之明，人莫可与语，以内视若盲，反听若聋。大夫种入其县，知有贤者，未睹所在，求邑中，不得其邑人，以为狂夫多贤士，众贱有君子，泛求之焉。得蠡而悦。乃从官属，问治之术。蠡修衣冠，有顷而出，进退揖让，君子之容。终日而语，疾陈霸王之道，志合意同，胡越相从。

性格决定命运。从《越绝书》的这段文字中，我们可以较为客观地认识到文种的非凡智慧，清晰感受到文种身上所独具的"明""智"这两项优势。

首先，来说说文种的"独见之明"。

范蠡之所以让人觉得他"一痴一醒"，成为"被精神病"的代表，为周围人所诟病，除了深受老子、文子道学一脉追求真实、崇尚自然的思想风格影响之外，恐怕这也是他制造机遇、考察人心的一大高招。一方面通过佯狂的行为，来有效缓解和谢绝俗人俗事的干扰，自得其乐。另一方面也可以看作是他为自己怀才不遇的一种宣泄，期待引起社会的关注，能被高人发现。

眼见着大夫文种入宛邑主政，亲自挂帅成立了"民间访贤工作领导小组"，开展了轰轰烈烈的大规模访贤普查工作。这是表面的政绩形象工程，还是真心实意的访贤行为呢？范蠡心里也没谱。但是，能够不为"狂夫""贱民""疯子"等名相所迷惑和左右，对待这类社会特殊群体都可以做到一视同仁、平等对待，最起码可以说明一个问题——这个搞选贤运动的宛邑大人是玩真格的。

文种在发起全民普选贤才的同时，范蠡也偷偷地对文种的选贤行为进行了考察试探。

当然，文种也是个明白人。

第一，他的选贤工作是经过充分的调查论证的。"大夫种入其县，知有贤者，未睹所在"，这句话明白地告诉我们，文种在上任之后，清楚地了解和掌握了宛邑这地方有贤人隐居的情报。

第二，文种选贤是为了什么？他也很明白。一方面需要一个志趣相投、共同进步，可以无话不谈的知音好友，以实现智慧的交流和升华；另一方面需要发掘、团结和聚集民间的贤能智士，为改变这个国家和社会混乱无序的现状而努力。伟大的事业，从来都不是靠单打独斗、逞个人之能可以实现的，成功需要借助外势之力。

范蠡那特立独行的性格，不与俗共的狂放，早已狂名远扬，传到了文种的耳朵里。具有敏锐眼光和政治直觉的文种，断定此人绝非等闲之辈，而且对他怪异的个性充满了好奇。当即，文种派人速去三户调查了解范蠡，请他前来一叙。

万千人中，你知闻了我，我等待着你。这不是缘分是什么？

俗话说，明人不说暗话。对范蠡而言，考察明人只能借助暗话和假象。

派出去的邑吏很快回来向文种复话了：没有见到范蠡本人。但据村人说，范蠡这个人行为怪异，疯疯癫癫，是远近闻名的小疯子。我看大人您就不必召见他了吧。

《史记》中记载：

> 吏还曰："范蠡本国狂人，生有此病。"种笑曰："吾闻士有贤俊之姿，必有佯狂之讥，内怀独见之明，外有不知之毁，此固非二三子之所知也。"驾车而往，蠡避之。后知种之必来谒，谓兄嫂曰："今日有客，愿假衣冠。"有顷种至，抵掌而谈，旁人观者耸耳听之矣。

所幸，文种具有"独见之明"。他听了邑吏的工作汇报后，并没有轻信这份连人都没有见着的调研报告，而是陷入了沉思中。文种对手下人说："我听说贤能饱学、有独特见解的人，往往表现出大智若愚的样子，因而被人诋毁为狂妄之徒。这是因为他们对于世事总有独到非凡的见解，自身具备常人无法企及的智慧高度，社会上的一般人很难认识他的真面目。"

犬吠试人：人生无处不考验

范蠡到底是真疯还是假疯？这个像谜一样的"小疯子"，激起了文种更浓厚的兴趣。他决定，亲自登门拜访范蠡，一探真假。

第二天，文种洗漱完毕，准备妥当，叫上几名随从相伴左右，朝着范蠡所居住的村庄出发了。宛令大人亲自驾临，小村庄顿时沸腾了，男女老少都赶紧出来迎接。却只有范蠡家大门紧闭，竟无一人迎接，也无一丝动静。

这是怎么一回事？思索迟疑的文种，正欲下马车察看究竟。突然间，一阵"汪汪汪"的犬吠声响起。文种一看，只见一个衣衫褴褛的少年男子，正蹲在范蠡家墙根下的破洞里，身披狗皮对着他学狗叫呢。

《吴越春秋》载："范蠡从犬窦蹲而吠之。"

看热闹的乡邻哈哈大笑，并七嘴八舌地告诉文种：这就是范蠡！

这种离奇的"不以礼待人"的做法，要是换了一般人，不被吓一跳，也得雷霆大怒。"我身为一方父母官长，折节屈尊，礼贤下士，你居然仍旧装疯卖傻，如此不给面子。"估计拂袖而去的概率甚高。

文种的"智"此时完美地体现出来了。只见他一摆手，让正待发作的手下人退下，还极其真诚、满心欢喜地对范蠡说道："你知我，我亦知你！不要再演戏了，我已经认出你来了。这里不是一般人住的地方，而是圣人居住之地。为了寻求德高望重的人，我们才翻山越岭来到这里。我听说狗只对人叫，你现在对我学狗叫，真是抬举我呀！"

鉴于范蠡如此的"给面子"，文种说完便整整衣冠向范蠡施礼。而此时狂傲的范蠡竟然扭头望向别处，"蠡不为礼"。对文种的谦卑毫不理睬，只把自己骄傲的背影留给了文种。求贤若渴的文种见此情景仍然面带微笑，向范蠡作揖后打道回府。

君子待人以诚，交人以礼。范蠡用狗吠迎接和试探文种，也只有他这样不循常规的"小疯子"才能想得出来。邑吏来召见，他故意避而不见，是为了试探文种是否真诚。钻墙洞披狗皮吠叫迎接，是为了试探文种是否真心、是否谦卑。狗者，贱也、忠也、义也。范蠡以"犬吠"之计，不但一箭多雕地测试了文种处乱遇惊的定力、贵贱平等的心量，也向文种无声地表达了"明主未遇，忠义坚守"的内心诉求。

士君子做人，事事时时都要用心。如果一件事不认真留心，便会轻举妄动；一刻不加以用心，就会成为一个没有思想的空躯壳。老子曾说："贵以贱为本，高以下为基。"深受道家"玄之又玄"之学的熏陶，范蠡的这份"不言之教"，可谓深得老子道学真传啊。

经过此番试探，自信而又会察言观色的范蠡已知：文种有着过人的智慧，是个爱才的明白人，也是想真诚与自己交往；他们二人已经会心达意，惺惺相惜。倘若有缘，你知我知，肝胆相照，文种明日必定还会再来。还需要考验和试探吗？不能了。一而再，再而三，机不可失，"试"不过三。试探是有底线的，一旦逾越了底线，超越了极限，则好事变坏，事与愿违。这份超脱佯狂的智慧火候，便会适得其反，成为见好不收、不识事理的真疯实傻了。

第二日早起后，范蠡对其哥嫂说："今日有贤人前来拜访我，请借我一套干净衣帽，代我准备一些酒菜，我要会会他。"

范蠡的哥嫂不仅没有任何反对意见和怨言，而是对这个不循事理、近乎癫狂的弟弟表现出了难得的宽容与爱，总是默默地支持着他的成长。待范蠡洗漱完毕，穿戴整齐，便开始静候文种。不久，文种果然驾车来到他家门口。这一次，范蠡完全收起了"佯狂"之态。只见他抢先迎上，向文种大礼拜上，第一次在世人面前露出谦谦君子的风采。眼前这位被称作"小疯子"的英俊少年，今日衣冠整齐、仪表堂堂，礼节周到，声如洪钟，"进退揖让，君子之容"。文种大喜过望，不由赞道："种闻蠡有旷世之才，得见颜面，实乃三生有幸。"

两人分宾主落座，一边喝酒，一边交谈。从天文到地理，从治国到齐家，从时政到山野，从自然到社会……两人越谈越投机，不觉云霞漫天，红日西坠。经过一番长谈，文种越发为范蠡渊博的知识、深邃的思想、独到的见解、高超的智慧所打动折服，认定与此人联手日后必将成就一番伟业。而韬光养晦、潜龙勿用的范蠡，也终于迎来了一位饱读经书，知人识人，智谋超凡，心怀苍生，有着共同语言，内心畅达无碍的真朋友、好兄长。

文种之"明"与"智"，让范蠡平生第一次有了相见恨晚的感觉。

文种与范蠡,一官一布衣。

他们的遇合,是天意的安排、是造化的成全、是等待的结果、是坚守的花开。

抵掌而谈,促膝而论,志合意同,终日而语……人生得一知己,夫复何求!

静心读《道德经》

古之善为道者，非以明民，将以愚之。
吾言甚易知，甚易行。
而天下莫能知，莫能行。
言有宗，事有君。
夫唯无知，是以不我知也。
知我者希，则我贵矣。
是以圣人被褐怀玉。

敢问路在何方

人有智愚，临事可断真伪、定高下；性有巧拙，遇人可示显隐、用伏扬。

范蠡虽"痴"，但头脑不傻；范蠡虽"狂"，但内心不乱。他的愤世嫉俗、独来独往，甚至不务正业都是缘于才学超凡，而"知我者希"。历史一次一次地向我们证实，诸多伟大的思想家、艺术家、谋略家，他们都曾经因为保持了自己的独特个性，有着凡人难以企及的智慧高度而"被精神病"。

在这一点上，无论是曾经先于范蠡在渭水河畔上演"直钩钓鱼"行为艺术的姜太公，还是那晚于范蠡而躬耕陇亩，却常"自比管仲、乐毅，时人莫之许也"的诸葛亮，他们在出山之前遭遇到的社会评价，总是惊人的相似。

文种的到来，恰如天降鲍叔牙，为无人能识、无人可诉的范蠡打开了一扇敞心之门，也为他推开了一扇由梦想通向现实的幸运之门。

改变个人命运要依靠团队

所谓"酒逢知己饮，诗向会人吟"。范蠡和文种之间的"终日而语"，究竟谈论的是什么样的话题呢？这些交流话题对于二人的命运转折起到了什么样的作用呢？

笔者认为，范蠡与文种之间终日畅谈的无非是这三个话题：个人话题、国家话题、天下（社会）话题。在这三个话题中围绕的核心就是"疾陈霸王之道"，即如何以符合天道的智慧思想，凭借各自所学，整合双方优势，来实现个人价值，解救国家危机，承担天下责任。

我们先来说说"个人问题"。

在世俗的眼中，范蠡和文种这两个人的交往几无可能：一个是出身贫寒、自谓衰贱的佯狂草民，一个是主政一方、高高在上的宛令老爷。身份的悬殊，并没有拉开两人心灵的距离。范蠡和文种之间的"抵掌促膝，志合意同"，是彼此的认可，优势的互补，思想的激荡，智慧的碰撞。

所以，范蠡和文种相处相谈的第一步，应该是两个人之间的相互认识、相互交流、相互发现、相互磨合、相互弥补的过程。

范蠡与文种，出身不一样，经历不一样，才学不一样，性格不一样，处事方法也不一样。文种是楚国邹部落的贵族。邹国本属中原南方的诸侯国，春秋末年时成为楚国的附庸国。在强敌夹缝中求生存的小国，一向比较注重谋略。文种虽不是强悍善战的武将，但在以少击众、以弱抑强的策略表现上颇为突出。

《吴越春秋》卷四记载：

> 大夫文种者，国之栋梁，君之爪牙。夫骥不可与匹驰，日月不可并照。君王委国于种，则万纲千纪无不举者。

谁能够真正地赏识、启用文种，那真的是君主之福、社稷之福。他的智慧才学，是骐骥这样的千里马都不能与之相提并论的，是可以与日月这样的大光明相互参光的。君王把国政托付给他治理，没有不遂心如意的。

范蠡是一介平民，虽出身草根，但勤奋好学，更兼明师指点。在计然的悉心栽培下，范蠡掌握了用兵之策、治国之法、致富之术，还有为医之道，学到了道家因任自然、不循常规、以小博大、长于应变的智谋，以及形成了虚实互换、祸福相生的辩证思维。所以他能够安于贫困，善于等待机会。他创新能力超强，尤其是奇思怪想不绝。

还有更重要的一点，由于在农村长大，范蠡算得上是一个田野学者。他对于自然山川、天象气候、草木作物、农田水利的熟悉程度及其重要性的认知，肯定要优于贵族出身并一直做官的文种。

从性格和所擅长的领域来讲，"种善图始，蠡能虑终。""兵甲之事，种不如蠡；镇抚国家，亲附百姓，蠡不如种"。文种是一个很好的创业者与管理者，他善于把握细节，着眼今天，注重程序，强调纲纪，以正治国，奋进有为，是儒家文化的代言人。范蠡则是一个很好的策划者和经营者，他善于掌控战略，放眼未来，擅长创新，超越规则，以奇用兵，退守无为，是道家文化的代言人。

《道德经》曰："知人者智，自知者明。"如何知人而自知？如何成人而成己？这就需要强强联手。高明的人，总是善于识外缘、借外势而壮实自我，以求内外合谋，傲视天下。所谓"贤臣择明主而事，飞鸟择良木而栖"正是此理。

遗憾的是，尽管文种很想帮范蠡成就大业，但是"心有余而力不足"。因为他是明人，而非明主。文种与范蠡式的遇合，在中国文化中属于十分典型的案例。但它与"姜太公渭水独钓、周文王愿者上钩"的故事不同，也跟"诸葛亮躬耕陇亩、刘皇叔折节三顾"的故事有别。周文王和刘备都是老板的命，文种却没有这个先天优势。

春秋时期，人才竞争异常激烈，人才流动也非常普遍。在这样的大环境下产生的人才猎头服务、人才鉴定评估也风生水起。文种来到宛邑南阳，或许就是一种历史的使命与巧合。他是伯乐，在"时人尽以为狂"的纷乱假象中，慧眼独具地发现了范蠡。

作为春秋时期的知名猎头，文种可与鲍叔牙（荐管仲）、伍子胥（荐孙武）相比，但不能等同而论。跟这两位鼎鼎有名的大猎头相比，文种具备什么优势呢？贬职边陲的楚国公务员，蹉跎岁月的地方县太爷，怎么帮范蠡？怎么荐人才？说得难听点，位卑言轻，自身尚难成全。

发现问题，是解决问题的关键；认识自己，是成就自己的枢机。

解决个人问题要靠团队，解决底层问题要正高层，解决眼前问题要谋长远，解决局部问题要看战略，解决小我问题要入大我。

"大我"是谁呢？就是邦国天下。

改变国家命运要面向实际

所以，范蠡和文种交流探讨的第二个问题就是"国家问题"。

国家的概念，起源于先秦时期。熟悉西周和春秋典籍的人应该知道，"国"与"家"是存在等差之分的。《尚书》曾提出了"天子建国，诸侯立家"说法。在那个时代，诸侯的封地称国，大夫的封地称家，而作为当时周天子脚下唯一有受地治民权力的两种人——诸侯和卿大夫，他们封地的结合体就是周天子的天下。

楚国作为春秋五霸和战国七雄之一，是先秦最具特立独行个性的诸侯国；大约诞生于周成王时期（公元前11世纪），正式立国于公元前1042年。在成王、庄王时期，通过励精图治，楚国开始走向强盛与繁荣，开始称霸中原。

据史料记载，作为春秋五霸霸主之一的楚庄王，"三年不鸣，一鸣惊人"，不但率领军队在邲（今河南郑州）与晋军大战，打败晋军，甚至还率军开赴伊水和洛水之间，向周天子耀武扬威。

盈极而虚，盛极而衰。

当楚国的强盛顶点出现后，也就开始了它的下坡路厄运。公元前541年，楚灵王杀掉自己的哥哥，登上了楚国国君的宝座。自恃风光无限的楚灵王，守着老祖宗留下的这份家业，可谓骄横跋扈、为所欲为。对内大兴土木，劳民伤财，享乐纵欲，极尽奢华，失去民心，荒废国事；对外连年征伐，广惹祸端，坐吃积蓄，消耗国力。正所谓上行下效，在这样的政治风气影响下，楚国国内政局紊乱，不堪收拾，权贵专权，贪赃枉法，哪里有贤能之才的容身之处！

楚灵王制造的这份"烂摊子"，并没有随着楚平王、楚昭王的继任而得到遏制和缓解。撕裂的窟窿伴随着浩浩荡荡的天下大势，呈现出"往者不可留，逝者不可追"的衰败之势。

期间，楚国还得应付宿敌晋国及晋国所扶持的代理国——吴国不断发起的军事骚扰。由于缺乏治国统军人才，在长期消极防御的军事策略中，楚国的国防实力大为削弱。就在文种与范蠡遇合的这一年（公元前506年），吴王阖闾在逃难到吴国的楚国大将伍子胥的唆使策划下，由孙武出任大将军，兵分三路远征楚国，攻陷了楚都郢城。楚昭王逃亡随国（今湖北随州），于是吴军蹂躏郢都达十月之久。

在文种和范蠡"终日而语"的岁月里，他们的交流有激情，也有无奈，有得知己的喜悦，也有忧家国的伤悲……眼看着在南方诸侯霸主地位争夺战中，几乎被淘汰出局的楚国，以及那残破不堪的郢都，心情可想而知。一官一民，一文种一范蠡，他们谈论的话题中必不可少的就是国家。

在这样的时代背景下，我们能承担什么责任呢？该如何帮助自己的国家救亡图存呢？假如文种有能力和渠道推荐范蠡在楚国为官，在国内这种政治氛围下，满腹韬略的范蠡能够实现自己的人生价值吗？布衣出身的范蠡，在楚国这个"烂摊子"中会有大的作为吗？

"疾陈霸王之道"。一个疾字，道出了风雨之疾烈、内心之急迫、智谋之激荡。如何解楚国之危难，逞千世之雄智呢？那就必须放眼天下，跳出楚国救楚国；窥破天机，把握大势弄风云。既然为楚王出谋划策的理想不太现实，那就遵循"以曲就直"的原则，走民间救国、迂回救国、外部救国之路，进而实现放眼救天下的人生战略使命。

《越绝书》曰：

> 谓大夫种曰："三王则三皇之苗裔也，五伯乃五帝之末世也。天运历纪，千岁一至。黄帝之元，执辰破巳。霸王之气，见于地户。"

《越绝书》亦曰："俱见霸兆出于东南，捐其官位，相要而往臣。"

道家奇书《黄帝阴符经》认为，观天之道，执天之行，尽矣。成功其实很简单，就是要观测天道运行的轨迹，掌握天道盛衰生杀的变化规律，从而顺势而谋、顺天而行。倘若能够知行合一，则永无败事。范蠡对于天道与时势的认识如何呢？

《越绝书》中范蠡对文种说，夏禹、商汤、周武王这三王，是燧人氏、伏羲、神农这三皇的余泽，是他们的另外一种表现形式；我们现在此起彼伏的春秋霸主，是黄帝、颛顼、帝喾、唐尧、虞舜这五帝的延续。天道运势的规律，以一千年为一个循环往复的周期，周而复始，万世不穷。黄帝为何能够成为天下的共主呢？这是因为他发现了王气的奥秘。

执辰破巳。辰就是土，巳就是火。当初，神农氏秉承火德而王，经过十多世后，德衰而不能驾驭天下，以至于天下诸侯相侵伐，才有蚩尤等野心勃勃的阴谋家导致的混乱和杀戮。黄帝有土德之瑞，顺天应命，以德治兵，播五谷，艺五种，以给养人民，受众诸侯的拥戴。后来，黄帝在自己的领地涿鹿之野经过艰苦卓绝的战斗，打败了蚩尤部族大军的野蛮进攻，一举统一了古老的华夏。神农氏遂禅位于黄帝，黄帝以土德而王天下。

范蠡告诉文种，根据我对天象的观测和对天运的推算，"俱见霸兆出于东南"，在东南方位有王气出现，是真正可以称霸的地方，这就是所谓的地户。东南方位刚好有吴、越二国坐落，目前的状态是吴国强而越国弱。你看我们楚国的伍子胥、伯嚭，齐国的孙武这样的人才，都纷纷去投奔吴国，这难道不是王气霸兆的感召吗？我们要想成就大事，就一定要去吴国仔细考察一番。

《越绝书》称："于是要大夫种入吴。"

《越绝外传本事》又说："种见蠡之时，相与谋道：'东南有霸兆，不如往仕。相要东游，入越而止。"

到底是范蠡鼓动文种离开楚国，还是文种邀约范蠡东游呢？这都难以具体考证了。身为楚国地方政府行政长官的文种，与所辖地不安分的老百姓范蠡离楚，在春秋时期被允许吗？这属不属于一种"叛国"行为呢？

在先秦时代，诸侯和大夫都是"有国有家者"，而士人是贵族的最低等，他们没有封地，是自由职业者。在这种情况下，他们只有靠出卖自己的知识和才能来谋生。他们可以自由出入各诸侯国和大夫的家，这在道德和制度上都没有问题，只要能被用就行。

说来有趣，后来中国历史上最精彩、最惊心动魄的吴越争霸，其实原本是一场大国博弈之下被挟持操纵的代理人战争。吴楚结仇，这既得益于楚国的老对头晋国大力扶持的结果，也跟楚国人才外流有着莫大的关系。当年，中原霸主晋国和南方霸主楚国为了相互之间的利益争霸，战事绵延不绝，长达百年不休。自楚庄王称霸中原后，晋国由于长期对外用兵，使得手握军权的晋国六卿的力量凌驾于晋王室之上，范氏、中行氏、智氏、赵氏、韩氏、魏氏相互之间的争权夺利，大大牵制了晋国的整体作战力，把晋国的综合国力拉到了历史新低。后来，因与楚国大夫子反争风吃醋失败的楚国权臣申公巫臣，在逃亡晋国后为了一报"夺美之仇"，极力鼓动晋王室开辟第二战场，联合其他国家对楚国进行战略牵制。而地处东南地区、尚属部落小国的吴国，就这样被选中而成为春秋末期新的战争增长点。通过晋国的经济扶持和军事援助，吴国不但有效地完成了牵制楚国的战略任务，并且开始霸气外露，差点导致了楚国的灭亡。

既然晋国可以选择吴国来制衡克害楚国，那么敌人的敌人就是朋友，我们可不可以从外围入手，选择吴国的敌对势力来进行牵引、转化，扭转强弱势能，以太极之巧劲拨去楚国肩负的不堪承受之痛呢？

同样地处东南霸兆之地，曾身为吴国附属国的越国，在范蠡和文种终日"疾陈霸王之道"的讨论中，羞答答地走上了春秋争霸赛的擂台。如何判断越国是否具有风险投资价值呢？面对着当前强悍霸道、盛气凌人的吴国，越国真的能够帮助楚国进行战略牵制，从吴国背后进行消耗分化、攻击撕裂，转移吴楚战争矛盾的焦点吗？在霸兆出于东南之地的特殊时期，越国具备泄放强吴之霸气，而盗夺天机、自养称霸的时运与机缘吗？

没有调查就没有发言权。要解决上述的疑虑，成功实现"扶越救楚"的战略计划，不但要去越国进行战略指导，更要先去吴国探探虚实。

如果说，出身于贵族的文种对于楚国还有不可割舍的感情，抱着为楚王室复仇的外出目的；那么，学悟"阴阳盈虚"之道多年的范蠡，早就对"物壮则老，是谓不道"的道家自然演变规律烂熟于胸。对范蠡而言，"因循天道，择时机而有为，实现自我，展抱负于天下"，才是让他激动和心动的真正原因。

家国大事，救亡图存，扶弱抑强，天下为任。这种事，大丈夫当挺身独任，让不得人。我们不做，谁去做？以战止战，扬名四海，济世救民，吞吐天下的英雄成就、神仙事业，在文种与范蠡这份肝胆相照的兄弟遇合中，正式拉开了帷幕。

静心读《道德经》

知人者智，自知者明；
胜人者有力，自胜者强；
知足者富，强行者有志，不失其所者久，死而不亡者寿。

知其雄，守其雌，为天下溪。
为天下溪，常德不离，复归于婴儿。
知其白，守其黑，为天下式。
为天下式，常德不忒，复归于无极。
知其荣，守其辱，为天下谷。
为天下谷，常德乃足，复归于朴。
朴散则为器，圣人用之，则为官长。
故大制不割。

第6章

吴国强盛的前世今生

漫漫人生路,谁不错几步?

古语有云:女怕选错郎,男怕入错行。良禽择木而栖,贤臣择主而事。士为知己者死,女为悦己者容。

成功的人生取决于正确的选择,而失败的步伐却总是围绕着"不会选择、错误选择、坚持错误选择"这三大旋律盲目地信心满怀地前进。

故而,选择大于努力确实是不可忽视的金玉良言。

没有调查权,就没有被选择权

公元前502年左右,也就是在范蠡、文种二人相遇的四年之后,蠡种二人自感外缘条件成熟,彼此性格磨合已经适应,认同感加深,待文种将手头的地方政府工作交接后,便相邀往东南霸兆之地而行。

他们东南之行的第一站,并不是越国,而是吴国。范蠡和文种之所以先进入吴国境内,那是因为他们需要一份送给越王的见面礼。

人人都具备选择权,选择权赋予了我们可选也可不选的权利。上至天子侯王,下至士人庶民,都必须认识这个客观问题,尊重对方选择。强人所难,强己所为,皆为不美。

如果说范蠡与文种之间的"搭班子"选择出于志同道合,那么如何让千里之外那陌生而高高在上的越王选择自己、重用自己，甚至依赖自己呢？又凭什么许以自己高官厚禄？

也许我们会说，文种出身贵族，又在南方大国楚国工作多年，具备丰富的从政经验，这样的高级管理人才"空降"到当时偏僻而落后的越国，这是越王之幸与越国之福，就业与谋职肯定不是问题。而范蠡却不然，越国再弱小落后，也不可能随随便便把官职授予一个无名无分、无任何工作经历与经验的布衣百姓；更何况，这还是一个被时人称为"小疯子"的年轻人。

要想在越国谋取官职，实现一展雄才大略、匡扶天下的远大理想，范蠡和文种给越王的可选择权利却有天壤之别。

我们永远不要怀疑这个社会有没有明主贤君。即使真的有，那也是贤臣智士培养出来的结果。"蠡种组合"要实现命运捆绑，完美出击，这需要谋略，更需要条件。他们需要给越王献上一份独特的"见面礼"，让他彻底失去拒绝的理由。

要打败对手，首先你要认识对手、了解对手、尊重对手、学习对手，以达取长补短、避实击虚之效。面对着未来职业生涯中不可避免的"假想"强敌，范蠡和文种此次入吴，需要了解哪些方面的情况？将以什么样的身份进入吴国，并顺利完成调查任务呢？

范蠡和文种入吴，是抱着调查打探吴国重要军政情报的目的而去的。他们需要一份详尽可靠的《吴国调查报告》，从吴国的"山川地理、风土人情、君主作风、臣僚能力、军事实力、民心向背"等几大方面入手，以作为献给越王并拿得出手的见面礼。

《吴国调查报告》

第一，吴国具有高贵的王室血统和美好的故事传说。

《左传·昭公三十年》曰："吴，周之胄裔也，而弃在海滨，不与姬通。"

《汉书·地理志》曰："梅里上有吴城，周武王封太伯之后于此，是为虞公。"

吴国属于周王室的分支，也就是说跟周天子同姓（都姓姬）。据史书记载，周太王生有长子太伯、次子仲雍和小儿子季历。季历的儿子昌聪明早慧,深受太王宠爱。周太王想传位于昌,但根据当时的传统应传位于长子,因此郁郁寡欢。太伯明白父亲的意思后,就和二弟仲雍借为父采药的机会一起逃到荒凉的江南,定居于梅里(今无锡梅村),在无锡、苏州附近自创基业,建立了勾吴古国。武王灭纣之后实行分封制,大力封赏有功大臣和王亲贵族,太伯第三世孙周章被周武王封为侯,遂改国号为吴。

第二,吴国具有独特的地形地理和生活习性。

吴国位于今苏皖两省长江以南部分,后扩张到今苏皖两省全境及赣东北部分地区。由于它起初受封的国土偏远荒凉,又与王室关系比较疏远,更兼紧邻戎狄蛮夷等民族,屡受其侵扰,战事不断。

《吴越春秋·阖闾内传》中阖闾曾自我评价其国:"吾国僻远,顾在东南之地,险阻润湿,又有江海之害;君无守御,民无所依;仓库不设,田畴不垦。"当时,吴国所在的太湖流域,气候温热润湿,在广阔的平原和丘陵地带覆盖着茂密的原始森林,水网交织,湖沼密布,属于荆莽丛生之地,虫蛇鳄鱼之类时时处处威胁着人们的生存和安全。

据《史记》记载,当时长江中下游江南地区"地广人稀,饭稻羹鱼,或火耕而水耨""江南卑湿,丈夫早夭"。又有《博物志》言:"东南之人食水产……鱼蛤螺蚌以为珍味,不觉其腥臊也。"

与中原地带的华夏诸邦相比,吴地的经济生产和社会生活长期处于原始落后的状态。他们以稻米为主食,鱼羹为副食。种植的农作物属于劳动力花费多,生产技术要求高的水稻,加上经常性的水灾,生产力水平难以提高,农业经济远远落后于黄河中下游地区,直到春秋中叶尚未得到充分治理。

在群雄争霸的春秋时期,江河很快成为陆地的延伸,当时较大的水战已不下十余次。在地形、水文等自然防御条件上,有"三江五湖之难"的吴国,地处太湖流域水网地带,北有淮夷、南有百越、西有荆蛮,东方直面大海,是一个水运发达的国家。

在这样一个水网交错、丛林遍野、以船为车、以楫为马的水乡,运河与江河湖泊构成的水路交通具有防御方面的天然独特优势,地理形势利于守险,退可保国土不失，进则能蚕食邻邦，足以傲视诸侯。

第三，吴国具有彪悍好利的民风及尚武轻死的观念。

《史记·天官书》认为："秦、楚、吴、越，夷狄也，为强伯。"

在春秋时期，吴人彪悍好斗、尚武好勇的民风引人注目。他们深受被中原华夏诸侯所斥责、鄙视的夷狄风俗制度影响，相比于中原民风的保守、俭啬和拘谨，保留了当时落后民族的野蛮精神：贪而好利，漠视礼教信义，对财富、土地、权力有着强烈的欲望。

当然，这种民风的诞生，在某种程度上也源于吴地贫乏的物质财富，与中原地区的文明富饶形成了鲜明的对比和强烈的落差。安逸的生活削弱了中原人们的勇气和智慧，而落后的经济条件则大大激发了吴人贪婪好胜、崇尚掠夺的轻死精神。

《汉书·地理志》称："吴、粤之君皆好勇，故其民至今好用剑，轻死易发。"

吴越相邻，风俗接近。"吴王好剑，而国士轻死"。领袖的魅力是无穷的，由于君主好剑尚武，老百姓自然上行下效，跟风追随。同时，吴国统治阶层极力鼓吹"父母之仇不与戴天履地，兄弟之仇不可同城接壤，朋友之仇不与邻乡共里"。经过这样的"洗脑"后，吴人勇猛善战，具有浓重的血族复仇观念，多豪侠壮士，视死如归，甚至以剑自刭之风也成为一种流行时尚。

第四，吴国具有好强的君王和贤能的群臣。

吴国虽然和周王室及中原诸侯关系交往也算密切，但是由于其地理位置处于当时的天下边缘，所以很少受到各诸侯国的正眼相待。传至第十九代君王寿梦接位后，吴国日益强大并称王，被诸侯各国尊为盟主。

随着吴国与晋国交好，开始与中原交流，经济、文化得以发展，国势强盛，颇具新兴气象。寿梦执政时，吴国也开始有了年号和文字记载。勾吴从这个时候开始酝酿起其辉煌而短暂的爆发，经过数十年的励精图治，成为拥有今江苏、上海、浙江、安徽等地的"泱泱大国"，并开始进攻亲楚的小邦巢、徐。

史籍载"吴始大"。

阖闾：吴国"政改"的破坏者

寿梦有四个儿子，分别是：诸樊、余祭、夷昧（也称余昧）、季札。

跟自己的远祖周太王一样，寿梦也患上了喜欢小儿子的毛病。他认为四个儿子中，季札最贤，便想立他为世子，将来好把王位传给他。但这样做，一来不合周礼规定，二来季札总以有兄长而拒绝接受。于是寿梦采取了迂回策略，在临终之前发明了"轮值主席制"。先传位于长子，并要求兄终弟及，轮流坐班，诸子依次传位，直到传给季札为止。

遵照着父亲的遗嘱，长子、次子均严格执行，后传至三子余昧。刚当了四年吴王就不幸得了重病的余昧，临终前重申寿梦遗命，要传位给季札。季札感到再也无法推托，索性一走了之，逃到延陵躲了起来。于是，余昧将王位传给自己的儿子僚。规则一旦被打破，祸患也就发生了。轮值主席传位制被打乱后，引起诸樊之子公子光的严重不满，最终引发了专诸刺王僚、鱼肠剑夺位的系列传奇故事。

采取血腥暴力的非道德手段夺取吴国王位的公子光，就是后来的阖闾。

公元前514年，吴王阖闾即位。"阖"，即合家、全部的意思；"闾"，是单位名词，当时 二十五户为一闾。"阖闾"意思是全国人民的城，由此可见当时吴王具有包揽天下、称霸列国的政治野心。

也许，一切都是天意，一切都是注定。虽然阖闾采用了非道德的手段夺取王位，成了吴国政治体制改革的破坏者；但是事实证明他确实是一个治国理政的优秀人才，且天生具有成为王霸的领袖潜质。

阖闾上台后，为了稳定政权，便开始励精图治。阖闾从"改作风、任贤能、重经济、强国防、定战略"抓起，在政治、军事、经济等领域全面入手，实施强国富民的振兴计划。

首先，阖闾从自我做起，率先垂范，转变领导作风，改变政治风气。

《国语·楚语下》记载，"阖闾口不贪嘉味，耳不乐逸声，目不淫于色，身不怀于安，朝夕勤志，恤民不赢，闻一善若惊，得一士若赏，有过必悛，有不善必惧"因而大得民心，使吴国在各方面出现欣欣向荣的气象。

其次阖闾注重广泛搜罗人才，任贤使能，采纳良策，听取民声。

他任用了楚国旧臣伍子胥，听取其振兴吴国的建议。并召伍子胥为行人，参与兴国大计；以伯嚭、华登为大夫，共谋国事。经伍子胥七次力荐，阖闾亲自召见了时为罗浮山下一个无名种菜人的军事家孙武。他在被孙武献上的兵书中博大精深的谋略思想折服的同时，也对这个二十八九岁的年轻人是否具备统军作战的实战能力产生怀疑，便提出让孙武训练后宫妇人以作为严格的人才测试。最后的结果是，阖闾在付出了痛失两位爱姬，连续六日食不甘味、夜不安眠的沉重代价后，终于抛却杀姬之恨，拜孙武为将军。

由此可见，阖闾在"任贤能"上虽然不拘一格，但也不是徒好虚名、用而不察。

阖闾当政之时，吴国虽然逐步走向强盛，但仍有不少困难：譬如常受江河海水的侵害，军事防御设施尚不完备，国家和人民的安全没有保障；国家粮仓还未建立，荒地也未充分开垦。

而此时，西边的楚国已成为雄踞中南的"泱泱大国"，南边的越国也正在开始崛起，并对吴国构成威胁。

在这种严峻的形势下，具有政治胆识的阖闾在吴国推行了一系列行之有效的"重经济"政策。经过几年的努力，吴国不断发展壮大，百姓丰衣足食，乐于为国家而献身。他让伍子胥主持修建的阖闾大城，就是今天的苏州古城，其规模位置迄今基本未变，为世所罕见。

具有了强大的经济实力后，阖闾开始把重点转向军事上的发展，以"强国防"。

他在"军神"孙武的帮助下，加紧训练吴国士卒，提高战术素养，以适应与中原诸侯国作战的需要；同时训练舟师，制造战船，加紧制作锋利的宝剑，以供战争之用。

《吕氏春秋·上德》谓："阖闾之教，孙吴之兵，不能当矣。"由于治军"申明军纪，赏罚必信"，吴国建立了一支齐勇如一、士气高昂，能同时进行水陆灵活作战的"海军陆战队"。

吴国的政治、经济和军事力量逐渐得到加强，于是开始崛起，首先把矛头指向了强大的楚国。

为了给楚国点颜色看,他一举灭亡了楚的附庸——徐国。楚国对此也无可奈何,只能眼睁睁地看着他在徐国称王。吴国随后一举出兵,五战败楚,攻破楚国郢都,掠楚地近千里。楚国几近灭亡,诸侯震惊,至此吴国的声威达到顶峰。

在范蠡和文种进入吴国秘密调研期间,正是阖闾当政的黄金时期。

面对着如日中天、几近完美的强大吴国,"蠡种"组合是考虑放弃对楚国的信念,留任吴国谋求霸业?还是不改初衷,坚持走"扶越抑吴"之路,选择一次前程未卜的挑战之旅呢?

在反复权衡中,范蠡不由自主想起了自己的师爷老子所留下的几句话——"持而盈之,不如其已;揣而锐之,不可长保;金玉满堂,莫之能守;富贵而骄,自遗其咎"。是呀,满招损,谦受益,洼则盈,敝则新。

对于范蠡而言,吴国已是太强大、太饱满了。就算二人留在吴国得到任用,也只不过是依照先期谋划好的吴国"国家战略"进行执行而已,没有太大的发展空间,难以施展自我的真正才华。更何况,"君子逢时,不入仇邦",就算楚国再不爱我们,我们也不能不爱自己的祖国呀,不能因为一份工作而失去了"故国之亲"。

还是去越国吧,它是一个一切都是未知数的国家,一个如同一张白纸般可以任由我们随意施展、自在驰骋、全程谋划、倾情付出的国家,也是一个可以帮助我们实现迂回救楚的国家。

以小博大,以弱胜强,这正是检验范蠡所学道学智慧的绝佳机会呀!

静心读《道德经》

持而盈之,不如其已;

揣而锐之,不可长保;

金玉满堂,莫之能守;

富贵而骄,自遗其咎。

功遂身退,天之道。

人之生也柔弱,其死也坚强。

草木之生也柔脆,其死也枯槁。

故坚强者死之徒,柔弱者生之徒。

是以兵强则灭,木强则折。

强大处下,柔弱处上。

第 7 章

没有伍子胥，就没有陶朱公

人生难得一知己，人生更难得一对手。

道学思想认为：阴阳互根，祸福相依，内外相连，敌我相随，一切都在太极变化中。人生如战场。每个人的一生不可须臾离对手，对手既是挑战者，又是同行者。所谓孤掌难鸣，没有对手的战争是乏味和无趣的，没有对手的人生是孤独和寂寞的。没有了竞争的压力，也就失去了进步的动力；没有了对手的制衡，也就失去了生命的活力。与高手较量，才能挖掘自己的潜力，激发自己的能力，牵引自己的动力，集中自己的全力，见证自己的实力，成就自己的威力。如果没有旗鼓相当的对手，自己水平再高，也无从施放、难以发挥，人生就会索然无味，成为独孤求败的寡人。

什么是对手和敌人呢？站在阴阳转换的立场来看：所谓敌人，不过是那些迫使我们自己变得强大的朋友。

不弃小义：活下去才能解决问题

《左传》曾有一句话："虽楚有材，晋实用之。"大国之间的综合实力竞争，归根结底是人才的竞争。人才济济的楚国，由于未能建立有效的人才选拔与激励机制，对体制内人才也不加重视并多方排挤，最终导致了严重的人才外流现象，为晋、吴这样的"敌国"培养了大批高级领导干部，最终自食恶果，得不偿失。

历史常常让人尴尬。吴国的臣僚班子中，处于核心领导岗位的伍子胥、伯嚭等后来在吴越战争中具有举足轻重作用的关键人物，都曾是楚国人。

范蠡确实很幸运。他不但拥有文种这样志同道合的知己，还不可避免地为自己选择了当时最强大、最具实力的团队对手。这让身为历史旁观者的我们，在这场棋逢对手惊心动魄的吴越战争中，获得了既紧张屏息却又酣畅淋漓的观感。

没有伍子胥就没有范蠡那一段惊心动魄的历史，对手有时候就是最好的老师。我们了解伍子胥，是为了更好地了解范蠡。

作为"蠡种组合"最强劲的对手，伍子胥到底是一个怎样的人？是什么样的经历促使他背楚而奔吴？他对吴国的强大做出过哪些贡献？强盛者易折，皎洁者易污，看似强大的伍子胥，其性情的缺陷和人生的"死穴"在哪里？

只有知己知彼，才能百战百胜。在遇到对手时，我们不应群情激昂，而应首先认清他。范蠡就是这样做的。范蠡与文种二人经过了解，总结出伍子胥身上所具有的"七大"特征。哪"七大"呢？那就是：有大智、历大难、怀大仇、效大忠、建大功、尽大孝、惹大非。

第一个方面是"有大智"。

在历史上，伍子胥与孙武一样，也是有军事著作的。《汉书·艺文志》著录兵书《伍子胥》十篇、图一卷，虽已失传，但足以证明伍子胥生前能文能武、智勇双全。伍子胥的大智，体现在生死关头的决策力，以及对潜在事件洞若观火的预见力。

伍子胥，名员，字子胥，本出身于楚国贵族世家。伍子胥的父亲叫伍奢，爷爷叫伍举。这个伍举，因为侍奉楚庄王时刚直谏诤而显贵，所以后代子孙在楚国很有名望。伍举死后，楚平王为嘉奖伍举敢于直谏的美德，封伍奢于连，号为连公。由于家庭的背景关系，伍子胥从小就受到良好教育。史书称他"少好于文，长习于武"，有"文治邦国，武定天下"之才。

满门忠直的伍氏家族，为何到了伍子胥这里，却叛楚而投吴，甚至还引领吴军攻打楚国，险些导致楚国灭亡呢？这要从那不听计然苦口规劝的楚平王惹下的大祸说起。

当初楚平王在蔡国的时候，蔡国有个边境官员的女儿私奔到他那里，生下了太子建。平王即位后，便派伍奢当太子建的首席老师，即太子太傅。而费无极则位居副职，做了太子少傅。

当"老二"需要一份胸怀，当老师更需要一份胸怀，身为"老二级别"的费无极老师偏偏严重缺乏胸怀。由于太子建尊重伍奢而嫌恶费无极，得不到学生信任的费老师不仅不深刻检讨反思自身存在问题，反而在自己学生和同事身上打起了鬼主意。

费无极得不到宠信，便想要诬陷太子。他向楚平王建议："太子建可以娶妻了。"男大当婚，这是天经地义之事。公元前527年，"好爸爸"楚平王为时年十五岁的儿子太子建娶亲，选中了秦国秦景公之女孟嬴，遂昭告天下一切备绪，并派遣大臣费无极专程前往秦国迎娶。费无极见秦国嫁给太子建的女子长得非常姣美，再加上自己对太子建非常忌恨，就动了邪念，认为这么漂亮的姑娘不应该为太子建拥有。

费无极当然无法染指美丽的孟嬴，但深谙"美女经济"之道的小政客，于是从孟嬴身上看到了可以兑换的政治利益。

既然太子建不该得到美女，那这个美女谁才配真正拥有呢？那当然只有楚平王了。

于是，费无极不顾一切快马回宫对楚平王细述姑娘之美，那可是倾国倾城、绝世无双；并向楚平王真诚建议："机会难得，美女难求呀，君王您完全可以自己娶之为妻子，给太子另外找一位女子做妻子。"男人对于美色的诱惑往往难以抗拒，尤其是被费无极独家广告渲染下的美女。楚平王被巧舌如簧的费无极说动了心，本该属于制片人角色的他雄心勃勃地当起了主演。转眼间，这位本该成为太子夫人的秦国姑娘，便成了公爹楚平王的妃子。

费无极用"调包计"办妥此事，更深得楚平王的赏识了。然而，做贼心虚的费无极却寝食不安忧心忡忡，他知道太子迟早也会成为君王的，于是又萌生了"调人"之计。费无极对楚平王说："晋国之所以能够称霸，是因为近中原；而楚国偏狭小，所以不能同晋国争雄。如果扩大城父的城墙，把太子安排在那里，以便和北方各诸侯国交往，就可以取得天下。"正为父子之间低头不见抬头见的尴尬而伤透脑筋的楚平王很高兴，再一次听从了费无极的建议。

楚平王六年（公元前523年），楚平王让太子熊建离开国都，去镇守城父。作为太子太傅，伍奢父子也陪同情场官场双失意的太子到了楚国北疆的城堡驻守。

来到城父，是伍子胥的一个命运转折点。今天的城父故城，西北距安徽省亳州市三十多公里，东南距涡阳县城二十多公里。而涡阳，则是道学始祖老子的诞生地。伍氏父子镇守城父之时，学问渊博、名动天下的老子已告老还乡，开授私学。与高人为邻，如此机遇伍子胥自然不会错过。虽然史无明载，但是相信在城父的一年多时间内，伍子胥一定向老子请教过道学，并蒙授一二。

多年以后的伍子胥，因为越国贡西施、郑旦给吴王而进谏劝说夫差。他是怎么说的呢？《吴越春秋·勾践阴谋外传第九》有记载："不可，王勿受也。臣闻：'五色令人目盲，五音令人耳聋'。"伍子胥闻传的这句话，是老子传付尹喜的五千言中的原文。伍子胥从何处闻？于何人闻？在传播方式处于原始落后状态的春秋时期，唯有耳闻目睹、当面聆听，才能一字不差，记忆犹新。

到城父后的第二年（公元前522年），小人得志利令智昏的费无极，干脆一不做二不休，再次施行"调唆"之计，向楚平王诬告太子建"外交诸侯，将入为乱"。费无极的目的，是通过诬陷太子建谋反，达到斩草除根的效果，彻底清除后顾之忧；同时通过改立孟嬴的儿子轸当太子，换取自己的官禄晋升。"子不教，师之过"。信以为真的楚平王，立刻召见太子建的老师伍奢，严加诘问。三代以刚直谏诤著称的伍氏家族，这个时候当然不会出卖自己的原则。伍奢借此规劝平王："大王受到佞臣蒙蔽，已经夺去了儿媳，又要谋杀儿子，于心何忍？"打人莫打脸，揭人莫揭短，伍奢的话使楚平王丧失了最后一点理智。他下令立即把伍奢囚禁，并派城父司马奋扬去杀死太子建。奋扬情知太子建无辜，便暗中派人先去向太子建告密，才使太子建得以奔宋国而逃亡。

费无极深知伍奢两个儿子伍尚、伍子胥相当了得，不杀他们，恐日后为患。在费无极的唆使下，楚平王一面派人去追杀太子建，一面又逼伍奢写信给他的两个儿子，以营救父亲的高尚名义诱骗他们回来，以便一起除掉。

《史记·伍子胥列传》记载：

使人召二子曰："来，吾生汝父；不来，今杀奢也。"伍尚欲往，员曰："楚之召我兄弟，非欲以生我父也，恐有脱者后生患，故以父为质，诈召二子。二子到，则父子俱死。何益父之死？往而令雠不得报耳。不如奔他国，借力以雪父之耻，俱灭，无为也。"

楚平王派人去召伍子胥兄弟二人回来，说："只要回来，我就赦免你们的父亲。"棠邑大夫伍尚看到信就要动身，伍子胥警告他："这是阴谋，楚王忌惮我们的威名，不敢伤害父亲。他们把父亲扣作人质，就是要把我们一网打尽。你先不要去，我来设法救出父亲。"伍尚对弟弟伍子胥说："你到吴国去，我准备回去送死。我的才智比不上你，我能为父亲而死，你能为父亲报仇。听到可以赦免父亲的命令，不能不赶快回去；亲人被杀戮，不能没有人报仇。赴死而使父亲得到赦免，这是孝顺；掂量成功的可能性而行动，这是仁义；选择重任而前往，这是明智；明知必死而不躲避，这是勇气。父亲不可以抛弃，名誉不可以毁掉，你努力而为吧！这样总比两个人跟在一起好。"子胥说："既然如此，我们兄弟只好就此别过。"

伍子胥头脑清醒，看问题尖锐，在父亲与兄长的生死关头，毅然选择了逃走。这并不是懦弱，而是他深知：在这场政治阴谋中，应父之召必然父子俱死；而不回，或许平王还有顾忌；即使再不济，也还有报仇雪恨的机会。退一步海阔天空，忍辱逃走，不是为了苟且偷生，而是怕"俱灭，无为也"。所以伍子胥不得不弃小义而雪大耻，走上了一条"奔他国，借力以雪父之耻"的复仇之路。

伍子胥这份高智商的洞察力，在后来的吴越战争中更是得到了淋漓尽致的发挥。他总是不厌其烦永不言弃地重申"伐越"战略，并一次次地识破了范蠡和文种隐藏至深的谋略，将这次各为其主的智力争霸赛推向了波澜壮阔、惊心动魄的高潮。

仇恨之火：是动力也是阻力

第二个方面是"历大难"。

对于伍子胥，不能仅仅用贵族子弟来评价。家庭的变故，父兄的血仇，让他不得不保存实力，亡命天涯。他有张弓拒捕、反叛独立的一面，也有忍辱负重、含辛茹苦的一面。作为一个有丰富人生经历和阅历的男人，伍子胥绝对是一个吃得起苦、受得了罪的可怕对手。

离开楚国，伍子胥便开始了他传奇而又悲惨的逃难历程。他先是追随楚国太子建到宋国，后来因为宋国"华氏之乱"又辗转来到郑国。太子建和晋国君王私通，要做晋国攻打郑国的内应，伍子胥劝说无果。后来郑国国君知道了，就把太子建杀了。

伍子胥又带着建的儿子公子胜逃出郑国奔吴而去。就这样白天躲藏，晚上赶路，终于来到吴楚两国交界的昭关（在今安徽含山县北）。面对着铺天盖地的全国通缉令和诱人的赏银，昭关的官吏盘查工作开展得紧张而又细密。如何才能顺利过关，"越狱"成功呢？期间，伍子胥生命中的贵人接二连三地开始出现。其悲惨经历引发了扁鹊弟子东皋公的恻隐之心，深谙医道的东皋公准备出手搭救，他把伍子胥二人带进自己的居所，一连七日好心招待，却丝毫不谈过关之事。

物极必反，情急必乱，内心急迫至极的伍子胥彻夜翻覆，寝不能寐。他想告别东皋公而去，又担心过不了关，反而惹祸；若是不走，又不知还要等多久。真可谓"长夜漫漫，无心睡眠"。如此翻来覆去，其身心如在芒刺之中，卧而复起，绕屋而转，不觉挨到天亮。

俗话说，命由心改，相随心移，愁从心生。几天工夫一耗下来，曾经那年轻帅气英雄少年的伍子胥突然惊奇地发现，自己居然须发俱白，整个一"白头翁"了。

相貌全变的伍子胥，这才因祸得福，蒙混过关。

第三个方面是"怀大仇"。

仇恨对于人的影响实在是太大了。作为中国历史上少有的以自己的力量去报复君王的逃亡者，伍子胥背负血海深仇一路狂奔。他的眼早已被仇恨的血光所充斥，他的心早已被仇恨的念头所炙烤。父兄的死如同巨石时时刻刻压在他的心头，让他食不甘味，度日如年。

《史记》中称："伍胥未至吴而疾，止中道，乞食。"

很短的一句话，却给我们勾勒出了报仇心切、忍辱负重的伍子胥的形象。我们不难想象：不管是在长江边经历困窘窘迫，还是在道路上乞讨糊口，只有父兄被杀的深仇大恨，才能支撑染疾的他即使止于中道乞食为生，也要活下去为他们报仇的信念。

为了复仇，伍子胥不再简单和透彻。他可以极其敏感而智慧超人，也可以异常迟钝而迷昧不清，他的性格和历史身影变得复杂起来。

当伍子胥到达吴国时，正值吴王僚当政，公子光为将军。但是，伍子胥很快就发现，吴国当时的大环境根本不适合他报仇，吴王僚也没有真正对自己加以重用的意思。后来，伍子胥慢慢了解到，竟然是公子光在吴王僚左右屡进谗言的缘故。因为每当伍子胥向吴王僚陈述伐楚的益处，提议吴国攻打楚国的时候，公子光总是冷冷地说："那个伍员，父亲、哥哥都是被楚国杀死的，所以才讲攻打楚国。他这是为了报自己的私仇，并不是替吴国打算。"就这样，伍子胥的报仇愿望被吴公子光给彻底搅黄了。

作为吴国政坛的实力派人物，公子光为何要屡次进言反对伐楚，和伍子胥过不去呢？

史书上记载："知公子光有内志，欲杀王而自立，未可说以外事，乃进专诸于公子光，退而与太子建之子胜耕于野。"伍子胥顿时醒悟过来，公子光反对伐楚，是因为不想伍子胥为吴王僚所用，是在敲打暗示自己要站对队伍，是想拉拢自己而排除异己，让伍子胥依靠自己复仇。这个公子光有篡位之谋！

伍子胥敏锐地洞察到公子光的心思。为了自己的复仇目标，伍子胥和公子光开诚布公地谈判："只要你答应将来为我发兵楚国，我可以帮助你顺利夺取王位。"公子光一口答应了。于是伍子胥为他策划夺权的一系列行动，首先给他介绍了一位名叫专诸的勇士。公子光十分高兴，把伍子胥作宾客对待。伍子胥退居郊野耕作，等待专诸成功。后来，在吴王僚因楚平王大丧伐楚、国内空虚之际，令专诸杀王僚，而拥立公子光为吴王。

伍子胥的风险投资终于大功告成，复仇的梦想似乎不再遥不可及了。

然而，由于复仇的心火太过熊烈，伍子胥也为自己深埋下了祸根。

这就要说到吴越战争中另外一个关键人物伯嚭了。

伯嚭本是楚国名臣伯州犁之孙。父亲郤宛，是楚王左尹，为人耿直，贤明有能，深受百姓爱戴，因此受到了少傅费无极的忌恨进谗。后郤宛被楚国令尹（国相）子常所杀，并株连全族，但伯嚭竟得侥幸逃离。他听说另一位遭楚迫害的伍子胥在吴国受到重用，便孤身一人逃到吴国投靠伍子胥。

俗话说，"老乡见老乡，两眼泪汪汪"。伍子胥与伯嚭虽无私交，但是因为遭遇相似，同病相怜，就将他举荐给吴王阖闾。阖闾高兴地接见了这位满怀深仇大恨的青年。在盛大的宫宴上，当时陪宴在场的吴大夫被离对伯嚭很不放心，轻声询问伍子胥："您以为伯嚭可以信任吗？"伍子胥坦然以答："我与伯嚭有相同的怨仇。您没听过《河上歌》所唱的'同病相怜，同忧相救'吗？就好比惊飞的鸟儿，追逐着聚集到一块，有什么可奇怪的呢？"被离提醒伍子胥道："您只见其表，不见其内。我看伯嚭为人，鹰视虎步，本性贪佞，专功而擅杀。如果重用他，恐怕您日后定会受到牵累。"伍子胥则不以为然。

智者千虑，必有一失。

被仇恨之心扰乱了心智的伍子胥，终未能听进去被离的忠告。他太需要战友了！最后，在伍子胥的大力举荐下，阖闾收留了伯嚭，并任命他为大夫，让他与伍子胥一起图谋国事。谁也无法料到，眼前这位穷途末路的可怜老乡伯嚭，会成为伍子胥的克星。

史上最狠毒的"掘墓人"

第四个方面是"效大忠"。

伍子胥的忠，也要一分为二地看待。站在吴国和吴王的立场，伍子胥是千秋可鉴的大忠之臣；站在楚国和楚王的立场，那伍子胥则又变成了大不忠之人。

从严格意义上来说，伍子胥是一个叛国者。但是，他的是非功过却得到了时人和历代史书作者们的广泛理解。如庄子评价他为："世之所谓忠臣者，莫若王子比干、伍子胥。子胥沉江，比干剖心。此二子者，世谓忠臣也……"楚国人屈原也认为："忠不必用兮，贤不必以。伍子逢殃兮，比干菹醢。"晚明思想家李贽更是认为:"(伍子胥)绝孝纯忠,惊天震地""楚之烈也"。为何他们对于伍子胥背叛楚国的行为如此宽容呢?

前面我们讲过了,在春秋时代,国家的意义与我们现在并不相同,诸侯们共奉一个周天子,共属华夏民族,其实都是出自一家。时人的价值观虽然也宣扬忠于自己的诸侯国,但最主要的还是忠于周王朝。所以,诸侯列国称霸的时候都还免不了打着周王室的旗号。而且当时人才的流动都是自由和自愿的,转换国家如同跳槽一样的人相当普遍,楚国人跑到敌国入仕的事情太多了,即使他们为其他诸侯效忠,也通常会被认为是忠臣。

成功的人生贵在选择,千秋的功名在于遇合。

刘向《新序》中说:"楚不用伍子胥而破,吴阖庐用之而霸。"昏庸的楚平王无德无识,未能选择伍子胥强国辅政;宋国、郑国也无缘无分,最终与流亡客寄的伍子胥失之交臂;即使到了吴国之后,吴王僚也未能慧眼独具地发现伍子胥的真正价值,而独为公子光(阖闾)重用。

伍子胥对于吴王阖闾的感情,有"士为知己者死"的简单纯粹,也有全力付出竭诚尽忠的股东心态和合伙人情结。对伍子胥来讲,唯一的红利就是"借力以雪父之耻"。所以,只要阖闾有需求有指示,伍子胥绝对可以披肝沥胆,使命必达,即使肝脑涂地也在所不辞。为了刺杀吴王僚,伍子胥找到了史上最具创意的刺客专诸;为了除掉吴王僚逃亡在卫国的儿子庆忌,伍子胥又成功物色了东海勇士要离来断绝后患。伍子胥请求阖闾发兵攻楚,阖闾推却说:"不行,我现在还缺少一个领兵的大将。"伍子胥马上又七荐孙武,献上兵法十三篇。

万能的伍子胥,简直就像一个有求必应的阿拉丁神灯,或如那百宝袋里藏着无尽宝贝的哆啦A梦。

第五个方面是"建大功"。

吴国的兴衰成败,伍子胥的作用可谓举足轻重。吴王阖闾在其执政期间,任用伍子胥进行改革。他举荐贤才,加强操练,严明军纪,务实为用。《越绝书》称:"……值吴伍子胥教化,天下从之,从未有死亡之失。"足见其治国用兵,深具远见卓识,实乃谋略不凡!

为了达到"安君治民""兴王成霸"的目的,顺应吴国社会经济发展和破楚伐越的需要，阖闾接受伍子胥的建议，奖农商以实仓廪，治城郭以设守备。几年之后，"东宫周一里二百七十步，路西宫在长秋，周一里二十六步"；"禾稼登熟，兵革利坚"。伍子胥根据吴与周边各诸侯国的强弱形势及利害关系，与孙武等制定了先西破强楚以解除对吴之最大威胁，继南服越国以除心腹之患的争霸方略。

周敬王八年（公元前512年），伍子胥针对楚国执政者众而不和且互相推诿的弱点，提出分吴军为三部轮番击楚，以诱楚全军出战，彼出则归，彼归则出。"亟肆以罢（疲）之，多方以误之"（《左传·昭公三十年》），待楚军疲敝，再大举进攻。此后数年间，吴军连年扰楚，迫楚军被动应战，疲于奔命，实力大为削弱。吴随即展开大举攻楚的准备，争取与楚有矛盾的蔡、唐两国作为自己的盟国，使楚北方门户洞开，为而后避开楚军防守正面实施突袭创造了条件；又出兵攻越，给楚造成吴不会大举攻楚的假象，并施反间于楚，使楚不用知兵善战的子期，而用贪鄙无能的子常为帅。

周敬王十四年（公元前506年），吴王阖闾应子胥、伯嚭复仇伐楚的请求，重用孙武为大将，子胥、伯嚭为副将，大举攻楚。伍子胥与孙武等佐阖闾统领大军沿淮水西进，由楚防备薄弱的东北部实施大纵深战略突袭，直捣楚腹地，以灵活机动的战法，击败楚军主力于柏举。接着展开追击，五战五捷，长驱攻入楚国都城郢都，终成破楚之功。

太史公在《史记》中评价道："当是时，吴以伍子胥、孙武之谋，西破彊楚，北威齐晋，南服越人。"这是怎样的丰功伟绩啊！

第六个方面是"尽大孝"。

几千年来，人们把忠孝视为天性，甚至作为区别人与禽兽的标志。事实上，中国人家族观念都很强，中国古代社会最基本的细胞是家庭，忠孝二者相较，孝比忠更基本。所以古代通常把家放在国前面称"家国"，正所谓"修身、齐家、治国、平天下"。因而，春秋时期人们的价值观里对复仇尽孝的概念，是高于对诸侯国主的忠诚的。

伍子胥堪称孝子的典范，他所做的一切努力都是为了报杀父兄之仇。但是以个人之智和力，要向一个国家的君主及他身后代表的国家寻仇，哪怕是再厉害的英雄豪杰，也犹如天方夜谭，谈何容易！

伍子胥最担心和害怕的是什么呢？不是个人生死，不是千辛万苦，而是报不了仇。所以在公元前516年，伍子胥得到楚平王死讯后，放声大哭。当时的公子光劝道："楚平王无道，你何必为他伤心？"伍子胥说："我并不是为他伤心，而是伤心无法为父亲兄长报仇啊。"

为了复仇尽孝，伍子胥不宽恕别人，也不宽恕自己。以至于司马迁也说伍子胥是舍小义雪大耻，并感慨："所以说克制忍耐成就功名，不是抱负远大的壮士又有谁能做得到呢？"

儒家经典《春秋公羊传》里在讲到伍子胥这一段的时候也评价道："父不受诛，子复仇可也。父受诛，子复仇，推刃之道也，复仇不除害……"意思是说，父亲无辜被杀，儿子可以复仇；如果父亲有罪被杀，儿子为父亲复仇就会形成"推刃之道"，即冤冤相报的恶性循环，后者不被赞赏。伍子胥当年为报父仇的行为，得到了时人的充分理解和接受。

报仇雪恨虽说没错，但是为了报一己私仇而让一国之人都痛苦，这就有些过了。

第七个方面是"惹大非"。

在中国人的传统观念里，一个人死了，那一切仇怨似乎也该一笔勾销了。但伍子胥做不到，他心中积蓄了十几年的仇恨需要宣泄，因此控制不住自己的心魔。熊熊的仇恨之火，转瞬间把这位悲情英雄变成了白发恶魔。就在伍子胥五战五捷，攻入郢都后，楚昭王逃跑。伍子胥做出了什么骇人听闻的事呢？

《史记·吴太伯世家》云："子胥、伯嚭鞭平王之尸，以报父仇。"

《史记·伍子胥列传》曰："及吴兵入郢，伍子胥求昭王。既不得，乃掘楚平王墓，出其尸，鞭之三百，然后已。"

伍子胥为解心头之恨，请求吴王准许自己掘楚平王之墓并鞭尸。他"手持九节铜鞭，肉烂骨折"，犹不解恨，此后更是"左足践其腹，右手抉其目"，并骂道："汝生时枉有目珠，不辨忠佞，听信谗言，杀吾父兄，岂不冤哉！"又割下平王的头，把衣物棺木全部销毁，连同尸骨弃于荒野。这种"重口味"的复仇手段，和那足以抵消他一生功业的三百鞭，似乎可以证明他是有史以来最狠毒的一位掘墓者。

按理说，冤有头债有主，伍子胥找楚平王报杀父兄之仇倒也情有可原。可他仍不善罢甘休，又让吴兵拆楚宗室庙，妻宫室女，寝大夫屋，烧杀抢掠，无恶不作。断发文身的吴军进入历代楚王经营了二百多年的楚都，目睹其繁华富丽，见楚国宫室之富、姬妾之美，立刻暴露出豺狼本性。于是，吴国君臣经过公开投票表决，一致同意按照官职等级住进楚王宫室和大臣府邸，霸占其财产和妻女。"君居其君之寝，妻其君之妻；大夫居其大夫之寝，而妻其大夫之妻。"一时间郢都内乱作一团，从吴王到士卒无不趁机发泄私愤，大肆掠夺和破坏，抢钱、抢房、抢女人。他们"烧高府之粟，破九龙之钟，鞭荆平王之墓，舍昭王之宫"，大肆洗劫、捣毁。虽然孙武极力劝阻，但在伍子胥的坚持下，吴王根本不听。

进入郢都的吴军，失去了继续作战的雄心和计划，对外没有联盟诸侯，取得道义的支持，对内没有抚恤百姓，反而不断制造和扩大战争暴行，给楚人带来了巨大的灾难。被逼上绝境的楚人自发组织起来，举国上下同仇敌忾，鱼死网破与吴军拼死相搏，竟一夜而三败吴人，将吴军赶出国境，使得楚国成功复兴。为泄一己私愤，伍子胥劝吴攻楚，不仅让吴楚两国生灵涂炭，无辜百姓遭殃，也让吴国多年战争准备所取得的成果丧失殆尽。对此，后人有诗这样评价道："知否申胥本楚人，引吴攻楚有私因。可怜祖国好儿女，半作伍家偿命身。"甚至连司马迁也觉得伍子胥的行为过分了，称"怨毒之于人甚哉"。

也正是因为看到了阖闾、伍子胥、伯嚭等人胜利攻入楚国后所表现出来的忘乎所以的极端行为，才让兵圣孙武与伍子胥产生了鲜明的价值观分歧。

清人魏源指出：

> 不知吴泽国文身封豕之蛮耳。一朝灭郢，气溢于顶，主骜臣骄，据宫而寝，子胥之智不能争，季札之亲且贤不能禁。（孙武）一羁旅臣能已之乎！

孙武虽然受命为将，但毕竟是为客的羁旅之臣。吴王求胜时能够对他言听计从，得胜之后就不一定有言必听了。

在孙武的价值观里，"主孰有道"是选择老板的首选项，既然吴国君臣在破楚后的所作所为与他内心坚持的标准差距太大，"将不听吾计，用之必败，去之"。

公元前503年，也就是范蠡和文种进入吴国开展调研工作的前一年，一代兵圣孙武以回国探亲为由，功成身退，隐遁山林。《东周列国志》载："孙武不愿居官，固请还山……遂飘然而去……"从此史无所记。

彪悍的人生需要强大的对手

身具"七大"特征的吴国政坛核心人物伍子胥，真的智勇无敌、不可战胜吗？占据东南霸兆之地的吴国，真的如日中天、坚不可摧吗？其实未必。

道学思想认为："人之生也柔弱，其死也坚强；万物草木之生也柔脆，其死也枯槁。"如果说性格决定命运的话，伍子胥那偏激执着、正直无曲、锋芒太露、刚强躁烈的强势性格，将是他自己无法战胜的天然敌人。

其一，伍子胥只知进而不知退，只知保国而不知保身，只善于图敌而不善于避祸。

伍子胥的性格是有严重缺陷的，他的整个人生状态其实就是一个孤立的"有极图"，而非阴阳平衡统一的"太极图"。伍子胥的头脑里始终被仇恨的阴影、忠孝的概念、事业的追求、称霸的目标填充饱满，缺乏人性化、柔性化的一面。他给人的感觉始终是操劳奔波的，是板着脸的，是悲情的，是苦口婆心据理力争的。他没有心思来思考人生，无暇追求快乐，难以适应未来，未曾想过放下。吴王阖闾信任他，是因为欠他一个天大的人情。但是，伍子胥有没有想过，老爹买账，儿子上台以后还会买账吗？自己的信用额度是否会面临提前透支的危机呢？

对于一个着眼今天的对手，战胜他的最好方法就是假以时日，打持久战。天运一转，盛极必衰。

其二，伍子胥性格暴烈急躁，没有清静之心。

为过昭关而一夜白头，足以证明在伍子胥表面的强大下，深藏着一颗对失败的恐惧之心，不敢坦然面对失败。伍子胥虽然很善于识别和抓住机会，但是他更害怕失去机会，也就做不到去留无意、宠辱不惊。可以说，他的隐忍是一种很可怕的强行压抑性隐忍。

对于一个内心躁动急迫的对手，战胜他的最好方法就是让他持续冲动，而自己则以"静胜躁，弱胜强，曲就直，柔克刚"。

其三，伍子胥虽谋略高超，但刚直强势，善谋而不善言。

他习惯于"一根筋"式直来直去的说话方式，不懂迂回，不知示弱，不会圆滑，不善美言。他既不会思考自己的言行会伤害谁，也不会在乎谁会因为自己的言行来伤害自己。忠正刚直，难道就幸遇明主吗？一心为公，难道就不遭泼污吗？

对于一个忠正刚直，从不设防的对手，战胜他的最好方法就是发现矛盾，制造矛盾，利用矛盾。用矛盾来蒙蔽他的君主，夸大他的功绩来扩大矛盾，造成功高盖主的紧张局势。

其四，吴国的臣僚团队看似强势组合，但表面和谐，内在真的表里如一吗？

伍子胥没有意识到，早年因为"同病相怜"而被自己举荐并获重用的伯嚭家族，已在吴国形成庞大的势力了。因善于理财，精于逢迎，伯嚭家资殷盛，却又与疾恶如仇、常挟功自傲的伍子胥势成水火，互不相容。

不怕神一样的对手，就怕猪一样的队友。

团队不合，二虎相斗，吴国还牢不可破吗？

天有宝，日月星辰；国有宝，忠臣良将。

范蠡和文种敏锐地认识到，"守其一，万事毕"。战胜吴国的实质内容就是战胜伍子胥，战胜伍子胥有伯嚭，战胜伯嚭有金钱、美女、宝器……大道的演变规律，周而复始，循环互生，生克制衡，正复为奇，一阴一阳，动荡起伏，难道不正是如此吗？

抓住了主要矛盾和核心人物，所谓的乱象纷纭，自然简单明了、无欲自静了。此时当谨守其一，执其要妙，以处其和，以应其变。

虽然伍子胥当初随父兄在镇守楚国城父之时，也因机缘而拜访老子，求学而闻道。但他毕竟不是老子的真传弟子，后来因为仇恨冲昏头脑更是无暇领悟老子道学中"尊道贵德，以德报怨，清静无为，功成身退"的思想精髓，这不能不说是他人生的最大遗憾。

作为老子道学一脉的第三代正宗传人，范蠡难道还战胜不了"旁听生"伍子胥吗？

通过对吴国综合国情的考察调研，以及对吴王阖闾和伍子胥、伯嚭等人的综合分析，范蠡和文种对于吴国的强大有了深刻而全面的认识，也对"扶越抑吴"战略充满了信心。

如果自己的对手太强，无一丝破绽，无一线生机，则不可谋。如果自己的对手太弱，无一处挑战，无一毫功用，同样不值得深谋。其实，真正的对手是我们自己，是我们内心的影子。与对手比肩，就是要与自己的内心同行，不断超越今天，创造未来。

然而，范蠡、文种二人这段日子以来在吴国的神秘行径，已经引起了吴国"有关部门"的高度关注。作为曾任"敌对势力"楚国官员的文种，在吴国四处走访多方打听到底是出于什么目的呢？为了给自己找一个看似合法的正当理由，"人才交流找工作"可谓最恰当不过的了。为什么又不找了呢？伍子胥太强势了，没有我们的个人发展空间……

《越绝书》称："二人以为胥在，无所关其辞。"

但是，如果我们细细回顾一下伍子胥当年对专诸、孙武、伯嚭等人的大力举荐，其用心之诚、度量之大，就会恍然大悟。更何况，对伍子胥这样一个上了一定年纪的人来说，大力培养年轻后备领导干部，随时接班跟进，以济济人才而富国兴邦雄霸天下，这是他很乐意效劳的一件事。

反正在历史上，大智大迷、大忠大恶、大功大过的"善恶交织体"伍子胥，已经不在乎这些琐碎细节了。就让我们再借势他一回吧。

静心读《道德经》

故兵者非君子之器也。

不祥之器，不得已而用之，恬淡为上。

胜而不美，而美之者，是乐杀人。

夫乐杀人者，则不可得志于天下矣。

吉事尚左，凶事尚右。

偏将军居左，上将军居右，言以丧礼处之。

杀人之众，以悲哀泣之，战胜以丧礼处之。

重为轻根，静为躁君。

是以君子终日行不离轻重。

虽有荣观燕处超然，奈何万乘之主而以身轻天下。

轻则失根，躁则失君。

第贰篇

承前启后 范蠡入越

第 8 章

允常为何不重用范蠡

智慧的人生，其实就是一场充满希望的等待。

老子告诉我们："重为轻根，静为躁君。"也就是说，重能制约轻，静能主宰躁。为人轻浮，就失去了根本，会被人鄙视而难以为尊；做事急躁，就丧失了主动，从而难以成就大业。

真正的领袖人物应当静、重，而不是轻、躁，这样才能巩固自己的利益而获得长久。冰冻三尺，远非一日之寒；万紫千红，只待春雷一声。真正懂得等待的人，是以清静之心处世，看似无为不争，实则与天合谋。其实他们才是将主动权紧握于手中的人。

范蠡用他的一生，成了"等待"二字最完美的诠解者。

公元前502年，范蠡和文种经过长途跋涉，来到了当时越国国都——诸暨。越国是春秋战国时代位于我国东南的诸侯国之一，又称作"於越"。越地是原始先民生息之地，文化历史悠远，民族种类繁多，自古就有"百越"之号。然而，这都是针对当地原住民而言的。吴越两国的国君，却都是正统的华夏君王的后裔。

越国开国之君无余，是夏王少康之子，大禹苗裔。

司马迁《史记》记载：

越王勾践，其先禹之苗裔，而夏后帝少康之庶子也。封于会稽，

> 以奉守禹之祀。文身断发，披草莱而邑焉。后二十余世，至于允常。

越国从无余建国起，历时一千五六百年，一直保持着比较落后的生活习俗，很少与中原地区发生联系。其间有文献可考的越国君主，尚有无壬、无译、无谭、允常诸人。然而，直至传到允常时，才具有拓展领土的历史记载。而此时，已是春秋末年了。

允常，一作元常，勾践之父。允常即位的准确时间难以考证，根据《吴越春秋·越王无余外传》的说法，"常立，当吴王寿梦、诸樊、阖闾之时"。从吴王寿梦至阖闾，这中间历经六世：寿梦、诸樊、余祭、余眛、僚、阖闾。哪怕是从寿梦的最后一年（公元前561年）算起，到允常逝世（公元前497年）之时，允常在位的时间也有六十余年。

允常是个神秘而又能力非凡的君主，属于具备远见卓识，更兼有雄才大略的厉害人物。他即位后，便接受中原各地先进生产技术，发展农业、陶瓷业、纺织业、造船业、编织业等。尤重冶炼业，曾命欧冶子铸剑，得青铜宝剑五，工艺精良，坚韧锋利。在允常当政之时，越国生产力水平达到勾践复兴前的最高水平，于是国力强盛，开始崭露头角，对外征伐扩张。

《舆地志》云："越侯传国三十余叶，历殷至周敬王时，有越侯夫谭，夫谭子曰允常，拓土始大，称王。"

《国语》载："允常之时，疆土始大。"

《吴越春秋》也说："越之兴霸，自允常矣。"

从有据可查的史料看，允常执政时期的越国疆域，已拥有浙江全境，北到江苏昆山、上海嘉定一线，与吴接壤，西至江西余干，与楚相连。

当范蠡和文种进入越国谋职时，接见并面试他们二人的，就是越王允常。

然而，范蠡和文种进入越国谋职就业，递交了那份《吴国调查报告》后，却并没有预期中的喜悦。美好的梦想与残酷的现实，确实存在着不可逾越的距离。越王允常不仅没有像后世的刘皇叔那样三顾茅庐、折节下士，面对着主动送上门去的高级智囊与管理人才，连最起码的重视之心、重用之意都没有。这实在是让人费解。

作为一位"拓土始大"而称王的政治家,允常难道虚有其名?他连识人的慧眼、用人的度量都不具备吗?允常真的老了吗?不!不是这样的!

允常对范蠡、文种二人的轻视,绝非本意,而是另有深意。

越王允常之所以不重用范蠡和文种,主要出于以下几方面的考虑。

其一,来历不明,有待考察。

纵观中国的历史长河,在历朝历代的更迭中,对利益的争夺无不与间谍活动有关。春秋争霸时期战争频繁,各国诸侯为了争夺利益,不断进行兼并战争。动荡不安的社会环境为间谍活动的发展创造了有利条件,国君无法给民众提供安稳的社会、良好的生活;人民肯定不满、愤怨,甚至离弃此国,或受他国收买,成为通敌间谍。

《史记·越世家》记载:"允常之时,与吴王阖庐战而相怨伐。"作为多次与吴王阖闾交手开战,相互攻伐的老冤家,允常对于吴国君臣上下,尤其是阖闾、孙武、伍子胥不可谓不熟悉。身为吴国统兵大将的孙武曾提出:"故三军之事,莫亲于间,赏莫厚于间,事莫密于间,非圣智不能用间,非仁义不能使间,非微妙不能得间之实。微哉!微哉!无所不用间也。"

尽管传言孙武已经隐居,但对待这样一个放言"无所不用间"的老对手,不能不处心积虑、倍加防范。试问:身为楚国贵族的文种,为何放弃楚国的官禄奔走他方?他们在吴国的这段日子经历过什么?既然伍子胥、伯嚭这样的楚人都为吴国卖命,范蠡和文种同为楚国人,却为何在吴国作短暂停留后,又辗转来到越国谋职?如果单纯论发展潜力,难道相对处于劣势地位的越国,还要比吴国更具有影响力吗?他们用什么方式和手段获得了这份《吴国考察报告》,这会不会是一份华丽的诱饵,只是为了博取我的信任?一旦吴越再次开战,范蠡、文种二人真的可以做到与同为楚人的伍子胥、伯嚭不计乡情,全力以赴吗?他们二人真实的动机和目的是什么?即使范蠡、文种二人没有不可告人的目的,我们越国如果与楚国及楚人过多来往,会不会受到利用,引发矛盾?……

兵者,国之大事也;士者,国之栋梁也。

作为一个成熟的政治家,允常内心当然极其渴望智能贤士的加盟;但是为了宗庙国防的长治久安，不得不多留一个心眼，冷静思考，冷漠面对。

越王允常有这样的想法，完全合理。如果真的要追溯间谍活动的源头，有文字记载的是"始于夏之少康"。《左传·哀公元年》记载："（少康）使女艾谍浇，使季杼诱豷，遂灭过、戈……"说起来，允常自家的老祖宗少康，那才是间谍活动的始祖呢。

家族遗风，不能不虑。

其二，资历不够，有待培养。

别看越国只是一个小国，要想做官照样得论资排辈。对于文种，允常应该是有所耳闻，这次面试下来的总体感觉是：年长敦厚，沉稳睿智，谈吐应对，见识不凡。再加上文种本属于楚国贵族，又有多年为官从政的经历经验，这种身份在越国人眼里，简直就是先进社会的代表。如果考察下来政治上没有问题，不存在间谍嫌疑，允常是很愿意重用文种的。

但是范蠡则不然。既非名门贵族，又无从政经验，单纯得如一张白纸。纵然真的有高深才学，那也需要一个提携引导、培养熟悉的过程，不可能一上任就轻车熟路。这是需要漫长时间来培养的。另外，范蠡进入越国之时年方十八，在允常这样一位执政五六十年的老人眼里实属年轻。再加上深受道家文化影响的"小疯子"范蠡，秉承老子"披褐而怀玉"的思想风范，外表邋遢，不修边幅，藏智隐谋，想法不拘常理，思维不受局限，让越国君臣上下捉摸不透，无从把握。对于这样一个让自己"弄不懂""猜不透""看不穿"的人物，允常着实不敢轻易表态，草率重用。

《越绝书》记载：

> 大夫种进曰……易曰："有高世之材，必有负俗之累，有至智之明者，必破庶众之议。"成大功者不拘于俗，论大道者不合于众。唯大王察之。

可见，文种的沉稳更容易博得允常的信任。

对于文种和范蠡二人，允常采取了不同的对待方式。

文种如可用，可快用。以"快用"来考核文种的能力，奠定他在越国的资历。

范蠡如可用，当慢用。以"慢用"来检验范蠡的耐力，成就他在未来的定力。

初入越国的范蠡，因此倍感冷落。

其三，势力不平，有待磨合。

范蠡和文种二人来到越国谋职，就好像两颗不安分的石子，突然投入了看似平静的越国政坛，顿起波澜。

人生无处不阴阳，矛盾是非处处显。我是彼非，你进我退，往来变换，时刻关联切身政治利益。正因为有了利益的存在，政治团队内部的结党分派、党同伐异是再正常不过的事情了。范蠡和文种进入越国，无形中调整了先前的小矛盾状态，打破了之前政治派系站队的格局。

试想：范蠡、文种二人在越国谋职成功，假如获取越王的信任和重用后，高官厚爵带来的利益分割必将产生新的矛盾焦点，此是其一。其二，作为外来势力，要想在越国立足，必然要推动政治改革以彰显能力，从而打破现有的旧的政治体制、政治风气和利益分配制度，这也是很多安于现状的保守派不愿意看到的。其三，越王一旦委以重任，并且加以宠信，就能够获得话语权，这也势必造成很多国内保守势力失去话语掌握权。

我们看《越绝书》卷第七是如何说的。

……乃入越。越王常与言尽日。大夫石买，居国有权，辩口，进曰："炫女不贞，炫士不信。客历诸侯，渡河津，无因自致，殆非真贤……道听之徒，唯大王察之"。于是范蠡退而不言，游于楚越之间。

可见，范蠡、文种二人入越，初期是深得越王允常赏识的，"常与言尽日"。但是，木秀于林，风必摧之。你厉害，你灿烂，可是在一个阴暗的角落，总有那么一小撮人在盯着你，想方设法弄死你。他们跟你没有什么仇，仅仅是因为嫉妒；他们不明刀明枪地跟你动手，常常是借助一个拥有权力的蠢货去干这事儿。

允常对范蠡的态度，引起了心胸狭窄的大夫石买等辈的忌恨。于是，石买向允常进言说："卖弄风姿的女子不讲贞节，自我夸耀的信士不守信用。这种周游列国的宾客，自己找上门来，大概都不是什么贤能之人。如果他真的是人才，怕是谁都会抢着要呢。可范蠡一路走来，并没有哪个诸侯看得上。很明显，范蠡绝非什么贤能之士，希望君王明察。"

一方面是跟随自己多年的老臣，没有功劳也有苦劳；另一方面是远道而来的新锐，充满活力充满智慧。为了平衡越国内部新旧两派势力的矛盾，淡化而不激化，允常渐渐有意无意的疏远了范蠡。

可见，范蠡初入越国，虽然进了班子，但是并没有也不可能一蹴而就进入圈子。面对圈子内部保守势力的敌视与排斥，"空降兵"范蠡会愚蠢地跟这帮人针锋相对吗？

不，他只能"退而不言"，韬光养晦，等待时机的到来。

其四，欲擒故纵，有待安排。

老谋深算的政治家允常，既然能够"拓土始大"，就必定有过人之智识。他真的不清楚范蠡对越国的重要性吗？为何因石买等人的进谗就失去判断力呢？

事实恰恰相反。范蠡和文种投越，允常深识其能。他之所以优待而不重用，更主要的目的是为自己的儿子储备人才，为越国的未来发展深谋远虑，奠定战略基础。

青少年时代的勾践，其实也是个不成器的少主。勾践曾自述："吾年既少，未有恒常，出则禽荒，入则酒荒。吾百姓之不图，唯舟与车。"允常眼见自己的继承人颓废无能，终日酗酒打猎，追求声色犬马之乐，不禁担忧：这样的儿子，岂能雄心勃勃继承老爹的壮志，开拓疆域，称霸天下？

允常也很想即刻重用范蠡、文种。但是他害怕勾践继承越国王位后，倘若还这样胸无大志，势必与位居高位的范蠡、文种二人互不相容，君臣不合，定酿大祸。在综合的利弊权衡下，允常一方面优待蠡、种二人，以留住人才。另一方面自己又暂不重用，而是把做好人的机会连同自己的王国一并赐予自己的儿子勾践。通过勾践日后的施恩行惠，使范蠡、文种二人得到真正的重用，必定感恩戴德，全力以赴。得此二人，左辅右弼，越国无忧矣！

这是多么崇高无私的父爱呀！

面对着老谋深算的越王允常"拿捏""摆平""掌控""预谋"的政治艺术，看着千辛万苦来到越国后得到的"给官不给权，留用不重用"的现实落差，范蠡是如何考虑的呢？

是走还是留呢？这个问题也曾困扰过范蠡。但作为一个谋士，最重要的人生方向就是放眼未来、着眼全局。所谓"不谋万世者，不足以谋一时；不谋全局者，不足以谋一域"。首先，东南之地现霸兆，非吴即越。二选其一，吴国盛气已露，"物壮则老"，从投资的角度来讲并不适合参与了，倘若再厚着脸皮由越返吴，更显不智，价值尽失。而越国虽暂处弱势，但是物极必反，否极泰来，不但值得长线投资，更能凸显和检验道学智慧，获得挑战与机遇的多重回报。

其次，越王允常虽能力非凡，可惜老矣，迟暮之年，远非范蠡心目中的"霸王""明君"形象。而嗣子勾践，虽然众人对他的评价都不高，但是范蠡通过老师计然教授的"学阴阳而见微知著"的道术，敏锐地发现了长得高高瘦瘦、脸面狭长、发须稀疏、鼠目鸟嘴、鹰鼻广眉的勾践，身上透射出的不可言状的霸王之气。倘若假以时日，我等能够辅佐于他，定能成就一番霸业。

做不了君王，那就开始做君王师吧。成不了霸业，那就着手培养霸王吧！

确定好自己入越后的人生战略目标后，范蠡头脑渐渐清晰、内心渐渐安定了。既然允常此时不予重用，那我何不遵循老子的教诲——"不得其时则蓬累而行"。在这段等待的时间里，不虚度、不浪费，要让"无用之用"成为真正有效的"大用"。

于是，范蠡主动向越王允常提出，希望能够暂时离开诸暨，到越国各地进行考察，在《吴国调查报告》"知彼"的基础上，进一步实现"知己"，熟悉国情，了解民意。

允常大喜过望，当即批准。

心照不宣，这需要两人多么高深而又通达的智慧啊！

静心读《道德经》

古之善为道者,非以明民,将以愚之。
民之难治,以其智多。
故以智治国,国之贼;
不以智治国,国之福。
知此两者亦楷式。
常知楷式,是谓玄德。
玄德深矣远矣,与物反矣,乃至大顺。

反者道之动,弱者道之用。
天下万物生于有,有生于无。

第 9 章

知识青年到农村去

大丈夫立身处世,建功创业,当择善地而居,择不善之地而避。

什么样的"地"才算是真正的善地呢?孟子后来那一句"天时不如地利"的千古名言虽然举世响应,但也仅仅揭示了"善地"的表层含义,那就是对自身发展的独到有利之所。

俗话说:"强龙难压地头蛇。"越国是范蠡的善地,但也可看作极其危险的不善之地。试想:作为一个外来务工人员,姑且不论范蠡到底身具多大的本事,倘若他继续保持着年少气盛誓不低头的强势,必将引起越国君臣上下一致的打压和排挤。那么,范蠡虽身处霸兆之善地,纵有翻天之奇能,也难逃"龙游浅滩被虾戏,凤入雀林被鸟欺"的尴尬困局。

人只有在失意不顺的特殊时节,置身低谷逆境的困窘无奈中,才会静心悟道。也只有在这个时候,我们才会发现老子《道德经》中的"居,善地",竟然暗藏着更深层次的智慧。那就要求我们效法于上善之水,时刻保持温顺柔弱的特性。你看,人往高处走,水往低处流。水绕圆则旋转,遇方则回转,堵塞则止行,决口则涌流,有令则行,有禁则止,以"不争"的品德去服从大自然时令的安排。

"处众人之所恶"。这才是虽俗人昭昭,众皆难识而不争的善地。

越国国情调查：掌握顶端的战略思维模式

作为一个"空降兵"，你对越国山川地理熟悉吗？你对越地风俗民情了解吗？

你是否清醒地认识到自身的短板是什么？你有着辅佐越国君王称霸天下的雄心奇谋，但投资参股的资格是什么？假如成功入股，在"伴君如伴虎"的岁月里，你凭什么能够左右君王的决策，实现控股分红？你该如何有效化解朝堂上地方保守势力对你的排斥与敌意，并最大限度地获得反对势力的民意支持？

在老子"贵以贱为本，高以下为基"思想的教导下，在越王允常的授意默许下，顶着虚职头衔的范蠡，开始了他在越国民间为期五年的田野考察工作。效法于水的范蠡，从朝堂走向民间，此举既可以避其矛盾、解其纷争，不让现任君王为难；又可以借此机会遍访越国各地，了解民风民俗，发现潜在资源，掌握独特优势，积累政治资历，让自己的思想和抱负，真正在越国这片"霸兆之地"中完成接地气的落地生根。

伴随着范蠡的暂时离开，越国朝堂突然被挑拨起的针对性极强的敌意疑云渐消，慢慢恢复了往日的和谐表象。

范蠡的五年游历去过哪些地方呢？他在越国民间开展的社会调查工作涉及哪些方面呢？由于年代的久远与史料的匮乏，我们难以尽知。但是我们可以借用一套产生于春秋末年的战略分析模式，来对范蠡五年的调查工作做一个总结。

道家学派认为：整个宇宙有着统一的根本法则，这就是道。不仅是自然界，人类社会也必须遵循这一根本法则。而黄老道家的重要特征，就是以天道推演人事，最终明确富国强兵的原则和方略。初入越国的范蠡，当时是否已掌握了这套核心战略思维模式呢？

《越绝书·越绝外传枕中第十六》记载了一段多年以后范蠡与勾践的对话：

> 范子对曰："臣闻圣主之治，左道右术，去末取实。"
>
> "圣人上知天，下知地，中知人，此之谓天平地平，以此为天图。"

这番精湛无比的金玉良言，惹得越王连称"善哉"。

今天，我们就暂且借用世人都熟悉的《孙子兵法》五事战略分析模式，来探讨下范蠡在越国的五年游历到底调查了哪些项目内容。

第一项调查内容，就是"道"。

道家是专门研究以"道"为核心概念的思想文化流派，其"道"的概念延伸可谓包罗天地、囊括古今。在这里，我们要探讨的"道"主要是富民强国之道。

越国要想称霸天下，你的政治理念是什么？你的核心诉求是什么？你凭什么来统治民心，凝聚人心？面对称霸进程中不可回避的战争话题及杀人流血、侵略毁坏事件，你如何化解危机，避免列国诸侯的道义指责和联合军事制裁？

孔子说，名不正则言不顺，言不顺则事不成。要完成越国的霸业，首先要正名谋势，给自己称霸天下找一个看似合理的理由。所以《黄帝四经》认为：

> 故执道者之观于天下也，必审观事之所始起，审其刑名。刑名已定，逆顺有位，死生有分，存亡兴坏有处。然后参之于天地之恒道，乃定祸福死生存亡兴坏之所在。是故万举不失理，论天下无遗策。故能立天子，置三公，而天下化之，之谓有道。

作为中国春秋时期一个偏居东南的诸侯小国，地理偏远，交通不便，资源匮乏，文化落后，"僻陋之邦，蛮夷之民"。既非周王室正统后裔，又跟中原地区很少联系，你说要匡扶天下，佐理朝纲，帮助周王室维护修复逐渐衰败的形象工程，轮得到你吗？你具备这个资格和实力吗？所以，类似于后世曹孟德喊出的"我奉天子之命前来讨伐你"的霸气口号，或者刘玄德打出的"匡扶汉室"的崇高愿景，是根本不适合当时的越国的。

但是，越国如果不发展行吗？也不可行。越国的区位特点及贫瘠的资源情况决定了越国必须有忧患意识和发展眼光。管仲曾评估越国："越之水重浊而洎，故其民愚疾而垢。"这片我们今天看起来似乎是"面朝大海"的浪漫国土，最早只不过是一片泥泞的沼泽。潮汐时常来袭，使得这块沼泽之地遍野斥卤，饮水和燃料等亦难解决，土地利用十分困难。要想获得跨越式发展，要么以和平的方式，开放贸易，取利三江五湖；要么以非和平的手段，发动战争来掠夺资源，称雄于世。

战争，是一个残酷的话题。作为道家人士，范蠡绝非战争狂热分子，他的思想里继承了老子"夫佳兵者，不祥之器……故有道者不处"的热爱和平的思想，推崇"不以兵强天下"的政治理念。但战争这件事，不是因为你热爱和平它就尊重你、远离你。尤其是在春秋那样的乱世中，当战争已成为常态，普天之下，战火纷飞，六合之内，生灵涂炭。我们唯一能做的，就是让自己强大起来。

其实，越国早在文种、范蠡来之前，就已摊上战争的大事了。

吴、越二国结怨，由来已久。究其原因，既受晋、楚争霸的影响，更有两诸侯国间根本利益的冲突。

晋、楚争霸前后长达八十余年，是一场南北两大集团扩大统治范围、抢夺土地和人口的斗争。夹在中间的一些小诸侯国，其势力之消长往往受晋、楚矛盾的制约。晋、楚争霸对吴、越矛盾的激化，起了推波助澜的作用。

当然，吴、越成为"仇雠敌战之国"，最根本的原因还是双方利益的冲突。伍子胥说："夫吴之与越也，仇雠敌战之国也。三江环之，民无所移。有吴则无越，有越则无吴，将不可改于是矣。员闻之，陆人居陆，水人居水。夫上党之国，我攻而胜之，吾不能居其地，不能乘其车。夫越国，吾攻而胜之，吾能居其地，吾能乘其车。"可见吴视越为扩张领土的首取之地。所以早在公元前514年吴王阖闾构建新都时，便"欲东并大越，越在东南，故立蛇门以制敌国"，已在都城的建筑规划中，把这种战争信号赤裸裸地表现出来了。

吴之攻越，不但有侵略的意图，更有战争的实际行动。湖北马王堆汉墓出土之帛书《春秋事语》，就载有吴王余祭进犯越国之事。吴军对俘获之越民施以残酷刑罚，如断其手足，又命其看管船只，处境甚于奴隶。故被俘越民"怨以伺间"，想寻找机会进行报复。

公元前510年，正值越王允常执政时期，吴国大举进犯越国，使吴、越间的矛盾骤然激化。《左传·昭公三十二年》载："夏，吴伐越，始用师于越也。"

吴、越二国终于从小规模的骚扰、侵袭，发展成为大规模的武装冲突了。战争爆发的理由很简单，"吴王以越不从伐楚，南伐越"。吴王指责越王允常身为盟友"不听话"，没有跟自己一块参与打楚国，就返回来把越国给揍了。

这次战争是在越国毫无准备的情况下突发的，吴国更是派出了军事家孙武，以至于越国首战失利，檇李失陷。但从道义上讲，越国是胜利者。吴国撕毁盟约，突然进犯盟国，乃不义之举，自然要遭到舆论的谴责。于是在公元前505年，越王允常经过数年准备之后，决定举兵反击。《左传》载："越入吴，吴在楚也。"允常趁当时吴军正在与楚交战期间，挥师偷袭，兴兵伐吴，对五年前吴军进犯展开了军事报复。然而，由于吴国军事力量正处于鼎盛时期，越军并未取得重大战果。

《黄帝四经》讲："兴兵失理，所伐不当，天降二殃。"作为一国之君，欲治理好国家，就必须学习、掌握道，并以"尊道贵德"为前提来积极维护社会秩序。对于一个国家来说，如果违背了道，就会遭受惩罚，面临覆亡的危险。那么，越国要实现称霸的宏图伟业，如何化解战争这个"逆德"的行为呢？该从什么角度进行诉求呢？

在《文子》一书中，记载了这样一段话：

> 用兵有五：有义兵，有应兵，有忿兵，有贪兵，有骄兵……义兵王，应兵胜，忿兵败，贪兵死，骄兵灭，此天道也。

老子曾告诉他的弟子计然：为了讨伐残暴的执政者，拯救贫苦柔弱的人民百姓于水火之中，这样的军队称作义兵，也称为"仁义之师"。外敌入侵，不得已带领军队迎敌作战，这样的军队称作应兵。为了争夺利益却没有争到，觉得有失颜面而愤然发兵报复，这样的军队叫作忿兵。为了占领别人的土地、掠夺别人的财物而出兵攻打，这样的军队叫作贪兵。依仗自己的国家大、人口多，为了征服不顺服的国家而出兵攻打，这样的军队叫作骄兵。

义兵以仁义为根本，除暴安良、天下拥护，可惜不适合越国的国情。应兵是为抗击敌人的侵略、在自己的国土上为了保家卫国而战，必然英勇无比，能够得到父老乡亲、人民大众的大力支持和无私援助，所以最终一定胜利。因为天之道，是抑强扶弱、惩恶扬善的。

越国的称霸，是否需要扮演"应兵"的角色，以柔弱而胜刚强呢？

这是范蠡思考和研究的越国国家战略的首要问题。

改天换地，首先要认识天地

第二项调查内容，就是"天"。

《黄帝四经》认为："王天下者之道，有天焉，有地焉，有人焉，三者参用之，然后而有天下矣。"

天在这里代表什么呢？主要是天时、时运的概念。你想扩张地盘，你的国家实力达到了吗？达不到，恐怕惹火烧身。你想发动战争，你的经济水平足以支持吗？不支持，不过是空谈幻想。你要出兵，你掌握了最佳的时机吗？没掌握，还得继续等待。你想称霸天下，你制定了长远的战略规划，甘于忍耐寂寞吗？不长远，注定半途而废。

越国建国之初，就与吴国结怨，两国攻伐不断。可想而知，先期越国经济、政治、文化的发展受到了很大的阻碍。但在越国的发展史上，允常确实是一个不可忽视的人物。他在长达半个世纪左右的执政期间，做了很多实干兴邦的大事，为越国未来的强盛奠定了基础。

允常当政之前，越族是一个山地民族，居住在会稽山区，围绕着几亩薄地，种植仅可果腹的粮食，国库没有多少收入，连都城的营造都显得很寒酸，只能依靠山区地理来建一个提防野兽的城郭。

而允常时期，首先，他将国都迁离山区，向河谷平原发展，又在靠近山区的平原地区搞了几个经济开发区，鼓励百姓开拓土地，发展种植业，使越国的经济重心已开始由山区逐渐向丘陵和平原地区转移。《水经注》卷四十载："《吴越春秋》所谓越王都埤中，在诸暨北界。"埤中，在今诸暨店口、阮市一带。此处为环状冲积扇平原，背山面水，地势低洼，境内河道纵横，交通便利，远胜越之旧都。郦道元虽未注明越王即是允常，但从南朝至清代的各类文献，全都确定埤中为允常之都城。这一举措，对发展越国经济、增强国力具有十分重要的意义。

其次，允常时期越国的冶铸业、制造业、军工业成为国民经济的支柱产业。生产水平创历史新高，经济水平持续增长。

越族是一个崇拜武器的民族。"越"这个称谓的由来，据说与"戉"有关。因为崇拜，在越族的发展过程中，这个国家从没有停止过武器研发。吴钩越剑，在春秋晚期和战国时期，越国研制的青铜剑被认为是当时中国最尖端的武器。

据《吴越春秋》卷四记载，楚昭王得到了一把越国铸造的青铜宝剑，不知其来历和真实价值，就请教相剑名家风胡子。风胡子告诉楚昭王，此剑名曰"湛庐"，是越王允常指令铸剑大师欧冶子所造的五把宝剑之一。这把"湛庐"剑，乃"五金之英，太阳之精，寄气托灵，出之有神，服之有威，可以折冲拒敌"，所以非常宝贵。

假如我们用今天市场经济的标尺来衡量的话，这把"湛庐"剑到底有多少经济价值呢？风胡子说："臣闻此剑在越之时，客有酬其直（值）者，有市之乡三十、骏马千匹、万户之都二。"市场评估下来，这把湛庐剑具有"三十处富乡、千匹骏马、两座大城市"的综合价值。更夸张的是，伴随着若耶溪枯涸，赤铜渐少，故此剑更为稀罕，"虽倾城量金，珠玉盈河，犹不能得此宝，而况有市乡三十、骏马千匹、万户之都，何足言也！"

风胡子的话，未免夸张。但是允常时期越国宝剑闻名遐迩，各诸侯国都视越剑为难得之宝贝，当是实情。《庄子·刻意篇》曾评价："夫有干越之剑者，柙而藏之，不敢用也，宝之至也。"越国军工产业独树一帜，铸剑技术闻名天下，始于越王允常时期，在以后经久不衰。

由于越地多水，民谙水性，在生活和生产活动中常以船为运载和交通工具。正因为如此，越地的造船业一直比较发达。允常时期，越国的造船业不仅构造技艺高超，在生产规模和产品数量方面也远超以往。据史籍记载，公元前518年，"楚子为舟师以略吴疆，越大夫胥犴劳王于豫章之汭，越公子仓归王乘舟，仓及寿梦帅师从王"。当楚国联合蔡、许、越等国伐吴时，越国不但派出大夫胥犴至豫章（今江西南昌）慰劳领军在外的楚平王，越公子仓还赠以乘舟，并随楚水师攻吴。此举足以证明越国财大气粗，其舟船数量众多，不但能装备水军，还能以大型乘舟赠送他国。

然而，大江滚滚东去，英雄已老矣，此乃天道循环，不可逆转。吴、越二国的君王，阖闾也好，允常也罢，都已伴随着时光的流逝而进入迟暮衰朽之年。要制定非一朝一夕之功的国家战略，实现强国称霸的历史使命，还得把目光放得更长远些，将希望寄托在像勾践这样的年轻人身上。

更何况，现今之时，正值伍子胥在吴国施行教化，天下都顺应服从，还没有显露出趋于衰亡的过失。所以说天道还未有所作为，是绝不会让人逆天而动的。继续等待，以求天时循环，盛衰扭转，就是造化所在。

第三项调查内容，就是"地"。

关于"地"的范畴，我们在这里可以从"地形、地理、地产"三个方面进行分析。

首先来说"地形"。

地形是指山川土石的自然形势，所谓蜀道之难，长江之险，关山狭路，羊肠狗门，一夫当关，万军难入。古代兵家非常注重地形，认为好的地形对战争的胜利有着不可估量的作用，具体表现为战争中应巧妙地运用地势、山势、水势、火势等。孙武认为："夫地形者，兵之助也。料敌制胜，计险阨远近，上将之道也。知此而用战者必胜，不知此而用战者必败。"自然形势的因素会对战争局势构成巨大影响，作战时一定要巧妙地利用。

作为一个谋者，要想把握战争的局势、赢得战事的主动权，不可能唾手可得，而应善于利用自然地形，巧妙地营造内在之势。越国的地形是山地还是平原？这种地形对于越国未来的称霸是利还是弊？是适于主动进攻还是适于被动防御……此乃"将之至任，不可不察"。

越国在春秋末年允常称王时，拓土始大。这一时期的越国疆域，《越绝书》卷八载："大越故界，浙江至就李，南姑末、写干。"就李，《左传》和《史记》记作檇李，《吴越春秋》记作檇里，今在嘉兴县境内；姑末，今衢州龙游；写干，汉时属豫章郡，今江西余干县，为越国西境，与楚分界。

昔日的越国，今日的浙江，位于东海之滨，地势西南部高、东北部低，自西南向东北倾斜，呈梯级下降。境内山陵绵延起伏，平原阡陌纵横，江河滔滔不绝，海岛星罗棋布，可谓地形复杂，岛屿众多。尤其是在春秋战国那段时期，越人"水行而山处"，说明"山"是越国文化集聚的重要载体。那些出露在平原上的孤丘，作为越国实现从会稽山地向北部平原跨越式发展的跳板和据点，在越国的称霸战略中更占有特殊的地位。

越国境内有哪些具有重要意义的山呢？这些山地势如何？是平缓还是险奇？交通如何串联疏理？关隘如何合理利用？山中有什么资源矿藏？何处可以屯兵？这都是范蠡这五年游历需要清楚了解的基本情况。

对于越国来说，会稽山不仅是其发祥之地，而且一直是经济上的生产基地、军事上的腹地堡垒，以及政治文化上的精神圣地。《吕氏春秋》和《淮南子》在叙列天下九大名山时，均以会稽山为第一。

《淮南子》高诱注："会稽或作沧海。"会稽山脉北缘靠海，所以就是海边的山。

古老的越人生活在海边的会稽山余脉，他们的生活离不开山。山是他们的生活依托，是他们的保护神。传说大禹治水成功后，舜帝将首领之位禅让给禹。禹死后，按其遗命葬于会稽山。后来，大禹的儿子启立宗庙于会稽山上，每岁春秋遣使"祭禹于越"，奉守禹祀。延续至后，方有无余建国，"初封大越"的历史渊源。

主导春秋越国的核心力量於越部族，便是沿着若耶溪从会稽山腹地的深山老林中走出来的。所以，会稽山一直被视为越国的镇山，是越人的母亲山。

要实现"王霸之业"，作为越国政治中心的都城是适合以大山作为天然屏障，还是该迁入四通八达的平原之地？假如遇到外敌来侵，会稽山可否凭借天然地形优势，作为退守防御保存实力的腹地？

明·张岱在其《越山五佚记》中说："越城以外，万壑千岩，屈指难尽。"所谓禹陵风雨思王会，越国山川出霸才。星罗棋布，不可胜数的越国山川，什么地方适合作军事基地？什么地方适合搞农业生产？什么地方可以做工业开发？什么地方适合建经济特区？该如何有效利用？

卧龙山，简称龙山，位于今天的绍兴古城西隅，占地22万平方米，主峰海拔约78米；山势自东北至西南呈圆弧状延伸，长约1公里，北坡陡峭，南坡平缓，山上林木郁葱，风景宜人。在后来的越国复兴中，范蠡曾"起游台其上"，又"立增楼冠其山巅，以为灵台"，成了我国最早见诸文字记载的天文气象台。

蕺山，在绍兴古城东北部，海拔52.5米。《会稽志》称："越王嗜蕺，采于此山，故名。"

葛山，因后来的越王勾践在此种葛或采葛而得名。葛布，是当时越国最有名的衣料。《会稽志》卷九记载："葛山，在（会稽）县东一十里。"《越绝书》卷八记载："葛山者，句践罢吴，种葛，使越女织治葛布，献于吴王夫差。去县七里。"

蕺山和葛山都属于农业种植和经济作物种植示范区。

赤堇山，从葛山沿若耶溪上行六七里，至铸浦岙，即赤堇山之所在。《越绝书》云："赤堇之山，破而出锡；若耶之溪，涸而出铜。"铸浦，又名锡浦，故赤堇山亦名铸浦山、锡浦山。相传，此山是欧冶子为越王铸剑的地方，附近的上灶、中灶、下灶以及稍远的日铸岭等地名都与此相关。

六山，《会稽志》卷九称："六山，在（会稽）县北一十四里，一名句践山。"《越绝书》记载："六山者，句践铸铜。铸铜不烁，埋之东阪。其上马箠，句践遣使者取于南社，徙种六山，饰治为马箠，献之吴，去县三十五里。"

越王峥，位于绍兴县夏履镇北坞村，海拔354米。清·嘉庆《山阴县志》卷三记载："越王山，即越王峥，在县西南一百二十里，句践栖兵于此，又名栖山。上有走马岗、伏兵路、洗马池、支更楼故址。"

时至今日，考古工作者们在良戈舍发现了为越王勾践图谋复国雪耻，藏匿精兵利器的所在地，犹如今之储藏精良兵器的库房。杭坞山相传为越王勾践系舟之坞，杭坞江段深水处是越国水兵训练基地，最多时水兵达五万以上。

范蠡在对越国山川土地的考察调研中，发现了适宜采集和种植的蕺山、稷山、葛山、麻林山；有养殖和狩猎的犬山、鸡山、豕山、白鹿山；有开矿的姑中山、赤堇山以及作为冶铸场所的铸浦、上灶、中灶、下灶、日铸岭等。这些曾经无名的山川孤丘，伴随着范蠡的足迹而名传千古。

只有心中有数，才能手中有术。试想，如果没有范蠡看似无为的五年民间游历，仅凭在朝堂之上坐而论道、夸夸其谈，如何能对越国的山川地形、资源矿藏尽晓于胸,并实现总体统筹、合理开发、有效利用、科学发展?如何能在越王勾践兵败受挫,生死存亡之际,危而不惊、信心百倍、建言献策、救亡图存?

其次来论"地理"。

这里的地理是地方风土人情,民风民俗,地方上讲什么样的"道理"。

我们知道,由于地域性的气候、地理、物产等所谓"风土"因素的自然条件相异,常形成不同的民风民俗。作为一个外来的公务人员,要想利用好、治理好这片土地,首先就要热爱它、了解它、尊重它,并要懂得"入国而问俗,入乡而问禁",这样才可以顺势而为,获得成功。

地处蛮夷之地的越国,其风俗与范蠡的母国楚国有何异同?与未来将要面临的吴国有何异同?假如有一天真的实现了雄霸天下,越地的这种民风民俗是否可以让中原大地接受?这种民风民俗是否需要改良?哪些精神值得重视、利用和放大?

从生活习俗上来讲,越国民众具有"不拘礼制"的本土特色。

与中原文化相比,越文化具有更多的原始性。先秦典籍中屡屡提及越地民俗特点如断发文身,凿齿锥髻(凿齿是在青春期对称地拔、毁中间或两侧上牙门齿或犬齿以示成年,锥髻是将头发结成锥形的髻表示已婚),踞箕而坐(正常的坐姿是双膝跪地,臀部放在脚掌上,箕踞是臀部坐在席子上,双腿前伸,似簸箕形状,是很不礼貌的姿势),喜生食、善野音、重巫鬼信仰等,成为区别于中原礼乐文明的显著特征。

在以礼乐治国,崇尚中和之美、谦谦之风的中原人眼里,越地生存环境恶劣,民风强悍,保留了较多的原始野性。他们剪断自己的头发,在身上刺刻花纹,其体貌和服饰的外观特征,与华夏族的蓄发冠笄截然不同。故而被管仲称为"其民愚疾而垢",简直就是不能用礼仪之邦的法度进行治理的野蛮人。

吴、越之间风俗有差异吗?《吕氏春秋》曾这样记载:"夫吴之与越也,接土邻境,壤交通属,习俗同,言语通……"《尚书·大传》也说:"吴、越之俗,男女同川而浴。"

用我们今天的话来说,就是比较开放,不受华夏礼数的束缚。但是严格地讲,这些本是越地的风俗民情。虽然吴、越两国毗连,甚至到了后世常"吴越"

连称而不分，但是地处海垂之际的越人有着自己特有的生活习俗，吴越两国的文化面貌和民风民俗仍然有许多本质的不同。这主要是因为吴地距中原为近，开化较早，接受中原文化的浸润较深，其百越文化的基因便不够显扬。而越文化则保留了更多南方民族的"夷俗"成分，再加上越地经济、文化主要是在山区与海岛之间展开的，"地狭民贫"直接导致了越国本土文化存在着许多异端因素。"越人断发文身，以避蛟龙之害"，原始习俗折射出他们生存的艰险。所以，越人对自己的土著文化抱有执着的坚持。

从国民性格上来讲，越国民众具有"剽悍务实"的胆剑精神。

在春秋战国时期，吴人和越人都是勇决剽悍的象征，以好斗著称。他们轻视生死，甘于冒险，追求生命中最后一刹那的光彩。其尚武而不尚礼乐之风，迥异于中原。越人也热衷刀剑，每当敌人入侵时，爱国的越国青年们纷纷凿齿表示成人，参军打仗。他们的血管中所流动的是原始的、狂野的热血，有着独具一格的勇悍气质。

越人的性格受地理环境和文化传统的影响也很大。首先，越国濒海倚山，河网众多，时有水患，越人"水行而山处，以船为车，以楫为马，往若飘风，去则难从"。他们不畏风雨，不惧险阻，不甘现状，善于拓展。同时，越人的这种务实精神和越国国君具有大禹后裔的血统也多有关系。传说中，大禹受命于危难，奉命治水。他"劳身焦思"、兢兢业业，面目黧黑，亲自拿着耒锸战斗在抗洪治水的第一线，三过家门而不入，以至于累得大腿上都没有了肉、小腿磨得都不长毛、手足起了厚厚的茧巴，从而积劳成疾，走路时双足不相过。这种身体力行、艰苦奋斗的务实精神，无疑也通过上行下效深深地影响了越国君民。

当然，范蠡还注意到一个现象，那就是越国女子普遍美丽，尤其民间的女子更是清美脱俗、柔媚动人。她们媚而不俗，柔中藏刚，像男儿一样能吃苦、有担当。这大概是越地浸润，山水育人的缘故吧。

要想实现越国称霸，假如我们照搬中原诸国的成功经验，从仁义礼教方面去寻找国家兴盛的措施，行得通吗？

从心灵归属上，越国民众具有"尊祖信祀"的信仰基础。

《史记》载："越人俗信鬼，而其祠皆见鬼。"《吕氏春秋》说："荆人畏鬼而越人信机。"今天我们通称的祭祀,古汉语中常作"祭"或"祀"。对于祭祀,古代中国人极为重视,认为这是一种崇天尚地、"尊神""事鬼"的特殊活动。在祭祀过程中,通过活人向神灵、祖先、死者做宗教仪式的精神献礼,会油然生发出一种超越性和神圣性,孕育出一种浓厚的伦理情怀。这对于世道民风的敦化,对于个体生命的教化,都具有特别功能,至今仍不乏现实意义。

据文献记载,被认为是越国始祖的禹就十分重视祭祀。而越国的建立,其初始目的之一也是祭祀。所以越人上自国君,下至百姓,对鬼神崇信有加,不敢稍有懈怠。《吴越春秋》记载,无余传世十余代,由于"禹祀断绝",直接导致了无余的后代失去君位,沦为庶民。后来有个叫无壬的,自称"是无余君之苗末。我方修前君祭祀,复我禹墓之祀,为民请福于天,以通鬼神之道",后来借助恢复祭禹的努力而谋得了越君的位置。由此可证,祭祀这项活动在越国可直接导致国家的兴衰。

越国与楚国的文化相较,都具有重鬼神的信仰。人们概括其特征是:"中原重礼信,荆楚重情感。"只不过建立在水稻农业基础上的南方楚文化,因道家文化而著称。道家崇尚自然而耽于幻想,向往天人合一。楚国更侧重于对山川自然之鬼神的敬畏和尊崇,而越国以祭祀大禹建国,侧重于对祖宗神灵的追忆和敬畏。俗话说,"心诚则灵"。正因为有了对鬼神宗祖的虔诚信仰,所以越人更易获得灵感,长于创新。

针对这样一个地区和国度,该如何顺其势、和其光而谋国呢?既然越国有敬畏鬼神的信仰,有尊崇祖先的悠久传统,那么未来在对国民的治理过程中,就不能与这个信仰文化相悖。而应该围绕鬼神信仰和祖先崇拜进行伦理教化,以求净化思想,凝聚民心,营造心灵归属感。

同时,掌握好未来"老板"的心理也很关键。他喜欢听什么?恐惧什么?不听话怎么实行教化?既然越国历代君王都尊神、崇祖、信祀、迷巫,自己该如何顺君王之情而晋身呢?

"地"的内容还包括"地产",即地面上的产物与地底下的矿物。

允常时期,越国境内有姑中山、赤堇、六山与若耶溪的铜铁锡,矿产资源非常丰富,利于刀剑铸造与武器加工,也有深山出产大木良材可供利用,还有已经形成相对规模的农业、酒业、养殖业、渔盐业以广获其利,促进了经济持续增长。

最初,由于自身所处的恶劣自然环境,越人们只能"随陵陆而耕种,或逐禽鹿而给食"。后来,具有艰苦创业精神的越人们开始了对沼泽平原的大征服。他们息壤造地,开塘筑坝,对湖泽孤丘进行人工改造,以变为沃田。

《宝庆会稽续志》有这么一段记载:

> 贺本庆氏,后稷之裔。太伯始居吴,至王僚遇公子光之祸。王子庆忌挺身奔卫,妻子逊度浙水,隐会稽上。越人哀之,予湖泽之田,俾擅其利。

早在阖闾采用不正当竞争手段初登吴国王位,也就是范蠡入越之前,逃亡至越国的庆忌的妻子,获得了越人馈赠的经过人工改造过的"湖泽之田"。从"俾擅其利"这句话中,我们似乎可以断定其粮食收成必定不错。

有了农作物的大面积种植与收获,在保障越国国民正常的粮食供应之外,是不是也应该寻求经济作物和农产品深加工呢?"国之大事,唯祀与戎"。"戎",即兵戎。在越国这样一个既崇尚军事,又热衷祭祀的国度,酒怎么可以少得了呢?在祭神祀祖中,酒被视为最尊贵、最崇高的祭品和奠品。更何况,每逢两国交战,誓师出征,都会以酒壮行;军队行进途中,也有以酒劳师;倘若得胜凯旋,则更要以酒庆功。所以时至今日,越地浙江的绍兴黄酒、女儿红仍然光彩夺目。

越国是名副其实的"海洋之国",海洋捕捞是当时沿海诸侯国的主要经济活动和致富源泉之一。早在新石器时代,于越先人已从事网罟(结网捕鱼)活动。《国语·越语下》称:越国"滨于东海之陂,鼋龟鱼鳖之处,而蛙黾之与同渚"。司马迁在《史记》中也有"楚、越之地,地广人稀,饭稻羹鱼"的记述,足以说明当时越国的捕捞业已达到了一定的水平,其水产品已作为商品和西部中原地区进行交换。

当前越国的农业与农副业、养殖业、渔业能否因地制宜,划分"经济特区"进行专业发展?以何为主?该如何进行产业与地域的合理布局?越国渔民们除了迎风破浪、不畏险阻地"历心于山海"从事海洋捕捞外,有没有办法利用堰塘进行淡水养鱼？有这个技术吗？适合大规模推广吗？

上述内容，都是范蠡在五年游历中需要发现和思考的主要问题，也是他谋求如何提供解决方案的重要工作内容。

道不外求：高手出自民间

第四项调查内容，就是"将"。

这里的"将"指的是为越国实现霸业的高级人才，其中包括军事人才、智囊人才、管理人才、科研人才、教育人才、经济人才，甚至特殊人才。

《黄帝四经》中说："兵不刑天，兵不可动；不法地，兵不可措；不法人，兵不可成。"要想实现强国梦，人才是第一资源。越国当前的人才储备完备吗？人才竞争的软实力具备优势吗？能否与吴国伍子胥这样的智勇雄才相抗衡？从当前的吴、越两国双方态势客观分析，实力悬殊，差距较大，越国不但难以撼动吴国的命脉，恐怕还会被打得无还手之力。这就需要以不拘一格的姿态、独到过人的眼光，走进民间深入基层，去发现人才、选拔人才、培养人才。

在越国民间，当时有一位赫赫有名的人，他就是享誉千古的中国铸剑业鼻祖、龙泉宝剑的品牌创始人欧冶子。

欧冶子在少年时代，从母舅那里学会了冶金技术，开始冶铸青铜剑和铁锄、铁斧等生产工具。由于他肯动脑筋，具有非凡的智慧；加上他身体强健，能刻苦耐劳，后来终成一代铸剑名匠。欧冶子所铸造的一系列赫赫青铜名剑冠绝华夏，在春秋五霸、战国七雄的争霸战争中显示了无穷威力与摄人心魄的艺术魅力。

欧冶子曾为越王允常铸过成套的宝剑，一套五把，名"湛卢、纯钧、胜邪、鱼肠、巨阙"。欧冶子为越王造剑之时，"挟其精术……取锡于赤堇之山，致铜于若耶之溪"，铜锡合金而成宝剑。五剑齐出，五色毕现。据说，五剑之中名列第一的是湛卢，此剑可让头发及锋而逝、铁近刃如泥，举世无可匹者。

作为闻名天下的武器制造专家，欧冶子曾受风胡子之邀，带着自己的女婿兼弟子干将赴楚国进行技术援助。师徒二人走遍江南名山大川，寻找能够出铁英、寒泉、亮石的地方为楚王铸剑。后来"凿茨山，泄其溪，取铁英，作剑三枚",为楚王铸龙渊、泰阿、工布三把铁剑,开创了中国冷兵器之先河。他所铸的泰阿剑,"巍巍翼翼,如流水之波",曾助楚王大破晋郑王三军。

对于这样名扬天下的铸剑大师,身负特殊使命深入基层的范蠡一定会多次前去拜访、学习。

越国不但孕育有铸剑大师,还隐居有剑术高人。在这五年游历中,范蠡还为越国实现强军备战寻觅到了不可多得的特种兵总教官和远程狙击总教练,即后来他向越王勾践举荐的越女和陈音。

越女,姓氏不详。她生于会稽山南深林之中,长于无人之野,自幼习剑,独好剑击,精于剑术,习之不休,自称没有什么名师传授,而全凭领悟。

陈音,楚国郢人,其先祖从楚灵王那里得到了源远流长的"射道"真传,传到陈音这里已经是第五世了。

越女和陈音,都是范蠡在民间结识的朋友,是范蠡为越国实现强国霸业而储备的草根人才。他们两人,一个善于以剑术近身搏杀,武艺超人,一个长于以弓弩远程射杀,百发百中,可谓相得益彰。这两人还有一个共同点,那就是不但具备当世无人能及的实战能力,而且理论知识丰富,完全属于宗师级别的高手。倘若有了这样的民间高人加盟,训练越国军队作战能力,提升强化军事素质,再配上欧冶子及其弟子铸造的削铁如泥的宝剑,何患霸业不成?

《吴越春秋》曾记载,数年以后,范蠡根据越国的现实情况,亲自向勾践推荐人才:"今闻越有处女,出于南林,国人称善。愿王请之,立可见。"试想:如果范蠡此前没有亲自考察真伪,而是道听途说,肯定不会将一个无名女子推荐给越王,训练越国三千特种兵。如果范蠡和越女素不相识,也绝不可能夸下海口,说出"请之,立可见"这样一番大话。

身为道家学派的传人,范蠡在这五年的民间游历中,穿行于山水之间,逍遥于田园之乡,求访于高贤之士,回归于自然之中。在以天地为庐、日月为车、岁月为酒、感悟为诗的特殊时光里,随着心灵的宁静沉淀,对越国的富强之道、民情的了解深入、文化的接受融入越发清晰了。

《越绝书》云:"管仲达于霸纪,范蠡审乎吉凶终始。"作为一个谋者,通过对越国"道、天、地、将"四项基本内容的综合评估,对其自身资源的优劣、敌我实力的强弱、战略时机的远近、动静急缓的利害就可以进行准确判断。在这个基础上，就可以确定第五项"法"的内容，那就是思考和提出解决方案。

那么在范蠡的眼里，该如何掌握"道、天、地、人（将）"之势，进行国家战略层面的图谋布局呢？

第一，"尊道义"。无论越国愿不愿意强大和称霸，都避免不了一战。面对春秋的乱世和随时可能发生的战争，我们应该以积极的心态、谦卑的姿态，从战略使命入手，将越国的国际形象塑造为正义之师，为了保家卫国，不得已而发动和响应战争这种"逆德"行为。通过"应兵""哀兵"的自身定位，来取得舆论支持。

第二，"顺天时"。在自己的心中首先为越国制订中长期发展计划，尽可能以低调的姿态，等待时机，绝不妄动，避免引发矛盾；同时，在等待天时的过程中，韬光固本，巩固农业，发展经济，强大国防，凝聚民心，伺机而动。

第三，"重地势"。因地制宜，首先解决国土的沼泽水患，发展水利，保证农田，化害为利。其次统一规划，分区布局，科学划分出特色经济区域，改造传统出海捕捞等存在的问题，尝试淡水养鱼。利用山林，布局防线，借助天然屏障开展国防安全工程。因势利导，尊重信仰，利用国民性格和风土人情来"参于天地，合于民心"，巩固政权。

第四，"举贤良"。不拘一格，广开门路。一方面帮助越国广泛引荐就业人才，创造团队新活力，拓宽管理新视野，以此来改变政治风貌，强化军事素质，发展经济水平；另一方面积极寻求其他诸侯国援助，突破地方性狭隘思维。

范蠡在这五年里，到底有没有承担起越国取得其他诸侯国援助的特殊使命呢？

《越绝书》中是这样记载的："于是范蠡退而不言，游于楚越之间。"这个"游于楚越之间"，已道破了范蠡身怀的特殊使命，成为楚、越两国战略同盟的联络官。

毕竟，让他这样一个此前从未参与政治，在春秋各诸侯国的高级情报人员档案中无迹可查，绝非精明强干而给人"半痴半醒"状态的小人物来负责情报工作，是最合适不过的了。

静心读 《道德经》

故道大，天大，地大，人（一作『王』）亦大。域中有四大，而人（王）居其一焉。人法地，地法天，天法道，道法自然。

其安易持，其未兆易谋，其脆易泮，其微易散。

为之于未有，治之于未乱。

合抱之木，生于毫末；九层之台，起于累土；千里之行，始于足下。

第 10 章

檇李大捷：年轻人的侥幸胜利

古人云："祸福无门，惟人自召。"

人生有许多境遇曾让我们困惑，旧时王谢堂前燕，今朝飞入百姓家，亭台楼阁宰相府，转眼梦醒一场空。天道悠悠，阴阳莫测，变化无端，祸福无常，在失败中也许就暗藏着不为人知的新机遇，在得意中亦可能隐伏着美丽光鲜的大败笔。得到和拥有不一定是好事，侮辱和欺凌也并非是坏事……而这些事理的变化规律，又有几人可以真正地识别和掌控呢？

人为财死，鸟为食亡。人生许多不可测的祸患灾难，说穿了，其实都是人们的贪心在起作用，最终自食其果。哪怕强大如吴王阖闾，也终究未逃出这般宿命。

机会，是对手送上门来的

公元前 497 年，越王允常病了，这一病之后就再也没有站起来。自感时日不多的允常，一方面着手安排越国未来的继承人这件大事；另一方面也不忘将"游于楚越之间"的范蠡召回诸暨。

这一次范蠡回到越都后，却并没有激起越国朝臣太大的排斥和敌意了。为什么没有呢？

第一，越国大臣们当初排斥范蠡，是因为他太年轻，缺乏工作经验，没有工作资历。现在，范蠡已经下基层工作五年了，一步一个脚印走了过来、坚持了下来。而且这五年工作期间，虽然无功，却也无过。在政治上，有时候无过那就是有功。所以不满归不满，但是找不到攻击的理由。

第二，他们当初曾怀疑范蠡是吴国派来的间谍，但是这五年下来并没有找到支持这种说法的证据。时间，慢慢淡化和稀释了一部分人的敌意。面对着范蠡被下放基层，他们心理平衡了，甚至还产生了那么一点点愧疚感，自然看待范蠡也顺眼多了。

第三，更重要的一个原因是，允常生命垂危的这一段时期，很多大臣们都在打自己的小算盘。"王将去矣，今后我们该怎么办？"从大局上来讲，我们该怎么样辅佐新王，为越国复兴而鞠躬尽瘁；从小处上来讲，我们该如何结盟站队，确保自己家族利益不受影响。面对着内忧外患，"小疯子"范蠡重回越都这件事显得太微不足道了，众大臣根本无暇顾及。

对于范蠡，允常并没有做出"临终托孤"之类的举措。这个与自己儿子年龄相仿的年轻人虽有智慧，但要托孤于他，不但会引发轩然大波、制造新的矛盾，恐怕还会让世人笑掉了大牙。

允常对范蠡，更多的是无言的期待。

允常终于没有挨得过去公元前497年那道坎，"拓土始大"的一代雄主就这样撒手而去了。

次年，允常之子勾践即位。

依《越世家》《国语·越语下》等文献的记载来推算，勾践约出生于公元前520年，他即位之时尚是二十五岁上下的青年。

作为范蠡的同龄人，身为"官二代"的勾践却是那么少不更事，每日"出则禽荒，入则酒荒"。用他自己的话来说，不是沉湎于酗酒行欢，就是出宫游猎作乐。少年不识愁滋味的勾践，无恒性、无常性，"吾百姓之不图，唯舟与车"。一门心思只在自己的个人享受上，何曾考虑过国家安危和百姓疾苦呢？

德性以收敛沉着为第一，收敛沉着又以精明平易为第一。

深沉、厚重是第一等资质，磊落、豪雄是第二等资质，聪明、才辩是第三等资质。面对着这样一位看起来颓废、纨绔的君主，范蠡表现出了极大的耐心。

他既没有心生不满、唉声叹气，也没有慷慨激昂、锐意改革。深深懂得藏巧示拙道家智慧的范蠡，意念深藏含蓄，神态安闲端庄。他不但在暗中观察和考量自己的老板，更在等待一个时机，一个让自己可以真正赢得尊重、获得重用的时机。

这个时机，终于由阖闾给带头启动了。

《史记·越王勾践世家》记载："元年，吴王阖庐闻允常死，乃兴师伐越。"

阖闾也在等待一个时机，一个在自己的手上实现霸业、展现力量的时机。而这个时机，终于因为老对手允常的离去，意外地呈现在自己眼前了。

阖闾为什么要在允常离世后，悍然发动对越战争呢？

首先，吴、越两国，交战多年，积怨甚深，一辈子的仇恨总要有个了结。作为敌对国，阖闾既然做不到相逢一笑泯恩仇般的"雪中送炭"，就只能通过"落井下石"地乘越国丧乱之际发兵兴战，给对方制造恐怖和动乱，以报当年越国偷袭之仇，满足自己的仇恨心理。

其次，攻伐越国，一直是吴国企图实现称霸战略的一环。当初孙武与伍子胥等人给阖闾制定的三步走战略中，就明确提出了"西破强楚、南服越人、北上中原"的主张。对越宣战，这是吴国要实现霸业的必由之路，已经不是打不打的战略方向问题，而是什么时候打、该选择怎样的策略打的战术操作问题了。

最后，允常病故，勾践即位，此时越国举国都沉浸在一片哀思状态中，国内精神信仰空虚，管理班子的调整必将造成利益团体的患得患失，导致政局不稳。而据情报分析，越国新王勾践懒散贪玩，胸无大志，既无治国理政能力，又无军事作战经验。倘若此时不乘虚而入，难道还要等待自己的对手羽翼丰满后，再去啃一块硬骨头吗？

为了给自己的人生画一个圆满的句号，阖闾决定趁允常新丧而伐越。

不得不承认，阖闾选择对越宣战的时机是非常合理的。虽然这种趁着别人家老爹死去而欺负儿子的战争行为极不道德，很不合人情，甚至给人一种非常不要脸的感觉；但是在春秋那段特殊的时期里，"不要脸"早已成为一种常态，更是诸侯国实现称霸的不二心法。再者说，搞了一辈子恐怖事件的阖闾，从自己收买刺客杀堂兄堂侄篡权夺位开始，到后来的屡屡进犯他国，何曾要脸过？

古代将发生战争称为"会猎"。我们可以想象，此时的阖闾看待少不更事的勾践，就犹如饥饿多日的猛虎，垂涎于眼前那瑟瑟发抖却毫无反抗之力的猎物。这送到嘴边的肥肉，手到擒来的功夫，岂不是天赐良机？

难得者时也，易失者机也。此时不取，更待何时？

恐怖大王阖闾之死

周敬王二十四年（公元前 496 年）五月，志在必得的阖闾不顾伍子胥的反对，亲自率领身经百战的吴国大军，以泰山压顶之势开赴越国腹心地区，准备"会猎"越军。

吴军大兵压境的消息传来后，越国上下一片哗然。正值国丧期间，再逢刀兵之劫，真是雪上加霜、祸不单行呀！面对这种情况，是积极应战还是不战而降？朝臣中也议论纷纷，互陈利弊，各执一词。这次军事会议上，主要是越国老臣灵姑浮、诸暨郢、胥犴、石买、扶同等人展开激烈辩论。范蠡并没有多言，而是在冷静旁观：一方面要了解掌握自己未来将要辅佐和长期共事的越国之主，在面对国家危难与时势变故之际，会采取什么样的态度；另一方面需要通过此类突发事件，来真实地了解越国大臣们的危机处理能力，面对新主是否竭诚真心、面对危难是否同僚齐心、面对敌我的强弱是否智慧用心。

针对着吴国嚣张的"会猎"行动，这位自幼热衷逐猎行为的青年领导人勾践，却并没有表现出惊慌失措的恐惧。或许是二十来岁的青年人，一腔热血，还不知道什么是失败，也从来没有考虑过失败的后果。或许勾践会想，你阖闾是猛虎，对我越国虎视眈眈，但我"初生牛犊不怕虎"；你阖闾趁我父亲新丧贸然发动战争，你不要脸，我不要命；你想"会猎"我，我早就博得了"出则禽荒"的美名，到底鹿死谁手，还是个未知数呢！

老子告诉我们，"罪莫大于可欲，祸莫大于不知足，咎莫大于欲得"。老谋深算的阖闾只看到了眼前那任人宰割的猎物，却没有看到脚下那深不可测的陷阱；只看到了年轻对手的少不更事，温顺可欺，却没有料到那年轻和简单中隐藏的可怕力量。

"贪兵死，忿兵败，骄兵亡。"一生无缘聆听计然教诲的阖闾，怎么也没想到，看似胜券在握的出兵兴战，却是一条不归路。

这一场战争，吴、越两军主力会战于今浙江嘉兴的檇李。檇李，又写作醉李、就李，据传说是"地以果名"。《春秋》杜预注曰："吴郡嘉兴县西南有檇李城，其地产佳李故名。"另有传说认为天上的北斗星主管果树，夏天北斗星斗柄向南，直指吴、越之地，而檇李恰巧是斗柄上的北斗第五玉衡星"灵气"所化，这又给檇李加上了一层天文星象的神秘色彩。作为越国北面的防守重镇，檇李在吴、越两国展开的多次激战中占据了举足轻重的战略地位。

面对着战争狂人阖闾的志在必得和吴军的虎狼之势，这个仗该怎么打才能克敌制胜，扭转战局呢？

在这一次檇李之战中，我们很惊喜地看到了一个此前从未曾考虑过国家安危问题的年轻人勾践，成熟且成功地运用心理战术来掌握战争主动权。

什么是心理战术呢？这是当代人给取的名字，即运用心理学的原理原则，以人类的心理为战场，有计划地采用各种手段，对人的认知、情感和意志施加影响和干扰，在无形中打击敌人的心志，从而使其心里产生动摇或畏惧，以最小的代价换取最大的胜利和利益。

我们经常听人说，"战争是流血的政治，政治是不见血的战争"。战争与政治的这种关系，决定了军事斗争的最终胜利主要是以政治上的胜利为根本标准。

大敌当前，勾践让人把越国大牢中的死囚犯组织集中起来，以临时组建一支敢死队。

望着眼前密密麻麻从越国各地紧急押送过来的显得不知所措的死囚犯，勾践现场展开了一场堪称深刻的思想动员。首先，勾践向他们分析了当前国家政治形势，吴国大军压境，国家危在旦夕，我们该怎么办？所谓"国家兴亡，匹夫有责"，虽然你们犯下了滔天罪行，不可饶恕，但是你们作为越国子民，难道能容忍杀人越货、无恶不作的吴国军士在我们的美丽家园，再度上演当年他们在楚国郢都犯下的令人发指的残暴罪行吗？虽然你们被限制了自由，但是你们的父母、妻儿、兄弟姐妹眼看着有难了，难道在场的每一个热血男儿不应该挺身而出，予以保护吗？

这些被宣判了死刑的囚徒中间有相当一部分都属于易冲动的类型，人一旦冲动起来，自然不计较后果，也难逃"冲动的惩罚"。虽然身陷牢狱，但是本性难移、血性尚在，更何况越国民众本来就具有剽悍好斗、轻视生死的风气。年轻的勾践热血澎湃，现场这么一鼓动，很多人的情绪就控制不住了。有现场请战要戴罪立功的，有当即悲痛号啕大哭的，最后所有的问题都集中在一个话题上："我们该怎么样保家卫国，国家需要我们做些什么？"

眼看着火候到了，勾践就趁热打铁，宣读了他的敢死队员招募计划。只要在场的死囚犯能够戴罪立功，战死沙场，国家不但会帮助他们恢复名誉，以勇士之礼进行安葬，还会给予各敢死队员的家族和亲人以丰厚的抚恤。

在场的死囚犯一想，横竖都是一死，还不如死得轰轰烈烈，让自己的生命获得尊严、更有价值，让自己的族人亲友受到善待。这番思想政治工作做下来后，勾践的"敢死队"报名踊跃，士气高涨。

兵家经典《六韬》说："其成与败，皆由神势，得之者昌，失之者亡。"军队生存和战胜强敌的根本，在于军魂，在于气势。所以两军交战，大敌当前，"三军可夺气"。一旦那种勇往直前、视死如归，排山倒海、压倒一切的士气被激发，则弱旅可以变强，强者更加强大。

这支临时组建的敢死队，成了初登王位的勾践战胜老谋深算的强敌阖闾的秘密武器。他会如何出招呢？

《史记·越王勾践世家》称："越王勾践使死士挑战，三行，至吴陈，呼而自刭。"《左传》则更为详细地记载了这场战争的血腥和惨烈。

> 吴伐越。越子勾践御之，陈于檇李。勾践患吴之整也，使死士再禽焉，不动。使罪人三行，属剑于颈，而辞曰："二君有治，臣奸旗鼓，不敏于君之行前，不敢逃刑，敢归死。"遂自刭也。师属之目，越子因而伐之，大败之。

当吴、越双方在檇李摆开战场后，勾践先派出两支队伍发起攻势。然而，吴军阵势严整，不动如山，导致越国的这两次猛攻都劳而无功，反而损失惨重。

就这样的军事水平也敢与吴军抗衡,亲自出征的阖闾连番获胜,似乎已经看到了胜利在向他招手。

接下来发生的事有些让人出乎意料了。这个不按常理出牌的勾践,终于轮到他新组建的"敢死队"正式上场发挥作用了。正当阖闾和吴国众将看着先前不堪一击四处逃散的越军哈哈大笑,放松警惕的时候,突然见到越国军阵中走出了三排赤身露体、披发赤足的人来。每排皆有百余人,每个人一手拎着自己的散发,一手以剑按颈,嘴里高喊着口号,步履整齐地向吴军阵营大踏步走过来。

他们这是要干什么?吴国将士们有些看不懂了。

正在纳闷间,只听得越军前排有人高喊:"吴、越两国君王在此兵戎相见,我等在行动中动作不敏,触犯军令,不敢逃避刑罚,羞于苟活,愿意在阵前自杀谢罪。"话一说完,脖子一抹,鲜血四溅,齐刷刷的,倒地而亡。

吴军上下傻眼了,这是演的哪出戏呀?怎么两军交战,还没拼出个你死我活,倒自己把自己给抹了脖子?前面的军士看傻了,还没回过神来,而后面的将士听说出怪事了,也顾不上这是在打仗了,纷纷争着挤着要凑上前去看热闹,挡都挡不住。这身形一移动,吴军先前严密齐整的队形开始乱了。

先前的惨烈血腥还没有让吴国军士们反应过来,第二队不要命的人又大踏步上来了。依然是那几句话,一喊完,一抹脖子,刎颈而死。随后,第三排也同样大踏步上来,依样画葫芦,又抹了自己的脖子。

在吴国军士的眼里,如果越国第一队敢死队的行为让他们惊呆和不解的话,第二队和第三队的相继上阵已让他们心生恐惧了。这是怎样的一支队伍呀,见过不要命的,没见过如此不要命的,还给不给我们战斗的机会了?这还算是正常的人吗?

近距离注目观看的吴军将士,顿时惊骇不已,军心大乱,所有人的大脑在那一个时刻被深深震撼,短时间内根本反应不过来。勾践不失时机,突然指挥进攻,一举大败吴军,使溃不成军的吴军死伤无数。在战争中,越大夫灵姑浮"以戈击阖闾,阖闾伤将指",不但斩落他的脚趾,还捡到了他的一只鞋。身受重伤的阖闾血流如注,也许是受了破伤风感染,也许是始终过不去心头那道坎,一生征战无数却在退到七里后的陉地时,终于阵亡于军中。

俗话说，"人之将死，其言也善"。阖闾可不这样。他在临死前，让人把太子夫差叫到跟前，一再叮嘱："必毋忘越。"带着仇恨而去的阖闾，只有把自己的满腔怒火，在另一个世界中向自己的老对手允常撒放了。檇李之战，以年轻人的胜利而告终。而这个世界，将注定是年轻人的天下！《左传》还记载：

> 夫差使人立于庭，苟出入，必谓己曰："夫差！而忘越王之杀而父乎？"则对曰："唯，不敢忘！"三年，乃报越。

夫差那年轻的心灵自从被阖闾种下仇恨的种子后，便每天夜里都睡在柴薪上，随时提醒自己大仇未报；同时，他还安排有专人立于庭院之中，每天只要一看见自己进出，这些差役们就会齐声喊道："大王，你忘记勾践的杀父之仇了吗？"

夫差每当此时，总是会两眼圆睁地大声回答道："誓不敢忘！"

自檇李之战侥幸取胜后，勾践以为"阖闾既没，吴不足惧"，便放松了警惕，再次投入犬马声色之中，既不注重武备，亦不求领土之扩张。

被胜利冲昏了头脑的勾践，还能够听得进真诚的劝谏吗？在他的心中，真的会存在着一个强越称霸的梦想吗？他会做到静下心来纳贤重士，广开言路吗？他可以容忍一个几乎同龄的年轻人对他进行管束再造与思想境界的升华教育吗？

范蠡的路，又该如何走下去？

静心读

《道德经》

天下有道,却走马以粪;天下无道,戎马生于郊。

罪莫大于可欲,祸莫大于不知足,咎莫大于欲得。

故知足之足,常足矣。

民不畏死,奈何以死惧之。

第 11 章

夫椒失利：战略冲动的惩罚

"静胜躁，寒胜热，清静为天下正。"这是黄老道家的核心思想精髓，也是我们在人生进取时应该持守的重要原则之一。

在道家研究者的眼里，做事万不可轻率，而要深思熟虑；亦不可急躁，而要等待时机成熟。尤其是为君为王者，更是本末不能倒置，根本不能丧失。真正的领导者，只有做到了戒轻、戒躁、戒骄，才能谋大事立大业；否则，非但不能成事，还有可能犯下不可弥补的过失，最终导致丢失根本地位、丧失主宰尊严的严重后果。

然而，常人轻浮者往往不懂得本末的重要性，他们有为容易无为难，争取容易放弃难，躁动容易冷静难。一旦侥幸成功，便沾沾自喜、得意忘形，却不知更大的危机已经如影随形暗伏身边了。

当年，那未经风雨摧残和岁月沧桑的勾践，就是这样一个人。

伍子胥：此恨绵绵无绝期

公元前 496 年，吴人败于檇李。

原本雄心勃勃欲称霸东南的吴王阖闾，也因意外受伤并致身死。吴国的江山接力棒，就移交到阖闾之子夫差的手上了。

夫差将阖闾的遗体运回吴都后，先是极其隆重地召开了一个追悼大会，然后将阖闾埋葬在姑苏城外的虎丘山上。葬礼是非常阔绰豪华的。作为新任吴王，夫差一上台就表现出与众不同的大手笔、大气魄。

当然，夫差这么做完全是有意义的，也可以被理解为政治宣传的必要。既为人子又为人主的夫差，之所以不遗余力地厚葬自己的父亲，一方面是向社会宣告自己对父亲的孝道，为自己的上任赢取民意支持率；另一方面是通过借助持续长久的大型纪念活动，来提醒和鞭策吴国上下勿忘国耻、勿忘国仇。而"夜卧柴薪""呐喊口号"，这些通常只有成功学激励大师才能想得出来的妙招，也通过有效的传播渠道进入了千家万户，形成了"同仇敌忾"的民意和士气。

杀父之仇，不共戴天。如果说阖闾之死留给夫差的是"仇"的话，那么对于一生都为仇恨活着的伍子胥而言，那就是绵绵无绝的"恨"了。

伍子胥恨什么呢？

首先，他恨自己。作为吴国最高军事统帅的伍子胥本来应该负责指挥这次檇李之战的，但由于战前在"当下该不该打"这个问题上与阖闾发生了较大的意见冲突，临时被阖闾宣布解除了军事指挥权，改由阖闾亲自挂帅指挥。最后战争失败了，虽胜败乃兵家常事，檇李之败也与伍子胥并无直接责任关系，但这令长期习惯于"一根筋"思维的他很懊恼。要知道："老板永远是对的。如果老板不对，请参照上一条原则。"为何我就改不了自己强势好争的臭毛病呢？假如我不和老板闹情绪，那么我的军事指挥权就不会被临时解除；假如这场战争是由我来指挥，则很可能就不会遭遇失败，而对自己有知遇之恩的吴王阖闾也不会因此而丧命。

伍子胥恨自己，未能亲赴沙场奋战尽忠！

其次，伍子胥更恨越国。没看出来呀，一个实力不济的小小越国，在面对着数倍于自己的堂堂吴国大军时，居然还敢顽强抵抗。抵抗也就算了，你居然还敢趁我不在军中指挥，玩出阴谋诡计来取胜。两军还没交战，你弄出来成批的军人在阵前集体自刎，最后连我方的君王也都因此而丧命，哪有这样打仗的？这太气人了，是可忍孰不可忍！作为人臣，伍子胥为没能保护好吴王阖闾而内疚悔恨，也为自己辛辛苦苦培养训练出来的精兵死伤无数而悲伤，更恨自己未能早日"南服越人"以至于留下祸患。檇李之战，给伍子胥留下了无尽恨意和不可抹去的心理阴影。

《越绝卷第九》是这样记载的：

> 子胥内忧："为人臣，上不能令主，下令百姓被兵刃之咎。"自责内伤，莫能知者。

正所谓君仇臣恨，主辱臣耻。深感懊悔自责的伍子胥认为：为人之臣，对上不能救君主，对下又让百姓受兵刃之苦，简直是太失职了。为了报仇，伍子胥强迫自己为阖闾守丧三年以示自罚；同时广聚钱粮，大造兵器，日夜练兵。这三年中他"不亲妻子，饥不饱食，寒不重彩，结心于越"。这样苦自己的目的，当然就是期待三年后征讨越国，为先王复仇。

既然伍子胥这么卖命，吴王夫差自然也是很给力的。他不但每天以榜样的身份搞形式、喊口号，用仇恨来激励自己；同时还亲自参加军事训练，"日夜勤兵，练习战射"。当然，夫差更是对父王阖闾留下的政治遗产——伍子胥、伯嚭等旧臣予以高度信任和充分任用。

《史记·吴太伯世家第一》上说：

> 王夫差元年，以大夫伯嚭为太宰。习战射，常以报越为志。

夫差任命"览闻博见，目达耳通，诸事无所不知"的伯嚭为太宰。太宰是中国古代官职，相当于后来的宰相，其责任是总管王家事务。太宰"掌管国家的六种典籍，用来辅佐国王治理国家"。这六种典籍分别是治典、教典、礼典、政典、刑典、事典。可见，当时的太宰乃百官之首。对忠心耿耿的伍子胥，夫差更没有亏待。他任命伍子胥为相国，执掌吴国军事、国防事务，制造精良武器，组编新式军队，制订作战计划；同时，还尊伍子胥为"亚父"。亚父，是仅次于父亲的人，用现在流行的话来说，就是"干爹"。

后来的历史事实告诉我们：伍子胥，绝对称得上是史上最负责任的干爹了。

轻则失根，躁则失君——青年勾践的人生之误

吴国厉兵秣马的这几年，越王勾践在干什么呢？说起来很不好意思。檇李之战后的这几年，勾践除了自己"出则禽荒，入则酒荒"外，什么大事都没干。

当然，这也怨不了勾践。

第一，年龄所定。

勾践那时候还只是一个二十多岁的小伙子，少年不识愁滋味，国家怎么治理？百姓怎么富强？未来如何谋划？这些问题他还来不及思考，也不懂得思考。换个角度说，我们二十岁的时候思考过这些国计民生的大事吗？

第二，眼光所限。

当时的越国，地处蛮夷之地，东海之滨，其民"不拘礼制，愚疾而垢"。你能指望在当时的历史背景下，这片环境中成长选拔出来的越国君臣有深远的战略眼光吗？这未免有些强人所难了。

第三，成功所障。

作为一个二十来岁的青年人，初登王位，稀里糊涂就将敌国老王撂倒致死，这成功来得太容易了。原来不可一世的吴国居然这么不堪一击，本来就崇巫信鬼的越国上下更加迷信和崇拜了：莫非我们的大王是吴国人的天然克星？莫非真的是天降神人来拯救越国的？我们要说，"偶然的成功比失败更可怕"。勾践的沾沾自喜，群臣的放松懈怠，举国的盲目崇拜，在一片"吾王圣明，用兵如神"的歌功颂德声中，越国整体迷失了。

第四，条件所困。

当然，我们也不否定越国本土就没有智慧贤能之士，但是无论具备怎样的远见卓识，你都使不上劲。知道为什么吗？越王勾践天天忙着狩猎追禽，经常一出门许多天不见人影，你有意见向谁提？好不容易等到勾践回宫，却又开始了胡吃海喝、饮酒作乐，你的建议怎么提？提出来有没有预期效果？

贤人君子处世，事事时时都要用心。如果一件事不认真留心，便会轻举妄动。心一松散，万事不可收拾；心一疏忽，万事不入耳目；心一执着，万事不得自然。

范蠡和文种再有智谋，也只能摇头无语。还是先把心头那份改造越国、称霸天下的梦想暂时放一放吧，富民强国利天下的时机还没到来。

当听说吴国正在日夜勤兵操练军士，要用三年时间不惜一切代价伐越报仇的消息后，越王勾践起初并不在意。他心想："你爹都被我给打败了，你小子有何能耐？"勾践错误地把侥幸胜利当作了常规胜利，把局部战况放大成了整体战力。

他认为，吴国要向我越国兴兵报仇，还不具备那个能力和实力，你们群臣何必草木皆兵、耸人听闻呢？该干吗干吗！我嘛，还是继续享受玩乐带来的愉悦快感。

这就是年轻人常犯的错误——轻狂。

老子道学告诉我们，"轻则失根"。勾践因为轻狂而轻敌，因为轻敌而给自己埋下了不可逆转的祸根。

虽说勾践起初对吴国"勤兵备战"的行为并不在意，但是随着时间的不断推进，吴国喊出的三年之期已经迫在眉睫了，再加上吴国不断传出并放大的舆论攻势，勾践开始焦虑并失眠了。

好不容易挨到第三年，勾践实在憋忍不住了。不行，我不能这样做对方砧板上的鱼肉，坐等对方攻讨；我要先发制人，趁吴国还没有完全准备好，再出奇兵打他一个措手不及。

勾践终于呐喊出来了："要打仗是吧？那我们就好好地打一场吧。即刻对吴宣战！"

急则躁，躁则动，动则乱。年轻的勾践迫于心理压力，为求得心安，继"轻则失根"的错误之后，又犯下了老子严厉批评的第二个错误——"躁则失君"。

《史记·越王勾践世家》上说：

三年，勾践闻吴王夫差日夜勤兵，且以报越，越欲先吴未发往伐之。

越王勾践敢"拍脑袋"做决策，就有人敢"拍胸脯"来响应。是谁把胸脯拍得砰砰响呢？大夫石买。石买这个人，《越绝书》记载他"居国有权"，属于越国的实权派人物，尽管没什么水平和头脑，但是在越王跟前算是说得上话，也敢于说话的人。

石买为什么要即刻响应勾践出兵伐吴呢？这要从石买的性格说起。

石买性格"贪而好利，细人也"，不是什么好人物。他为人贪婪好利，属于那种见缝就钻、见利就上、贪婪谋私、胆大妄为之辈。石买为什么要欢喜响应战争呢？因为战争能给某些核心参与者带来利益，武器的采购、物资的配发、权力的放大、战利品的收缴……只要你属于有心人，就会发现战争中的各个环节都有极其丰厚的油水可捞。

战争是一项风险极高的冒险行为，搞不好连小命都会送掉。石买难道没考虑过不可测的战争后果，没评估过战争风险吗？《越绝书》上说石买"无长策"，他哪里有什么深谋远虑和大局思维呢？对于石买来说，"有权"和"有利"必须通过战功来获得。而越王勾践对吴宣战，这是一个难得的升官发财机会，把握好了就会成为仅仅属于石买本人的战略机会，当然不愿意错失。石买难道不怕战争失利吗？怕什么？不可一世的恐怖大王阖闾都被未经世事的勾践稀里糊涂给打败了，难道阖闾的儿子夫差比他老爹更凶悍不成？

"吴军是完全可以战胜的！"为了抓住机遇狠发一笔战争财，石买信心百倍。他很兴奋，甚至比勾践表现得还要冲动。因为他从来没有听过"贪兵死"的言论，更不会认为自己是一个贪婪的人。

勾践的第一堂哲学课

越王勾践要主动对吴国宣战的消息公布出来后，有人欢喜有人忧。

谁忧呢？范蠡。

一直在韬光养晦的范蠡再也坐不住了，他觉得自己必须站出来进行大义劝阻。装糊涂有个原则，那就是必须把握好"小事糊涂，大事清楚"的度。尽管范蠡也预料到劝阻未必有效，但是不能等待了。假如继续混日子式地坐等下去，于国不忠，于己无利。一旦战败，越国被吴国吞并消灭了，越王被抓去生祭阖闾了，自己的人生价值上哪里去实现呢？

范蠡清醒地认识到，越王勾践正在犯一个错误。什么错误呢？用今天的话来说，就是"战略冲动"。

身为一国之君的勾践，在未能充分评估自身条件优劣和外在环境利害的情况下，对重大的发展问题采取冒进的政策，盲目自信、盲目示强，不但会过早损耗自身的元气，导致目标难以实现，还会给自身发展进程造成重大挫折。

怎么办？范蠡终于站了出来，并首次以越国大夫的官方身份，运用流传于楚国的老子道学思想理念，给年轻的君王勾践讲授起了生命中的第一堂哲学课。

在《国语·越语下》中，详尽地记录和保存了这次公开课程的课堂笔记。范蠡进谏曰：

> 夫国家之事，有持盈，有定倾，有节事。

首先，范蠡告诉勾践："治理国家要把握好三件大事，这三件事可以概括为持盈、定倾和节事六个字。什么叫持盈呢？就是持续丰盈，当国家进入强盛状态时，我们要设法保持强盛的永续化，不下滑，不破败。什么叫定倾呢？就是平定倾覆，当国家不幸出现事关前途命运的战略危机时，我们要设法平定祸患，转危为安。什么叫节事呢？就是节制政事，在管理国家政治的时候要把握好一个度，不左不右，不急不缓。"

勾践来了兴趣。唔，这些道理我以前从没听过嘛，有意思。那么怎样才能做好这三件大事呢？

于是，范蠡立足于天、地、人三位一体的道家思维角度，洋洋洒洒地进行了深刻阐述。

> 持盈者与天，定倾者与人，节事者与地。王不问，蠡不敢言。天道盈而不溢，盛而不骄，劳而不矜其功。夫圣人随时以行，是谓守时。天时不作，弗为人客；人事不起，弗为之始。

范蠡告诉勾践：要想保持国家的长盛不衰，首先就要尊崇天道，顺应天时，不能违背阴阳、日月、星辰演变的纲纪。要想掌握转危为安的谋略，就要顺从人道，以人为本，重视人才，使王者以下的公卿大夫各得其位、各尽其职，使文武将相与上下尊卑和顺有序。要想得心应手地处理政事就要立足地道，因地制宜，谷物生长，渔盐虾鳖，农商两利，富民为本。一个国家，要想长期保持盈泰的发展之势，就必须居安思危，做事如履薄冰，绝对不可以冲动冒险、操之过急。自古以来的圣王之所以能拥有天下，就在于他们能够做到见机行事。在天时对自己还没有呈现出真正的战略良机时，千万不可以主动挑起矛盾，发动战争攻势；当管理团队还没有有效组合并形成良好的向心力时，更是不应该急于授权和付诸行动。

这里有句话，叫"天时不作，弗为人客"。什么叫客呢？这里所讲的"客"并不是客卿，而是主动冒犯进攻的意思。《越绝书》中说："言客者，去其国，入人国。"古代兵法中，"客"指的是主动进攻的一方，而"主"则是被动防守的一方。

接下来，范蠡话锋一转，开始谈论正题了。

> 今君王未盈而溢，未盛而骄，不劳而矜其功，天时不作而先为人客，人事不起，而创为之始，此逆于天而不利于人。王若行之，将妨于国家，靡王躬身。

大王你看，我们越国目前论国力和兵力，并不比吴国强盛；论经济实力和物资储备，并没有吴国充实；论人才团队的综合水平，也达不到吴国那批经过伍子胥亲自施行教化培养出的团队标准。另外，吴国目前还看不出有什么衰亡之兆呈现出来呀。而我们，还在执着于过去的功劳，依旧沉浸在三年前檇李之战侥幸取胜的状态中。臣认为，我们越国还需要静静等待，以候天时、地利、人和各方面条件俱备，才可以一举扭转阴阳，战胜吴国；否则，大王假如一意孤行，恐怕会伤害到越国的健康发展，甚至有损于您今天的地位呀！

本来勾践还兴致勃勃地听着范蠡的一番高论，听到最后终于明白了，原来是拐着弯在劝自己不要对吴国发动战争呀。真扫兴！

你知道他们日夜勤兵，磨刀霍霍想要灭我的国夺我的命吗？你知道我最近每天晚上都失眠焦虑，连打猎都心不在焉、饮酒都索然无味吗？你考虑过我的感受吗？我只不过想睡个好觉，真的就那么难吗？

为了能睡一个好觉，勾践很坚决地否定掉了范蠡的提案。

范蠡这个时候也豁出去了，"小疯子"果然名不虚传。只听范蠡对勾践说：

> 夫勇者，逆德也；兵者，凶器也；争者，事之末也。阴谋逆德，好用凶器，始于人也，人之所卒也；淫佚之事，上帝之禁也，先行此者，不利。

大王呀，你可千万不要贸然发动战争呀！臣听说：上天有好生之德，贸然发动战争，有逆于大德，这是很不吉祥的，是最下策、最不可取的。如果我们放任一己之私念，冒着逆德的风险，把这种战争行为强加于本国和他国，而这种做法偏偏又是最不可取的下下策，这是上天都不能容忍的。大王要这么干，实在是在铤而走险，非常不利于国家的前途和命运呀！

在范蠡看来，父仇子报，这是天经地义的大事。吴国发动舆论攻势与兵力部署准备对越宣战，这是符合道义的、站得住脚的。在这种情况下，我们必须用柔弱的方式先化解眼前的战争危机，让越国实现和平发展，借此机会再大力发展农业、经济和军事作战能力。只有在民富、国强的前提下，才能有军事胜利的保障。

我们怎么可以冒冒失失主动发起战争，引发各诸侯国的舆论谴责，激起吴国军民的仇恨士气，给自己惹火烧身呢？这种行为简直是太愚蠢和不应该了。

然而，勾践会听他的劝吗？不会听的。《史记》称，越王曰："吾已决之矣。"遂兴师。

对于这个结果，范蠡其实已预料到了。劝谏与不劝谏，其实结果一样。但是范蠡为什么还要隆重出场据理力谏，甚至不惜冲撞和得罪勾践呢？我们分析主要有两大原因。

其一，从越国立场上来讲，范蠡身为越臣，在面临越国前途命运的重大转折点上，必须通过客观分析，以尽其忠，以彰其正。

其二，从个人立场上来讲，在事关越国前途命运的关头，身为楚人的范蠡能够挺身而出据理力谏，此举不但可以扭转和改变诸多越国本土老臣对外来客卿的印象看法，使自己获得同僚的信任和尊重，也可以让越王勾践对自己加深印象。

危机危机，危难中潜藏着机遇，祸患中隐伏着生机。

越国的现状，亟待改革才可以实现跨越式发展。改革的动力从哪里来？从内部破，便是成长；从外部破，便是压力。改革是有风险的，是许多思想僵化者、既得利者不愿意尝试的。作为一个外来的客卿，如果执意从内部打破进行改革，搞不好这就是篡权夺位，要被扣上祸乱纲纪的帽子。但是，如果适当地从外部引入压力来促使内部变革，也未尝不是一种好办法。战败对越国来说，恰是一个推行政治改革的最佳机遇。只要善于把握这一线生机，就可以实现"定倾""持盈"之道。

儒家出忠臣，道家出良臣。

什么是忠臣呢？文死谏，武死战。什么是良臣呢？范蠡这样的就是良臣，在争与不争中把握好一个度，在进与退中思考着一条路。伍子胥要是也具备这样的变通智慧，吴越争霸的最终结局到底是鹿死谁手，还真的难说。

夫椒之战为什么会失败

公元前494年，一把改变了勾践、范蠡甚至天下命运的战火，终于由"少不更事"的越王勾践给点燃了。

在出征前，勾践依照越国"崇巫信鬼"的传统习俗，先进行了祭祀和问卜。

在获得了满意的答案后，信心百倍的勾践亲自带领数万越军，浩浩荡荡地开赴前线。他要先发制人，打吴军一个措手不及，还自己一场宁静好梦。吴、越双方在太湖中的夫椒山正式拉开了战幕。这次夫椒之战，身为大夫的范蠡并没有跟随越王勾践参战。

原因有以下几点：

第一，越王勾践不希望他参战。在勾践与群臣商量是否伐吴这个问题上，范蠡已经公开唱反调了，把一个公开反对出征的人带在军中，影响军心造成局势混乱怎么办？

第二，范蠡自己不愿意随军参战。都已经预料到战争必定失败，参战能解决什么问题？能够挽回已经注定的败局吗？不能。明知不可为而不为，这便是道家的智慧。

第三，范蠡不参战，并不是他真的不作为，而是他知道参战无果，与其前去送死添乱，还不如自己留在后方未雨绸缪，早作打算，为即将如暴风雨般到来的失败铺设退路，确保国体无虞。如果范蠡不智，非要硬逞英豪也去参战，那后来我们看到的越国复兴，就难有乾坤逆转之力、难建定倾扶危之功了。

在战争中，若能预知胜而果然胜，预知败而果然败，均可称之为胜。吴、越两国大军在太湖夫椒展开的水上激战，果然以越军毫无悬念地完败而载入史册。

《史记》记载："（勾践）遂兴师。吴王闻之，悉发精兵击越，败之夫椒。"《越绝书》中录为：

> 越乃兴师，与战西江。二国争疆（强），未知存亡。子胥知时变，为诈兵，为两翼，夜火相应。句践大恐，振旅服降。

越军在这次夫椒之战中，为什么注定以失败而告终呢？

除了在出兵前范蠡的那番劝谏道出了越国战备不足外，还存在着以下六大因素。

第一，越军道义失利。

兴兵作战，首先要站在道义的高度，喊出替天行道布德、匡扶乾坤正义的响亮口号。勾践发起的对吴战争行为是违背道德的，你杀死了人家夫差的老爹，还不允许人家在自家地盘上磨磨刀喊几嗓子发泄一下情绪呀？身为人子的夫差替父报仇，这是天经地义的事情，是值得同情、值得尊重的行为。现在，你勾践不顾各诸侯国的舆论谴责，又主动动用凶器，挑起战端，是想扮演战争狂人吗？勾践"先发制人"的无知行为，激起了吴国"哀兵"的必胜士气。

第二，越军兵力不济。

这次作战，勾践出动了三万人的兵力。但是，这三万兵甲之士的军事素质却并不过硬。我们知道，越王勾践是贸然宣战，战前并没有进行充分的强化集训。越国也没可与伍子胥这样的军事大家相媲美的总教官，更别去谈这三万人中有多少是从地方上临时抽调，有多少是从老百姓中临时征集过来的民兵壮丁。

而越国面临的对手呢？"吴王闻之，悉发精兵击越。"吴国的兵将，是国君夫差和军事统帅伍子胥同甘共苦亲自上阵，日夜训练下来打造的强悍虎狼之师。他们的存在，就是为了一血国耻，属于特种精英。兵力不足、兵力不强、兵力不精、兵势不威，你越国的常规部队怎么能与吴国的特种部队抗衡，怎么能架得住对方精兵的蹂躏呢？

第三，越军战场失误。

为了所谓的先发制人，浩浩荡荡的三万越军经过舟车劳顿，向着吴国的心脏地带进犯。这么大的动作，吴国能不知道情报吗？然而，越军却能一路直插太湖，没有遭遇任何行之有效的阻击。真实情况必定是夫差和伍子胥亲率吴国水师精锐，潜伏于吴军占尽地利优势的太湖水面，落帆息鼓，撑开大网，正在静静等候他这条送上门来的肥鱼。

前有强兵相阻，后有伏兵包抄，进退两难，勾践一下子陷入了困局中。

第四，越军补给不畅。

越人的核心地区在宁绍平原与浙闽丘陵的交界处。这次战争越军远离自己的本土，跋山涉水，军事物资补给自然不畅。要想为太湖前线提供粮草物资支援补给，哪怕拥有和吴人一样的水上交通系统，在地理距离上也吃亏不少。而夫椒这个主战场是在吴国境内，吴国在伍子胥的一手打造下，已经拥有完备的水上交通线，可以快速通过自身建设的水网，将兵力补给和物资补给迅速集中并专线运送至太湖战场。

由于越军先行妄动，舟车劳顿，而吴军后发制人，以逸待劳。不要说发起攻势，哪怕是轻易地掐断越军的补给网络，实行围而不歼的战略战术，越军也必败无疑。

第五，越军主将不当。

勾践在此次夫椒战役中，还犯了一个至关重要的错误，那就是用人失当。勾践不该任用石买为将，而把真正有勇有谋的诸暨郢留在了越国国内。

石买领兵伐吴，为了树立威望，"斩杀无罪，欲专威服军中，动摇将率，独专其权"。这造成军心动摇，将士恐惧，还未开战，自我内部的斗志已溃散瓦解如烂鱼一般。刚愎自用的石买却自以为得计，仍然一意孤行，以严刑峻法对待将士。所谓"盛衰存亡，在于用臣，治道万端，要在得贤"。越军在夫椒的溃败，用将失察不能不说是一个核心问题。

第六，越军战法不熟。

在这场战争中，越军的最高统帅勾践属于年少冲动的愣头青，客侵他国，失德无道；最高军事指挥长官石买则属于专权好利的贪婪客，多怨无谋。而他们面对的对手呢？则是心怀家仇国恨憋屈了三年，用卧薪苦志不断激励的方式强迫自己变得强大的夫差，以及善于运筹帷幄并具有丰富军事作战指挥经验的伍子胥。

战斗正式打响了。吴军耻丧先王，誓死图报，夫差更是亲立船头，秉袍击鼓，全军勇气倍增。恰好北风大起，波涛汹涌，吴军大舰顺流扬帆而下，俱用强弓劲弩，箭如飞蝗。越兵迎风，无法抵敌，大败而走。伍子胥已看出越军的败象，知其必败，便屡出奇谋，指北攻南，指南攻北，声东击西，常于深夜举火击鼓，虚张声势，并不出兵，又于白日布下伪装的部队，造成假象，迷惑越军。

在这样一系列虚虚实实的折腾下，由于越军指挥无方，将士们身心疲惫，草木皆兵，最终造成了军心涣散，斗志全无；同时，大将军石买却偏偏又坚持"峻法隆刑"来"斩杀无罪"。在敌我的双重压力下，越军士众恐惧，兵将们相继倒戈逃散，石买的军令已无人执行。迫不得已，勾践只好下令斩杀石买以向全军谢罪。

然而，战局胜负已分，不可逆转了。在强大的吴国精兵面前，指挥无方、训练不佳、装备不精、战力不强、士气无存的越军哪里还有还手之力，根本无力对抗吴军的虎狼之势，以至于屡战屡败、节节败退。而吴军当然没有放弃追击。在取得太湖水战胜利后，夫差和伍子胥指挥着吴国精兵，乘胜越过钱塘江，长驱直入越国都城。

勾践心想，还是保命要紧吧。于是，他索性连都城也放弃了，携带着越国群臣一股脑退守在越国境内的会稽山上。会稽山，古称茅山、苗山，既是大禹会聚诸侯之地，也是大禹的葬身之地，更是越国的镇山和神山。勾践寄希望于越国神山的保护，祖宗的恩佑，恃险据守，获得一线生机。

战争带来的伤害是巨大的。安顿下来的勾践顺便清点了一下人数：惨哪！只剩下五千残兵了。这可咋办？他站起身来立于会稽之巅，登山远望，只见战火蔓延，四处破烂不堪，田地荒芜，一片萧然。"念天地之悠悠，独怆然而涕下"。而"萧山"这个词，在此情此景下，也从勾践的口中迸出。退守在会稽山上的勾践真的安全了吗？

《史记》记载："越王乃以余兵五千人保栖于会稽。吴王追而围之。"

面对到手的羔羊，想着曾经的杀父杀君之仇，夫差和伍子胥怎么能轻易放过呢？伍子胥派出大军将会稽山团团围住，切断越国残军所必需的一切粮食和饮水供应。五千人马，吃什么？喝什么？这个大问题又开始困扰这位年轻的越国君主了。

勾践正在饿着肚皮苦恼的时候，范蠡又出现了。这一次，范蠡为勾践亲手烹煮了一碗鲜美的鱼汤递呈上去。勾践真的惊呆了，残兵们也都惊呆了。这鱼是从哪里弄来的？

宋嘉泰《会稽志》记载："句践栖会稽，谓范蠡曰：孤在高山上，不享鱼之味久矣。"《吴越春秋》载：

> 越王既栖会稽，范蠡等曰："臣窃见会稽之山有鱼池，上下二处，水中有三江四渎之流，九溪六谷之广，上池宜于君王，下池宜于臣民。"

原来，范蠡料得勾践出战必败，败则必退守会稽。他竟然早已在三年前越国于"檇李之战"初胜之际便偷偷地埋下伏笔，在这会稽山上搞起了中国最早的大规模堰塘淡水养鱼，为退守会稽山的越国君臣民提供了丰足的淡水、食鱼和营养补给。

老子《道德经》中说："治大国，若烹小鲜。"这一次，吃着烤鱼喝着鲜汤的勾践，会接受范蠡给他主讲的第二堂哲学课吗？

静心读

《道德经》

重为轻根,静为躁君。

是以君子终日行不离辎重,虽有荣观,燕处超然。

奈何万乘之主,而以身轻天下?轻则失根,躁则失君。

夫慈,故能勇;俭,故能广;不敢为天下先,故能成器长。

今舍慈且勇,舍其俭且广,舍其后且先,死矣!

第 12 章

会稽论道：痛彻心扉的领悟

一个王者，身上应该具备的最重要的风骨就是"大勇"。

叱咤天地，提挈阴阳，笑弄风云，宰制乾坤……要想建功立业，没有勇气和胆识，没有勇于改革、敢于创新的精神，肯定不能取得超越前人和旁人的成绩。该站出不敢站出，该承担不敢承担，遇事畏首畏尾，临难束手无策，常常会丧失机会、失去人心，最终导致风险加剧、祸害蔓延。

然而，"勇"需要明智之勇，要在不违背生态发展大局的前提下，与"谨小慎微""沉着冷静"为伍，才能取得成就，减少负面效应。尤其是作为高层领导者，我们不但要具备"勇于敢"的骨气和品质，更要懂得和掌握"勇于不敢"的智慧。

老子《道德经》告诉我们："勇于敢则杀，勇于不敢则活，知此两者，或利或害。"恃勇而妄为，必然是落下个死亡的结局。如果我们怀有大勇之能又行为谨慎，明白进退，这样才能够长存而无咎。真正的勇者，并非无所畏惧。而是在尊重天道、正视生命的前提下，即使对不可测知的未来感到害怕，也仍然义无反顾，一路向前。

从鲁莽、冲动的不成熟之勇，到后来忍辱积厚"有所不敢""有所不为"的成熟之勇，越国少主勾践自夫椒之战败退会稽闻道后，就开始步入了生命中那一段如同毛毛虫化蝶般痛苦蜕变的人生历练修行。

老板在什么时候肯学习

会稽山，是越国的神山。

越王世家的先祖，那位"三过家门而不入"的上古治水英雄大禹，其一生行迹中的四件大事：封禅、娶亲、计功、归葬，都发生在会稽山。

被吴军层层围困而退避栖身在会稽山上的勾践，内心是极其复杂和痛苦的。一个错误的决策导致了举国蒙难，百姓流离失所，更有不少军民丧生。战争带来的残酷现实，给予了这个曾经"少不更事"的年轻人以极大的震撼：我们的越国会因此而葬送吗？祖宗的基业会因此而丧失吗？越国的子民还能回到从前的幸福时光吗？代代相传的"禹祭"会因我而中断吗？纵然身死谢罪，我又该以何面目去见自己的先祖大禹呢？

勾践此时的痛苦，或许可以用一句话来形容——再鲜美的鱼汤，也无法抚平他内心的忧伤。

血与火的洗礼，存与亡的困惑，促使着勾践诚恳地站出来，主持召开了一次会稽山"自我批评"会议。勾践在认真总结分析失败原因，坦诚提出向国人告罪的同时，也向追随身边的大臣们"请更"：我们该如何扭转困局，改变现状。

《国语·越语上》：

> 越王勾践栖于会稽之上，乃号令三军曰："凡我父兄昆弟及国子姓，有能助寡人谋而退吴者，吾与之共知越国之政。"

望着山下久围不退的吴国军队，勾践郑重地表达了他的真诚意愿——"凡是我的父辈兄弟及所有百姓，不分身份等级贵贱，不论以前有没有做官从政经验，只要是能够为我出谋划策，帮助我击退吴国的，我在越国神山上面对祖宗发誓承诺，一旦成功，我将和他一起共同管理越国的政事，平分利益，共享天下。"

条件优厚吧？机会来了吧？但是巨大的利益背后，必定潜藏着巨大的风险。更何况，这个风险是明摆在这里的。越国都已濒临破产、危在旦夕了，我们就剩下这五千兵士，吴军视我等已经如囊中之物。在这样的前提下，谁有逆天的本领来接受这个任务呢？

群臣无语，众军士皆默然。

智谋之士在什么时候最能够体现价值？当内忧外患困扰纠缠，常人与常规手段已无法解决问题的时候。

老板在什么时候最善于接纳意见？当他万里迷云一筹莫展，无计可施无人可助，真正属于"孤家寡人"的时候。

这时，大夫文种站出来，向越王勾践进谏："臣闻之，贾人，夏则资皮，冬则资絺，旱则资舟，水则资车，以待乏也。"我听说呀，真正高明的商人，在夏天的时候就会预先储备只有在冬天才会销售的皮货；而一旦到了冬天，他们却又提前采购和囤积夏天才会用得到的纱衫。遇到大旱之年，却偏偏积极采购原材料打造舟船，以防旱灾之后的洪涝；而一旦进入洪涝之季，他们却又着手准备制造车辆，以备需要时用。这是一种综观全局的战略眼光和掌控未来局势发展的高明谋略。

君王治理国家，当敌国外患还没露出端倪的时候，就要进行战略人才储备，要善于对真正具有远见卓识的智士谋臣和勇力过人的军事指挥人才进行提前选拔，早日培养和加强训练。我们这次之所以吃了败仗，就是因为吴国上下为了开战，厉兵秣马准备了多年；而我们在初期丝毫不加以重视，后期又仓促出兵造成的恶果。就好比蓑衣斗笠这种平时看起来可有可无的雨具，假如我们忽略掉它在"天有不测风云"中的重要性，没有提前准备妥当，一旦在行路途中遭遇大雨，才想起要制作雨具，哪里还来得及呢？现在大王您都吃了败仗，受困在会稽山上，才想起要寻求有谋略的大臣来帮助您退吴，这未免有些太晚了吧？

在文种的发言中，对越国国家战略人才储备中出现的重大失误提出了批评，那一句"夫虽无四方之忧，然谋臣与爪牙之士，不可不养而择也"的警示名言，对勾践来说无疑具有强烈的震撼。

勾践一改往昔的轻慢，他说："苟得闻子大夫之言，何后之有？"哎呀，我今天能够在这里听到大夫您的这番高论，怎么能算晚呢？勾践在说完这番话后，立马站起身来，亲切而激动地握住大夫文种的手，马上就要跟他商量确定如何弥补越国战略人才储备的短板问题，以实现灭吴大计。

勾践那急迫的眼神中，流露出这样一份期盼："眼下，我该上哪里去发现和寻求人才，渡过难关呢？"

老板的态度，直接关系和影响着解决问题的速度。文种有句话很想说但是没有直接挑明："大王呀，我和我的范蠡老弟，这送上门来的人才，你们父子都给闲置在这里几年了也不重用。您还想去哪里找高级人才呢？"

当然，对于文种和范蠡的留用不重用问题，也不能全赖勾践，这属于老谋深算的老越王允常的故意安排。勾践自即位以来，都还没有正儿八经地管理过国政呢。

当前条件下的人才问题，一定要从内部发现和解决。谁是人才呢？在这次战后总结会议上，敢于站出来对勾践提出批评意见，而没有像其他群臣那样六神无主的文种是个人才。还有吗？

是谁在战争行为发生前，对我力行劝谏，给我上了有生以来第一堂哲学课的？

是谁在我被困会稽山饥渴交迫的时候为我送来淡水和鱼汤，有效解决三军生活问题的？他难道不是人才吗？

这个人叫什么名字？他好像叫范蠡吧。

所谓"国难思良将，家贫思贤妻"，勾践很自然地想到了范蠡。这个看起来和我年龄相仿的大夫，在我头脑发热率先挑起战争的时候，力行劝谏，是为"有胆"；他谈吐高深、见解独到，是为"有识"；他预测战局胜负准确无误，战后又能布局出奇解困，是为"有智"；身为楚国来的客卿，在我们越国遭此大难之际，他早已窥破先机预知胜败，本可以拍拍屁股一走了之却没有，是为"有信"。

这个范蠡，我怎么以前没有重视他呢？勾践觉得自己成长了，终于发现越国还是有人才存在的，内心不由得一阵狂喜。然而喜中含忧，忧什么呢？我一穷途末路之王，范蠡还会继续真心地为我出谋划策，帮助我扭转败局吗？

于是我们在《越绝书》中看到了这样的句子：

昔者，越王句践困于会稽，叹曰："我其不伯乎！"欲杀妻子，角战以死。

勾践想，大夫文种都认为我们现在才意识到人才的重要，恐怕已有些来不及了。他又有些心灰意冷，于是长叹一口气说："算了吧，既然败了，这也是上天要亡我。看来我内心深藏的那份称霸天下的宏图霸业，也该放弃了。"既然败了，还能怎么办呢？我准备先杀了自己的妻儿免得她们受到侮辱，然后冲出去和吴国决一死战。堂堂七尺男儿，死算什么？二十年后又是一条好汉！可见，吴、越两国都具有"轻死"的民风传统。

范蠡知道自己该出来说话了。于是，"蠡对曰：殆哉！王失计也，爱其所恶。"大王，万万不可如此冒失呀！这样的想法太危险了，你如果执意这样去做，它产生的结果只能是一错再错，永远没有翻盘的可能，所引发的难以控制的局面将会是我们谁都不愿意看到的。

勾践作为越国之王，对待自己的生命这样不负责任，而且还企图杀死自己的妻儿。这样做，对得起谁？对得起自己吗？对得起自己的妻儿吗？对得起自己的祖宗吗？对得起自己身边的群臣和百姓吗？这样还怎么能够凝聚人心呢？还怎么样去实现退吴解围、重建家园的理想呢？

勾践一听范蠡出言相劝，心里有谱了：原来他并没有放弃我们越国，也没有放弃我。于是，勾践在匆忙结束了"自我批评大会"后，单独召见了范蠡和文种进行密谋。

为什么要密谋呢？谋，分为阳谋和阴谋。阳谋是可以公开昭告天下的，比如政治上的"尊王攘夷"，其战略之高，虽珠峰难以望其背；阴谋是难以公开不宜宣扬的，比如军事上的"假道伐虢"，其隐伏之深，虽罪恶难以潜其底。勾践找范蠡、文种二人商量的，乃涉及社稷安危的军国大事，尤其是处在当前人心不稳、谁都有可能叛变投降吴国的特殊时节，怎么可能广而告之呢？

《国语·越语下》是这样记载的：

> 王召范蠡而问焉，曰："吾不用子之言，以至于此，为之奈何？"

勾践面对范蠡，首先进行了真诚的道歉。生死存亡之际，已不存在什么面子不面子的问题了。勾践一上来就直奔主题："想当初，我非常惭愧没有听从先生的劝诫,以至于遭受今天这样的失败和耻辱。现在,还请先生不吝赐教,接下来我该怎么办?我们越国还有转机和希望吗?"

范蠡还是那句老话:"大王难道忘记我对您说过的话了吗?持盈者与天,定倾者与人,节事者与地。现在我们的状态是已经面临倾覆的危险了,如何定倾危呢?在于人呀!"

勾践有些茫然:"定倾者与人,太理论化了。要把这句话落实到具体的行动上,我们该如何去分解实现呢?"

范蠡对勾践说:"卑辞尊礼,玩好女乐,尊之以名。如此不已,又身与之市。"

范蠡的这句话是什么意思呢?在范蠡看来,天道行其刚健,循环往复,否极泰来,君子当以其自强不息而应之。地道效法坤元,厚德载物,沉稳不动,君子当以卑弱不争而应之。天道的演变规律是极则反,盈则损,物盛则衰。

而今之计,首先,我们当效法于天道之变,明白阴阳盛衰转化的规律,掌握敌我强弱变化的时节。这样我们内心的希望之火就不会熄灭,甚至可以利用智谋的力量,让吴国提前进入由盛转衰的天道循环系统中,这并非不可能的。其次,我们还应当效法于地道之德,先用谦卑的言辞示弱,奉上厚重的礼物,刻意贬低自己的身份和地位,给对方创造一种把我们踩在脚下的优越快感。最后,我们再深刻领悟和把握牵制人性的弱点,送上人人所迷的奇珍玩物,提供人人所好的金银珠宝,安排人人所喜的绝色美女,输送让他们难以自拔的娱乐方式,用荣誉和名节去满足他们的私心妄念,这样我们越国的前途和君王的生命就可以获得保全。我听说,古代从天子到诸侯,他们的灭亡无一不是沾染了嗜好美味的恶习,沉溺于声色之中,迷恋那些珍奇贵重的器物。

退一万步说,假如吴王不愿意接受我们的请降,上述计策实在难以行通。那大王只好委屈您,降下自己的尊严,以一国之王的身份去做吴王的奴隶,随身侍从。我们只有在内心完全战胜"自我"那个虚假的概念,杀死心中那个放不下的、虚假的"自我"尊严,才有可能起死回生,获得一线生机。

所谓"曲则全,枉则直,洼则盈,敝则新"。要想战胜对手,首先要融入对手;要想拯救越国,首先要"杀死"越国。只有我们自己尝试着主动去打破僵局和败局，加以调整和改变，最终才有可能重构真正焕然一新的越国，获得换骨洗髓的大改变。

问题就在于，面对着"小疯子"范蠡说出的这番惊世骇俗的高论，勾践真的能够接受得了吗？以一国之王的尊严而去敌国委身为奴，他磨得开面子、放得下架子吗？

勾践很为难。但是实在也无路可走了，放不下就意味着那真的只有死路一条。

勾践忍不住又喟然长叹一声："吾终于此乎？"唉！难道我的命运安排，就真的是如此凄惨的结局吗？我才当了三年的越王，这种富贵日子就真的到头了吗？

文种则不失时机地劝告勾践："汤系夏台，文王囚羑里，晋重耳铬翟，齐小白铬莒，其卒王霸。由是观之，何遽不为福乎？"想当初，商汤被囚在夏台，文王被囚在羑里，晋国公子重耳逃往翟，齐国公子小白奔赴莒，他们哪一个在当时看来不狼狈屈辱，谁又能料到最终却都称王称霸，尊贵至极呢？由此来看待我们所面临的问题，怎么就不会是一种未来称霸名扬天下的福气呢？

勾践真的没有其他办法了，只能说"诺"来默认。

或许，这没有办法的办法就是最好的办法了。老板如果在决策中可执行的方案太多，将会难以取舍，一旦"研究研究"多日还出不来成果，那就会贻误战机，影响全盘。勾践只需要拍板认可就行，这样决策就简单高效多了。

要想解决问题，除了在思想上达成统一外，还必须在行动上进行细节分解、落实执行。

要善于识别"敌中之敌"和"敌中之友"

既然勾践认可了范蠡和文种提出的"卑辞尊礼，身与之市"这套"定倾危"之计，那么该派出谁去具体执行呢？谁是最佳的归降谈判代表？如果吴国方面不接受越国的归降，又该如何解决？

《国语》上记载：

> （勾践）乃令大夫种行成于吴，曰："请士女女于士，大夫女女于大夫，随之以国家之重器。"吴人不许。

意图归降，也并不是那么容易成功的一件事。因为越国对于吴国，有着杀父灭君之深仇大恨。如今，吴国精兵大兵压境，越国君臣虽仗会稽天险做困兽之斗，但败局已定，越王勾践即便再能折腾，也破不了吴王夫差布下的重重天网，且注定是插翅也难飞的。

所以，吴王夫差并不急着强攻。一是手到擒来，胜利在望，他不急；二是吴军跨国作战，也需要一个休整的过程，他不急。

文种作为越王勾践派出的求和谈判特使，就这样进了吴王夫差的军帐中。

文种跪在地上以膝代步，对吴王边叩首边说："我们越国派不出有本领的人，就派了我这样无能的臣子，来代表大王的亡国臣民勾践前来求见。我不敢直接对大王您说，我私自同您手下的臣子转达了如下意见：我们越王的军队，不值得劳驾大王您亲自再来讨伐了。我们越王愿意把金玉及女子奉献给大王，并请允许把越王的女儿做大王的婢妾，大夫的女儿做吴国大夫的婢妾，士的女儿做吴国士的婢妾，越国的珍宝也全部带来。越王将率领全国的人，编入大王的军队，一切听从大王的指挥。"

吴王夫差乐了，我还以为将面临一次残酷的总决战呢？这么容易就跪下称臣了？意外之喜来得太突然，虽然杀父之仇不共戴天，但是你真正把仇人抓在手上时又能怎样？

报仇，更多体现出的是一种过程的自我不断超越和对对手生理、心理的全盘征服。看着越国使节跪下来俯首称臣言辞谦卑，夫差还是很乐意接受文种代表越国提出的和平停战协议。

正当吴王夫差头脑一热，准备口头允诺时，站在一旁的吴国相国伍子胥立刻大声劝阻："大王，不可！这份成功和胜利已唾手可得，正预示着上天要将越国赐予吴国，上天给予了我们扫平越国的这份机会与厚礼，我们却不取纳，恐怕会反受其咎。我们千万不能答应他们归降的请求！"

伍子胥是阖闾、夫差父子两代人的大功臣，既有破楚伐越的赫赫功劳，更有三年中"不亲妻子，饥不饱食"的苦劳，无论是其高居吴国相位的政治身份，还有被夫差尊为"亚父"的品牌影响，都使得夫差必须尊重他的意见。

越国归降吴国的第一次和谈，就这样坏在了伍子胥的手里。

处在崩溃边缘的越王勾践面对这个不予受降的结果，很失望，也很生气。他的情绪开始失控，动了"欲杀妻子，角战以死"的念头。太欺负人了，如今守国无术，我们还不如拼死一战，虽然于国无助，但也不至于受这份窝囊气，省得被世人讥谤。再说了，我那五千死士真的凝聚力量全力冲击吴军，他们恐怕也讨不到任何便宜吧。

幸好，范蠡和文种二人再一次及时劝阻了他的冲动。

第一次求和虽然失败了，但是我们越国也有收获呀。

我们的收获在哪里呢？

第一，真实了解和掌握了吴王夫差的态度是可以左右和改变的，所谓的杀父之仇并没有让他产生把越王勾践"生吞活剥"的偏执想法。说不定，夫差对我们越国给予他的杀父之恨，还有不可告人的感谢心理也未尝可知。没有阖闾身死这档子事，夫差还坐不到吴王这个位置上来。

第二，真实了解和掌握了吴国相国伍子胥的立场是不可逾越和改变的。此人油盐不进，软硬不吃，是个难啃的硬骨头。我们非但不能从他身上打任何主意，而且在未来相当长的时期内，他的存在必定是越国复兴的强大阻力。

谋略上，分清敌友、强弱很重要。对于不可改变的敌人，我们要坚决打击；对于可以突破的介于敌友之间的人物，我们要多方拉拢，重点攻关。

那么，在吴国谁是我们的拉拢统战对象呢？那就是太宰伯嚭了。这个聪明过人的伯嚭，自从受到楚国老乡伍子胥的推荐，顺利在吴国谋职就业后，由于其八面玲珑、长袖善舞的性格，在吴国政坛很是混得开。《越绝书》称"吴王以嚭为太宰，位高权盛，专邦之枋"。

如果说伍子胥是以军事家的职业道德一心为公护着吴国江山的话，那么伯嚭则是以理财家的逐利本性一心为私在玩着吴国的朝政。玩到后来，"嚭见夫差内无柱石之坚，外无断割之势，谀心自纳，操独断之利，夫差终以从焉"。伯嚭甚至把新继任的吴王夫差也玩弄于股掌之上了，而夫差浑然不觉，甚至还很享受被人玩的快乐。

然而伯嚭再会玩人，也不敢轻易去玩弄刚直威猛的伍子胥。对于伯嚭而言，伍子胥仍然是他在吴国政坛上不可逾越的一座大山，留给他难以名状的心理阴影。凭他伯嚭的一己之力，一时半会儿断然征服不了。

摸清形势后，文种再一次带着神圣而特殊的使命，厚着脸皮来到了吴营。只不过，这一次他是悄然行至吴军右营，极其低调地拜见了随军出征的伐越副总指挥——伯嚭，同时为伯嚭献上了八位美女和白璧、黄金等珍宝。

伯嚭打量着眼前这八位经过精心打扮且姿色出众的年轻女子，看似轻淡的目光扫过手中的礼单，内心一阵窃喜。对于利益，伯嚭是从来不加拒绝的，如何实现利益最大化是他的毕生追求。但是，世上没有白吃的午餐这个道理他更懂，利益背后带来的风险系数是需要他认真权衡的。

伯嚭高高在上地看着伏拜在自己脚下的越国大夫文种，听他说完来意后，故作威严地给予了一番义正词严的训斥。"你这是什么意思？就凭这点礼物也想来贿赂我堂堂的吴国太宰！我告诉你吧，你们想让我出面劝大王纳降，这是断然行不通的。你们难道不知道吗？越国早已成为我们吴国的囊中之物，越国的举国之财货随时都可以为我们所有。你拿着这点礼物深夜造访，是想把我陷于不仁不义的境地吗？"

人性的贪婪是需要必要的伪装的，没有人愿意将自己真实的一面赤裸裸地展现给世人。所有的贪腐之官都是明着说一套而暗中行一套，从来没有人会公开承认和宣告自己的贪婪无耻。精于算计的伯嚭更是懂得如何"收礼"的真谛，他这一番公开斥责文种的话，一方面是说给身边工作人员听的：假如文种暗中来访的事被吴王知道了，怀疑我有串通敌国的不轨之心，你们可得给我作证，我当时是多么的清白和高尚；另一方面又是说给文种听的：老乡呀，不要埋怨我没有给你机会点拨你，我完全可以帮助你们，哪怕冒着不仁不义的政治风险也无所畏惧。但是，你们给予我的利益远远达不到我的心理预期呀，没有足够的利益将很难让我产生足够的动力去帮助你们越国暗中搭桥出力、周旋运作。

文种是什么人？他在楚国官场上待了多年，而楚国官场上的黑暗是举世闻名的。这些官场伎俩文种虽然不屑去做,但是并不代表他不懂和不知呀。笑话,我不知道你伯嚭是什么样的人,我敢贸然上门来敲你这块砖吗?

文种仍然以谦卑的姿态跪着,以膝代步移行于伯嚭座前。伯嚭也没有阻止他,而是俯下身子带着戏谑的神色紧盯着文种。彼此双目相交的那一瞬间,文种用只有他们两个人才能听得清楚的声音对伯嚭说:"太宰大人所言不虚,想我越国若破亡,举国之财货都将悉归吴国所有,这是不争的事实。但是,越国的财货归吴国,这归的是吴国的王宫和国库,大人随军出征,可谓劳苦功高,能归入太宰府的财货有多少呢?大人觉得值得吗?不如我们私下达成合作意向,以大人在吴国的影响力,劝说吴王允许越王归降并非难事。如果此事成功,我可以代表越王向大人承诺,将来我们称臣纳贡的贡献,未入吴王宫,先入太宰府,怎样?"

伯嚭有些心动了,未加反驳。文种接着说:"太宰大人智慧超群,天下皆知。但是大人要在吴国操独断之利,这伍子胥可是您事业发展的一块绊脚石呀!我们暗中结盟还有一项好处是,在吴、越关系上,我们越国的一切决策意见都将以大人的意见为准,这样大人不但可以暗中掌控我们越国,同时还能够以越国来制衡伍子胥,动摇他在吴国根深蒂固的地位,彻底摆脱他的控制和影子;否则,吴国的强大促成的是相国伍子胥的强大,这对大人来说未免是好事吧?我想,太宰大人一定不会拒绝我们越国君臣所奉上的这份诚意的。"

一方面是私利至上;另一方面是权力至上,不管怎么算,他都是内外通吃、钱权双收的大赢家,当然没有任何理由来拒绝这样的合作。

伯嚭双手扶起文种,神色庄重地大声承诺:"也罢,为了早日结束这给吴、越两国带来巨大伤痛的残酷战争,为了使天下的和平从你我开始,我明天就带文种大人去面见大王吧。"

说完,伯嚭就左拥右抱着文种献上的八大美女就寝去了。

激活外部矛盾,解决内部危患

第二天,伯嚭果然领着文种直接面见吴王夫差,并代表文种首先向吴王简明扼要地陈述了其来意。

面对着越国的来使,夫差本想发发威、撒撒气,肆无忌惮地表现出其仇恨与愤怒,羞辱对方使者一番,不管对方提出什么样的要求,只要我一口否决,掐掉他们的一线生机,这一定很过瘾吧。这件事情却由本国的权臣伯嚭挑头说了起来,再加上伯嚭那炉火纯青的语言表达艺术,夫差这火怎么也发不出来。他虽贵为君王,但也不能不给伯嚭面子的。

所以,夫差并没有立即否决越国归降的可行性,而是把这件事情推到了伍子胥身上:"不纳降,这是伍相国一再坚持的意思。寡人心想,伍相国忠心耿耿,智勇无双,一定有他的道理吧。"

既然吴王夫差本人的口中并没有关上那道"受降"的大门,这就说明成功的可能性还是很大的。

这时,文种再一次展现出他的谦卑姿态。只见他跪伏在地上连连叩头,表情悲痛地对夫差说:"从前,敝国的国君勾践年幼无知,不懂得尊重上国,以至于获罪于大王。现在,敝君悔恨至极,再一次差遣贱臣前来,希望能代表他向大王真诚道歉。敝君所求,不过是一条生路而已。假如有幸蒙大王赦免其过错,我们越国将用如下行动来报答大王的恩德:第一,我们愿将本国世代相传的珠玉宝器、奇珍异货全部奉献出来进贡吴国,为吴国称霸天下提供经济支持;第二,我们诚心愿归顺吴国,此后越国就是大王的越国,越国所有的军民都将听从大王的差遣,而敝君勾践更是愿意亲自追随大王,请为吴臣,鞍前马后,侍奉大王,为大王称霸天下的伟大事业甘作默默无闻的小螺钉。"

看吴王夫差并没有表现出不耐烦,文种继续说:"倘若大王不肯赦免敝君的过错,执意要用武力毁灭越国,敝君万不得已,恐怕最终会做出焚毁国库、杀妻灭子、沉金玉于江河的决定,然后亲率五千死士血战到底。大王虽勇猛无敌,但您的精兵强将遇到不怕死的亡命之徒,难免会有所折损,这岂是万全之策?大王年轻有为,称霸天下的雄主一定非您莫属了,假如您赦免了敝君勾践,定会博享仁义之名,令天下传扬。这两套方案,两种结果,利害轻重,还望大王衡量裁夺。"

在中国历史上的春秋时期,这顶常被人盗用的"仁义"大帽,虽然大家都知道仅仅是一个虚假的存在,并不会去真正贯彻和实行,但是没有它还真不是那么好混的。

见吴王夫差陷入沉思之中,太宰伯嚭不失时机地劝说:"大王,我早先曾听孙武说过'兵者,凶器也。只可暂用而不可久用'。越国虽然得罪了我们吴国,但是我们如果放他们君臣一条生路,受越之降,不但会有厚利可图,更有美名可扬,这实在是上上之策呀。倘若我们不予受降,勾践领五千死士做困兽之斗,虽然我们兵强将勇,但是让将士们冒着伤亡的代价去接手一个残破而无任何利益可图的越国,我们是伤不起呀。我认为,倒不如答应越国来使的请和提议,这对我们绝对是有百利而无一害。"

这夫差还未说话表态,却不料伍子胥早已得到了报讯。他听说伯嚭亲自领着越国来使面见夫差,心知大事不好,连忙火速赶回,如一阵旋风般直冲进吴王的营帐。

伍子胥也顾不上什么君臣礼节,还没立定站稳,便大声劝谏:"大王,不可!吴、越二国,是世代宿仇的国家,战争从来就没有停止过。三条江河环绕着两国的国土,两国的人民都不愿迁移到别的地方去,因此两国必有一战,有吴国的存在就不可能有越国的存在,有越国的存在就不可能有吴国的存在,这种势不两立的局面是谁都无法改变的。我还听说,陆地上的人习惯于陆地生活,水乡的人习惯于水乡的生活。像秦、晋那些中原国家,即使我们战胜了它们,我国百姓也不习惯在那里居住,不习惯使用他们的车辆,不适合大规模移民。而越国则不一样,只要我们战胜了它,就可以开展移民,使我们的国民居住在他们的土地上,乘坐他们的舟船,这是多么难得的一次战略机会,千万不能错失良机呀。大王一定要一举灭掉越国,以绝后患。如果我们主动放弃了这些有利条件,一定会后悔莫及的。"

伍子胥的这番话有没有道理呢?绝对有,他把吴、越两国的战略关系分析得相当透彻。但是夫差和伯嚭会听他的建议吗?当然不会。

夫差为什么不会听伍子胥的劝谏呢?他生气。好歹我也是一国之君,大小是个领导,本来轮到我做总结发言的,这倒好,被你伍子胥突然横闯进来,打乱我的思路不说,这冒冒失失的态度还着实吓我一跳。太没规矩了!而旁边那位怀有不可告人目的的伯嚭就更不用说了，他简直恨得有些咬牙切齿了，你这一出场搅和，我那稳赚不赔的"生意"还有得做吗？伯嚭完全忘记了当初伍子胥对他的荐举之恩。

伍子胥对这些情况明白吗？他真的不明白。他属于典型的军事斗争中的天才，政治斗争中的白痴。

夫差对于伍子胥的冒失闯入和横加干预有那么几分不悦，而他的这几分不悦神情却又被站立一旁的伯嚭给捕捉住了。为人"览闻辩见"的伯嚭岂是那么容易对付的，只见他不慌不忙地对伍子胥刚才的那番高论逐条批驳起来："相国大人此言差矣。要按照您刚才的说法，吴、越两国因为共处水乡就无法并存，那么秦、晋、齐、鲁等内陆国家，其地皆可同住，其车皆可同乘，是不是这些中原内陆国家也就只能合并成一国，才是合理的呢？"

"我听说，古代的圣明君王攻伐敌国，只要对方臣服归顺，就已经是大功告成了。如今越国已明确表态愿意俯首称臣，纳贡为奴，整个国家都供我吴国差遣，他们所乞求保存者，不过是留下一条命来延续对祖宗的祭祀而已，我们又何必如此缺德，断人香火呢？"

伍子胥被伯嚭辩驳得哑口无言，一张老脸气得通红。但是为了国家利益，他还是大声疾呼："大王，您怎么能忘记先王之仇呢？您怎么可以忘记这三年的卧薪之苦呢？"

伯嚭也步步紧逼："相国大人，要说因为先王之仇，就成为我们不可赦免越国的理由。那么我请问，楚国当年害死相国大人父兄的这份仇恨，是不是更加浓烈，更加不可宽恕？可是当我们攻破楚国郢都时，相国大人却照样答应了楚国的请和之约，而并没有吞并灭掉楚国。那么再请问，凭什么相国大人可以自己行那忠厚仁德之事，却让大王背负上刻薄小人的恶名呢？难道是我们这些做臣子的，就应该如此为大王分忧吗？"制人之柄，击人之要，言人之痛，打人之短，伯嚭的强辩能力着实厉害！伍子胥放出了一把火，却烧及了自身，这是他始料未及的。

对于伍子胥和伯嚭二人的辩论，夫差也听出个所以然了。一看伍子胥此时无言以对，夫差便清了清嗓子做总结发言："相国、太宰，你们二位就不必在这个问题上争辩不清了。越国既然已经知罪,我看完全可以纳降,料想他们也翻不起什么大风浪。寡人既然今天可以长驱直入地打败他们,明天照样可以毫不费力地打败他们。"

夫差看着文种,直截了当地提出了最苛刻与最核心的问题:"越国使者,寡人可以答允汝君的请和。但是,既然你们越王表示愿意俯首称臣,终身为奴,不知你们越王、王后是否有诚意随我进入吴宫,履行你们的承诺?"

文种一听,这就成了?他焉有不从之理。所谓百依百顺,就是为了某种不可告人的目的在未完成前,所表现出来的不同寻常的耐心。当你再也没有什么可以失去的时候,就是你开始得到的时候。只见文种顿时伏身叩谢,头如捣蒜。"敝君及后,既蒙大王赦免之恩,定当终生随侍大王左右。"

"那接下来我就宣布和平撤军的细则吧。第一,你们越国君王、王后必须随我进入吴宫为奴。时间嘛,先暂定三年之期,以观后效,可以允许你们另派一位臣子随同。第二,你们越国既然举国归降了,那就没必要存在军队了,即必须解散你们的军事力量。第三,这次战争是由汝君勾践率先挑起的,作为战败国,你们必须承担战争赔偿;每年春秋两季,必须向吴国王宫进贡珠玉宝器,奇珍异货。就这样,散会……"

后来,太史公司马迁在《史记·越王勾践世家》中记载:

> 于是句践以美女宝器令种间献吴太宰嚭。嚭受,乃见大夫种于吴王。种顿首言曰:"原大王赦句践之罪,尽入其宝器。不幸不赦,句践将尽杀其妻子,燔其宝器,悉五千人触战,必有当也。"嚭因说吴王曰:"越以服为臣,若将赦之,此国之利也。"吴王将许之。子胥进谏曰:"今不灭越,后必悔之。句践贤君,种、蠡良臣,若反国,将为乱。"吴王弗听,卒赦越,罢兵而归。

让敌人帮你找到"活下去"的理由

难道吴王夫差是真的愚昧不明,分辨不清伍子胥的忠与伯嚭的奸吗?我看没这么简单。很多时候，我们习惯于以成败来定人的智与愚、昏与明，这其实是很不可取的。吴王夫差为什么没有听信伍子胥的强烈劝谏，执意要接受越国的请和呢？原因如下。

首先，从管理的角度考虑，答应越国的求和有利于吴国管理减负。

如果夫差认可伍子胥的这套方案，强行攻越，执意杀死越王勾践及其群臣将士为阖闾报仇，虽然一时快意，但是问题隐患重重。这种高压政策，一方面会使勾践身边仅存的五千军士，在自知求生无望的情况下血战到底。人的求生之门一旦被关闭，因为赴死而爆发出来的战斗破坏力必将是惊人的。跨国作战的吴军缺乏这份必死的士气，是讨不到任何便宜的。另一方面假如真的如勾践所说，焚毁国库，沉金玉于江河，吴军辛苦作战的结局是无利可图的，没有足够的经济利益，国家怎么发展壮大？

吴军目前虽然赢得了一场局部战争的胜利，但是并不算真正意义上的完胜。这要是把勾践逼急了，他会不会改投其他诸侯国当小弟，然后联络其他诸侯国对我吴国进行讨伐？杀一个勾践很简单，灭掉一个越国也很容易，但是你敢冒天下之大不韪，对整个越族进行种族灭绝吗？当征服不了越国的臣民，却又强行占据其国土时，你会不会受到越国遗民永无休止的暗杀和游击骚扰战？越国的山地丘陵对吴人到底具有多大的价值？

答应越王勾践的请和，留下一个被吴国完全掌控的傀儡政权，让他们自行管理约束和发展生产，吴国既捞足了名，又实现了利益最大化，同时还省掉了管理经营成本，化解了战争后遗症的风险指数。

其次，从品牌的角度考虑，答应越国的求和有助于吴国品牌提升。

吴国要想实现称霸，必须从形象上获得周王室及诸侯国的公认。当年阖闾在位之时，曾指挥大军西破强楚，谈论起来虽然霸气十足，但是由于在行为上未加检点，入楚都后军士恣意损毁楚国宗庙，妻宫室女，大搞破坏，烧杀抢掠，无恶不作，声名狼藉，骂声一片。

大凡春秋霸主，无不喊着"尊王攘夷"的口号，戴着"仁义道德"的帽子，冠冕堂皇地用武力来维护他们所谓的价值观。吴王夫差很想登上春秋霸主的历史舞台，但是当年先王在楚国犯下的那段历史遗留问题诟病尚未消除，又重新惹上灭他人宗祀的新罪行，吴国恐怕会成为诸侯国眼中的众矢之的，引发众怒而声讨呀。

答允越王勾践的请和，暂且留下他的一条小命，既可以帮助吴国消除历史遗留问题的负面影响，实施危机公关；又可以借助仁义之名的广泛传播，推行品牌形象战略工程，构建和提升吴国称霸天下的文化软实力，何乐而不为呢？

再次，从个人的角度考虑，答应越国的求和有助于娱乐趣味增加。

你仇恨一个人，真的就要杀死他才能解决问题吗？或许未必。杀人不过头点地，这其实是仇恨宣泄中一件最普通不过的事。夫差这三年的卧薪自励，要他轻易放下仇恨去宽恕勾践，从人之常理来讲不太可能。夫差还没有遇到名师指点，并没有修炼到那样的道德高度。

夫差为什么会答允勾践的求和，并且要求勾践夫妇入吴宫为奴三年呢？他是在追求和尝试另外一种方式的仇恨表达。我之所以不杀勾践，是因为杀了他岂不是太便宜他了！我都忍受了三年的心理煎熬和痛苦折磨，他也必须被我折磨三年、被我羞辱三年、被我"玩"三年，这才可以扯平。

作为战利品的勾践，成为吴王夫差向天下炫耀自己才是胜利者的最大资本。把自己的快乐和娱乐建立在勾践的长期痛苦之上，成为夫差最解气的泄愤方式之一。

最后，从对手的角度考虑，答应越国的求和并不妨碍越国的臣服。

要想征服和掌控越国，必须征服和掌控越国的精神符号，这个精神符号是谁呢？那就是越王勾践。夫差之所以敢顶着伍子胥的强烈反对答允越国的求和，除了上述三方面因素外，他也认为少不更事的勾践头脑简单，没什么城府，实在是不足虑也。

退一万步说，就算勾践再厉害，或者越国的群臣再有智谋，越国的"总开关"勾践已经被我给紧紧攥在手里了，其他还有什么可惧的？你说说，还有什么办法能够比这更好地控制越国呢？

像勾践这样的关键人物，岂能随意处死，白白浪费？

当然，夫差之所以不杀勾践，还存在着一种可能，就是否定伍子胥的存在价值。心理学中认为，每个男人在成长过程中都有一个"弑父"阶段，即通过否定父亲来确认自己的独立存在。伍子胥是夫差的"亚父",具有父亲的符号意义,对阖闾、夫差父子二人都是真挚无私的爱。但是这份满满的爱在夫差那里,就是莫名的烦躁和随时的受不了。

夫差尊重和敬畏伍子胥,但是他一定很不喜欢伍子胥。因为伍子胥太爱管事了,唠叨太多了,干预太多了。一个三十多岁的男人,在这个年龄已经具备自己的独立思考和见解了,更何况还拥有了无上的权势。伍子胥却从来不考虑夫差的成长性和独立自主性,他总是在坚持着自己理所当然的价值对错。

被伍子胥强势阴影所压迫的两个男人——夫差和伯嚭,终于联合起来对伍子胥进行了有力的反击,而这场反击的最大赢家居然是勾践。

《史记·货殖列传》曰:"昔者越王勾践困于会稽之上,乃用范蠡、计然。"

这就说明,范蠡、文种二人进入越国后真正得到正视和重用,是在勾践因战而失利,受困于会稽山的那段特殊时节。不管是檇李之战的出奇制胜,还是夫椒之战的盲目决策,都和范蠡、文种二人无直接关系。《越绝书》载:

是时句践失众,栖于会稽之山,更用种、蠡之策,得以存。……后遂师二人,竟以禽吴。

句践喟然用种、蠡计,转死为霸。一人之身,吉凶更至。盛衰存亡,在于用臣。治道万端,要在得贤。

那一年,范蠡26岁,从踏进越国这片土地算起,已经整整八个年头了。等待,让他逐渐看到了希望。可是,这份希望却是伴随着越王勾践的绝望产生的。

就在越王勾践受困会稽山之时,范蠡终于等来了他正式出山的机会,开始了一段轰轰烈烈为"君王师"的特殊历程。

静心读《道德经》

曲则全,枉则直,洼则盈,敝则新,少则得,多则惑。
是以圣人抱一为天下式。
不自见,故明;不自是,故彰;
不自伐,故有功;不自矜,故长。
夫唯不争,故天下莫能与之争。
古之所谓曲则全者,岂虚言哉!
诚全而归之。

天下之至柔,驰骋天下之至坚。
无有入无间,吾是以知无为之有益。
不言之教,无为之益,天下希及之。

第叁篇

以道治国 兴越灭吴

第 13 章

不要把自己当成失败者

如何成为一个成功者？如何将自己培养成为一名强者？这是古今中外诸多人士念念不忘并孜孜探索的一个深刻话题。

道家是怎么看待这个话题的呢？老子在谈到关于"强者"这个概念时，在《道德经》中对我们说了这样两句话，"胜人者有力，自胜者强""心使气曰强"。

很多时候，我们都将面对人生中各种各样的痛苦、磨难和失败，并不得不接受命运的无情摆布，无奈地发出"人生不如意十有八九"这般感慨。

然而，世上没有让人绝望的处境，只有对处境绝望的人。一个真正的强者和成功者，其首要标志就是他的心态，成败完全不在外界的因素，而取决于内在是否积极和自信。一个人能飞多高，其本质并非由其他外界的因素所决定，而是由他自己的心态所制约。虽然命运负责洗牌，玩牌的却是我们自己。

范蠡的人生中，处处充满和透射出道家那份"柔弱可以胜刚强"的看似柔顺如水，实则坚不可摧的强大人生信念与迎难而上、胜算在胸的积极心态。

敢于直面失败，你就并没有真败

公元前494年，"未盈而溢，未盛而骄"的越王勾践不顾劝阻，执意要先发制人，兴师伐吴，结果惨败而归，被困于会稽山上。在束手待毙的关键时刻，由于其大胆启用了范蠡和文种，在范蠡定倾危之计的布局下，在文种出访吴营的多次斡旋谈判下，终于成功地游说劝动了吴王夫差暂时放下和降低了"杀父之仇"的仇恨等级，同意了越王勾践的请降要求。

根据双方停战协议的约定，越王勾践夫妇二人必须进入吴国王宫为奴三年，进行劳动改造，但是这个"劳改"的执行日期却推迟到了次年五月。为什么会推迟呢？原因很简单，勾践方面派人捎话了："有感于吴国君王对我们的宽大处理，我们完全同意并严格执行吴、越两国停战协议的相关条款约定，提供战争赔款、解散军事力量。但是，这两大事项都需要一定的时间来组织完成。还请吴王能够给予我们一定的时间期限，宽恕其期，让我们把扫尾工作做好做透，为我越国上下无限忠诚于吴国扫除一切障碍。"

这话说得很有道理，吴王没有理由去反驳。于是，在确定好越王勾践夫妇进入吴宫为奴的初步时间后，吴国大军开始逐步撤离越境，只留下了王孙骆负责实施对勾践入吴的监督任务与押解工作。当然，夫差也并非头脑简单之人，为了防止勾践的背信弃义，夫差令太宰伯嚭领精兵一万驻扎于吴山，若逾期不至，伯嚭可以直接出兵灭越。

吴山是吴、越两国的交界点，位于今天的杭州西湖东南岸，高约百米，绵亘数里。伯嚭屯兵于此，作为战略制高点，越国的任何军事异动，都可以尽收眼底。

"待诏入吴"的越王勾践，在这段时间丝毫没有闲着，这个"少不更事"的无忧少年一下子变得成熟稳重多了。在范蠡和文种的辅助和安排下，勾践利用有限的时间开展了以下几项卓有成效的工作。

第一，作为一个领导人，要敢于直面过错，勇于承担过错；要以"受国之不祥"的大无畏精神，面对任何困难险阻；要学会选择和自己的人民群众站在一起，赢得人民群众的支持。

勾践首先召集了越国群臣和部族长老、地方军事将领开会。在会上，勾践诚恳地发布"罪己诏"，坦诚承认自己的过错，向百姓谢罪，以争取百姓的谅解和继续支持。勾践沉痛宣告："寡人不自量力，结怨于吴国，以至于引发战火，造成了我越国军民横尸于野外，无数个家庭失去亲人，举国哀号。这都是由于寡人的无知造成的，从今天起，寡人沉痛思过，与你们一起面对现实，不离不弃……"

第二，作为一个领导人，在坦诚悔过的同时，应杜绝空喊口号的继续欺骗，并拿出实际行动进行弥补，让人民群众感受到实实在在的改变和调整。哪怕明天就要沦为对手的阶下囚，但是你在越国一天，就要尽到一天的国君职责。

《国语·越语上》曰：

> （勾践）于是葬死者，问伤者，养生者；吊有忧，贺有喜；送往者，迎来者；去民之所恶，补民之不足。

勾践下令，埋葬所有战死的将士和平民，慰劳遗属和伤者，救济穷人，赡养孤老，安抚民心。凡是百姓所憎恶的事，就清除它；凡是百姓所急需的事，就及时办好它。勾践通过自己力所能及的种种努力，去弥补和改善越国军民因为战争而导致的贫困生活，改变和调整自己的领导人作风，重新回到人民群众当中去，以获得民意的支持。敌人的贪得无厌是不可填补的，百姓的感恩戴德是终有收获的，与其把国库中的财富倾其所有献给吴国作为战争赔偿，还不如施恩施惠以改善本国人民的生活现状。很多问题，你想通了，就大度和释然了。

社会的稳定与和谐，本蕴生于危机患难之中。要创造机会让人民群众共同爱惜和维护越国这个共同品牌，要让举国百姓共同认识到"越国未亡，国君尚存"的政治形势，要让大家伙仍然存希望、有盼头。

第三，作为一个领导人，选人用人很重要。谁是你的最佳搭档？谁能够在你不在场的时候，帮助你完美高效地行使管理之职？谁可以让一个国家管理团队在老板不在的三年之中，保持有序化的运转而不致脱节垮台，并为后期的复兴奠定坚实的基础。

对于自己走后，越国的管理班子该安排谁来负责牵头，勾践心中有自己的打算。

《国语·越语下》称，王曰："蠡为我守于国。"

范蠡在夫椒之战前后，所表现出来看问题的远见卓识，与处理棘手问题的足智多谋，让勾践很欣赏、很放心。他明确表态，希望在自己远赴吴国"劳改"期间，由范蠡为其守护越国山河，代理行使国政管理权。

对于勾践的委任和重托，范蠡会同意吗？

范蠡并不认可勾践的用人方案，这个小疯子又一次犯"疯"了。他告诉勾践，自己要陪同越王到吴国去，到最危险最艰苦的地方去。范蠡是不是真的脑子糊涂了呢？放着安全的大后方不待，为什么要陪同越王深入杀机四伏的吴国去？表忠心有这么表的吗？

不是的。范蠡之所以不愿意留在越国为勾践守国，有着自己充分的理由。范蠡说：

> 四封之内，百姓之事，蠡不如种也。四封之外，敌国之制，立断之事，种亦不如蠡也。

道家认为："知人者智，自知者明。"范蠡不但知人，也能自知。他经过综合的权衡分析，认为自己的长处是对外，而文种的长处是对内。兵甲作战之事，辅危主用奇谋，渡厄难过险关，斗智斗勇，随机应变，这是他"小疯子"范蠡的优势，旁人不具备。安定国家之事，亲百姓促耕种，正法度重守备，燮理群臣，稳定发展，这是文种的优势，哪怕是范蠡也比不上。

没有人是全能的，所谓复合型人才只是相对的复合和强加，并不能体现一个人的真正核心优势。在生死存亡的大事关头，盲目违背人才自身生态优势，凭感觉用人，凭热度激励，是不足取的。给老虎一座山，给猴子一棵树，择人任事，视能而定，这才是管理用人的真谛。

范蠡本着对越国负责、对老板负责、对自身负责的严谨态度，客观陈述了他和文种两人的能力优势，提出了两人以后的工作重点。虽然越国上下具有

"轻死"之风,像诸暨郢等越国的群臣都恨不能陪侍在勾践身边,以尽人臣之忠;但是冷静考虑后,范蠡确实讲得有道理,我们每个人的脑子够用吗?陪在越王身边虽然自己尽了忠心,但是能起到多大的作用呢?是帮手还是累赘呢?

于是,我们从《吴越春秋》上看到,大夫范蠡站起来对着勾践表态:"辅危主,存亡国,不耻屈厄之难,安守被辱之地,往而必反,与君复仇者。臣之事也。"陪同君王深入敌后,既要走得出去,还要走得回来,这就是我范蠡选择的工作任务了。

大夫文种见状,也向勾践表态:"内修封疆之役,外修耕战之备,荒无遗土,百姓亲附。臣之事也。"

看到外来的客卿范蠡、文种都站出来表态了,越国群臣受到了感染,自然也不能落后于人。顿时,大夫苦成、曳庸、皓进、诸暨郢、皋如、计倪等纷纷站出来,各自陈述了自己往后的工作重心。

战后管理班子的搭建和工作安排,在这场充分体现民主决策和自化管理的决策会议中就这么轻松地搞定了。总体来说,勾践还是很满意的。他发表了一番总结讲话:"孤虽入于北国,为吴穷虏,有诸大夫怀德抱术,各守一分,以保社稷,孤何忧焉?"你们解决了我的后顾之忧,我还有什么好忧患的呢?现在我只需要解决自身安全问题就可以了。

勾践下令:"令大夫种守于国,与范蠡入宦于吴。"

第四,作为一个领导人,目光有多长远,路就可以走多长远。越国今天虽然因战败而投降,但这只是权宜之策、缓兵之计,难道你真的心甘情愿一辈子俯首称臣,任人宰割吗?如何在吴国的严密监视与层层剥削下,有效保存自己的国家实力和经济、国防命脉呢?

作为战后勾践所倚重的第一谋士,范蠡向勾践及文种等越国核心管理团队秘密阐述了自己的看法:在战争赔款上,虽然我们越国号称要进献越国库府中的一切财宝,但是我们自己千万别这么傻,必须有所保留。对敌人仁慈就是对自己残忍,对敌人大方就是对自己刻薄,保留下来的这些财宝可都是未来越国复兴的重要资金呀。

在解散军事力量这个问题上,虽然在王孙骆的监督下必须紧锣密鼓地开展执行，但是我们一定要暗中动员将士们，为了国家和民族的未来，我们暂时只能解下战甲、脱下戎装，回到人民群众中去进行拓荒耕种，自力更生，且没有任何的国家财政补贴。但是军队解散，战备莫忘，一旦国家需要我们，我们越国好男儿必须重新走出田舍，重拾武器，守卫山河，以雪国耻。

当然，这里还有一个至关重要的问题，那就是解甲归田的军士们必须加以教化与约束，千万不能因为无组织地遣散而导致扰民、乱民公共事件的发生；否则，不需要任何外力作用，越国自己就会把自己给玩垮了，一旦君王有幸蒙赦归国，面临无序化的一盘残局，满腹良谋，踌躇满志，又有什么用呢？

所以，摆在文种等越国留守官吏面前的任务也不轻。守国必先安民，安民在于正己，为官吏者，必须先进行自我管理，廉洁自律，带头奋进，使民心不散、国魂犹存，这才是越国复国的基础工作与关键所在。但是，这一切安排和部署都要极其隐蔽、极其低调地进行，要"匿声无见其动，以观其静"。不仅要瞒着吴王夫差，还要瞒着伍子胥和伯嚭，更要瞒着吴国派出来的所有监视越国动向的谍报分子。

待一切安排妥当，公元前493年也悄然而至。即使勾践心中仍唱着"其实不想走，其实我想留"这样的悲歌，也改变和挽回不了这份"冲动的惩罚"。面对着王孙骆的连连催促，这一年的五月，越王勾践在祭祀完宗庙后，遂与越王后及大夫范蠡开启了一段生死未卜、饱受屈辱的跨国远行。

那一天，越人自发地伏道送君，哭声一片。文种携领守国群臣出城三十里，相送于浙水之上。就在钱塘江边，举行了一出极其简单的君臣饯别酒会。勾践回望故都，见市井如故，丁壮萧然，心中充满了愧疚。遥想前路难测，归期几何？还能够再次见面吗？此刻，他泪流满面，举起酒杯对着群臣坦露心言："寡人自继承先祖的基业以来，常年兢兢业业，不敢有丝毫的懈怠。没想到夫椒之战，竟然让我国破家亡，还要远赴千里之外去作人囚徒。今日一别，不知道还有没有再见各位的来日了……"

群臣听了君王这番情真意切的话，没有一个不悲伤流泪的。

在这种情况下，伤心流泪是免不了的。但是作为一个领导人，应该在任何时候都给人以积极乐观的神势，要学会有效地控制负面悲观情绪的传递蔓延。

这时，只见文种、范蠡两人上前，对越王勾践劝说道："圣王贤主，皆遇困厄之难，蒙不赦之耻。身拘而名尊，躯辱而声荣；处卑而不以为恶，居危而不以为薄。五帝德厚而穷厄之恨，然尚有泛滥之忧。三守暴困之辱，不离三狱之囚，泣涕而受冤，行哭而为隶，演《易》作卦，天道祐之。时过于期，否终则泰。……夫吉者凶之门，福者祸之根。今大王虽在危困之际，孰知其非畅达之兆哉？"

这段话里想表达的意思就是：大王，看开些吧，我们要往好的方面想。您看看，古往今来所有有成就的圣贤君王，哪一位不是饱受屈辱和厄难呢？这不仅仅只有您一位呀！如果我们从道家思想和《易》理来理解这个事情，祸兮福之所倚，福兮祸之所伏，祸福吉凶的循环转化，否极泰来的规律演变，谁又能清楚今天上天强加在您身上的奇耻大辱，是不是在锤炼和成就于您的霸业呢？

范蠡接着又说，"臣听说：'居不幽者志不广，形不愁者思不远。'不要把这次进入吴国为奴的事件想得那么糟糕，这是我们成就大业必须迈过去的一道坎。要知道，人生中，有时不去冒险比冒险更危险。"

真正的道家思想，是如此的微妙高明，绝非世人眼中误解的消极无为。其阴阳变通法则与吉凶转换智慧，可以瞬间让一个伤心欲绝的失意者走出低谷暗影，焕发无限生机。

文种又举杯，向越王敬酒，并即兴赋诗一首："皇天祐助，前沉后扬。祸为德根，忧为福堂。威人者灭，服从者昌。王虽淹滞，其后无殃。君臣生离，感动上皇。众夫哀悲，莫不感伤。臣请荐脯，行酒二觞！"

勾践听了文种、范蠡二人的一番话，再看着身旁随自己同行的范蠡那坚定的神色，便不再悲伤、不再无助。他仰头饮进杯中之酒，长呼一口气，豪气地说："我此前一直认为，死亡，是人类所畏惧的事情。但是，今日听罢二位先生的一席话，心中感觉，即使听到和面对死亡，我的内心也丝毫不会感到害怕了。"

是福不是祸，是祸躲不过。既然不害怕了，那还等什么，那就走呗！越王勾践不再与群臣相视流泪，这位年轻的君主调转身体，登船而去，带着准备贡献给吴王的几十箱金银珠宝以及从民间挑选出来的几百秀女，坚定地向着吴国驶进。

谁也没有发现，他在离开自己国土时眼中的那眶热泪。

智力来源于责任力

作为谋士，范蠡的外在表现一定是淡定自若，因为深谙老子之道的他懂得"不欲以静，天下将自正"的道理。这也是后世苏洵在《心术》中告诉我们的："为将之道，当先治心。泰山崩于前而色不变，麋鹿兴于左而目不瞬，然后可以制利害，可以待敌。"但是淡定不代表不思考，淡定不代表没负担。说实话，范蠡的内心比任何人都要沉重，而这份沉重是因为责任的重大。一个国家的前途命运，一位君王的生死存亡，都系于自己一人身上，他敢放松吗？他能放松吗？

范蠡要思考什么呢？按照我们的分析，他最起码有五大问题要去直接面对。这五大问题分别是——"面对自身的问题、面对勾践的问题、面对夫差的问题、面对伯嚭的问题、面对伍子胥的问题"。

第一个要面对的问题就是，如何解决自身的问题。

范蠡自身有什么问题呢？"价值问题、路线问题、智力问题"。所谓价值问题就是我这样辅佐勾践到底该不该？我这样投资勾践到底值不值？我这样成就他到底是为了谁？换取自身的功名厚禄吗？促成勾践的宏图霸业吗？不管是为自身还是为勾践，都超越不了"小我"的范畴。或者，我是通过间接地帮助勾践，以战止战，以杀止杀，最终实现整个天下的和平稳定。

在《文子》这本著作中，范蠡的师父计然曾留下了这样一段话："夫道德者，匡邪以为正，振乱以为治，化淫败以为朴，淳德复生，天下安宁，要在一人。人主者，民之师也；上者，下之仪也。"这一段话说得真是好！真正修道行道的人，是为了天下的安宁而不遗余力地付出和奉献的。既然一国之君主是百姓的表率，是民之师，那么我通过自身的努力，成为君王之师，通过他来实现匡邪振乱，使醇德复生，我的生命价值和存在意义将远非人世间一切有形可见的功名利禄可以替代和超越的。

不要认为我们一直在通过范蠡来探讨和重复价值观，就是多余之举。人生价值观的树立，往往会在成长经历中受到各种各样的干扰、诱惑所左右，而导致偏离本心、背叛初衷。这就是我们很多人都无可奈何地发出感慨："我们每个人从小都是'原创'的，可长着长着就逐步变成'盗版'的了。"正确的价值观，强大的人生使命,需要我们随时检点、时刻鞭策,"时时勤拂拭,勿使惹尘埃",严防放弃和背叛。当我们再一次去观照和确认自己的价值观时,可以杜绝和防范被生活中的利害所左右,达到超脱一切荣辱得失的思虑,怀天道,包天心,容身于自然,从而获得至道。

解决了价值观问题,后面的"路线问题"和"智力问题"也都将迎刃而解了。我们来看计然当年是如何教导范蠡的:"积道德者,天与之,地助之,鬼神辅之。""霸王之道,以谋虑之,以策图之,挟义而动,非以图存也,将以存亡也。"

第二个要面对的问题就是,如何解决勾践的问题。

勾践有问题吗?有!作为战败国的罪魁祸首,勾践的问题最突出,可能引发的后果也最严重。表面上暂时平静下来的勾践,其实就像一颗尚未被引爆的哑炮,在君王与奴隶、成功与失败的两种极端身份状态颠簸折磨下,是否能够敢于坦然面对现实?是否可以承受身心双重压力?具有"轻死"民风的越国君王会不会宁为玉碎,不为瓦全?这些细节问题都需要思考在前面,"谋之于未有,治之于未乱",这也是整个吴、越战争策划的关键所在。

所以说,勾践是最需要接受心理安抚和全程指导的。但是,该如何对勾践进行培养指导呢?

针对勾践的系列复杂问题,其首要任务是让他学会如何正确认识生命、珍爱生命。其次,范蠡要让勾践学会如何正确认识屈辱,并进一步化解屈辱。

该如何走出屈辱的阴影,跳出祸患的陷阱呢?道祖老子又给后学者设计出了一套方案——"吾所以有大患者,为吾有身。及吾无身,吾有何患?"然而,这就有矛盾了!一方面,范蠡要帮助勾践重新认识自我,尊重生命,强调以自身为贵的"贵己"意识;另一方面,却要让勾践放开对"自我"的执着,来突破和超越祸患这个现象。落实到具体的操作过程,该如何实现呢?

要成为一位领袖人物,并不是像西方成功学所标榜鼓吹的那样,把自己的伟大梦想对着所有人歇斯底里地吼出来,不分场合不分对象地吼得震天响。真正的中国式成功智慧,是给你一粒智慧的真种子,让你在苦难经历中慢慢开窍、发芽、成长、结果。只有经历了人生的风雨侵袭,抵得住磨难的刻画,你才有可能逐步走向心智的成熟，顶立于天地间。

道家思想，追求一种"大己而小天下"的思想境界，具有大胆否定、大胆突破的创新精神。无论是老子提出的"无身"，还是后世庄子提倡的"吾丧我"，究其本质，都不是要我们去忽视健康、戕害身体、自我作践，而是要我们打破自身小我的概念禁锢，超越一己之私的狭隘思维，做到在重视生命尊严的前提下，化小我为大我，立志献身天下。所以，后世的全真教祖师王重阳将自己修行之地命名为"活死人墓"，就是基于假我不死、真我不活，凡心不死、道心不活，私心不死、公心不活的先破而后立的精神气概的。

为了民族的复兴、国家的富强、天下的安定，我们完全可以将自身"小我"所暂时受到的屈辱和痛苦置之身后，搁在一边，做到"后其身而身先，外其身而身存"，最终承担起"受国之垢，是为社稷主；受国之不祥，是为天下王"的历史使命。

世上只有想不通的人，没有走不通的路。什么是敌人？所谓敌人，不过是那些迫使我们自己变得强大的人。在漫长的人生道路上，最好的进攻其实就是进攻自己。范蠡借助于所学的道家思想帮助勾践正视生命意义，凝练人生价值，以道的智慧帮助他化悲痛为力量，培养他如何在最苦难的环境下，保持宠辱不惊的最佳状态。

再次，范蠡要让勾践学会如何正确地韬光养晦，忍耐坚持。

进入敌国，杀机四伏，一言一行都将受到严密的监视，一个不小心都将酿成杀身之祸。范蠡不但要培养勾践的壮志豪情，更要教会他在当前于己不利的大局势下，如何低调地扮演那心甘情愿接受命运摆布的失败者形象。水至柔而能穿石，地卑伏而能载物，我们只有虚其心，弱其志，言不辩，行不争，守雌节，用柔弱，示单纯，处卑下。先委曲求全，谨小慎微，暂且逃过杀劫，实现"柔弱者得以生"的阶段性目标，才能图谋东山再起。

最后一点，也至关重要，那就是范蠡要让内忧外患、备受折磨的勾践，从自己这里获得尊重和认可。

什么是真正的导师？真正的导师并不是只会给你上课，讲一通泛泛而谈的大道理；也不是在你出现问题时严词斥责，扮演事后诸葛的角色。真正的导师会从你的人生细节入手，给予你无微不至的关怀和开导；真正的导师会从你的心灵智慧入手，为你点亮心灯，指明方向，给予你慈父般的提携和扶持；真正的导师会在你失败绝望时，陪同你走出低谷，不离不弃，当整个世界都轻视你、唾弃你时，他还是一如既往地正视你、尊重你，且不会索取任何回报。

以忠诚来事君，以尊重来育人，范蠡准备在勾践身上开展一项"吾将以为教父"的伟大教育工程。

第三个要面对的问题就是，如何解决夫差的问题。

范蠡必须考虑的是，此行入吴，应该通过怎样的手段，使得与勾践有着杀父深仇的吴王夫差，逐步放下对勾践的杀心，然后放下对勾践的仇恨，最后甚至要吴国放下对越国的世代仇恨，以成功促使越王勾践安全归国，为越国的崛起和发展赢得战略机遇。

第四个和第五个要直接面对的问题，那就是如何实现与吴国权臣伯嚭和伍子胥的和平共处与左右牵制，如何抓住和放大伯嚭与伍子胥二人的性格弱点进行突破。

如何抓住其"隐藏"的征兆，把握其"机变"的原则，运用"无为"的策略，实施"暗盗"的手段，来实现化害为利，扭转势态。吴国俘虏了越国的王，这是天下皆知的明，而只要能暗中降伏吴国的臣，就好比在吴国内部植入了特洛伊木马病毒，一旦爆发，后患无穷，这却是天下谁也难以察觉的暗。

这五大问题，任何一个都不容忽视。圣人谋之于阴，故曰"神"；成之于阳，故曰"明"。道家兵法中暗战的力量，可谓天下莫能见、莫能知，足以让越国"虽覆能复，不失其度"。

我思，故我在；我在，故我能。在大船驶入吴国的途中，范蠡凝视远方，心中悄然形成了一个初步的方针，那就是"坚定自信、培养越王、讨好夫差、拉拢伯嚭、提防子胥"。当然，范蠡也知道，这也并非万全之策。试想：假如遭遇自身智力不及、勾践意外横死、夫差圣明睿智、伯嚭背叛脱节、子胥多谋用巧，又该如何去完成越国的复国大计，还能逃离得了吴国的罗网重围吗？

范蠡唯一能够做的，那就是以"避其实，击其虚"来弥补自身短板，以"虚其心，弱其志"来培养要求勾践，以"美其言，奉其意"来讨好赢得夫差，以"诱其利，助其权"来拉拢捆绑伯嚭，以"肆其情，厌其语"来削弱反击伍子胥。

万事谋为先，谋定而后动。人生的大戏没有彩排的机会，没有重演的可能，而我们唯一能够做到的，就是要深思熟虑、三思而行。在思考中，去发现和寻找到事物发展变化的关键与其隐秘的征兆，从而开启成功的航程。

《文子》告诉我们：

> 故通于道者如车轴，不运于己，而与毂致于千里，转于无穷之原也。故圣人体道反至，不化以待化，动而无为。

精通和掌握大道演变规律的智者，他们的人生总是围绕着一个无私忘我、利益天下的核心价值观去运转作为，无论遇到什么艰难险阻，都可以以不动制万动、以不变应万变，功成于无为、莫知间。

宠辱若惊。

贵大患吾身。

何谓宠辱？

宠为下，得之若惊，失之若惊，是谓宠辱若惊。

何谓贵大患吾身？

吾所以有大患者，为吾有身。

及吾无身，吾有何患？

故，贵以身为天下，若可寄天下；爱以身为天下，若可托天下。

静心读《道德经》

善行,无辙迹;
善言,无瑕谪;
善计,不用筹策;
善闭,无关楗而不可开;
善结,无绳约而不可解。
是以圣人常善救人,故无弃人;
常善救物,故无弃物。

男人之间不可说的秘密

成长的过程,可以"苦难"二字概括。

人生的苦难始终与生命相随相伴。我们来到这个世界上,上天给我们安排的首要任务就是让我们啼哭。对于弱者来说,苦难是一个万丈深渊;对于天才来说,苦难是成功的垫脚石。痛苦的接踵而至,其实是人生机遇纷至沓来的副产品,是我们即将要迈进成功殿堂的先兆。"须知极乐神仙境,修炼多从苦处来"。只要我们勇于忍受困苦,坚定信念,奋发向上,忍常人所不能忍,受常人所不能受,为常人所不能为,最后必将"守得云开见月明",成为叱咤风云的英雄霸主。

有位哲人曾说:"苦难是人生中不可多得的财富。"问题就在于,我们每个人命里都注定有苦难这份财富,有的人运用智慧的金钥匙开启了这份财富之门,而大多数人却找不到钥匙摸不到门,终生不悟。

范蠡与伯嚭之间的秘密协议

老子告诉我们,"贵以贱为本,高以下为基"。一切的伟大理想,都将是从卑微开始。

公元前493年的那个夏天,越王勾践偕妻子和范蠡等三百余人乘船向吴国驶进。首先到达的是吴山,在这里,勾践、范蠡二人见到了领吴王命令屯兵在此的吴国太宰伯嚭。

要帮助越王勾践实现"往而必返"的大计，伯嚭可是其中至关重要的一块撬板呀。关系搭建得好，事情的进展就会顺利；搭不上关系，或者合作过程一旦出现纰漏，事态的发展就会凶险万分。

范蠡首先去拜见了伯嚭，并献上了大量的珍宝财货，还有三十位年轻美貌的女子。

伯嚭并不认识范蠡，还在疑惑越国大夫文种怎么没有来。伯嚭为什么要找文种呢？这是因为先前的两次归降谈判，都是文种出使吴营；越国与伯嚭之间达成的私下交易与长期隐形战略合作这份特殊友谊，也是文种代表越王与伯嚭秘密签订的。

伯嚭的这点心思，身为谋士的范蠡早已洞若观火，焉能不明？只见他伏地相拜，对伯嚭回答："子禽为敝君守国，未能成行。某乃范蠡，表字少伯，楚之宛人也。素闻子余大名，今受子禽委托特来拜见，敝君臣愚鲁，此番前来吴邦，一切但凭子余做主。"

子禽，就是文种的表字；子余，则是伯嚭的表字。根据《礼记》上的说法，古代男子成人后，需要受到社会的尊重，同辈人直呼其名显得不恭，于是需要为自己另取一与本名含义相关的别名，称之为字，在社会上与别人交往时使用，以表其德。故凡人相敬而呼，必称其表德之字，以示相互尊重。

范蠡的几句话一说，伯嚭心中也明白了：眼前的这个范蠡，就是代替文种和我接洽工作的人。再一听大家同为乡党，楚国人在吴国，很多事情更容易沟通和协作，也不存在那么多遮遮掩掩。既然如此，老乡又何必为难老乡呢？伯嚭于是俯身扶起范蠡："少伯请起，我们这边说话。"

敌人变成战友，多半是为了生存；战友变成敌人，多半是为了利益。既然伯嚭主动找范蠡说话，那当然是要说重要的话，与合作双方切身利益紧密相关的话。

范蠡与伯嚭在吴军帐中的密谈内容，大致是围绕这四个方面的议题进行的。

第一，描绘蓝图。

范蠡作为越王勾践的首席代表，首先要向伯嚭示好，要给伯嚭描绘出深入合作的美好蓝图。这个值得伯嚭全心全意付出的所谓蓝图是什么呢？那就是只要我们合作了，越国名为吴王的越国，实为吴国太宰伯嚭的越国。你只要帮我们把越王照顾好，让他能够活下来、走回去，从今往后，越国就是太宰大人的后花园。

这个概念提得好呀！既没有当王谋反的风险，又具有操纵吴越两国的实权实利，对于像伯嚭这样离开故国艰苦创业、精于算计的人来说，还有什么诱惑比这个更大呢？

第二，许以重利。

伯嚭的眼中只有权和利，而他追逐权力的主要目的也是赢利。要想把伯嚭紧紧拴住，那就离不开真实的利益。范蠡向伯嚭表示，越国不但会定期或不定期向他提供金银珠宝、绝色美女等，而且还会在每次向吴王进贡时，给伯嚭进行抽成，帮助他建立额外的小金库。

想着范蠡进来时奉献的金帛财宝，还有那三十位娇滴滴的美人，伯嚭的脸上简直乐开了花。

第三，助之争功。

一个政治体制中，文官和武将虽然同样效忠君王，但是文武不和、互相争功的现象古已有之。在吴国发起的每次对外作战中，虽然伯嚭也都随军出征，但是由于其职位属于文官，所以只能以副将的身份出现，屈居于伍子胥之下。这个事实让伯嚭很恼火。一旦战争打赢了，那不过是主将伍子胥的丰功伟绩，与他一点关系都没有。假如战争能够以和平谈判的方式解决，那伯嚭出色的谈判能力还真就有了用武之地；相应的，伍子胥的作用和权力就会得到抑制。

所以，基于权力制衡的因素，相对而言伯嚭比谁都更加热爱和平，热衷谈判。只有在和平谈判中，伯嚭才能找到属于自己的战略机会，才可以把自己变成最大的赢家。

第四，请求保护。

上述三大主题的落实有个前提，那就是作为合作投资主体的越王勾践必须活着。活着，合约才有效。假如勾践连命都丢了，伯嚭心头的如意算盘打得再好，也都实现不了。所以，如何确保勾践夫妇及范蠡的人身安全问题，自然不能忽视。如何预防吴王夫差的反复无常？如何应对伍子胥的随时发难？如何防备阴谋暗杀？范蠡要求从朝堂上和日常生活中都得到安全保障。

对于这个请求，伯嚭怎么可能拒绝呢？于是，他郑重承诺，有我伯嚭一日，定可保你君臣无恙。在朝堂上，只要勾践应诏去见吴王，不管伍子胥在不在场，伯嚭都将做到在场，以防止突发事件的发生。在日常生活中，这也不要紧，伯嚭会安排足够的心腹兵将公开进行安全警卫工作的。至于理由嘛，为了监督和防止越王勾践实施任何越狱、策反等不轨的行为。

末了，伯嚭很满意也很爽快地说："就这么说定了，趁早休息，明日大军收兵，准备赶赴吴王宫复命。"说完，伯嚭急不可耐地要去找越国送来的美女同眠了。

经过两三日的行进，勾践君臣跟随伯嚭这支队伍来到了吴都姑苏城。

姑苏城虽然繁华，但是这份繁华喧嚣却与自己无关。因为勾践深知，自己此刻不是以一国之君的身份出访的，而是以一个战争失败者的身份来俯首称奴，接受"劳改"的。所以，在觐见吴王夫差前，勾践夫妇和范蠡都换上了预先准备好的平民衣服，垂首站立在吴王宫外许久，待得那吴王夫差摆足了谱，方才得以觐见。

勾践伏地，连连顿首，然后膝行至夫差王座前方的阶下，以极其诚恳、极其感人的天生沙哑声音说："东海贱臣勾践，不自量力，得罪大王，自感罪孽深重。承蒙大王宽恕，不以为忤，并得以赦臣之罪，臣感恩不尽。臣愿长执箕帚，永为役臣，朝夕躬奉在大王身侧，只求保苟延之性命，臣愿足矣。"

勾践说完，又是一番连连叩首，抬起头时，额上的血迹已经清晰可见了。

看着阶下这个比自己小了差不多十岁的男子，一年前还是那样的春风得意、意气风发，可如今却跪在自己的座前俯首称臣，言辞卑微。作为一个失败者，勾践是如此的疲惫不堪，战战兢兢。不知怎的，夫差心中莫名其妙地生起了一丝兔死狐悲的苍凉感。

我们知道，征服欲是一个男人最为生机勃勃的表现。三年来，夫差日夜勤兵，通过各种极端的方式来时刻激励自己为父复仇、为国雪耻，那是源于自己心中最初的简单目标，为人子者当为父报仇。可作为一个国家的君主，看到跟父亲阖闾甚至祖辈斗争抗衡了几代人的越国，居然就这样被自己破了，连不可一世的越王也伏拜在自己的脚下乞命求饶。在获得短暂的成就感和满足感的同时，夫差反而因为目标任务的轻易完成感到失落。

永远得不到，其实是对人最美好的激励。一旦得到了、征服了，目标对象也就自然对我们失去了现实意义。夫差发现，所谓的深仇大恨，居然如此的缥缈和淡薄，于是开始同情起眼前这个年轻的男子来。

杀了他？为什么要杀他？我已经超越他了，我已经彻底征服越王了、征服越国了，为什么还要执着和留恋这个已经过期的旧目标呢？我不仅仅是为人之子，更是为国之君。作为君主，我应该有新的方向和更高的目标，那就是北上称霸，让更多类似于勾践这样的大人物跪在我的脚下，发自内心地俯首称臣。

想到这里，夫差仿佛看到了自己征服天下的那一天。他的语调也柔和了，并怜悯地对勾践说："勾践呀！吴越两国同为邻邦，却结怨多年，不可化解，这不是你我二人谁的过错，而是我们的出生环境决定的。先王本因你而去，你却不知悔改，继续冒犯寡人，实属不可赦免之罪；寡人若念旧仇，势必要取尔项上人头，剜心挖肝，以祭先王在天之灵。但是，寡人念你能够履行合约，一片诚意来到吴国，认罪态度较好，就暂且饶恕你的性命吧。"

夫差这番话一出口，可急坏了满面盛怒站立一侧的吴国相国伍子胥。只见他须发皆张，厉声喝道："大王，不可。您难道忘记先王的临终遗言了吗？"

夫差一愣，说："相国，先王的遗言寡人不会忘记，也用不着你来提醒。但是寡人更记得先王当年制定的国家战略，要北上中原，实现称霸。越国如今已经臣服，是杀是留，应该服从于北上称霸的政治需要。你又何必非要杀死勾践，把事情做绝呢？这并没有多大的实际意义嘛！"

伍子胥不依不饶，继续劝谏吴王："飞鸟长着翅膀，自由自在地翱翔在青云之上，人们尚且想着搭起弯弓将其射落，更何况是主动落于自家庭院呢？勾践阴险狡猾，如猛虎野兽，要逮住他是很不容易的。可如今他一败涂地，应诏来到吴国，犹如釜中之鱼，可以任我宰割，岂可错失良机？一旦我们动了仁慈之心，有朝一日放虎归山，那可真是后患无穷呀。"

"不见得吧！寡人也曾听说过假如诛杀投降臣服的人，会祸延三代这个道理的。所以，寡人并不是因为爱惜越王而舍不得杀他，而是为了子孙后代着想，实在不愿意去违逆天意呀。"

话说到这份上，都押上"后代子孙"做筹码了，伍子胥要么就应该知难而退，要么就该重新拟订计划，选择执行方案了。可是常年坚持一根筋思维的伍子胥却得寸进尺了。只见他拔出佩剑，怒气冲天地对夫差说："既然大王您也想杀他，那好办。我不怕祸延三代的报应，就让老臣代大王杀了勾践吧。"

伍子胥这种做法，其本意是忠心耿耿，为了国家的忧患而不惜以身冒险。可是，他虽然不怕违逆天意，却违逆了君王的上意。伍子胥的这种强横做派，在夫差看来简直就是在肆无忌惮地打自己的脸。不要说你只是亚父干爹了，就算是亲爹老子也不能这样呀，这让夫差很没面子、很不舒服。

夫差有些恼火了，霍地站起身来，及时予以制止："伍相国，寡人乃一国之君，曾经公开承诺只要越王诚意归降，便可赦免他的死罪；只要他入吴宫为奴三年，便可归放回国。这可是白纸黑字的已经签署在吴、越二国的《和平停战协议》上，属于天下皆知。你这样冒失地诛杀勾践，满足了你的个人主观愿望，可是考虑过这个后果将是由寡人来承担、黑锅可是由寡人来背负吗？到最后，天下人都会赞扬你忠心事君的高尚道德，却会耻笑和轻视寡人背信弃义的行径。你真打算让寡人蒙羞于天下吗？"

吴王的这番严厉斥责，哪怕伍子胥内心有一万个想杀勾践的理由，也只能控制住自己的情绪，不敢造次。虽然一手高举着利剑，气得浑身发抖，但是伍子胥终不敢再进一步，劈下勾践的人头来。

而跪伏在地上的勾践，早已被这一幕吓得胆裂魂飞，浑身哆嗦着蜷曲成一团。

夫差发话："今天的事就到此结束了。太宰，你去给勾践一行安排住宿吧。"勾践的住宿在哪里呢？当然不会在王宫里，他享受不到这样的礼遇。在得到先期回来报信的王孙骆的工作汇报，言明勾践夫妇将在近日履约入吴后，夫差已令手下在阖闾的墓旁新筑一石室，以作勾践夫妇及范蠡居住所用。他们的工作，就是日夜为阖闾守墓，忏悔罪咎，使其灵魂得到洗礼和净化。当然，这个工作太轻松了，还得给他们安排点体力活，那就是兼劳养马。

气急败坏的伍子胥听到这个结果，愤然拂袖而去。只见他走出王宫，仰天长叹,老泪纵横:"苍天呀,这莫非真的是天要灭吴不成?"

伍子胥与阖闾之间的秘密对话

伍子胥为何一而再再而三地要置勾践于死地?他莫非与勾践有什么私人的深仇大恨不为人知?还是另有其他原因呢?

在《越绝书·越绝外传纪策考第七》这一篇章中,隐藏着一段只属于阖闾与伍子胥两个男人之间的秘密。

当年,阖闾在初次认识伍子胥的时候,第一印象就非常好,通过一番交谈之后,马上认定伍子胥是一个见解非凡的高贤之士,当即以上宾之礼相待。在此后的岁月里,伍子胥表现出来的才干和能力,简直成了吴王阖闾眼中无所不能的神。阖闾需要刺客,伍子胥马上就给他找来刺客推荐;阖闾需要高端人才,伍子胥马上就给他推荐了"兵圣"孙武。就这样,阖闾与伍子胥君臣之间因为彼此深知而深信,成了无话不谈的朋友。

有一次,阖闾实在是闲得无聊,也想测试下这个世界上到底还有没有伍子胥所不知道的事情,就问了他一个极其高难度、极其敏感的问题,那就是关于吴国国运的问题。

阖闾很虔诚地问伍子胥:"寡人听说圣人前知乎千岁,后睹万世,那是相当的厉害,你在寡人的心目中,也是如此的神圣贤明。你能不能稍微给寡人透露一下,我们吴国到底会有多长久?会不会遇到什么过不去的大麻烦?请你一定要详细地告诉寡人,寡人会认真听取你的意见的。"

这个问题实在是太敏感了,回答得不好可是要随时掉脑袋的。伍子胥深知其中的利害关系,所以虽然口中连连应诺"好的,好的",却始终不肯透露一句。

阖闾一看伍子胥在装糊涂,急了,说:"你就别装糊涂了,还是把你所知道的明明白白告诉寡人吧。"

伍子胥一看蒙混过不了关,只得把丑话说在前面:"我只担心我所认识到的不一定属实,不能够明白正确地表达出来,反而让大王您听了之后心里感到不痛快,一生气就把我给咔嚓了。"对而不明,恐获其咎,这是伍子胥所担心的。

阖闾的好奇心被调动出来了,哪里能够收得回去,本来是想开开玩笑考验测试一下伍子胥的能力,没想到听他这么说,似乎还真的知道吴国的未来前途。阖闾急不可待地赶紧表态:"希望你做一个正直敢言的人,把你所知道的都告诉寡人。我向你承诺,凡是仁德的人都喜欢听真话,智慧的人都喜欢听实话,坚守礼仪的人都喜欢去探求未知领域的话题,我就是这种类型的人,不会干冲动的傻事。还请先生快给寡人讲讲吧。"

《越绝书》记载:

> 子胥曰:"难乎言哉!邦其不长,王其图之。存无忘倾,安无忘亡。臣始入邦,伏见衰亡之证,当霸吴厄会之际,后王复空。"

伍子胥沉吟了一下,说:"哎呀,有些话真不知道该如何对大王讲。吴国的国运恐怕不会太长久呀,大王应该在国家还太平稳定的时候就做好准备,以提防倾覆。这是我当初刚来到吴国不久,就看到他衰亡的征兆已经出现,这个事件的导火索可能会发生在吴国称霸于诸侯那段时间,那时候的君王将把整个国家弄垮。"

阖闾大吃一惊,忙问:"先生,你为什么会这样说呢?如果依你刚才的说法,那么导致吴国垮台的直接原因是什么?"

伍子胥对答:"那是因为吴国后世将诞生一位不行正道的君王,他将错失良机,把白白送到嘴边的猎物丢掉,然后导致了坐以待毙。那个祸乱吴国政治的奸佞臣子,恐怕不久就会来到我们身边。我为什么敢如此直接大胆地预测呢?因为吴国的安危之兆,已经通过天、地、人三才之象明白无误地昭示出来了。"

"大王若不信,我们先来说天时天象的预兆:那象征着妖祥祸乱的虹霓,已经出现在东南版图吴、越二国的上空,战争的异象在所难免。黄色之气笼罩其上,表示先会发生土地争端;凶煞的黑气潜伏于下,兵忧隐而未发。从堪舆地理上讲,我们将代表太岁的木星在十二年中运行于周天的轨道等分为十二份,来对应地上郡国分野,就会发现,吴、越二国正好处于天地相会、阳建与阴厌的所交之地。吴国在北,象征着壬子数一之水;越国在南,象征着离卦数九之火。吴、越二国,阴阳相搏,水火互克,迟早会有一战。单纯从地理上看,孰存孰亡,还是个未知数。从人事方面来讲,王侯将相,受命于天,照理其生气应该十倍百倍于常人,吴国却偏偏欠缺生气,先前确立的太子波意外死亡,也对未来局势的不稳定起到催化作用。"

"那么谁会推动和造成吴国的衰亡呢?我认为最大的可能是越国。天象上,越国是南斗宿的分野之地,如今象征阳德的日星和象征阴刑的月曜,其星光都同时贯穿南斗星。地理上,吴、越二国毗邻而居,风俗相同,国土接壤,都同时位于天地气交、阴阳争斗的地户上,这是最大的问题,以后必将暴露出来成为祸患。更重要的是,越国有会稽神山的护佑,让我们很难能够跟它长期和平共处下去。我该说的话都已经说清楚了,至于大王您信不信,还需要您自己去定夺,反正我是信了。这个天大的秘密,我希望我们彼此间信守承诺,都不要告诉任何第三者了。"

中国是世界上最早进入农耕社会的国家之一,农事活动要求古人精勤观测天象。天文星象之学,在春秋时代并不像今天这样高深莫测,"三代以上,人人皆知天文"。古人认为,天上的星宿和地上的州域有着某种神秘的关联,于是根据地上的区域来划分天上的星宿,把星宿分别指配于地上的州国,形成"天则有列宿,地则有州域"的统一认识观,天地之间互相对应、上下观照。借助于天上星宿的隐现、晦明、远近、离合、相守、相犯等自然现象,来对待政事、思过谢罪、禳灾祈福。

伍子胥所说的牵牛、女星对应的是哪里呢?古书记载:"扬州之域,星纪牵牛、婺女之分。"根据《周礼》和《吕氏春秋》的观点:"东南曰扬州。"中国的东南地区都属于古代"九州"中的扬州范畴。

我们只有了解了这段只属于阖闾和伍子胥二人的秘史,才会理解伍子胥为何处心积虑,不惜冒着与夫差关系闹僵的麻烦,一再执意要置勾践于死地;我们只有清楚了伍子胥那份"当霸吴厄会之际,后王复空"的恐惧,才会理解他为何劝阻夫差在尚未解决越国隐患问题的前提下,不要贸然北上称霸;我们只有听说了"王失禽肉,坐而待死"的预言,才会明白他前面用飞鸟比喻勾践,劝谏夫差万不可失去良机的苦衷。

为了吴国的江山能够相对长久，为了实现"向天再借五百年"的强国梦想，伍子胥还曾经破天荒地发动了一场对楚、越等国的风水战。

观测风水，是古代中国人生活中的重要内容之一。古人认为，天地是有生气的，而生长在天地之中的人只有在充满生气的地方才能更好地生存。如何去掌握生气呢？这就需要"仰观于天，俯察于地"，了解虚空中气息流转的规律，根据日、月、星辰等天体运行的法则，来寻求自身与天地协调、融合的解决方案。一旦掌握了这些变化规律并为我所用，就可以实现个人、家族甚至国家的长期发展稳定。

那是在公元前514年，忧于吴国前途命运的阖闾日思夜想，终于提出了"欲以天气之数威邻国"的方案思路。在得到足智多谋的伍子胥认可后，这项伟大的工程便交给伍子胥来具体规划布局和执行实施了。

伍子胥遵循"相土尝水，法天象地"的原则，建造了吴国的都城——阖闾大城。在建筑规划上，这座城市的整体结构、位置坐向与天象呼应配合。伍子胥开陆门八座，以象征"天之八风"；开水门八座，以效法"地之八卦"。吴国处在十二位之辰位，辰对应地支之龙，龙以盘为势，故取西南门为蟠门，刻木蟠龙，象征本国。越国位于东南，按照十二地支所标的方位，地处巳位，"故立蛇门，以制敌国"。蛇门之上还刻有木蛇，蛇首向内，表示越国必将臣服于吴也。西墙的北门叫"天门"，又叫阊门，不但可以取天地之气，更因楚在西北，所以立阊门为破楚门的意思。而北面的门分别叫作平门和齐门，自然是要北上称霸，平鲁威齐了。

阖闾大城如此的匠心独具，可见伍子胥为了吴国的前途命运用功之深。但是人谋岂能逆天？所谓"嗜欲深者，天机浅"，伍子胥做梦也没想到，他预言出的不久将进入吴国祸国乱政的奸佞之臣，居然就是自己不遗余力推荐给阖闾的楚国同乡伯嚭。

对于吴王夫差的不理解、不支持，伍子胥真是有苦说不出；每当自己的好心肠被夫差当作驴肝肺一样爱理不理时，都有一种深深的绝望和无力的悲哀。他仿佛已经眼睁睁地看着吴国这台国家机器正越来越失控，离败亡的结局越来近了，但是能放弃吗？不能。或许谁都可以放弃，伍子胥绝对不允许自己放弃，因为他的性格中没有放弃这两个字。因为执着和无人懂，所以伍子胥的头发已经白得不能再白了。尤其是勾践君臣进入吴国后，伍子胥显得更加烦躁，无论走到哪里都静不下来，缺乏让人舒服的和气。伍子胥情绪中的负能量越来越浓，吴国君臣上下都惹不起他，便开始躲着他。

正如白天不懂夜的黑，夫差不懂伍子胥的赤胆忠心，伍子胥其实也不懂夫差的真实用意。夫差留着勾践，并不是因为自己内心的慈善仁德，而是个人的需要和政治的需要。

真正了解你的，往往是你的敌人

在姑苏虎丘山下守墓养马的勾践三人，生活过得很憋屈。白天，勾践夫妇和范蠡要扫地、锄草、汲水、喂食、除粪、牧马、拾薪、煮饭……从来没有干过的又脏又累的体力活，勾践夫妇都要身体力行；为了苟且偷生，还不能有半句怨言和不满。当然，每次干这些活时，范蠡总是抢在前面，只把相对轻松的活让给勾践夫妇。

晚上，又矮又小的石室中，透风透凉；又黑又臭的被褥，异味扑鼻。这还不算什么？最主要的是心理上的落差和失衡，在黑夜中如水肆虐，想起自己的年少风光，想起当前的困厄耻辱，想想越国的群臣百姓、年幼儿女，既有辱先君宗祖，又愧对子民后代……一切希望都是那么渺茫。在初入吴国的这段时期，长夜漫漫，无心睡眠的勾践经常独坐，痛苦流泪。很多时候，甚至都产生了绝望的轻生念头。每当此时，范蠡总是不敢大意，守护着勾践夫妇并待机劝导，让勾践能够暂且安于现状，隐忍待时，在屈辱中磨炼自己的心性，在苦累中成长自己的坚定，一步一步褪离那个虚假的、宠辱若惊的"自我"，最后迎接八风不动、宠辱不惊的真我诞生。

当然，吴国的太宰大人伯嚭是不会让勾践在石屋中被冻死、饿死甚至被刺客杀死的，保护勾践的人身安全，就是保护自己的长久利益。所以，石屋中的日子虽然苦，但是至少还没有性命之忧。

在范蠡的朝夕陪伴下，勾践逐步成长起来了。他明白了一个深刻的道理：所谓的羞耻心，就像人的内衣一样，必要时脱掉了也没什么关系，关键是为谁脱掉、为什么目的脱掉。为了能够实现"活下来、走回去"的阶段性战略目标，勾践渐渐地适应了这种恶劣的环境和艰苦的生活，不再像个无助的孩子一样在深夜里悲泣落泪。更重要的是，在日复一日的劳动教养和改造中，勾践面对守卫士卒的恶语轻视、面对夫差的侮辱调笑、面对吴国百姓的围观嘲笑，都能够泰然处之、不形于色了。他渐渐放下了心头牵挂和执着的所谓梦想，不再为成败和生死忧虑；他开始快乐起来，嘴里也能哼出歌了。而夫差的马儿，随着勾践状态的调整改变，也被养得越来越肥壮了。

《淮南子》告诉我们："与至人居，使家忘贫，使王公简其富贵而乐卑贱，勇者衰其气，贪者消其欲。"在与真正拥有大智慧的圣人交往过程中，出身贫寒的人就会忘记自己的贫寒，王公贵族也会认为自己的富贵不值一提。尊贵和卑贱对于悟道的他们而言，就好比从身边刮过的春风一样；毁誉对他们来说，也犹如仅仅被蚊虫叮咬了一口而已。有什么放不下的呢？要知道，越是饱满的麦穗，越愿意低下自己高贵的头颅；越是成熟的强者，越愿俯下自己骄傲的身姿。

夫差留下勾践的性命，有几个考虑。其一，是为了单纯的报仇。哪怕夫差真的可以放下仇恨，但是作为君王的他必须给群臣和百姓一个交代。所以，我们看到夫差会合理地利用任何一个机会，来让勾践为自己牵马执缰，让他充分享受吴国人民的指指点点和羞辱谩骂。夫差通过此举，强化自己在吴国民众中的执政能力，提高领导人的民意支持率。其二，让曾经高高在上的一国之君为自己当奴隶，与选择本身出身低贱的人当奴隶，这是两个截然不同的概念和体验。夫差在这样的体验中，获得了前所未有的满足感。其三，进入吴国的勾践已经成为夫差的一道"道德"标签，每当夫差发起的诸侯国"国际政治首脑峰会"在吴国召开时，夫差总是让勾践作为现场代表发表感恩致辞。勾践在范蠡的培养教育下，当然也学会了演戏和配合。每当此时，勾践总是声情并茂地陈述夫差称霸对局势稳定的诸多好处，并现场疾呼各诸侯国首脑一定要推举夫差为霸主，来维护地区的和平与安宁。其四，只要勾践不死，并且被自己牢牢控制，越国举国上下就会变成吴国的"血汗工厂"，为夫差的称霸大业提供源源不断的资金和物资供应。最后还有一个夫差不杀勾践的重要理由，那就是表现出"乐不思越"状态的勾践这种快乐且简单的人生态度，还有他平日里对夫差所表现出的鞍前马后、无怨无悔，以及他在应需列席的各种政治会议上的感恩戴德，居然让夫差慢慢感动了。很多时候，夫差都忘记了勾践是他的生死冤家，而在内心中已视勾践为知己。想一想伍子胥对自己表现出的强势和支配，夫差居然从勾践这里获得了一份难得的慰藉和宁静，哪怕站在远处静静地眺望着简单生活的勾践三人，感受下他们在卑贱环境下的淡然和幸福，也觉得很释然。

其实，对于孤独的帝王或英雄而言，真正了解你的人有时不是你的朋友，而是你的敌人。

静心读《道德经》

明道若昧,进道若退,夷道若颣,
上德若谷,大白若辱,广德若不足,
建德若偷,质真若渝,大方无隅,
大器晚成,大音希声,大象无形,
道隐无名。
故贵以贱为本,高以下为基。
是以侯王自谓孤、寡、不谷,此其
以贱为本邪?
非乎?
故致数舆无舆。
不欲琭琭如玉,珞珞如石。

第 15 章

高手过招,一计定乾坤

棋理上有云:一着不慎,全盘皆输。天下一切难办的事情,在运作的时候,必须先从最容易下手的地方开始;天下一切伟大的事业,在运作的时候,必须先从最细微的地方着手。真正的谋略高手,他们所擅长的往往就是一招制敌,出奇制胜。只要我们善于抓住在事物发展中的一个核心要点,然后围绕这个核心点进行一系列的引爆和突破,一切看似复杂而不可破解的问题,都可以手到擒来、迎刃而解。

在吴国服刑为奴的勾践君臣,如何在杀机四伏的姑苏城实现插翅而飞,甚至让吴王夫差心甘情愿地放他们归国,这是需要一个基础、一个机遇、一套前所未有的核心方案的。

严重人才危机,老板才会更爱你

时光飞逝,日月如梭,两年的痛苦生活就这样在不知不觉中度过了。在范蠡的精心调教下,勾践学习进步很快,人身安全也并没有多大的风险,因为夫差和伯嚭这两大人物都不需要他去死。让你的敌人帮你找到活下去的理由,这是作为战败者最大的价值体现。

然而让范蠡始料未及的是,他自己的麻烦倒来了。经过多次的暗中观察,吴王夫差看中了范蠡,准备劝降他,让他改变门户效忠吴国。

那一天,天刚微亮,夫差就已经登上了虎丘山。他立身在远处,不动声色地看着山下石屋外的勾践君臣。这在任何人眼里都属于不堪忍受的世间痛苦，他们到底是怎样安然度过的？会不会也有不为人知的烦恼和暴躁呢？夫差很好奇。

夫差首先看到的是范蠡，最先起床的他在石屋外边土石搭砌的灶上生火做饭。

后来，勾践夫妇也起床了。范蠡开始跪伏请安，然后敬奉汤水，伺候勾践夫妇洗漱。待得勾践夫妇洗漱完毕，范蠡又毕恭毕敬地尽奉饮食，然后躬身立于勾践身后，直到勾践夫妇慢条斯理地吃完，自己才开始吃点残羹剩饭。

夫差惊呆了！这个一直跟随在勾践身边蓬头垢面的男子是谁？他叫什么名字？

自己以前居然从来没有认真关注过他。感动呀！在这样的恶劣环境下，他居然还能够以君臣之礼严格地要求自己。忠臣呀！难得！实在是难得！

一群人中最安静的人，往往是最有实力的。夫差从范蠡毕恭毕敬垂手躬身中，看到了他的意念深藏含蓄和神态安详端庄。这样的沉静神定之人，才是真正的人才呀。

夫差吩咐手下：去打听打听，这个人叫什么名字？把他带到吴王宫来见我。

范蠡虽然有"小疯子"之名，但是这个"疯"指的是头脑中经常会冒出稀奇古怪、让人匪夷所思的想法。用今天的话来说，就是真正的创新型人才头脑中自发出现的"风暴"激荡，让习惯于常规思维的人随时受不了。所以，范蠡虽然是"小疯子"，但是并不代表他不知君臣之礼仪、不守尊卑之规矩。范蠡在得到吴王宫内官的传讯后，首先如实地禀告给了越王勾践，在得到勾践的同意后，才跟随内官乘坐马车，向吴王宫进发。

其实，不管勾践在得知这个消息后，内心是同意还是不同意，他都只能有一个选择，那就是同意。在吴国，勾践的身份不过是一个奴仆，甚至是很多人都希望看到他死的奴仆。可以说，他的所谓人权甚至卑微得不如一条狗。勾践深知：这地方不是自己可以当家做主的。在任何时候，我们都必须把自己的身份摆正。

在范蠡向吴宫进发的路上，夫差也将其身份打听得一清二楚了。"原来他就是范蠡，早就听说此人出身楚国，足智多谋，想不到还如此的忠义。"于是，吴王夫差有了要把范蠡给收编到自己队伍中来的迫切想法。

殿堂上，高高在上的夫差面对着跪在阶下的范蠡，开门见山地说："寡人听说，贞妇不嫁破亡之家，仁贤不官绝灭之国。如今，越王勾践无道，越国已经名存实亡了，就连勾践本人也都归顺投降，成了寡人的奴仆，在石室中劳作服役。寡人观察了许久，念你是个人才，有心赦免你的罪过，只要你愿意悔过自新，抛弃曾经的越臣这个身份，真心归吴，寡人必将委以重任。如何？"

范蠡在出发之时，已经预料到夫差会导演这么一出戏。只见他不慌不忙地回答："多谢大王的美意。罪臣听说：'亡国之臣，不敢语政；败军之将，不敢语勇。'罪臣在越国之时，不能辅佐越王善为朝政，以至于冒犯大王，落难为囚，这已经是不忠了。如今随敝君同来服罪，假使中途抛弃，另投他主，是为不信。罪臣本是如此不忠不信之人，却幸遇大王洪恩，不加诛杀，内心早已满足。只希望能够苟延性命于天地之间，为大王干点粗笨之活，被大王驱使劳作，臣愿已足，又哪里敢奢望和贪求什么富贵功名呢！"

范蠡这番话，说得很委婉，但是表达得很明确。

第一，我不可能为了你，让自己背负上不忠不信的千秋骂名；

第二，我很感激你的不杀之恩，但是我有我的感激方式，我宁愿选择劳动改造来服罪，也不愿意贪图荣华富贵效忠吴王。

夫差也听明白了。他热情的脸庞顿时冷漠了下来："先生既然无怨无悔地选择了服刑守节，那寡人只好请你继续回到虎丘山下的石室中了。"

自从听到吴王夫差召范蠡觐见的消息后，勾践就彻底懵了。"坏了，夫差召见范蠡，一定是发现了他是个难得的人才，企图许以高官厚禄来招降他了。怎么办？"

自从夫椒之战失败后，勾践一直处在"无主见"的决策状态中。因为他认清了一个事实——盲目地坚持所谓的"主见"，最后是要为失败埋单的。尤其是进入吴国服刑的这两年以来，勾践范蠡虽然名为君臣关系，但是在勾践的内心中，范蠡就是自己的导师、自己的兄弟、自己的主心骨。他是勾践安全度厄的保障，是越国未来复兴的希望。如今，范蠡被夫差带走，他还会回来吗？面对唾手可得的高官厚禄,他会傻到重回石屋陪伴自己受苦受辱吗?勾践感觉自己的主心骨被夫差剔掉了,内心彻底空荡荡的。浑身失力的勾践真实地感觉到,自身命运和国家前途遭遇了前所未有的战略危机,一直以来支撑着自己活下去的信念崩溃在即。

让人意外的是,范蠡居然回来了。看到范蠡的那一瞬间,越王勾践和越王后都激动万分,欣喜的神情不可言表。当范蠡一如既往地俯下身来,向勾践夫妇叩头施礼时,勾践再也无法装模作样地坐在那里纹丝不动了,而是赶紧扶起范蠡,深深地施上一礼。然后,两个苦难的男人紧紧相拥,旁边还有一个女人喜极而泣地在抹着眼泪。

范蠡难道真的是天生命贱,只有吃苦的命,没有享福的命吗?非也!范蠡之所以拒绝了夫差拉他加盟的盛情邀请,是出于以下几个方面的考虑。

第一,背叛初衷。

范蠡和文种作为楚国人,之所以不远千里来到越国就职,其最初的想法就是通过扶持越国来牵制吴国,缓解吴、楚对抗中因为楚国内部政治弊端造成的节节败退,最后实现兴越救楚的战略目的。不选择在吴国就职,是由范蠡内心价值观所决定的。

第二,违反天道。

根据天道的运行轨迹和天象的种种昭示,"霸兆现于东南",位处东南版图的吴、越二国,谁会成为真正的霸主呢?当前状态,吴国强盛凌人,可惜无道而好战;越国卑弱不足,君主却虚心好学。如果我们将老子道学思想中"将欲废之,必固兴之"这句话作为判断标准的话,一切结果都了然了:吴国当前的强盛已经到了发展极端,马上就要走向下滑路线;而越国当前的卑弱却能更好地蓄积实力,完全可以开创一个新的高度。

第三,夫差非霸。

范蠡通过老师计然传授的相人之术,仔细观察和对比了勾践与夫差二人,发现勾践具有霸王之相,而夫差缺乏霸王之相。

第四,群臣不和。

越国虽然处于弱势,但是群臣及百姓上下一心,同仇敌忾,内部具有很强的凝聚力。而处于强势的吴国，管理团队早已失去了创业初期的那份合作和无私，群臣之间矛盾问题暴露突出，因为利益的分配方式而导致纷争四起、君臣失和。

第五，受吴轻视。

当年范蠡和文种二人先期来到吴国调研，最终都没有留在吴国就职。现在范蠡作为战败国的谋臣，以阶下囚的身份临阵变节，投靠吴国谋取一官半职，不但会为吴国的群臣所轻视，更会为天下人所耻笑嘲讽。

第六，违背原则。

这也是最重要的原因，一个顶天立地的男儿在世间行走，最重要的人生准则和基本素质，就是恪守信义。俗话说，人无信不立，言而无信，未知其可。如果范蠡愉快地答应夫差的邀请，选择跳槽到吴国就职，就完全违背了自己在陪同勾践离开越国时的公开承诺——"辅危主，存亡国，不耻屈厄之难，安守被辱之地。往而必返，与君复仇者，臣之事也。"范蠡真要是降吴，哪怕位极人臣，富贵至极，最终也将会因为失信天下的口碑，得不到任何人的尊重，而无立身之地。

俗话说，坚持不算胜利，坚持到底才是胜利。任你是多么智慧卓绝的厉害人物，如果不爱国、不忠诚，轻诺寡信，见利忘义，都是不可取的。

基于以上各项利害关系的综合考虑，投降吴国这门生意实在是不值得做。所以，范蠡面对吴王的诱惑，他慷慨陈词，不投降，不屈服；面对越王的困境，他积极开导，不抛弃，不放弃。

老板在什么时候爱学习，肯积极主动地去学习？他们会在什么情况下真正学会反思，会对身边的智谋之士言听计从？道家认为："洼则盈，敝则新。"只有在他们遇到灾难、危机、压力、困境、破败、绝望的时候，才会寻求出路；只有在山穷水尽，一筹莫展、万里迷云、无计可施的时候，他们才会丢掉妄想，放下架子，降尊屈贵，还原真实的自己。

勾践也是这样的人。自从出现夫差挖墙脚的事件后，勾践意识到一个严重的危机，那就是对待像范蠡这样的智谋之士，如果自己不珍惜，就会失去。从那之后，勾践彻底放下了内心仅存的那份君王的架子和面子，而变成了一个虚心好学的好学生，不遗余力地向范蠡请教。范蠡指东，他不会向西行；范蠡说停，他不敢贪冒进。再说得难听点，哪怕范蠡发出让他吃粪便的指令，他也会毫不犹豫地执行到位。这就是导师的神奇魔力和伟大魅力！

你还别说，勾践在范蠡的策划安排和全程指导下，真的就毫不犹豫地尝了一回粪便。

生病受灾，最验人心

万事万物都有其或阴或阳的两面性，祸福是相互转化的，利害是随时变动的。老子就此问题曾经发出感慨："正复为奇，善复为妖。"就在范蠡以自己的忠贞和坚定感动、感化了勾践的同时，一个看不见的巨大危机也悄然来临了。

自从范蠡向夫差明确地表达了不愿意背叛勾践成为吴臣的立场后，夫差也开始多虑了。为什么范蠡会如此坚定地跟随勾践？难道他们君臣在吴国所表现出来的一切顺从和归服都是假象？难道勾践在请降时的花言巧语只是一个美丽的谎言？难道我真的被蒙骗了吗？

为了调查勾践的归降是真心还是假意，夫差一方面派人更加严密地监视勾践、范蠡的日常行为；另一方面也派出谍报人员去越国打探消息，掌握动向。不久，派出去的人回话说，自从越王勾践进入吴国后，越国真的解散了武装军事力量；越国的大夫百官正在分阶段地实施下岗计划，各自回到了自己的封地务农；而军队中的士卒也成批地被遣返回家，开荒种地。吴王夫差听到这个情报后，一颗悬着的心这才放了下来。说来也巧，就在这期间，越国大夫文种又带着数百名奴仆和几十箱金银珍宝来到吴国进贡。

尽管夫差也慢慢开始相信，越国是真的臣服了，范蠡的坚定只不过是他自己的一种执着性选择，属于典型的不开窍。但是这事毕竟在夫差的内心里，形成了一个纠结不已的疙瘩。再加上伍子胥时不时地以"夏桀囚禁商汤而不诛，殷纣囚禁文王而不杀"的故事来含沙射影，批评夫差受到勾践的迷惑太深，于国家前途命运不利，使夫差很苦恼。眼看先前约定的三年之期快到了，可到底该不该放勾践回越国？什么时候释放？始终没有被提上议事日程。

真正的道家人士有种好习惯,那就是观察细微、做事谨慎。《道德经》有云:

民之从事,常于几成而败之。慎终如始,永无败事。

在老子看来,平常的人在办事行事的时候,经常是取得了几成进展,或是在将要成功之时多陷于失败。所以我们对于天下发生的任何事情,都不可忽视、掉以轻心;即便是最小最容易的事情,也应当以慎重的态度对待。通过养成这样的良好习惯,就不会有什么过失、错误发生。

范蠡从伯嚭的传讯和暗示中,敏锐地意识到了这个关键问题。夜长梦多呀,在吴国多待一天,就多一天的杀机,因此必须借助一个机会、运用一种手段,在先前感动勾践的同时,还要感动夫差,以便让夫差在感动之余痛下决心,履行三年期满释放勾践君臣归越的约定。

那一段时间,夫差也为了勾践到底是该放归还是继续羁押的事烦恼不已。他有些上火和忧虑,再加上国事操劳,积劳成疾,卧不能起。夫差这个病本来不算什么大事,主要是心中忧虑,又不幸外感风寒所致。但是人有时候很奇怪,健健康康的却希望自己生病。病了好呀,人病心不病,心病人也病。人生了病,就可以获得休息调养的机会,也可以逃避麻烦问题,还可以获得他人问候关怀,甚至可以借助生病来考验人心:到底谁希望我死去、谁希望我活着……吴国王宫的太医,医术虽然高明,却哪里猜得透夫差的这份心思呢?由于未能准确把握夫差的心理症结,太医虽然连开了好几帖药,夫差的病情却总是不见好转。

作为兵阴阳家的代表人物,伍子胥本具有善观五色之气来判断国运和预测战争胜败的能力,更何况识人吉凶呢?所以伍子胥很清楚吴王的病,一半是真一半是假,身体并无大碍,也并没有天天往吴宫跑前跑后、嘘寒问暖。他天生不是那种性格的人,身为相国还有更重要的军国之政事要处理。再说了,虽然你夫差尊我为亚父,但是你都三十好几的大男人了,早就不是内心无助的小孩子,更何况我们天生性格不合,一见面就争吵得面红耳赤。为了不影响夫差的心情和病情,伍子胥觉得少见为佳。

然而,伍子胥的这种思考真的是错了。

如何策划让老板去吃粪便

吴王夫差这一病就是三个月,谁受得了?伯嚭急了,勾践和范蠡也急了。夫差身体一天没有得到康复,勾践归返越国这个事件就得无限期地延长。你怎么知道在等待的过程中,伍子胥会不会采取极端的行动?伍子胥为什么对吴王大病不愈这件事丝毫不上心?他留有什么后手吗?假如夫差真的一命呜呼了,我们前期的一切努力不是白费了吗?在伍子胥的影响下,吴国人岂可放过我们?

勾践急得快要哭了,对着范蠡央求道:"眼看着苦日子终于要熬到头了,我们即将呼吸到自由的空气了,怎么又横生事端呢?先生一定要想想办法才行呀!"

范蠡答应了勾践的请求,准备为吴王夫差的健康状况,为越王勾践的自由梦想,用六壬之术占上一卦。

人生的意义不在于拿到一手好牌,而在于打出一手好牌。所谓"善易者不占"。范蠡其实也知道,吴王夫差托病而卧床不起,不理朝政,多半是想当"老赖",在勾践归国这个问题上不表态。既然你想玩,那我就陪你玩吧,且让你看看我如何把你丢给我的一手烂牌变成绝杀之计。看着演排出来的六壬课式,范蠡思考良久,起身对着勾践深深一施礼:"恭喜大王,我们重返越国的战略机会终于来了。"勾践纳闷了,这是咋回事?卦上怎么说?喜从何来?我愁都愁死了,你怎么还恭喜我?先生莫非也烧糊涂了?

范蠡对勾践说:"祸兮福之所倚,福兮祸之所伏。夫差称病不出,其本意无非是他内心中尚未想明白一个问题,即放我君臣返回越国到底是对还是错。故而出此下策,佯称有病而将我君臣无限期羁押。臣依此卦断定,夫差身体无大恙,定是心病所致。我们只要借助一种非常规的战略手段,攻其心,伐其情,定可扭转局势,转祸为福。"

勾践一听,急迫地问道:"先生有何良策?寡人一定依计而行。"

范蠡心想:这个计策的实施,你不依计而行还真的成功不了。但是,怎么给他说呢?范蠡有些为难,虽然朝夕相处,但对方毕竟是尊贵的君王。范蠡面露难色:"大王,此计太过于出奇,臣怕犯上,故不敢言。"

勾践更急了：别卖关子了，你把我的小心肝调动得随时受不了啦。赶紧讲吧，不论你讲什么出格出奇的话，只要是有助于我们顺利返回越国，寡人都愿意接受。到底是怎样的战略手段，让范蠡如此难言呢？《东周列国志》中是这样描述的：

> 勾践居石室，忽又三月，闻吴王病尚未愈，使范蠡卜其吉凶。蠡卜卦已成，对曰："吴王不死，至己巳日当减，壬申日必全愈。愿大王请求问疾，倘得入见，因求其粪而尝之，观其颜色，再拜称贺，言病起之期。至期若愈，必然心感大王，而赦可望矣。"

范蠡告诉勾践：根据卦象显示，首先我们可以确定一个事实，那就是夫差的病并无大碍，没有什么生死之忧。他的病情会在己巳日那天开始好转，到了壬申日必定可以痊愈。这是一个大好的可以向吴王表忠心的机会，我们做得好，吴王的心理顾虑就会彻底消除，我们也就可以安全返国；否则就会错失良机，再也不知道要等到何时了。

有机会就应该牢牢抓住。眼前的这个机会该用什么样的战略手段来把握抓住呢？范蠡提出了一套系统的策划方案，其核心理念就是"求其粪而尝之"。说白了，就是尝一下夫差的粪便。

尝粪便这个重口味的事情，并不是你有大无畏的勇气就做得出来的。我们要强调价值，即做出来能起到什么作用？所以，这套战略策划还必须有一个前提，那就是首先向吴王夫差提出申请，作为越国的服刑劳改人员，听说圣明的吴王生病了，那可真是病在君身、忧在我心。贱臣日夜难安，简直比自己生病了还难受。为了感谢吴王的不杀之恩和改造之德，特请求前来探视。

吴王如果不允许怎么办？那就只能"凉拌"了，策划失去了先决条件，就不具备可操作性。所以范蠡提出，"倘得入见"，这是成败的关键。

吴王批准了你的探视请求，那又该如何进行呢？

首先，在"吴王生病，勾践探视"这个大机会中要寻找小机会，那就是千方百计找到吴王夫差的粪便，如此才有下一步进行的可能性。假如夫差连续数天都不幸遭遇便秘的困扰,那这套方案又将失效。这其实就是运气的问题,倘若运气好,刚好撞上吴王夫差有排泄的需要,一定要请求保留粪便,通过"尝之"这个震撼人心的行为,观其颜色,辨析病情,要用专业的医学素养打动吴王,最后以诚心来"再拜称贺",为吴王预知出他的痊愈之日。我深信,任凭吴王铁石心肠,也一定会被感动得无以复加。而只要真实感动和震撼了吴王,我们归国就有望了。

文子当年告诉自己的弟子范蠡:"天下几有常法哉!当于世事,得于人理,顺于天地,祥于鬼神,即可以正治矣。"范蠡提出的这套方案,听起来绝对是带给人强烈心理震撼感的。勾践再能吃苦受罪,听范蠡这样一番详细解说,也都差点忍不住要呕吐起来。"先生呀,寡人承认你的计谋高人一等,无人能敌。但是,寡人好歹也是一国之君,怎能如此作践自己呢?"

范蠡劝导说:"大王难道没有听说过吗?以前纣王将西伯侯囚禁于羑里,为了考核西伯侯的顺服之心,便杀了西伯侯的儿子伯邑考,烹而饷之。西伯侯明知这是儿子的骨肉熬制的羹汤,还不是只能忍泪吞食,故作不知。这就是'欲成大事,不矜细行'的道理。"

勾践还是过不了这道坎:"天哪!难道寡人真的要以国君之尊,而含污忍辱为人尝泄便,做出比狗还卑贱的行为吗?"

比狗还卑贱?对呀。大王,您可知道,吴王夫差之所以称病不出,就是不相信我们对他的忠诚度。换句话说,我们说的任何一句表白忠诚的话,都会被他质疑和猜忌,因为这些话语没有一个可以量化的指标数据,以让吴王真正心服口服、深信不疑。我提出这套方案的真实意义在于,通过尝便这种类似于狗的行为,告诉和呈现给夫差一个不可推翻的事实——"我对你可是比狗还要忠诚呀"!

勾践辗转反复,深思熟虑了一个夜晚,终于同意为了"活下来、走回去"的目标而豁出去了。

第二天,勾践通过伯嚭向夫差提出申请,准备面见吴王,探视病情。吴王夫差几乎没加思索地批准了:勾践呀勾践,你终于来了!你可知道,我的病都是因你而起呀!你来了,我正好可以观察下你对我是真情还是假意,你到底是希望我活着还是希望我死去。

只可惜，对于自身的生死问题，夫差只猜中了结局，却猜不透过程。越王勾践当然希望他死，但不是现在死。因为现在夫差若死了，勾践君臣都将失去活命的机会。

勾践在见到吴王后，先是一番卑微肉麻的问候，两个人都在暗中打着自己的小算盘观察盘算着对方。所以夫差既没有让勾践退下，勾践更不会主动提出告退，因为他还在等待一个机会，一个夫差排泄粪便的机会。我们说，人要走背运的时候，喝凉水都会塞牙；人要转好运的时候，想睡觉就会有人递枕头。正当勾践挖空心思想着怎样才有机会实施"尝便"的策划时，夫差还真的莫名感到肚子一阵绞痛，然后赶紧吩咐便盆伺候。

勾践那心里呀，简直乐开了花，"这真的是走了狗屎运了"。古今中外的历史上，恐怕还找不出有人因为有机会尝他人粪便而如此开心的。

看到侍者提着装盛有夫差粪便的便桶掩着鼻子经过自己的身旁，勾践慌忙制止。然后恭恭敬敬地从侍者手中接过便盆，跪地请求吴王夫差："贱臣勾践，早年学得一些地方上的独门医道，今日忧虑于大王的健康状况，想尝试着诊断一下。"说完，他也不待夫差是否同意，便将便盆盆盖打开，以手指微蘸一点粪便，即刻送入口中，略一品试，放下便盆，伏地叩拜。口称："恭喜大王，贺喜大王，天有好生之德，大王福德齐天，您的病情已无大碍，将在己巳日呈现好转之势，在壬申日全面康复。"

勾践的这一系列重口味举动，令夫差、伯嚭及吴王宫的侍卫全部惊呆了。半响，夫差才傻傻地问了一句："你怎么知道的？"

勾践根据范蠡事前的教诲，不慌不忙地回答："贱臣当年听传授我这项绝技的医者讲，'夫粪者，顺谷味也。逆时气者死，顺时气者生'。粪便本是由谷物所化，如果粪便的气味与季节的气味属性一致，那么疾病无论多严重都会尽快痊愈；如果粪便的气味与季节的气味属性相违，病情就会出现死亡的征兆。刚才我通过仔细品尝了大王的粪便，发现这其中的气味苦且酸，符合春天的生长之气。所以，贱臣由此信息而判断，大王疾病的痊愈为期不远矣。"

史书上说夫差有"妇人之仁"。夫差本来就不是什么铁石心肠的人，再加上被勾践刚才的举动所震撼和感动，那份坚定瞬间瓦解了，从而被勾践彻底地征服了。

只见夫差一翻身，精神百倍地跳下床来，亲手扶起跪在地上强忍着未能呕吐出来的勾践，发自内心地赞叹道："你真是一个仁德之人呀！"接着，夫差扭过头来问伯嚭："臣子事君父，又有谁可以做到像勾践一样为君王尝粪诊病呢？太宰你能够做到吗？"伯嚭摇头说："请大王恕罪，臣虽然敬爱大王，但是为大王尝便诊病这事，臣做不出来。"夫差又问侍卫："你们侍候我多年，这样的事做得出来吗？"众侍卫也纷纷摇头。

谁都做不出来，也不敢回答做得出来。因为谁要是敢争宠，现场抢答自己能够像勾践一样做出尝便之举，那便盆可是还没有撤走的。

由于亲眼在现场见证了勾践像狗一样的忠诚之心，夫差心中的症结尽释，任谁说勾践不可靠他也听不进去了。对勾践彻底放心的夫差，真的没用几天工夫，那号称持续三个月卧床不起的疾病就奇迹般地康复了。

心情倍儿爽，身体倍儿棒的吴王夫差，康复后做的第一件事，就是在王宫庆贺，大宴群臣。在这次的王室夜宴上，吴国群臣惊奇地发现了一个怪现象，本属劳动改造对象的越王勾践，居然受邀高坐在贵宾席上。这是不是透露出一个信号，越王勾践离归国之期不远了？

看到这一幕，伍子胥再一次愤怒了，但是考虑到夫差久病初愈，只能以退席离场来表达自己无声的愤怒。看到自己的老对手退场，伯嚭开心极了。他对夫差敬酒说："臣听说，'同声相和、同心相求'。今天的国宴，乃仁义者的聚会，那些心怀不仁的人必定会羞愧地避开。相国大人是刚勇之人，他必定是因为座中有越王这样的大仁者存在，所以内心羞愧，才会自我感觉气场不合适而主动退席。大王，来来来，喝喝喝……"

凡是上了年纪的人，大多是反对得太多，商议得太久，行动得太迟，后悔得太早。第二天一早，一夜难眠的伍子胥就匆匆赶去了吴王宫。他还是要对夫差开展"伍式"劝谏，让他不要被勾践的巧言所迷，更不要将勾践这到手的猎物放归越国。一大清早就要面对伍子胥喋喋不休的劝说，夫差这心情能好得起来吗？夫差回应伍子胥的只有这样一句话："寡人生病这三个月期间，你在哪里？

这三个月里，寡人不曾闻相国一言，这是相国不慈也；不进口之所嗜，心不相思，这是相国不仁也。可人家勾践看到寡人一病不起，为了帮寡人健康体检，可以不惜以尝便的方式来进行医疗诊断。相国你在指责勾践之前，首先问问你自己是否可以做到像他那样对待寡人？"

伍子胥无言以对，他的心在流血。只能在内心用力地呐喊："大王，你哪里知道，这老谋深算的勾践一直在处心积虑地阴谋欺骗你呀！他今天能喝你的尿，明天就会喝你的血；他表面上是在尝你的粪便，实质上想的是咀嚼你的心肝呀。"可是，面对吴王夫差那偏激的问题，哪怕伍子胥再为国尽忠，也确实做不出像勾践那样的惊世骇俗之举。

这也不怪伍子胥。因为伍子胥和勾践的出发点和目的不一样，一个是为国尽忠，一个是为己乞命。

存危治乱，非智不能。所谓乞丐，就是一种向你良心征税的人。

在范蠡的暗中辅助下，勾践通过卑身示弱、忍辱乞命彻底感动和瓦解了吴王夫差内心中的最后一道防线。被假象所迷惑的夫差在伯嚭的大力鼓舞下，不顾伍子胥的强烈反对，正式颁布了释放勾践归国的决定。公元前490年，在吴国饱受了三年痛苦屈辱的勾践夫妇和范蠡终于熬出了头，命运之神将他们人生中最黑暗的一页撕揭开来，自由和光明在望。

《吴越春秋》说："乃赦越王得离其石室，去就其宫室，执牧养之事如故。""于是遂赦越王归国，送于蛇门之外，群臣祖道。"

《国语》称："三年，而吴人遣之。"

非但如此，《吴越春秋》卷八还记载："吴封地百里于越，东至炭渎，西止周宗，南造于山，北薄于海。"炭渎，在会稽东30公里处，今绍兴市上蒋乡一带；周宗，大约在浦阳江沿岸；山，即会稽山；海，即后海，实为钱塘江南岸。

重获自由的勾践居然像中大奖一样，在离开吴国返乡的同时，还意外获得了吴王夫差的封地赏赐。这真是：福无双至今日至，祸不单行昨已行。

静心读《道德经》

天下莫柔弱于水,而攻坚强者莫之能胜。

以其无以易之也。

故柔之胜刚,弱之胜强,天下莫不知,莫能行。

是以圣人云:

"受国之垢,是谓社稷主;受国不祥,是谓天下王。"

民之从事,常于几成而败之。

慎终如始,则无败事。

第 16 章

天下共富与越国复兴梦

道家认为:"政,善治。"政治政治,不但需要"为政者"在面对纷繁复杂甚至千疮百孔的政治形势下具备治理和治疗能力,更要求"为政者"要掌握好治理和治疗政局的决策艺术、管理艺术。为政者,要通达道术,在处理政事时要善于抓住核心、把握根本,以高瞻远瞩的战略思维去掌控全局,以有的放矢的政策法令去修复弥补,使国之政体从无序走向有序,从问题重重中迎来生机勃勃。

政不但要治,更要善治。道家是最懂得"善治之政"该如何落实推行的,要不然老子也不会信心百倍地发出呐喊——"执大象,天下往"。老子口中的"大象",并不是一种动物,而是一种理念。这种理念,就是今天政治家和政治学者口中的"执政理念"。

如何重铸国民信心

公元前 490 年,重获自由的勾践终于回到了越国。

重返故国的勾践,并没有因为屈辱和失败而受到自己国民的轻贱和抛弃,而是像一位得胜归来的英雄受到了越国臣民们前所未有的隆重欢迎。从他踏入越国的地界之时,闻风而动的老百姓便欢天喜地地奔走相告,齐刷刷地拜倒在道路两旁,以发自内心的最真挚的情感来迎接自己的"王"。这一幕,让在异国他乡遭受了大屈辱的勾践热泪纵横。

还是自己的国家好呀！还是自己的国民好呀！是呀，谁不说咱家乡好。多么善良的人民，多么淳朴的百姓，我有什么理由不好好珍惜他们？我有什么理由不好好善待他们？从当初那"少不更事"的懵懂少年，到经历风雨逐渐成长和成熟起来的青年君主，勾践内心暗自发誓：我一定不会辜负百姓的深情与厚望，再也不允许自己犯下任何伤害国家和国民的过错，一定要让我的人民过上安定、幸福的生活。

失败，并不意味你浪费了时间和生命，而表明你有理由重新开始。

如何让自己的国民过上安定幸福的生活？如何让自己的国家走向富强？一道阴影也掠过勾践的心头。虽然自己离开越国三年多，国政在以文种为首的大臣兢兢业业的治理下，并没有出现多大的波动和不稳定，但是战争失败带来的现实的窘迫，已是无法回避的真实存在。战争的创伤，山河的破损，人丁的萧条，经济的负担，军事的钳制……当前的越国就像一头贫病交加的老水牛，虽然还活着，但是在吴国的摧残剥削和鞭子舞动下艰难地负重前行。这些问题该如何解决？

如何让越国摆脱成为吴国发展壮大的"血汗工厂"的悲惨命运？

如何让越国从战败国的屈辱阴影中走出来，找回国民尊严，重拾国家信心？

如何才能卸掉越国身上重重的枷锁，从越王一人之自由，转变为越国一国之自由？

如何才能把一个具备称霸天下实力的吴国拉下马来，为自己、为国家洗刷屈辱，走向富强？

这一系列的问题，一连串的"如何"成了困扰勾践的头等大事，他再一次焦虑起来。

在这个时候，勾践想到了一个人。或许，能为自己解惑排忧的只有这个人了。这个人是谁呢？就是陪同自己入吴为奴三年，在极度危险的环境中以独到的视角和高明的智慧，游刃有余地帮助自己化解了一次又一次杀身之祸的谋臣范蠡。

归国已经有一段时间了，越王勾践天天忙于接见留守国内的大臣和各部落族长，咨询国内政事，维系部族感情，也时不时地要与百姓代表见个面，走访了解一下都城附近的民间生活。虽然与范蠡也算是天天见面，但是归来后还没有进行过一次正式而深刻的对谈。这个国家的前途命运怎么样？该怎样去发展？发展中要注意哪些问题？勾践甚至有些怀念，当初在吴国姑苏城外虎丘山下的石室中，一师一徒君臣两人推心置腹交谈的快乐。

勾践找到范蠡，诚恳地向他描述和表达了自己当前的种种焦虑，希望范蠡能够为他解惑：接下来，我们该怎么做，才能让越国摆脱战败国的心理阴影，摆脱吴国附庸国的可悲命运，彻底洗刷自身和国家的屈辱，让越国在自己的手上走向独立和自由、迈向富强和兴旺？

范蠡其实也在等待着勾践亲自找他，他也有很多话、很多具体的想法要对勾践讲。但是为什么身为臣子的范蠡不能表现得更加积极主动一点，而第一时间找到勾践汇报自己的思路呢？这是因为范蠡还在继续暗中观察，自己所跟随的君王到底是不是霸王之才。想当初被困会稽之时，勾践对自己言听计从，这是迫于时势而无法；受难虎丘山下，勾践对自己百依百顺，这是限于环境而无奈。今日得幸保全性命，顺利归国，身为一国之君的勾践，有没有忘记我当初对他的劝导？愿不愿意执行我曾经对他的建议？从一个屈辱的极端中走出来，勾践会不会心态失衡，变本加厉？风雨磨砺，真的让勾践成熟起来了吗？

通过这一段时间的观察，范蠡看到了一个在吴国经历三年"劳改"后的全新勾践。这个勾践，不再"出则禽荒，入则酒荒"，纵欲享乐，颓废度日，而是变得勤于政事，虚心好学，俭朴知足，自食其力。他再也不高高在上，性情无常，好听美言，满足虚名，而是懂得了尊重大臣，亲近百姓。勾践对自己的家国有责任心了，有使命感了。

老板爱学习，愿意主动去接受学习和教育，这是好事。这一切的改变，都源出于勾践受到的身为奴仆、饱受屈辱的三年特殊历练。一个有故事、有伤痛更有人生导师指导的男人，会更加接近成熟。

范蠡内心乐了："我本来就打算要找你好好谈谈，没想到你自己倒找上门来了。好，那我就开始对你进行第三次特训吧。"为什么说是第三次特训呢？第三次特训又将培训什么内容呢？

如果我们把范蠡在会稽山献上的"定倾危"之计看作越王接受的第一次战后救亡的短期特训，那么范蠡与越王身入吴宫的三年奴仆生涯，就好比是导师带着研究生在特殊环境下的三年实习进修，即勾践顺利通过了"定倾危"这个培训科目，圆满实现了"救亡图存"的战略目标。接下来，范蠡要针对越王勾践开展的第三次特训，则将重点围绕"守持盈"的科目进行教学，以图实现"富民强国"这个战略目标。

什么叫"守持盈"呢？《国语·越语下》引用范蠡的话说："夫国家之事，有持盈，有定倾，有节事。"盈，就是满足、充实、丰盈、全盛的意思，也就是事物发展到了一个极致的鼎盛状态。在中国传统文化中，"持盈"的话语源远流长，道学思想戒"盈"戒"满"。因为"日中则昃，月盈则食"，万事万物的发展一旦越过了"中"这个度数，就会走向盈满和鼎盛，最终不可避免地出现"盈而溢出，满遭损毁"的倾覆。所以古人告诫我们："天道亏盈而益谦，人道恶盈而好谦。"以至于连道学之祖老子也发出了"持而盈之，不如其已"的感慨，劝诫我们要知足、知止。花无百日红，人无百日好，一件事情做得太满了，就会过犹不及。所以做人做事都要学会含蓄收敛，把握适可而止的中道原则，这样才能避免自然规律的夺损、避免意外的失败。

如何才能达到老子所讲的"大盈若冲，其用不穷"状态，长久地坐拥民富国强的基础，具备称霸的能力和实力，最终帮助越国顺利实现雄霸天下的梦想呢？

这需要解决一个根本性问题，即越国的国家战略和越王的执政理念。你为什么要让自己的国家富强？富强了之后对其他诸侯国有什么样的影响？越国的富强是为了追求和实现掠夺、征伐他国，还是为了维护道义，匡正乾坤，使天下无战、得享和平？

"以道治国"的伟大探索

那么，在 2500 年前的春秋时期，刚刚重获自由回到故国的越王勾践向范蠡提出了什么样的问题？而范蠡又是怎样回答的呢？

《越绝书·越绝外传枕中第十六》记载：

> 昔者，越王句践问范子曰："古之贤主、圣王之治，何左何右？何去何取？"范子对曰："臣闻圣主之治，左道右术，去末取实。"

子，是古人对自己的老师，或对有道德、有学问的人的尊称。那一天，越王勾践向自己的老师兼谋臣范蠡提出了一个直接而又深刻的问题，那就是："我很想知道，古代贤明的君主和圣德的帝王治理国家，是凭借什么理念来执政的？这种理念有没有先后主次之分？应该摒弃和革除什么？又该争取和追求什么？"

这个问题问得太深刻了，简明扼要，切中要害。用现代的话来说，就是我们身为政治家，应该提倡什么？重视什么？杜绝什么？发展什么？

勾践既然开诚布公地以"贤主、圣王之治"来提问，这就说明他内心追求的境界相当高标准了。最起码他是将古代的"贤主、圣王"树立为自己的榜样，内心有了清晰的目标，愿意追求成为贤明、圣德的政治领袖，而不是随其大流，继续当个蛮夷之地的国君来混混日子。

看到勾践都这么直截了当，范蠡自然也不会装疯卖傻，故弄玄虚。只见他仅仅用了四个字，便高度概括和回答了勾践的问题。是哪四个字呢？那就是"道""术""末""实"。

越王勾践确实理解能力有限，一下子还领悟不了这个高度。但是他并没有囫囵吞枣，而是很虚心好学地继续提问，深入探究："何谓道？何谓术？何谓末？何谓实？"这四字该作何解？先生您能具体讲讲吗？

什么是道呢？

于是，范蠡对勾践说："道者，天地先生，不知老；曲成万物，不名巧。故谓之道。"

道家认为：道是天地的父母，万物的宗祖，宇宙的本来，生命的起源，自然的法则，成功的标准。干了一辈子史官工作的老子，在总结前朝"祸福、成败、存亡"的演变规律时，曾感言"立天子，置三公，虽有拱璧，以先驷马，不如坐进此道"。所以范蠡在这里对勾践讲的道，并不是虚无的哲学概念的道，也不是高深的生命起源的道,而是实实在在的国家元首的统御之道、执政之道。用今天时髦的话来说,这个"道",就是我们执政的核心理念、称霸理由、思想境界、战略高度、国家品牌、价值符号。

我们要成为优秀卓越的政治家,要让自己的国家富强壮大,赢取国际社会的尊重和认可,就一定要尊道贵德,高举道义的旗帜,占据政治理念的战略高地。这个执政理念的炮制和打造需要具备什么内容呢?

第一,她需要深度和高度。

你看那"道",她是先天地而生的,是万物的宗祖。她一炁周流,贯穿古今,永不停息,堪称天地的父母、万物的本源。所以我们所提倡的政治理念,关键问题就是能不能抓住根本,赢得人心。只要抓住了核心和根本,就掌握了事物发展变化和朝政盛衰成败的枢纽和关键,这就叫"万物之总,皆阅一孔;百事之根,皆出一门",就可以凭借这个高度凝练的"一"而号令诸侯,使天下臣服。

范蠡的那一句"天地先生",就是说我们提出的战略口号与执政理念,有没有站在道的高度、有没有扎根于历史的深度、有没有包罗天地的大气磅礴。而"不知老"三字,则是告诉勾践,这个战略口号和执政理念,无论历史的车轮如何变迁演化,都不会淘汰过时,是经得起检验的。

第二,她需要广度和力度。

我们提出的执政理念,应该是放之四海皆准的价值观,须具备公正、平等、和谐的胸怀,能够涵盖万物生成,包容各家学说,赢取诸侯认同,构筑万民愿景。就像伟大的道一样,善下而卑流,一视同仁,曲成万物,其广度能正视、通达、兼容和概括一切,其力度足以使世间一切理论和观念都黯然失色,并自动地臣服、归附于我们提出的核心价值观周围,成为副概念。

范蠡的老师计然曾经教他:"得万人之兵,不如闻一言之当;得隋侯之珠,不如得事之所由;得和氏之璧,不如得事之所适。"那么,范蠡要为勾践进行品牌战略策划,要提出一个响亮的足以成就霸业的执政理念,该如何构思呢?这个理念的提出,不但要兼容当时社会主流的"道""德""仁""义"这些名词,体现出"人本""德治""保民""无私"这些政治思想,同时还要坚持一个"不名巧"的标准,即给人的感觉并不虚华巧诈,而是易于实践推行,属于看得见摸得着的真实诉求。

那么,什么是"术"呢?

范蠡说:

> 术者,天意也。盛夏之时,万物遂长。圣人缘天心,助天喜,乐万物之长。

简而言之,术就是政策制定、政令推行、方法手段、战术谋略、流程设计。如果说,执政理念凝聚的是天下归心这个总纲性的"道",那么,术就是分解性、通达性、行动性的"意"。如何正确领会和解读政治理念?如何设计和配置动态流程?如何分解和安排工作任务?如何落实和贯彻政令推行?如何制定和评估目标绩效?……种种这些,都是大臣们对自然天意的顺应,对君王政令的服从。执政理念的推广,政策政令的推行,必须依靠大臣们以火热的、积极的态度去坚定不移地执行,使之顺利落实到位,一步一步向目标接近。这就是"盛夏之时,万物遂长"的含义。

行"术"的根本核心是什么呢?在于君王严守君道,清静无为,任贤用人,顺应四时。

范蠡举例说:当年,舜轻松自在地弹奏着五弦之琴,咏唱着《南风》的诗歌,就达到了天下大治,这凭借的是什么?《论语》中称舜无为而治,说他在天子位上只做一件事,那就是恭己,端端正正地南面而坐,就可以使天下大治而获得太平富足。这是如何成就大治的呢?在古代,天子治诸侯,诸侯治卿、大夫,谓之治官;卿、大夫治庶民,谓之治民。"恭己正南面"的舜,以天子之尊而治理诸侯、百官,并不是凡事都需要自己去亲力亲为,而是源于他高效的管理统御之术。在舜执政期间,他力倡以孝道为核心的"五典"价值体系,规定五年要进行一次大的巡视,各诸侯国的首领一年须四次来朝述职。大臣们汇报工作时,大殿四门大开,所有愿意来听的人都可以旁听会议的内容,表述自己对朝政的意见和建议;依靠"民主"的机制来参与、监督国家大事,从他们的政见中来考察他们的政绩，决定任用的程度，确立奖惩的机制。正是由于舜善于以道御民、以术驭官，群贤同力，德法兼治，最后实现了"我无为，而民自化"的人治社会最高理想状态，开创了"凤凰来仪，百兽率舞"的"尧天舜日"式鼎盛政治局面。

"道"和"术"，一个属于无形的价值理念，一个属于有形的方法策略；一个属于高度提炼的总纲，一个属于细节分解的行动；一个属于理念性的顶层设计，一个属于实操性的流程设计；一个属于本源，一个属于末流。此二者之间的关系该如何摆平？什么占主导地位？什么占次要地位？先行什么？后进什么呢？

基于"理论指导实践，思想决定行动"的原则，范蠡提出了他的看法——"左道右术"。

古代哲学认为，"一阴一阳之谓道"。阴阳是存在于宇宙间一切事物中的两大对立面，左右方位中也体现出阴阳哲学和尊卑观念。老子《道德经》说："君子居则贵左，用兵则贵右；吉事尚左，凶事尚右。"一般来说，前南后北，左东右西，东方是日出的方向，代表生机，为阳，为尊，主吉；西方是日落的方向，代表衰亡，为阴，为卑，主凶。所以主位在东，宾位在西，主人宴请客人，自称东道主。礼仪上一般也是尊者长者居左，而皇族中的太子所居也称东宫。然而在中国历史上，由于时代的不同、对象的不同，左右尊卑的定义也不尽相同，甚至一度出现以右为尊的说法，让后世学者不免茫然。老子推崇"吉事尚左"的同时，还不忘在后面加上一句"偏将军居左，上将军居右"，这就让人费解了。

其实，左右尊卑之分，我们要从地域、君臣等多方面去进行有效区分，这样就会一目了然。如春秋时期秦、楚等地尚左，而燕、赵等地尚右。再有，古时君主受臣子朝见时，南面而坐，左东右西，对君主而言，自然是左尊右卑。而臣道则不然，臣子北面而立，左西右东，尊右而卑左，将贬谪降职谓之"左迁"，所以被拜为上卿的蔺相如"位居廉颇之右"。

范蠡对勾践提出的"左道右术"，到底是以道为主？还是以术为主呢？笔者认为是以道为主，理念先行，以术为次，紧密跟进。这个观点首先取决于范蠡楚人的身份,其次取决于勾践君主的地位,最后也取决于道家文化"无形制约有形"的思维方式。

为什么要以道为尊呢?因为范蠡的老师计然说过:"天子有道,则天下服、长有社稷;公侯有道,则人民和睦、不失其国;士庶有道,则全其身、保其亲;强大有道,不战而克;小弱有道,不争而得;举事有道,功成得福。夫失道者,奢泰骄佚,慢倨矜傲,见余自显自明,执雄坚强,作难结怨,为兵主,为鸾者。"计然最后还得出了一个结论,"罪莫大于无道"。作为君主,首先要有道。有道则是明君,万民拥戴;无道则是昏君,臣民不附。

当然,道家既注重无形,又注重有形。就像老子,既推崇"执大象,天下往"的战略为王,又强调"天下大事,为之于细"的细节制胜。所以,"左道右术"其实就是两手都要抓、两腿都要行的平衡同步与协调共进,我们后世学者,万万不可偏执其一,人为分割。

那么,"末"跟"实"又是怎么一回事?为什么要"去末"?"取实"又该从哪些方面争取呢?

范蠡紧接着说:"末者,名也。"什么名呢?虚假之名。伪道德、假仁义、华而不实的政治口号、虚伪荒诞的政治作秀、空洞无益的概念宣传、打肿脸充胖子式的跨越式发展,凡此种种,都应是一个真心实意为国谋福、为天下谋利的政治领袖所厌弃和反对的。

吴王夫差想称霸,越王勾践其实也想称霸,但是怎样才能称霸?这是靠实力说话,而不是靠自我标榜的。就在公元前638年,志大才疏的宋襄公为了过一把天下霸主的瘾,不顾宋国国小力单、无力称霸的现实情况,一意孤行妄图与楚争霸。在宋、楚两国的泓水之战中,头脑简单而又狂热的宋襄公特意制作了一面"仁义"的旗号,妄图用"仁义"之名来战胜楚国的虎狼之师。结果,贴着"仁义""道德"虚名标签的宋襄公,一再错失战机,不肯乘敌"半渡""未阵"而发兵击之,最终落得个兵败国破、为天下所耻笑的可悲下场。

那"实"又是什么呢?

范蠡说:"实者,谷□也。得人心,任贤士也。"

所谓的"实",就是实际、实在、实质、真实,也就是实现民富国强的霸业之实。有人认为，范蠡对任何事物的判断和识别，都不是以当时主流社会所推崇的"道德"或者"仁义"等"末名"作为其标准的。范蠡继承了老子"执著之者，不明道德"的批判性思维方式，习惯于从"利"与"害"的角度看待问题，他的标准就是一条——"天之道，利而不害"。只不过，这个"利"，不是利己，而是利人、利国、利天下。我们只有因地制宜，从发展农业生产、增加谷物收成、促进经济增长、强化军事实力、优化官吏队伍、赢得民心稳定这几个方面入手，全面提升越国百姓的幸福度、满意度，最后才能创造和成就霸业之实。

范蠡最后总结说："凡此四者，邦之宝也。"我在这里给大王陈述的"道""术""末""实"四字真诀，那可是古代贤主、圣王治国平天下的核心内容。如果我们能够道术同步，理念与方法并重，名副其实，有所为有所不为，那就相当于拥有了君王成就大业的无价之宝。

"天遂人愿"的七条中和之策

对于范蠡的这番妙论和解释，勾践那是豁然开朗，如沐春风，连连称"善"，赞不绝口。但是，勾践又有问题了，通过"左道右术，去末取实"的总体布局和动态调控，我们最后要达到一个什么样的战略目标呢？我们该坚持什么原则，防范什么错误？假如我完全按照你对我的要求，一方面加强自我修炼，搞好自身素质建设，另一方面打破陈规，降低姿态，唯才是举，搞好管理班子建设，同时戒骄戒躁，修炼内功，不贪图虚名，避免名过其实。这些并不难办，我都可以承诺做到。问题的难点在于，我们在大力发展农业和经济的同时，却会不可避免地受到天时变化和水旱灾害等自然因素的影响，这就不是我作为一国君王可以控制得了的。假如遇到年成不好，自然灾害频发等现象，我又该采取什么措施？如何预防自然灾害的发生呢？

《越绝书》中称：

越王曰："寡人躬行节俭，下士求贤，不使名过实。此寡人所能行也。多贮谷，富百姓，此乃天时水旱，宁在一人耶？何以备之？"

范蠡回答："中和。"

为什么是"中和"呢？范蠡陈述道："臣闻古之贤主、圣君，执中和而原其终始，即位安而万物定矣；不执其中和，不原其终始，即尊位倾，万物散。"

我听说古代的贤明君主和圣德帝王，他们的成功都在于把握了"中和"之道，用"中和"的思维去探究事物的起源和终结，用"中和"的眼光去分析事物盛衰、成败的来由和最终走向，就可以实现长治久安。假如失去了"中和"之道，就难以窥知事物发展变化的规律主线，把握不住它们整体发展的趋势开关，最后势必造成君位不稳、社会动荡、人心不齐、万物离散、灾难频发。

那"中和"之道要从哪几个方面入手呢？范蠡紧接着分别从"阴阳、人天、魂魄、君民、祸福、贫富、内外"七个方面进行了具体阐述。

第一，阴阳有序。

范蠡认为，阴阳二气要有序，阴气和阳气只有遵从时令的安排，不同时停留在一起，不贪恋自己的功用，不显示自己的能力，万物才能获得各自所需的生长机会。你看，冬季这三个月，草木枯萎，万物敛藏，一切生物都在此时停止生长。所以阳气也就自然而然地要潜藏其下，隐匿其强壮和旺盛，把机会给予阴气，以便于她在外面完成杀虫螟、去污秽的功业。到了夏天这三个月，万物成长，蓬勃发展，而阴气此时就要主动让位于阳气，把自己的能耐和功用藏匿其下，等待属于自己的时令到来再图作为。阳气主生，阴气主杀，阴、阳不同气，却能同功。假如夏天的时候，该来的酷热却没有来临，万物就不能顺利生长；冬天的时候，大寒没有到来，阳气并没有潜藏在地下，那么植物的根茎就不会壮实，到了春天就难以萌发扩张。所以阴、阳一旦失去了进退显潜这个自然规律，违背了中和之道，整个四季的序列就会被打乱，谷物的收成就会受到年岁的影响。

第二，人天有应。

假如春、夏、秋、冬四季分别对应的"生、长、收、藏"序列被打乱，春天肃杀萧条，夏天寒冷阴煞，秋天百花开放，冬天春阳暖和，这是天道的自然规律出现了错误指令造成的，还是治理国家出了问题而人为引发的呢？范蠡认为：天道的演变是以3500年为一个周期，日月运行，治乱交替，周而复始，就像圆环一样无始无终。造成四季序列被打乱，以至于寒暑失常的根本原因，不在天地，而在君王治理天下的德行难以与天地相应。中和之道的表现形式，还通过人与天的二气交感体现出来。如果春天出现肃杀之气，草木难生，这是君王的德行和自身修养不够；如果夏天寒冷，万物不长，这是由于臣子没有有效奉行君王的命令；如果秋天偏偏百花开放，这是缘于官吏们不能依法而决断；如果冬天温暖，阳气壮发，这是任意动用了国库中的财物奖赏了那些无功的人。"阴阳错谬，即为恶岁；人主失治，即为乱世。"所以治国无度，纲常错乱，就会出现四季异常的现象，这是人与天的关系失去了中和。

第三，魂魄相成。

勾践提问：我们经常说人是有魂魄的，那么是否万物都有魂魄呢？魂与魄之间是怎样的一种关系呢？范蠡告诉勾践：不但人有魂魄，天地间的万物都有魂魄。人具备了魂魄就有了生命，丧失了魂魄就会走向死亡。魂魄对于人的作用，就好像谷物对于人的作用一样，是用来养活人的。什么叫魂呢？魂就是人体的阳气、有形，好比大风箱的皮袋子一样；而魄，就是人体的阴气、无形，是人体元气产生的源头。假如人体的魂、魄相互促成，达到一种中和的状态，就会产生高度统一和凝聚的"神"。精神属于元气的精华，她的作用可以出入人体内外而不需要门户，上下贯穿而不需要依托；她掌管着阳气的产生和有形的发展，支配着高贵的"魂"像云气一样在天地穿行，凡能附着的地方都有大功生成。

最后，范蠡总结道："有百里之神，则有千里之君；有千里之神，则有万里之君。"精神的壮大推动着事业的发展和个人的成就。要真实了解人、事、物的贵贱、上下、盛衰和生死的变化枢纽，一定要察其魂魄、视其动静，了解天下百姓的精神和心念停留在何方、归顺在何方，这样因循民众之欲，霸业就可以做到万无一失了。当年商汤只不过是一个仅拥有七十里地的小诸侯，但是他善于遵循中和之道，任用伊尹为相，打着为天下"除残去贼"的旗号，把天下英雄都招募到自己的身边，训练士卒，带领诸侯的军队讨伐夏桀，最后老百姓都唱着颂歌来归附他。

范蠡在这里借助"八谷"为例阐述精神、魂魄的论述，显然是受到了老子"谷神不死，是谓玄牝，玄牝之门，是谓天地根"的影响。他将"魂"比喻为"橐"，也是为了更好地阐述"天地之间，其犹橐籥乎？虚而不屈，动而愈出，多言数穷，不如守中"的中和思想。

第四，君民相安。

范蠡认为，要想成为国土强大，万民拥戴的贤君、圣主，必须在"兵——人——谷"三者之间理顺关系。能够帮助实现天下稳定，使百姓安居乐业的先决条件，在于拥有强大的国防实力，拥有一支军事素质过硬的军队。而军队的兵员从哪里来呢？当然是从人民群众中征召而来。故而军队的战斗力如何，又取决于百姓和民众的支持率。如何让民众更加支持自己的霸业呢？首先要解决落实老百姓的温饱问题。所以《越绝书》上引用范蠡的话说："故民众则主安，谷多则兵强。"只有将君王与人民的利益捆绑在一起，达到借水行舟的中和之道，我们才可以考虑向吴国寻仇和进一步图谋天下霸业。

第五，祸福相依。

范蠡继承了道家"祸兮福所倚，福兮祸之所伏"的辩证思维，勾践提出了自己对祸福的看法：五行之中，金本来生水，水为金之子，金为水之母。水本受金的恩德而赖以成就，但是如果水之势太强盛，阴气蓄积超过了一定的极限，子水对金母的索取太多而不加节制，突破了中和的度数，最终就会造成金的脱节和水的败亡，这其实就是道家思想中"多藏必厚亡"的规律阐述。同理，金本来克木的道理浅显易懂，然而木中却暗藏着火，而火却是金的天然克星。假如金之势咄咄逼人，却忽略了木在暗中蓄积培育了制衡金的火之势，则难免遭遇木火反克的祸害。故而，阴气补予太过，则益中有损；阳气强盛之余，福中藏祸，唯有谨守中和之道，善于知足不辱，知止不殆，才是最理想和完美的长存之道。

道家认为，"元气有三名，太阳、太阴、中和"。阴、阳、中和这三种气，是天道规律的三种重要表现形式，弄明白这三种表现形式，就掌握了治国理政的法宝。

第六，贫富相济。

范蠡认为，古往今来，从天子以至诸侯，无论是文王、武王的丰功伟绩，还是夏桀、商纣的劣迹暴行，都可以从他们的兴衰成败中总结出一个规律；但凡灭亡者，都是无一幸免地沾染了嗜好美味的恶习，沉溺荒废于声色娱乐之中，迷恋那些珍奇贵重的所谓宝贝器物。当他们一旦沾染了这些不良嗜好，总想满足自己的私欲怎么办呢？那就要与民夺利，千方百计从老百姓的手中捞钱。他们用整个国家不断加剧的贫富悬差和民众的困苦，来换取自己短暂的快乐，到最后国库越来越空虚，百姓越来越贫穷。最终的结局免不了：民心瓦解，臣子背叛，身死邦亡，为天下笑。

范蠡的这种思想，显然是受到老子"民之饥，以其上食税之多"的深刻影响。他认为当前的君王存在的普遍现象就是："利地贪财，结兵血刃，僵尸流血。"妄图以自己的贪欲和掠夺之心而显达于世，这不是荒谬可笑至极吗？

那如何才能使这个时代普遍存在的贫富差距过大的现象得以改善呢？范蠡又提出了带有自己浓烈色彩的，具备道家哲学高度和深度的主张——开天门、闭地户。《越绝书》载：

> 越王曰："吾欲富邦彊兵，地狭民少，奈何为之？"范子曰："夫阳动于上，以成天文，阴动于下，以成地理。审察开置之要，可以为富。凡欲先知天门开及地户闭，其术：天高五寸，减天寸六分以成地。谨司八谷，初见出于天者，是谓天门开，地户闭，阳气不得下入地户。"

范蠡在这里讲的"可以为富"之道，不是富己而是富国，是在回答勾践提出的"富邦强兵"问题。如何为富呢？那就是主动地让利于民。"阳动于上"，象征着君王和贵族高高在上，众人仰慕；"阴动于下"，喻示着百姓和民众身居底层，卑微处下。"审置开置之要"，强调的是一个推行让利于民政策的契机。"开天门""减天寸"是告诉我们要损其官贵富足群体的有余，"成地"则是弥补底层贫苦民众和弱势群体的不足，"阳气不得下入地户"则是明确提出君主士卿必须将自己的权力关进笼子里，不得侵占老百姓的利益。

老子在《道德经》中说：

> 天之道，其犹张弓乎？高者抑之，下者举之，有余者损之，不足者与之……孰能以有余奉天下？唯有道者。

老子以"张弓"的意象而提倡贫富相济的中和之道，范蠡以"开天门闭地户"的理论而落实贫富相济的中和政治，其"执其中则昌，行奢侈则亡"的呐喊，与老子"多言数穷，不如守中"的缄默，可谓交相辉映、一脉真传。

第七，内外相照。

中和之道的落实和推行，不但可以从自然规律的阴阳、祸福上去领悟观察，也可以从自身修炼上去充实；不但可以从人天、君民、贫富等多方面去对照，也可以从国内放大到国外、从自身延伸到天下，向着天下霸主的桂冠和荣誉迈进。

圣人行兵，一定是对上顺从天意，对下明察地理，中间还要符合百姓的民心和需求，这样才算符合道义。在越王勾践看来，当前我们所处的春秋时代，战乱四起，征伐不断，各国诸侯的封地本来就大小不一，加之伴随着连年的战争和掠夺，恃强凌弱的非道德行为更是造成了各诸侯国土地疆域的变化和不相当，强国越强，弱国越弱，甚至面临着被兼并和吞没的风险。在这个"兵革暴起"的特殊时代背景下，我们该以什么样的理念和目的打出旗号，出来主持天下的大局呢？

《越绝书》中范蠡说：

> 昔者神农之治天下，务利之而已矣，不望其报。不贪天下之财，而天下共富之。所以其智能自贵于人，而天下共尊之。

原来，范蠡给勾践提出的执政理念就是"天下共富之"，而他给勾践制定的战略目标就是"天下共尊之"。

共富！2500年前，一个多么时髦而大气的名词，充满着道家的中和之道。时至今日，仍为众多具有思想深度的政治领袖孜孜不倦地探求和不遗余力地推行。

在这第三次特训中，越王勾践有没有听懂并牢记范蠡提出的"左道右术，去末取实"八字方针，有没有坚持"中和"的治国原则，有没有力行"共富"的政治理念呢?

从《国语》的记载中,我们看到了一个完全接受了范蠡"以道治国"观点的勾践。他不但心悦诚服地拜范蠡为越国相国,还当着群臣的面庄重宣布了一条震撼人心的决定——"不谷之国家,蠡之国家也"。把范蠡从一个外来打工仔的身份直接提升为荣誉股东。

其次,越王勾践"乃坏池填堑,开仓谷,贷贫乏。乃使群臣身问疾病,躬视死丧,不厄穷僻,尊有德;与民同苦乐,激河泉井,示不独食。行之六年,士民一心,不谋同辞,不呼自来,皆欲伐吴"。

到后来,楚国名臣申包胥应邀访问越国,我们的越王勾践在隆重接待并介绍本国工作时,说:"越国之中,富者吾安之,贫者吾与之,救其不足,损其有余,使贫富不失其利……"虽有炫耀政绩之嫌,却也由此可看出,勾践在越国推行"共富"是卓有成效的。

静心读 《道德经》

天地之间，其犹橐籥乎？
虚而不屈，动而愈出。
多言数穷，不如守中。

天之道，其犹张弓乎？
高者抑之，下者举之，有余者损之，不足者与之。
天之道，损有余而补不足；
人之道，则不然，损不足以奉有余。
孰能以有余奉天下？
唯有道者。

第 17 章

实干兴邦的七大环节

其实，每个人都应该站在自己的立场上思考：在一定的时间前提下，我们该干什么？不该干什么？该分解成几个步骤和环节去干？如何去干？分解的环节如何有效衔接而不脱节？

在 2500 年前，发生在中国东南版图上的吴、越争霸，越国的逆势而上，是偶然性的侥幸成功？还是必然性的实至名归呢？

通关破节：如何让理念落地奔行

老子在提出"政，善治"之后，紧接着又强调和推出了一个概念，那就是——"事，善能"。范蠡是如何看待一个国家的综合治理的呢？他说："夫国家之事，有持盈，有定倾，有节事。"

在《史记》和《国语》等相关文献中，对范蠡提出的这"国之三事"是这样分解阐述的："持盈者与天，定倾者与人，节事者与地。"实现持盈之道的关键在于体察天道和争夺天机。要想获得国家的长久发展，实现社会的长治久安，必须掌握天道的变化规律，顺应四时的生杀显潜，以替天行道的高度祭起响亮的战略旗号，提炼和推行国民价值信仰体系，从而赢得民心的归往。实现定倾之道的关键在于善用人谋和借助人力。危机出现了该怎么办？要化解和扭转战争带来的倾覆性危机，就要沉着冷静、善用谋略，可以通过献"卑辞厚礼，玩好女乐"并"尊之以名"等手段，先图生存，再寻找合适的时机以求逆转。

经过"守持盈"这一课程的学习，勾践明白了一个道理：越国总体兴旺和发展的核心在于顺从天道，通过执"中和"、倡"共富"来实现守"持盈"。但是，勾践越是深入学习，越发感觉到为政之道的博大精深，越学习越发现问题重重。什么问题呢？那就是如何把"中和""共富"这些哲学化、概念化、理想化的名词转化为实际的行动方案，在具体的政务管理中加以有效的推行和落实？完成越国全面深化改革的入手途径在哪里？他看得到未来的目标，却迷茫于脚下的路了。

范蠡偷偷告诉勾践："大王，节事者在地！光有理念和口号漫天乱飞，却落不了地，这怎么行？您心中的困惑，就让我在接下来这堂关于'节事'的课程中向您一一道来吧。"

那么，什么是节事呢？我们知道：事，有大小之分。所谓大事，就是关系国家和天下的事务、事业；所谓小事，就是事关自身动静和利害的事情、事件。要面对一件事，想把一件事情做好，想把一项事业做大，为什么非要在"事"的前面加一个"节"字呢？"节"该作何解？

节事之道的第一层意思就是"节制"和"管束"。

为什么这么说呢？如果我们沿着范蠡在守持盈之道中阐述的"中和"原则，就会明白，戒盈戒满的道家，凡事都在追求一个大成若缺的中和之美。道家认为，阴阳盛衰的变化虽然无穷无尽，但是其千变万化的枢纽皆是从"中"而起，一切差异都是在中间阶段融合，一切破损和失败都是因为逾越了"中"这个度数。老子曾经说："物壮则老，是谓不道，不道早已。"任何事物如果不知用"中"，不加节制，一旦壮大强盛，很快就会衰老败坏，因为这违背了四时交替阴阳有序的原则。你看：时到中午转下午，年怕中秋月怕半，人到中年万事难，事不过三不离中……所以，作为一个政治领袖，节事首先要节制自己对某些事物的占有欲，不奢侈；节制自己对某项事情的控制欲，不干预；节制自己的野心和妄念违背自然规律和原则的无限膨胀，不冒进。只有保持一种"不欲以静"的中和、有节制的状态，则外界的万事万物虽然看起来乱象纷呈，纠葛万端，但都可以在你的眼前达到"自定"以顺理，丝毫无法干扰决策。

节事之道的第二层意思就是"节点"和"关键"。

老子言："善闭者，无关键而不可开；善结者，无绳约而不可解。"万事万物都是由阴、阳构成，而阴阳必须围绕一个焦点来运转，这个焦点被我们称为中极。道家之智，之所以能够以静制动、以逸待劳，后发而能先于人者，无非是得其"中极"，善攻"中枢"。故而，天下一切难办的事情，在运作的时候，必须先从最容易下手的地方开始；天下一切伟大的事业，在运作的时候，必须从最细微的地方着手。只要我们深入事物的核心，看到矛盾的关键所在，找到矛盾的节点和要害，"守其一，万事毕"，围绕这个节点进行一系列的引爆和突破，一切问题就可以手到擒来、迎刃而解。

"普天之下，莫非王土"。放眼天下，诸侯国的君王正因为有了封地和领土，才可以统治整个国家和管理这片土地上的人民。我们最终会发现，千秋霸业的关键在于土地。难怪，范蠡会提出"节事者在地"。《国语》记载，范蠡对勾践陈述道："唯地能包万物以为一，其事不失……然后受其名而兼其利。"只有土地才是当前时代治国理政一切事务围绕的核心，是能够创名创利不可或缺的"一"呀。

节事之道的第三层意思就是"环节"和"步骤"。

范蠡之所以提出"节事者在地"，想来他对越国的整体谋划应该是基于这样一个想法的：虽然我们现在提倡"以道治国"，要高瞻远瞩地高举道义的旗帜来谋划王霸大业，却万万不可好高骛远，仅把政治抱负停留在口号和形式上。所谓"九层之台，起于累土；千里之行，始于足下"，要实现国家前途命运的改变，描绘出天下共富之、天下共尊之的宏伟蓝图，与其喊破嗓子不如放开膀子，找准方法，高效运行才是真功夫。因为残酷的事实和现实的世界最终会告诉我们：我们是靠结果生存的，而不是靠理由生存的。结果才是硬道理，绩效才是硬指标。

政治的清明，首重于领导人的自我修养

既然"节事者在地"，地之道体现出来的是厚德载物，脚踏实地。那么，我们该从哪几个方面入手，一步一个脚印地去落实政策和细化工作呢？

《国语·越语下》中，范蠡对勾践说：

> ……同男女之功，除民之害，以避天殃。田野开辟，府仓实，民众殷。无旷其众，以为乱梯。

君王您应该以身作则，以榜样的力量发动和带领男女百姓从事耕种与纺织，解决他们的生计困难，消除百姓的祸害，教导百姓如何预防和避免年岁灾殃。最后把我们越国的大片荒地开辟成良田，使国库充实、粮仓饱满、百姓富足，将民众动乱和不稳定的因素消弭于无形之中。

经过分析和梳理，范蠡在辅佐越王勾践进行"节事之道"的主要环节有以下七个步骤，即：改作风、修自身；勤学习、敬师友；任贤良、举人才；育人口、扩兵源；兴农业、保民生；促经济、强工业；迁都城、补缺陷。

第一个步骤是"改作风，修自身"。

道家认为："胜人者有力，自胜者强！"要想打造出一个强国霸主，首先就要认识到自己的陋习和不足，以强有力的方式来不断地改变调整自己、挑战突破自己。接受和采纳了"以道治国"理念的勾践，是不是真的当起了甩手掌柜，对待任何有关国家前途和命运的大事都不闻不问，整日游手好闲无所事事呢？不是的。

《史记》记载："越王勾践反国，乃苦身焦思，置胆于坐，坐卧即仰胆，饮食亦尝胆也。曰：'汝忘会稽之耻邪？'身自耕作，夫人自织，食不加肉，衣不重采，折节下贤人，厚遇宾客，振贫吊死，与百姓同其劳。"

从这段文字中，我们最起码可以看到一个彻头彻尾改变的君主新形象。

第一，勾践的人生有了明确目标和奋斗方向。虽然他的奋斗方向很自私，时刻提醒着让自己不能忘记会稽之耻，但是这个目标很合情合理。人一旦有了耻辱之心，就会知耻而后能勇，就会因为在乎耻辱而刻意改变自己。你想尽快洗刷自己身为一国之君的耻辱吗？你想为整个越国洗刷国耻吗？那好，你必须振作和成长起来，以务实的作风把国家建设好，从国民经济和军事实力的全方位提升，去超过你的对手，一切让实力说话。

第二，勾践为了改变自己，采取了"苦身""焦思""尝胆"等激励方式。他在自己居室的屋檐下悬挂了一枚猪苦胆，每天晨起、夜卧和三餐之时，首先要取苦胆尝之，以锻炼和强化自己的心志，时刻提醒自己不忘耻辱。

第三，勾践夫妇二人以君王、王后的身份以身作则，鼓励和提倡全民劳动。他亲自到田间耕种，夫人也亲自动手织布，而且不是自己亲手耕种的粮食绝不吃，不是自己夫人亲手做成的衣衫绝不穿，以积极的姿态改善战后一部分人的颓废作风，宣扬勤劳致富的正能量。

第四，勾践听从范蠡"行奢侈则亡"的劝导，穿着粗布的衣服，吃饭不浪费一粒粮食，也很少吃肉。平时外出巡视时，勾践一定会带着装有饭羹食物的车辆，将自己的食物提供给陪同人员共同食用，不增加地方接待负担；同时遇到有孤寡老弱或贫穷人家，他还会亲自赐予食物。

第五，勾践认识到人才对于国家前途的重要性，于是降低自己君王的姿态，不遗余力地四处求贤。对于远道而来的客卿和知识分子，他懂得尊重并设立专款给予优待。

第六，勾践关注弱势群体，热衷慈善救助。对于贫困人家，勾践会以越王的身份定期前往慰问；有人去世了，官方也会有专门的机构协助处理后事，对于孤儿寡母的抚恤从无遗漏。这一系列的爱民举措，让勾践在越国境内的民意支持率直线上升，举国上下无不赞扬勾践是一位贤德明君。

老子提倡："修之于身，其德乃真。"一切的外在改变，都将首先从自身的内在开始。黄老道家的无为，并不是无所作为，而是殚精竭虑，劳苦身形，以忘我、无私的态度去为老百姓兴利除弊，来不及和不考虑自己的利患得失。所谓"德积者昌，殃积者亡"，勾践是苦了、累了，也晒黑了，但是越国的百姓逐渐幸福了、快乐了，民心紧紧地凝聚在勾践周围了。

国家的兴衰，在于人才的聚散

第二个步骤是"勤学习，敬师友"。

《黄帝四经》说：

> 帝者臣，名臣，其实师也；王者臣，名臣，其实友也；霸者臣，名臣，其实宾也；危者臣，名臣也，其实庸也。

能够成为帝王、霸主，他们的臣子名义上是臣子，实际上是老师、朋友、贵宾。而那些失败的、流亡在外的所谓君主，他们的臣子名义上是臣子，实际上就是佣人和仆人而已。一个卓越的政治领袖之所以能够取得巨大的成功，在很大程度上取决于能否有能力、有魅力将一大批高智商的人才笼络在自己身边，让他们为自己卖命，供自己驱使。借人之智，用人之才，乘人之力，才能充实壮大自己。

勾践想让越国富强起来，有没有以学生的姿态虚心接受大臣和谋士的教化呢？

《越绝书》中称："是时勾践失众，栖于会稽之山，更用种、蠡之策，得以存……后遂师二人，竟以禽吴。"由此可以肯定，勾践不但是范蠡的学生和弟子，而且还是范蠡和文种二人共同培养的学生。

然而，除了范蠡和文种二人外，勾践还有没有其他的老师呢？

《吴越春秋·勾践归国外传》曰：

> 越王乃召相国范蠡、大夫种、大夫郢问曰：孤欲以今日上明堂，临国政，专恩致令，以抚百姓，何日可矣？惟三圣纪纲维持。

越王勾践在这里称的三圣是何指呢？圣，就是圣臣的意思，指上能尊君，下能爱民，无所不通，德行智能超群出众之臣。范蠡是名扬天下的圣臣，这个评价是他的老对手伍子胥给予的。伍子胥曾对夫差说："越有圣臣范蠡。"事实上，被越王勾践尊为圣臣、师友的不仅有范蠡，被他认可的圣臣和老师还有文种和诸暨郢。

又："越王遂师八臣与其四友，时问政焉。"

勾践以八大臣为师，这八大臣分别是范蠡、文种、诸暨郢、皋如、曳庸、苦成、皓进和计倪。他们经常在一起组织学习，探讨和分析国政。

有一次，勾践问："治国理政的核心是什么呢？"文种回答："不外乎爱民而已。"爱民有什么标准呢？文种归纳总结为十六个字，那就是："利之无害，成之无败，生之无杀，与之无夺。"

文种最后总结道："臣听说，善于治理国家的领导人，对待民众一定要有真挚的爱心。这份爱是发自天然的，就像父母疼爱自己的子女，兄长爱护自己的弟弟妹妹一样，听说他们有什么饥寒就感到悲哀自责，看到他们困苦就生悲悯之心。"

勾践果然很有领导人的魄力，马上把这次学习的精神转化为实际行动，进行了一系列大刀阔斧的改革。他下令"缓刑薄罚，省其赋敛"，并且打开粮仓，把粮食拿出去借济给有需要的贫困人家，而自己则"出不敢奢，入不敢侈"，不断减损自己的欲望、控制自己的需求。这样下去没多久，越国百姓就开始走向了富裕。人一旦富裕起来，底气也足了，自信心也充沛了。于是，举国上下皆有"带甲之勇"。

第三个步骤是"任贤良，举人才"。

众所周知，在人类社会发展进程中，人才是一种非常重要的战略性资源，是先进生产力和先进文化的重要创造者和传播者，是社会文明进步、人民富裕幸福、国家繁荣昌盛的重要推动力量。可以这样说，国家兴盛，人才为本。人才决定着民族的兴亡、国家的发展、人类的进步！

《论语》中说："夫有国之主，不可谓举国无深谋之臣，合朝无智策之士，在听察所考精与不精，审与不审耳。"作为一个卓越的政治领袖，不但要做到自知、自强和自正，更要做到知人、育人和用人。那么，越国是如何重视和实施人才强国战略的呢？

有一次，越王勾践在一次国政会议上提出了他想向吴国寻仇的想法，遗憾的是这个想法没有得到群臣的响应和支持。这让勾践很气愤，不禁仰天长叹，发牢骚说："我听说君主有了忧患，做臣子的就应该深感耻辱；君主受到了耻辱，做臣子的就应该勇于献身。你们平时表现得这么慷慨激烈，怎么一提到正式的话题就默默无语了呢？"失望，太失望了！

就在此时，座中有一位官位小、年龄小、座次也排在最后的年轻干部计倪挺身而出，直言不讳地对勾践展开了批评："大王，您错了。并不是群臣平时喜欢自我表现，遇到关键时刻就难以驱使，而是您并没有掌握驱使的方法和窍门呀。"

勾践满头雾水："此话怎讲？"

计倪告诉他："地位和财富，这些东西都属于大王手中不值钱的玩意。但是每个人的生命只有一次，生命是我们一生中最宝贵的东西。大王您把持着自己手里那些并不值钱的官位和财帛，却让我们大家把最宝贵的生命为您奉献出来，您说这是不是太为难我们了？"

计倪的这番抢白和打脸，让身为君王的勾践面红耳赤。是呀，人才问题，说到底，是人才资源管理体制的问题。有了科学合理的人才资源管理体制，才能充分发挥人才资源的作用。意识到问题核心的勾践急忙站起身来，走下自己的位子，对着这位很不给他面子的年轻干部连连作揖道谢，并且当即约好时间，要单独请教关于用人的学问。

在接下来的私人会谈中，计倪告诉勾践："仁义这两个字呀，是治国理政的门槛和标准，而具备仁义的智士和忠诚于国家的人民，则是君王立国的根本，是一个国家软实力的象征。但是问题在于：如何让这些仁义之士投奔我们的国家，进一步巩固我们的国政根基，强化我们的软实力呢？首先就在于君王自身的道德修养问题，要不断提高自我思想境界和执政能力。其次则在于谨慎地选择身边工作人员和每天都要面对的左右大臣。选得好，国家就兴旺；选得不好，国家就容易衰败。当然，选择什么样的人才，还是取决于您的自身修养。如何选择左右臣僚呢？那就是八个字——'公选于众，精炼左右'。我希望大王您能够在大众中公开选举，精心考察，不是正人君子和忠诚之士，最好少跟他们掺和在一起，以有效地杜绝歪风邪气。评价人才，主要从两个角度：一是评估绩效，二是测评能力。选好了合适的人才，我们要通过一定阶段的考察实习，以便于掌握此人的真实能力和施政水平，然后以此为参数而定封赏或处罚。这样就可以避免自身无能力、工作无水平的庸人出来指手画脚，随便干预和干扰政务。第三个方面，'明主用人，不由所从，不问其先，说取一焉'。在用人机制上，我们也要深化改革。我们必须认识到，实施人才强国战略，必须解放思想、更新观念。真正有用的人才，我们不要考虑他以前是谁的亲信，不要纠结他以前是什么出身。人才毕竟是人，他们有优点，也有缺点，要用其所长、避其所短。我们公开宣传的用人标准和实际的录人标准，要达成一致，不搞两套标准。以前姜太公只不过是一个在河边钓鱼的无业游民，管仲不但是差点要了齐桓公小命的逃犯，而且在社会上还落下个贪财的坏名声，但是周文王和齐桓公能够不计较他们的出身问题，躬身任贤，才有了后来成王、成霸的大业。"

末了，计倪警告勾践："您的身边闲置着这么多贤臣和智士，您却不懂得尊重他们，也没有把他们摆放在合适的位置上，没有有效地重用他们。这就好像您把这个求贤若渴的仁义招牌高高挂在门户上，实际上却在自欺欺人，这怎么不让真正的优秀人才感到耻辱和羞愤呢？大王您一定要深思这个人才战略问题。"

对于如何测评人才，计倪也向勾践提出了建议：可以把他们派往远方并有意疏远，以此来考验人才的忠诚度；把内在的机密偷偷透露，以此来了解人才是否守信；跟他们探讨分析事件，以此来测试人才的智慧见解；邀请他们一起饮酒并趁机灌醉他们，以此观察人才酒后的仪态……通过这一系列的测评和考验，就可以比较客观、公正地评价人的能力，为能者上、平者让、庸者下提供科学依据，那些不符合我们越国领导干部选拔标准的所谓人才，就难在朝堂上混日子了。

对这位年少位卑的大夫计倪的谏言，勾践那是虚心接受，认真落实。他以道家"无弃于人"的开放心态，打破了越国早先的落后用人机制，不论出身尊卑，不论年龄长幼，不论学派，不论国度，不拘一格地选拔任用人才。在此期间，越国的执政水平得到了空前的提高和进步。

人才不但要从内部甄选和提拔，也要适当从外部聘请。范蠡向勾践建议："行阵队伍军鼓之军，吉凶决在其工。"过硬的军事素质和武器装备是强国之本，怎么解决这个问题呢？范蠡首先向勾践推荐了闻名天下的铸剑大师欧冶子，由他来担任越国国家武器装备研究院总工程师，专门开发和制造削铁如泥的青铜宝剑。与此同时，范蠡还推荐了他在五年基层工作中寻访到的两位民间奇才——越女和陈音。

有了高层次的精英管理人才，接着要面对什么群体去施政？要对谁服务？要去激发和调动谁的积极性、参与性呢？

生育政策、农业生产、经济增长、民生问题，决定战争成败

第四个步骤是"育人口，扩兵源"。

国民国民，先有民，然后才能成其为国。作为一国之君，必须考虑几个问题：如何使自己的国力强盛？如何达到"持盈"之道？如何使自己的政令得到有效的推行和响应？如何让自己的国力强盛后主动防范"倾危"风险？如何有效保障国民利益不受侵害？如何维护百姓的安居乐业？说得再现实一点，如何给越王勾践雪耻报仇，并实现雄霸天下？范蠡给勾践提出的三大要素是："兵""人""谷"。防范外部侵略风险的关键在于"兵"，即具备一个国家的国防军事力量；而组建充实国防实力和军事队伍的来源则在于"人"，即百姓和民众。

作为"夫椒之战"的战败方，越王勾践可是在签署《吴越停战协议》之时，向吴王夫差公开承诺解散国内军事力量，不得拥有军队武装的。一旦越国大张旗鼓地重新招募组建军队，势必引起吴国方面的警觉。这正好可以给伍子胥一个剿灭越国的正当理由，前期的一切隐忍和伏藏计划都将大白于天下，越国必将重新步入万劫不复的境地。

怎么办呢？道家思想认为："将欲翕之，必固张之。"要想控制和封闭对手，可以有意地让对手进行一定限度的扩张和放开。在范蠡的建议下，诸暨郢代表越王勾践出使吴国，在向伯嚭提供了年度分红并得到其充分支持后，便向吴王夫差请求："越国当前盗贼众多，已经严重干扰了正常的国民生产和社会稳定，由于越国的军事力量解散，无力维护社会治安。现在特请求神勇的吴国军队火速驰援，协助剿灭盗贼。"让准备北上称霸的吴国军队去给你拿贼，这不是杀鸡浪费牛刀吗？再说了，越国大山深林多，水路交通广，易于藏匿和逃跑，这个活也不是那么轻易就可以完成的，会使兵力受到拖累，太不划算了。夫差那是相当的不情愿。

不情愿怎么办？拿人钱财，替人消灾的伯嚭趁机说："越国既然已经臣服于大王，算起来也是吴国的附属国了，大王何不批准让他们自己组织一支队伍，自

行剿灭盗贼？"

"这怎么行！"让越国重建军队的提议令夫差很不高兴，这已经触犯他内心的底线了。

善于察言观色的伯嚭眼见一计不成，又出了一计："我们不准越国组建军队，但是为了维护社会治安，可以成立一支自卫队嘛。为防止越国有不轨之心，我们要求严格控制自卫队的人数，兵士不得超过3000人。大王您看如何？"

实在想不出更好的办法，那就只能折中批准了。诸暨郢在得到吴王夫差同意越国组建自卫队的批复后，又趁机提出了要代表越国对吴军进行犒赏，并参观学习如何训练军士的要求。夫差也同意了。就这样，吴国军队的装备实力和训练科目等军事机密被堂而皇之地盗取了。

伍子胥在得知吴王夫差允许战败的越国组建自卫队后，大为震惊。他顾不上与夫差越来越僵的君臣关系，又一次进行了劝谏和批评。起初，夫差也有些后悔自己做出的决定。但是没多久，当他看到越国把组织和培训起来的军士分批送到吴国来，为自己北上称霸提供兵力支持后，绷紧的神经终于放松了。他选择了相信自己的眼睛，而对伍子胥在他耳边不断炮制的危言耸听再也不愿意相信了。

这就是道家思想中的"将欲夺之，必故与之"。借助于组建自卫队维护地区安全稳定的理由，越国在国防安全上得到了吴国的相对授权。谁也没想到，在范蠡的安排下，越国真正的军事武装力量，被有计划地分布到越国境内的深山密林中，开展了严格而系统的秘密训练。

军事理论家克劳塞维茨认为：战争的目的就是要战胜敌人、打败敌人。战争作为政治的从属工具，分别同人民、统帅和它的军队以及政府有关。越国既然有了系统的强国战略，组建国防武装实力的口子又被撕开，那么接下来的工作重点将围绕着如何有效地、快速地拓展兵源来展开。

饱受战争摧残的国家如何快速补充兵力、拓展兵源呢？那就只能大力推行人口生育政策。只要有了人，任何人间奇迹或许都可以创造得出来。

越王勾践颁布了几条看似荒诞却不无道理的法令：女子十七岁还没有出嫁，男子二十岁还没有娶妻，他们的父母都有罪；成人的壮年男子不得娶老妻，老迈的男子同样不得娶少妻，因为这不但很容易导致不孕不育，而且还浪费人口生育资源，严重干扰了国计民生。妇女在即将分娩产子时，必须向越国各级地方政府报告，由地方政府统一安排医生守护，以提供专业的医疗服务。如果生了男孩，政府会提供两壶酒和一条狗的国家奖励；如果生了女孩，政府会提供两壶酒与一头猪的国家奖励；一胎生三个孩子，政府提供保姆；一胎生两个孩子，政府供应粮食。

人这一辈子，生死事大。当时的越国政府，不但管生育、管生活，而且也有完善的养老送终机制和社会救助福利。为了增殖人口，发展生产，勾践本着"去民之所恶，补民之不足"的精神规定：凡是孤儿、寡妇、有病和贫弱的家庭，由国家提供给其子女生活费用。对那些有才干的人，国家提供给他们整洁的住房，使他们服装华美荣耀，使他食物丰盛充足，让他们切磋磨炼以崇尚正义。如果一家有长子死了，免除这个家庭的三年赋税；如果是次子死了，免除三个月的徭役；不管是长子还是次子死亡，勾践都一定会像对待自己的儿子一样亲自参加埋葬。

越国一方面积极推行优厚的人口生育，完善养老送终机制和社会福利；另一方面大力引进外来人才，通过政策优势招揽四方之民。据《国语·越语上》记载，"四方之士来者，必庙礼之"。对各诸侯国来投奔越国的士人，勾践一定在庙堂之上以礼接待，尔后做到量其居、好其衣、饱其食。最后，"四方之民，归之若流水"。越国迅速成为当时春秋诸国精英人才移民定居的新乐土。

通过范蠡制定的"十年生聚，十年教训"的为期二十年的强国复兴战略，在一系列奖励人口生育的政策刺激下，勾践回国后的前十年，越国出现了一个人口增长高峰期。并且在这十年中，越国政府从来没有向民众收取过税赋，家家户户都留有三年的存粮，越国的男男女女、老老少少都浑身洋溢着一派幸福和快乐的气象。

《越绝书》称：

> 越王勾践反国六年，皆得士民之众，而欲伐吴。

面对快速增长的人口，就必须有足够的粮食和食物供应，即农业生产必须和人口增长配套同步，这样才不会出现内乱。

第五个步骤是"兴农业，保民生"。

范蠡认为："民众则主安，谷多则兵强。"君王如果能够在人力资源、物质资源上打好坚实基础，然后就可以进一步图谋发展，描绘未来了。我们知道，农业社会，国以农为本，民以食为天。人民有了粮食就可以生存下来，而粮食歉收就会影响人民的生存和国家的稳定，所以，"知保人之身者，可以王天下"。然而，农业生产是一个靠天吃饭的领域，无论你有多么优良的种子和农具，不管你多么吃苦耐劳起早贪黑，一旦碰上旱涝灾害，就有可能颗粒无收，仰天兴叹。如何破解农业生产中的自然灾害这个根本性问题？自然灾害的发生有没有什么周期规律可以遵循和把握呢？

范蠡对勾践说："圣主施令，必审于四时，此至禁也。"圣明的君主发布农业政策，一定要对春夏秋冬四季的阴阳顺逆进行预测，这才是保证农业丰收的关键所在。如何通过预测天时来有效保障粮食增收呢？范蠡建议：第一步，君王应该亲自深入田间地头，真实察看和了解农业生产和丰歉情况，以便进行政策性调整。第二步，要详细观察日月星辰的运行规律，了解四时气候的阴阳变化，通过定位岁星的所在方位而对自然灾害进行提前预知。假如太岁星运行至正西方的酉宫就会丰收，即"岁在金，穰"；运行至正北方的子宫就会出现大饥荒，即"岁在水，毁"；运行至正东方的卯宫就会歉收，即"岁在木，糠"；运行至正南方的午宫就会发生大旱灾，即"岁在火，旱"。总结起来，岁星的运行规律是每六年一次丰收，六年一次干旱，一般十二年一次大饥荒。圣明的君主通过掌握这种十二周期循环理论，对农业生产进行提前预知，以未雨绸缪，早做准备，该蓄积储存什么，该开放流通什么，就可以进行宏观调控，避免百姓因为自然灾害而流离失所。第三步，必须知道，人祸也会促成天灾。"阴阳错谬，即为恶岁；人主失治，即为乱世。"君主的瞎折腾，错误的政令发布和胡乱调控，也会造成农业生产的不稳定，从而间接地引发乱世。

在具体的政策落实中，以范蠡为代表的越国领导管理班子提出了"春种八谷，夏长而养，秋成而聚，冬畜而藏"的农事指导方针。他们一方面大兴水利工程，修筑堤坝，开荒垦地，改造沼泽平原，扩大种植面积，积极预防应对旱涝灾害，有效确保粮食增收。为了掌握气候变化的规律，范蠡在龟山建造了一座怪游台，台高四十六丈五尺二寸，周围有五百三十二步，在这里仰观天象以随时掌握气候变化情况进行预报，这大概算是世界上最早的天文台之一了。另一方面提倡种子要进行优选，他大力推广"稻、黍、大麦、小麦、大豆、小豆、粟、麻"等八谷，并且实施精细化田间管理，要求务必做到"留意省察，谨除苗秽，秒除苗盛"。与此同时，越国在发展八谷主粮的基础上，也推广多元化、特色化的农副产品和农业配套项目，如蚕桑业、葛麻业、纺织业、果蔬业、畜牧业、淡水养鱼业、冶铸业、造船业、采伐业、盐业……这些特色经营与发达的稻作农业交相辉映、相得益彰，成为越国农业增收和经济腾飞的一大特色。

道家认为："修之于身，其德乃真；修之于家，其德乃余；修之于乡，其德乃长；修之于邦，其德乃丰；修之于天下，其德乃普。"农业生产持续丰收，就意味着农民得利，利民就是利国，富民就是富国。举国富裕，又该如何有效管理呢？

第六个步骤是"促经济、强工业"。

越国的复兴，只能走搞活经济这条道路。为什么呢？

首先，你作为吴国的附属国，每年称臣纳贡这项年费要不要缴纳？奇珍异货要不要搜集和开发研制？吴国的权臣伯嚭要不要活动经费来腐化收买？这需不需要钱财？

其次，越国的富强和领先，精英人才的搜罗和聘任要不要钱财？水利工程修复、交通路网完善要不要钱财？各项吸引人心的国家奖励和社会福利要不要钱财？军事武装的秘密招募与长期训练，武器装备的研发和配置要不要钱财？与外邦交好要不要钱财？吴、越两国不可避免的最终一战，要不要蓄积钱财？

《吴越春秋》称："夫兴师举兵，必且内蓄五谷，实其金银，满其库府，励其甲兵。"要想兴兵报仇，必须从农业的粮食增收、商业的财货增收、经济的调控稳定、军事的大力投入四个方面入手。说到底，一切都要向钱看！

当年，有"春秋第一相"之称的管仲说："国多财则远者来，地辟举则民留处，仓廪实而知礼节，衣食足而知荣辱。""欲正天下，财不盖天下，不能正天下。"他在帮助齐桓公制定了"发展经济"的战略以后，主张富国强兵，反对空谈主义。他重视手工业和商业的作用，提高手工业者和商人的社会地位，全国上下，商风大盛。以至于连齐桓公在葵丘会盟诸侯时，都不忘提醒各诸侯国的君主——"勿忘宾商旅。"

越国发展经济的龙头重戏就是粮食交易。据《越绝书》记载，范蠡根据粮食的品种和品质进行了等级划分和价格制定。"甲货粢，石七十；乙货黍，石六十；丙货赤豆，石五十；丁货稻粟，石四十；戊货麦，石三十；己货大豆，石二十"，力倡以质取胜，务求完物。范蠡主张用国家宏观调控的方式来控制和平抑物价，并依据市场供求判断价格的涨落。他说："出粜，二十病农，九十病末。末病则财不出，农病则草不辟矣。平粜各物，关市不乏，治国之道也。"粜，就是卖粮食的意思。范蠡认为，假如一斗米的价格是二十钱，米价就贱了，则农民吃亏，农业受损，后果就是没有人愿意开荒种庄稼了。而如果米价一斗涨到九十钱，米价就贵了，商业就会受损，后果就是没有人为国家和社会创造财富了。显然，这两种情况都不是政府愿意看到的。对于粮食交易的利润空间，范蠡一贯坚持"执其中和"的原则，主张追求10%的利益。要实现这个利益，就需要实行"平粜"政策，凭借贱买贵卖，最后达到农商两利，各行各业趋于平衡，使货物和财富流通，社会稳定发展。

越国不但发展农业、农副业及其配套的纺织、铸造、水产、盐业，在酿造业、瓷器加工业、武器产业等领域也是处于国际领先水平。越国烧制出的精美绝伦的原始青瓷，其器型之丰富、制作之精美代表了春秋战国时期原始青瓷的最高制作工艺水平。这些陶瓷除了向吴国贡奉外，各诸侯国贵族的需求量也很大。大量出口的越国青瓷，为越国积累了巨大的财富。

越国的武器工业也是在各诸侯国中遥遥领先的。在当时，越国的自主品牌——越剑，成为各诸侯国君王竞相争夺的奢侈品。越剑的铸造要经过一个极其复杂的过程，有锻造、焊接、热处理、表面处理、嵌铸等多项青铜制作工艺。工匠们还常常在剑的表面装饰精美的几何暗纹，有些越王剑是用复合金属镶嵌、有些则进行了硫化或铬化处理，具有良好的防腐效果。越王勾践常常将宝剑作为外交国礼，馈赠给诸侯王及贵宾。据说晋郑王为得到宝剑，不惜兴师围攻楚城三年，可见其高端珍贵。越剑铸造中采用的成熟的复合金属工艺，其他国家直到近代才开始使用，这不能不让人惊叹越国当时的经济实力与工业水平。

老子说："天之道，利而不害。"在越国相国范蠡"农末兼利"的思想指导下，繁盛的商业氛围和较高的生产水平使得越国在短期内就开始富强起来，成为春秋时代商业发展最为发达的国家之一。其"平粜"政策，至今仍备受各国经济学家推崇。

在国民经济持续增长，国家逐步实现繁荣和富强的前提下，又该进行什么工作，以顺应时代的步伐、符合发展的节拍呢？

城市建设要符合生态价值观

第七个步骤是"迁都城、补缺陷"。

越国复兴之前的都城在哪里呢？《吴越春秋》上明确记载："越王都埤中，在诸暨。"陈桥驿教授研究发现，"诸暨境内的埤中，曾经是越国部族酋长的驻地"。从无余立国到勾践继位，在这长达1500多年的时间里，越国都城长期居于会稽山腹地之中。随着时代的变迁和国家战略的确立，再加上周边诸侯国的虎视眈眈，处于封闭地带的越国旧都诸暨早已适应不了发展富强的迫切需求了。

有一天，范蠡向勾践建议："大王呀，您可知道，想当年唐尧、虞舜采取占卜的方式选择了建都之地，夏禹、商汤在国都的边上垒土为界，古公亶父作为周朝的开国君主，为了迁都选址走过很多地方，最后终于在岐山下的周原建造城郭。由于国都的建立，使得他们的威势折服了万里之外的人、他们德化的品牌效应传播到了八方极远之处。大王呀，难道我们的目标仅仅是报仇雪耻吗？我们倘若要谋定未来，着眼全局，立志成为胸怀天下富有四海的贤君圣主，让自己的民族和国家强大起来，屹立于天下。臣下认为：重新选择一个合适的地方建都城，势在必行。"

那重建都城须遵循什么原则呢？范蠡接着说："今大王欲立国建都，并敌国之境，不处平易之都，掘四达之地，将焉立霸主之业？"您看看，我们越国的人口不断增长,四方人才持续引进,商业贸易繁荣发达,如果我们还继续选择在大山腹地之中守着祖宗基业,既不便,更无益。我们必须选择一个交通方便、地势平坦、土地肥沃、气候适宜、物产丰饶、视野开阔、军事斗争上可进可退的地方,作为越国新的政治、经济、文化中心。一番话下来,勾践也想通了,于是打消了固守祖宗基业的念头,对范蠡说:"相国认为有此必要,就去落实吧。寡人全权委属相国。您办事,我放心!"

公元前490年,越相范蠡奉勾践之命,准备在会稽山与杭州湾之间的沼泽平原上择地建造越国新都。范蠡选择的是哪里呢?就是今天的浙江绍兴,而范蠡主持修建的新越都就是绍兴城。

我们知道,宁绍平原以曹娥江为界,分成东、西两部分。而今天的绍兴城则位于这片平原的西部,北滨杭州湾,南接会稽山,具有负山面海的形势;城东、西两侧,各有曹娥江和浦阳江作为天然屏障,在地形上对这片平原的中心形成了拱卫之势。而越都城,正在拱卫地域的中心。更难得的是,这片平原地带土地肥沃、物产丰富,既利农业种植又利水产养殖,既可开展商业贸易更兼自然灾害稀少,非常适宜居民生活,可谓是一个不可多得的理想之地。

《吴越春秋》记载:

> 于是范蠡乃观天文,拟法于紫宫,筑作小城,周千一百二十二步,一圆三方。西北立飞翼之楼,以象天门;为两螺绕栋,以象龙角。东南伏漏石窦,以象地户;陵门四达,以象八风。外郭筑城而缺西北,示服事吴也,不敢壅塞,内以取吴,故缺西北,而吴不知也。北向称臣,委命吴国,左右易处,不得其位,明臣属也。

在选址完成之后,范蠡就依据天体星象的分野和排序,模拟仿效传说中天帝所居的紫微宫而建造了一个小城,也就是后来的"勾践小城"。为什么这个小城要仿效紫微宫呢?在古代中国,人们认为紫微垣位于天的最高处,象征至高无上的权势威严,体现出天中之天的核心领导地位。范蠡主持修建的这个小城,周长一千一百二十二步,一个城角呈圆形,其他三个城角呈方形。在小城的西北角，建有一座飞翼之楼，楼两端的水戗高高翘起，恰如飞鸟展翅之状；同时在这个位置还做了两条小龙盘绕在屋脊两端，用来象征龙角。在城的东南角下，范蠡特意安排砌了一个排水的石洞，用来象征地户，以应"天不满西北，地不足东南"的易理法则。而城门四面通畅，象征四时八节的季风。更有意思的是，外城筑起的城墙也相当有讲究，唯独西北角空缺。用范蠡的话说，这是为了向吴国表示臣服，不敢堵塞进贡纳奉的通道，也不敢对吴国有任何藏私和隐瞒。其实，范蠡之所以这样设计，真实的用意是想凭借此西北角的虚缺而攻伐吴国。为了进一步向吴王夫差佯装示弱，这个小城的建筑布局全部进行了阴阳颠倒，将通常安排在左边的建筑移换到了右边，而将常规右边的布局又调整改换到了左边，使左右和阴阳处于不得其位的状态。

　　从黄老道家的角度来看，范蠡在这里建造和创意设计的勾践小城，是对伍子胥当年建造阖闾大城挑起的对越"风水战"进行的一项有力反击。

　　在伍子胥的内心深处，长得"长颈鸟喙"模样的勾践，就是他给阖闾预言中的那位使吴国灭亡，"王失禽肉"的鸟儿。所以在勾践入吴为奴期间，伍子胥一再对夫差发出警告："夫飞鸟在青云之上，尚欲缴微矢以射之，岂况近卧于华池，集于庭庑乎？"在文王八卦中，西北为乾卦，上应天。范蠡在都城西北方位设立飞翼楼，取象天门，就象征着越国和越王这个鸟儿展翅，一飞冲天。而屋脊两端的小龙，则是对应的伍子胥在阖闾大城中刻木蟠龙的吴国之象。城的东南位置代表巽卦，为地户，在这里设计一个排水的石洞，不过是为了体现出"东南现霸兆之地"的门户所在。从大的地理方位上讲，吴国位于越之西北，越国位于吴之东南，城墙为何独缺西北？其间隐含的意思再也明确不过了——"破吴"。而更高明的就是范蠡在都城布局中的"左右易处，不得其位"。他通过阴阳颠倒、主客易位的非常规手段，主动营造出"阴差阳错"的格局，对伍子胥发起的所谓"风水战"进行了彻头彻尾的颠覆和破解。

　　我们前面已经知道，伍子胥在建造阖闾大城时，遵循的是"相土尝水，法天象地"的原则。而范蠡也自称，"臣之筑城也，其应天矣。昆仑之象存焉"。伍子胥呀伍子胥，虽然你能取法天象、善识天机，但是我推崇以道治国、天下共富的理念，更顺应了天意，得到了天心。什么是天心呢？百姓心也！民心也！

据说，越国都城修建完工后，还出现了一桩怪事。一座原本位于琅琊海中的形似乌龟的山，某一天晚上奇迹般地自己就飞来了。觉得不可思议的越国老百姓，就将这座飞来之山命名为怪山、龟山。

当时范蠡听说了这个传闻后，便对越王勾践深深一鞠躬，告诉越王："大王，看来我们的越国就要实现称霸了！"

越国推行"节事"之道的管理成效如何呢？

《吴越春秋》是这样描述的：

> 于是越王内修其德，外布其道，君不名教，臣不名谋，民不名使，官不名事。国中荡荡无有政令。越王内实府库，垦其田畴，民富国强，众安道泰。

《越绝书》中说：

> 种躬正内，蠡治出外，内浊不烦，外无不得，臣主同心，遂霸越邦。

在"以道治国"的理念指导下，越王勾践高举"左道右术"，力行"去末取实"，完美地实现了道家"无为而治"的理想境界。在当时的越国，君主从来不把自己的工作美化宣传成"推行政教"，臣子从来不把自己的工作提升标榜成"出谋划策"，民众也从来不认为自己辛勤劳动是被人洗脑供人驱役，各级官吏也从来不认为自己的工作是为了君主而干活、为了国家而卖命。举国上下，君与臣，官与民，各司其职，各尽其责，脚踏实地，安守本分。所谓的形式主义、官僚主义、弄虚作假、胡乱执法和奢侈浪费等问题荡然无存，整个国家的所有政策法令、刑律条文仿佛都成了多余的摆设。

在"我无为，而民自化"中，越国成功打造了一个高效、廉洁、自律的有限政府，实现了大富、大治。

面对着"不呼自来，皆欲伐吴"的越国百姓，已经实现了生理需求和自我安全需求的勾践，不再满足于民富国强这个小成，日夜思虑的却是如何洗刷当年"身为穷虏，耻闻天下"的特殊经历，重新拾回自我尊严，满足尊重需求，继而雄霸天下，实现自我价值。

勾践天天都在心中呐喊——"我要报仇！"

静心读《道德经》

使我介然有知,行于大道,唯施是畏。

大道甚夷,而人好径。

朝甚除,田甚芜,仓甚虚;

服文采,带利剑,厌饮食,财货有余;

是为盗夸。非道也哉!

为,无为;事,无事;味,无味。

大小多少,报怨以德。

图难于其易,为大于其细。

天下难事,必作于易;

天下大事,必作于细。

是以圣人终不为大,故能成其大。

第 18 章

隐态战争的九种武器

列子告诉我们:"天下有常胜之道,有不常胜之道。常胜之道曰柔,常不胜之道曰强。"老子也说:"柔弱者生之徒。"什么是柔呢?那就是要做到像水一样,卑弱柔顺,变化莫测,蒸则为云雨,凝则为霜雪,绕圆则旋转,遇方则回转,堵塞则止行,决口则涌流,随物成势,行于无形。用兵若此,就可以静而藏之于九地之下,虽罪恶难以潜其底;动而发于九天之上,虽珠峰难以望其背。以无穷如天地、不竭如江河的奇谋妙计隐态作战,全线牵动,避其实而击其虚,守其不足而损其有余。最后,使敌方寸大乱,不知其所守,亦不知其所攻,实现袭人与不意,溃敌于无形。

这一套属于兵家不可示人的隐态战争法则,居然把一代兵圣孙武也激动得手舞足蹈,并发出了"微乎微乎,至于无形;神乎神乎,至于无声"的千古感慨。

如何有效地对吴复仇

生活的磨砺与摧残,对手的宽容与示好,真的可以让一个人放下仇恨,化干戈为玉帛吗?

或许可能吧!但勾践绝对不是这样的人。

焦思苦身、克己自责的勾践,在返回越国的这些年来,从来就没有放下过对吴王乃至吴国寻仇的信念。尤其是伴随着越国的经济复苏和国力的逐步强盛，勾践内心深处潜藏着的野心，也渐渐地膨胀壮实起来了。而那个征讨吴国，一雪前耻的念头，就更加清晰浓烈了。

曹操在《孙子注》中说："吾所以守者，力不足也；所以攻者，力有余也。"一旦自我的"内势"充沛旺盛，人的欲望和侵略本性就会因为厚积而薄发，不可避免地暴露而显达于外，随之展开一系列的"搞对象"工程。

勾践是什么时候从吴国"刑满释放"，归返越国的呢？

《吴越春秋·勾践归国外传》有载："越王勾践臣吴至归越，勾践七年也。"勾践七年，也就是公元前490年。

经过两年时间的艰苦创业与君臣之间的同心协力、合理分工，再加上"缓刑薄罚，省其赋敛"等一系列与民休息、普施仁爱的政策，勾践惊喜地看到"人民殷富，皆有戴甲之勇"。伴随着春天的悄然而至，勾践这颗沉隐不发的复仇之心，其活跃指数也开始呈现出上升高涨之势。

勾践九年（公元前488年）的正月，勾践主持召开了一次越国高层会议，参会的主要领导有相国范蠡、大夫扶同、大夫苦成、大夫浩、大夫皋如五人，会议的核心议题就是"如何有效地对吴复仇"。

首先，越王勾践开门见山地阐述了对吴复仇的重要意义。勾践说："自从我们在夫椒之战失利后，被迫违心地在会稽山下签署了丧权辱国的停战合约。为了我们越国的前途命运，寡人不惜遁弃宗庙，身为穷虏，以一国之君的身份去给吴王夫差做阶下之囚，受尽各种非人的侮辱。寡人所受的这份苦罪，经过夫差那家伙别有用心的夸大宣传，那可真是耻闻天下、辱流诸侯、人尽皆知了。寡人虽然归国，但是日夜深受这份仇恨的折磨，灭吴雪耻这个强烈愿望，用一个不太恰当的比喻，就好像那些盲人念念不忘眼睛复明、瘸子总是坚信自己能够撒腿奔跑一样，可谓才下眉梢，又上心头……言归正传，今天我主持召开这个会议，就是想请教各位贤大夫：如何有计划、有步骤地开展对吴复仇战略，重建国民信心？寡人见识浅薄，未知策谋，还请各位贤大夫积极发言，为寡人出谋划策。"

参会的五位代表对于越王勾践提出的议题，顿时展开了热烈的讨论。

扶同首先从"情报"与"外交"两个方面，阐述了自己的观点。

扶同说："从前越国灭亡，民众漂泊，天下无人不知、无人不晓。大王您所吃的苦受的罪，我们感同身受；您那急迫的复仇之心，我们也能够真实地理解。但是我要表述的第一点意见就是，我们现在召开的这个对吴复仇高层会议，一定要做好保密工作，'不宜前露其辞'。假如情报走漏，一旦传入吴国谍报人员和夫差的耳中，就会导致复仇计划流产，给国家带来灾难。如何做好情报防范与保密工作呢？我有如下建议：我听说，猛禽准备捕食猎物，一定会敛翅低飞；猛兽将要搏杀目标，一定会敛毛伏地。所以，圣人要想采取行动，首先应言语和顺、关系融洽，不能让旁人了解到我们的内情、揣测出我们的行动。只有做好保密工作，才能避免因为计划被打乱而遭遇进退两难的尴尬。所以，大王您以后一定要减少关于对吴复仇的不适言论，要学会隐匿。我要表述的第二点意见就是，我们当前要强化外交工作，整合国际资源。你们看，眼下的形势是吴国的主要兵力在与齐国、晋国争强，而它早先还与楚国也结下了怨仇。敌人的敌人，就是我们应该拉拢和争取的朋友，所以，大王应该考虑如何加强与齐国、晋国的外交亲密度，同时还要与楚国暗中结成反吴同盟，当然还要一如既往地'侍奉'吴国，为吴国与晋、齐、楚三国争霸提供资金支持。吴王那人的性格骄横自大，他一定会仗着自己的能耐，在我们千不穿万不穿的马屁鼓动下欺负邻国，把国力和兵力消耗在外部战场上。等到吴国国虚兵疲的时刻，那就是我们出师北伐、为君王复仇的良机了。大王您看我的计谋是否有道理？我觉得即使是五帝用兵，也超不过我的谋略吧。"

看来，急切发言的大夫扶同，内心那是相当自信并自恋的。不过，我们必须承认他说得确实有道理。

第二个发言的是范蠡。

他从古代战争案例、阴阳盛衰哲理与当前真实的国际形势进行了系列深度剖析，对扶同提出的外交政策提出了新的看法。

范蠡说："臣听闻，要想图谋他国，攻伐仇敌，行动能否取得成功的关键就是要仔细观测外界天、地、人之间的发展趋势是否与我们的计划相符合、同步。所以在孟津会盟的时候，虽然诸侯都急吼吼地说可以了，但是周武王仍然拒绝了他们联合出兵灭商的请求，而是重新等待天赐良机。大王，您要知道，如今的国际形势是：吴国与楚国之间结下的仇怨不可调和；齐国虽然不亲近吴国，但是表面上这层关系还没有撕破，还在给吴国提供援助；晋国虽然与吴国早先签订的战略联盟关系已名存实亡，但是仍然在履行着自己的道义，国际形势还没有我们想象中的那般乐观。再看吴国国内，虽然吴王性格骄横自大，但是他手下的谋臣还在继续为国出力，人心并未散去；而与吴国交往的邻国、盟国，也并没有公开明确地反对并中止外交友好事务。综上分析可以知道，现在正是吴国锋芒毕露、备受推崇的鼎盛时期，我们万万不可盲目地妄言复仇，草率地妄动征伐。"

一盆冷水浇淋之后，范蠡话锋一转，接着又说："但是，是不是面对强大鼎盛的吴国，越国的复仇就遥遥无期了呢？不是的。臣学道悟道多年，听说并总结出这样一个浅显的道理：高峭的东西容易倒塌，茂密的枝条容易折断；日至正中就要偏移，月到圆满就要亏损；四季不能同时兴盛，五行不能一起运行；阴阳是交替处于主导地位的，气运是一盛一衰轮流循环的。所以，因为过度拥有而溢出堤岸的水，是不能长久保持它的旺盛的；热力竭尽的火，是难以再度恢复它的炽烈之势而再创辉煌的。我们只要等到水波平静了，那毁堤毁物的汹涌之势就会自动消失；火苗一旦熄灭，那烧灭毛发的能耐就会荡然无存。现在的吴国之所以看起来强大，那是因为它凭借诸侯国的威力来向天下发号施令，然而吴王却丝毫不清楚自己'德薄而恩浅，道狭而怨广，权悬而智衰，力竭而威折，兵挫而军退，士散而众解'，仍然在过度地透支着自己的国力。在内外离散的前提下，吴王必败，吴国必亡，这是规律之发展、趋势之使然。"

"我们现在该怎么做呢？臣以为，我们现在唯一该做的，就是按师整兵，静待时机，等待着吴国由鼎盛的巅峰期步入和跌落衰败期的那一刻，然后趁机攻袭。到时候，兵不血刃，士不旋踵，轻而易举就可以让吴王成为我们的俘虏，岂不是大仇得报了？所以，还请大王勿急勿躁，不要声张，不要妄动，而要把自己清静不争的良好形象展现给诸侯各国。"

范蠡的这番精彩论述，果然是深得道家"与时偕行，不争善胜"的思想精髓。所谓"动观其符"，就是要遵循"道法自然"的原则，通过立体综合观察天时、地利、人和等诸方面透露出来的信号和征兆。如《越绝书》所言,"印天之兆""与天俱起",让自己的行动符应外物,符合自然规律的演变法则。

范蠡阐述完毕后,大夫苦成也从吴国的管理班子现状展开分析,对越王勾践提出了"继续隐匿,等待时间"的忠告。

苦成认为:"当前的吴国,由于继承和沿袭了阖闾、孙武制定的军事制度,再加上有伍子胥在旁边施行教化、协助政理,从国内来讲可谓政治稳定,从军事外交上来讲并没有出现大败局,即衰败征兆在吴国尚未出现。会不会出现呢?肯定会的。为什么这么说?这是因为吴国的太宰伯嚭虽然通晓谋略,但是他狂妄谄媚,精于谋私利,疏于谋国政。而相国伍子胥其人,又热衷于军事战争,却对为官为政之道一窍不通,出了问题只知道豁出命去强行劝谏。这两个人搭班子凑在一起,吴国必败无疑。"

当然,也有持不同意见主张可以攻伐吴国的,那就是大夫浩。然而由于扶同、范蠡、苦成和皋如的一致反对,这次秘密召开的对吴复仇会议最终不了了之。越王勾践只能以深呼吸来强压着心中的仇恨怨火,无可奈何地宣布:"既然现在还没有四时之利、五胜之变,那就先请各位还是回到各自的工作岗位上去吧。散会……"

文种"九术"与"隐态战争"

转眼之间,一年又悄然而逝了。不知怎的,只要一到春天,勾践那复仇之心就如"春风吹又生"的野草般开始疯狂地滋生蔓延了。

公元前487年二月的一天,勾践单独约见了大夫文种,向他咨询应该以什么样的"不羁之计"来消除自己的宿仇旧恨。何谓"不羁之计"呢?就是打破思维限制、不受条件约束的变化莫测之计谋。

面对"老板"的突然提问,文种是如何应对的呢?

只见文种不慌不忙地说:"臣闻高飞之鸟,死于美食;深泉之鱼,死于芳饵。今欲伐吴,必前求其所好、参其所愿,然后能得其实。"我听说呀,高高飞翔的鸟儿，死在美滋滋的食物上；深深河流中的鱼儿，死在香喷喷的诱饵上。要想报仇雪恨，就要攻打吴国；要想攻打吴国，一定得先找到吴王喜好和贪迷的东西，投其所好地奉献给他，然后才能取得胜利的果实。

文种的这一番话，可谓高明至极。战争是什么？战争的目的是什么？这是作为战争主动发起者与被动参与者必须面对和思考的一个深刻问题。

克劳塞维茨在《战争论》中给战争进行了这样的界定："战争无非是国家政治通过另一种手段的继续"，"战争是迫使敌人服从我们意志的一种暴力行为"。无论战争的形态有多么不同，其目的都是一样的——战争是一种从肉体上消灭对手，并进而通过这种毁灭从精神上摧毁敌人意志的行为。

战争的最高形态是什么？是战于无形、发于无端的"伐谋"，通过暗盗、暗夺等种种隐态手段，不但让对手难以察觉，还会使其主动迎合，在无形的大手操纵下自动步入瓦解崩溃程序。这套战争理论，在道家的《道德经》中，被老子称为"鱼不可脱于渊，国之利器不可以示人"的微明之道；在《黄帝阴符经》中，被归纳总结为"五贼""三盗"模式；《黄帝阴符经》的作者，甚至还发出了"其盗机也，天下莫不能见，莫不能知"的得意笑声。有关于此的理论和策略，笔者在对《黄帝阴符经》的注解中，专门提炼并首次提出了"隐态战争"的主张，并认为这是未来战争的主流趋势。

文种和范蠡，都以智高谋深著称于世。传说文种也曾有谋略著述《大夫种》传世，可惜早已失传。虽然文种并非具有正统传承的道家人士，但我们不能忽视的是，古之智者必通达道术。再加上文种从小就出生和生活在以道学思想为主流的楚国，自幼接受楚文化与道文化的熏陶，更兼身边还有范蠡这位深得道家思想精髓的知己兄弟，两人曾一度"终日而语，疾陈霸王之道"，故而其思想主张中肯定也被深深打上了道家的思想烙印。如果将老子那一番"鱼不可脱于渊"的忠告，对应孔子拜见老子归返后发出的"鱼，吾知其能游……游者可以为纶"的感慨，再结合文种为勾践阐述的"深泉之鱼，死于芳饵"这套说辞，我们对于先秦时代的智者研究或许会有惊喜的发现。

听罢文种的这番话，勾践再一次惊呆了。他实在很难想象，难道仅仅依靠投其所好地满足对手的嗜欲，就能够把他玩弄于股掌之上，并且达到置他于死地的战争目的吗？这套理论，听起来似乎有些道理，但是我们该如何去细分和分步落实呢？

在范蠡的教育培训下，勾践果然对于"节事"之道能够熟练掌握了。

文种说："要想实现破吴雪耻，有'九术'可用，君王您以前听说过吗？您想知道吗？"

勾践装出一副可怜兮兮的模样，对文种低声下语："寡人背负着耻辱无能的恶名多年，心中始终怀揣着有关越国前途命运的忧虑，对内深感辜负了朝臣的众望，对外也因为耻辱未雪愧见诸侯。整个状态迷迷糊糊，思想浅薄，未曾了解过'九术'。还请大夫不吝赐教。"

既然勾践不知"九术"，文种就首先进行了品牌包装说明。他告诉自己的君王："这'九术'呀，太高端大气上档次了。想当年，商汤王、周文王凭借它而成就了自己的王道，齐桓公、秦穆公得到它而实现了自己的霸业。运用'九术'，攻城取邑这种事情简直比脱下自己的鞋子还要简单和容易。"

到底是哪"九术"呢？《吴越春秋》中记载：

一曰尊天事鬼，以求其福；

二曰重财币以遗其君，多货赂以喜其臣；

三曰贵籴粟槁以虚其国，利所欲以疲其民；

四曰遗美女以惑其心而乱其谋；

五曰遗之巧工良材，使之起宫室以尽其财；

六曰遗之谀臣，使之易伐；

七曰强其谏臣，使之自杀；

八曰君王国富而备利器；

九曰利甲兵以承其弊。

文种最后得意地总结道："凡此九术，君王闭口无传，守之以神，取天下不难，而况于吴乎？"大王呀，对这九套破吴的策术，我们一定要做好保密工作，不能把我们这里提出的主张和谋略泄露出去。这些方法的运用妙处，假如大王能够用心领悟，心领神会之后，即使是夺取天下也并不难，更何况一个区区的吴国呢？

确实，文种以"不羁"的开放性思维为勾践奉献上的伐吴"九术"，见解深刻，认识独到。其高明之处正如温水煮青蛙，能让对手在舒舒服服、迷迷糊糊的状态中自掘坟墓，其诡异莫测之变，让人防不胜防。倘若我们在细细品读领悟之余，再来回顾对应一下近几十年来的国际国内形势，甚至可以发现，"九术"的影子不时掠过眼前，"隐态战争"的可怕之处，不禁让人冷汗频生。

当然，从某种意义上讲，文种面对勾践的突然提问，能够神定气闲地对之以"九术"，显然是经过系统的、成熟的思考和提炼的。我们甚至还可以这样认为：文种提出的"九术"其实也是越国高层智囊团的集体智慧结晶。因为文种提出的"重财币、多货贿"与范蠡提出的"卑辞厚礼以遗之"的主张是一致的，而九术中的"贵籴粟槁""国富""备利器，利甲兵"与范蠡提出的"兵之要在人，人之要在谷"言论，以及计倪提出的"收聚而不散"主张，也是如出一辙。只不过，推崇"大己而小天下"的道家人物范蠡属于内敛型、渐进型，所以对勾践的建议是以内修自强为主导思想的，对勾践提出了"执其中则昌，行奢侈则亡"的警告。而反观文种，他的"九术"则是典型的外放型、攻击型谋略。这家伙太厉害了！他直接把"行奢侈则亡"的理论转化为实际策略，并强行输送推广到了吴国，创造了一种看起来上流、高端、体面的生活方式。

勾践听罢伐吴"九术"后，激动地站起身来为文种鼓掌欢呼，口中连连称"善。"太好了！太妙了！有了这九术，何愁吴国不灭？赶紧找相国范蠡商议一下，没有什么问题的话，就开始实施吧。

重建国民道德信仰价值体系

根据"九术"的安排，第一术就是要"尊天事鬼以求其福"，要构建越国国民的价值信仰体系。什么是信仰呢？个人认为，那就是信服和仰望。信服什么呢？仰望什么呢？信服的是古圣先贤的主张、主义，信服的是祖宗前辈的丰功、伟绩，包括他们在人生观、价值观诸多方面给予我们的正确引导。仰望的是我们人类暂时难以理解和掌握的隐态世界、虚空自然，如对死亡的恐惧，对鬼神的敬畏，对风、雨、雷、电、山、川、河、泽一切自然环境及异类生灵的不可认知及深深好奇。

为什么要将信仰作为"汤文得之以王，桓穆得之以霸"的第一准则呢？这是因为天下最难战胜的，并不是看得见的所谓敌人或对手，而是那让我们捉摸不透的世态与人心。国家如果没有了民心的信仰，就失去了凝聚力、战斗力和创造力，更会迷失战略发展方向。如今，身处蛮夷之乡的越国，正走在逐步富强的道路上，越王会不会因为眼前的成绩而小富即安，放弃称霸天下的信念而过上奢靡生活？越国的贵族与大臣会不会因为利益的分配而丧失团队凝聚力，继而内部腐败和动乱呢？先富起来的百姓民众会不会因为经济增长和生活富裕，而变得贪婪逐利无休无止？这些问题，都是一个成熟的政治家必须考虑和预知的。

有时候，贫穷并不可怕。因为穷则思变，如果对贫穷加以正面的引导和激发，最起码还能保持着自强不息的奋斗精神。而缺失了信仰，则会让人们变得贪婪、浮躁、无耻、无德，人人谋私，损他利己；"焚林而田，竭泽而渔，剖腹杀胎，覆巢取卵"，成为扭曲道德准则、无视律法纲纪、残害动物生灵、破坏自然生态的可怕群体。最终的结果只能是，阴阳错谬，四时失序，雷霆震怒，天旱地坼。私欲滔天的一群人必将自作自受，甚至祸延其国，以承担大自然无情而严厉的惩罚。

如何把这些可能发生的自然生态与道德危机隐患消弭在萌芽状态呢？那就必须从国民价值信仰体系做起，形成一种文化信仰和民风民俗的无形力量，培养出民众对天地自然的敬畏心、对祖宗基业的崇拜心、对国家前途的信仰心。民众有信仰，国家才有希望，而信仰的培育又是本着上行下效的规律演变的。孔子说："政者，正也，子率以正，孰敢不正？"

国民价值信仰体系，构建和传递的应是一种社会正能量。

如何将"尊天地"这个概念转化为可操作性的实际行动呢？天地代表什么？阴阳、父母、乾坤、男女、生死、恩威……

勾践是怎么做的呢？

《吴越春秋》称：

> 乃行第一术,立东郊以祭阳,名曰东皇公;立西郊以祭阴,名曰西王母。祭陵山于会稽,祀水泽于江州。

于是越王勾践就在都城的东郊和西郊分别修建了祭祀东皇公、西王母的祠庙。东皇公,就是远古神祇东皇太一,也称太乙、天乙,为先秦时代楚国神话中的最高位大神,也是中国人最开始信仰的太阳神、北极星神、天帝、天主。

《汉书·郊祀志》云:"天神,贵者太一。太一佐曰五帝。古者天子以春秋祭太一东南郊。"《天文大象赋》则说太一神能"主使十六龙,知风雨、水旱、兵革、饥馑、疾疫"。

只不过后世封建王朝的帝王不准民间祭祀天帝太一神,东皇太一神的祭祀在民间则逐步没落下去了。

西王母是谁呢?就是道教神话传说中的王母娘娘。为什么会祭祀王母呢?难道勾践因为西王母手中掌管了不死灵药,他也想长生不老?事实并非如此。如果说,我们把位于东方的东皇公理解为太阳神、万物生发之神,那么,位于西方的西王母则代表了月亮神、刑罚征战之神。何出此言呢?

我们看《山海经》是怎么记载的:"西王母其状如人,豹尾虎齿,而善啸,蓬发戴胜,是司天之厉及五残。"大意是说西王母形象威猛,异于常人,掌管灾厉、瘟疫和刑罚。身为女性的西王母为什么还主管战争征伐呢?这是源于道家及阴阳家思想中,东方之木,主仁主生;西方之金,主义主死。传说上古时代,黄帝讨伐蚩尤之暴,蚩尤多方变幻,呼风唤雨,吹烟喷雾,黄帝连连败北,一筹莫展。后来,黄帝"夜祷于天",而西王母即遣九天玄女授黄帝三宫五意、阴阳之略,太乙遁甲、六壬步斗之术,阴符之机、灵宝五符五胜之文。得到西王母伸手援助的黄帝终于扭转战局,杀蚩尤,克炎帝,成为天下之共主。到了虞舜即位后,西王母又遣使者授以白玉环、白玉琯及地图,舜遂将黄帝的九州扩大为十二州。

看来,勾践要想复仇雪耻雄霸天下,东皇公、西王母这两位至尊之神还非拜不可。

如何将"事鬼神"这个概念转化为可操作性的行动呢?鬼代表什么?亡故

的先人，祖宗的魂魄，生命的源头，最后的归宿。祭祀祖宗，就是随时提醒我们，"祀先人如在其上"，时刻不能忘本，不能丢掉祖宗的基业，不能背叛宗族的信念，要以光宗耀祖的行动来报答祖宗的恩德，守护共同的家园。所以，勾践在会稽山上公开祭祀大禹的祖陵，用祖宗的丰功伟绩来激励自己，"我作为大禹的子孙苗裔，一定会成为像他那样的人"，并以此引导国民，凝聚信念。

除此之外，勾践还通过祭祀山神、水神，面向越国民众传递出一个明确的信号——山水自然，一草一木，都有神灵和神意存在。我们必须懂得尊重自然、敬畏自然，才能获得神佑。

果然，越王勾践通过"事鬼神一年"，越国各级政府部门和民众之间因为一味求利求富，而隐隐暴露出现的各种狂热开发、过度开采等不正之风得到了及时纠正，阴阳顺理了，生态保护了，环境优化了，越国再也没有遭受什么自然灾害。

勾践大喜，对文种说："善哉！大夫之术。"您的办法真的是太好了，太有效了！

艺术青年夫差与越国"神木"计划

当越国国内的发展步伐与安定和谐有效地平衡后，接下来又该做什么事呢？

接下来就该玩人了。玩谁呢？玩夫差。如何玩他？那就是充分运用"忽悠"的方法，外加"接着忽悠"！《吴越春秋》云："种曰：吴王好起宫室，用工不辍。王选名山神材，奉而献之。"

大夫文种向勾践建议：吴王夫差这个人呀，我通过多渠道的情报研究，获悉他颇有艺术鉴赏眼光，尤其对于建筑艺术非常热爱，很是热衷于华丽气派的王宫殿堂建设。据说，爱艺术就是他生命的意义，装腔调就是他人生的内涵。由于他的这项爱好，导致了吴国各地形象工程不断，遥遥无期的大规模劳役也让许多工匠有家难归，怨声载道，社会不稳定因素增加。大王何不抓住吴王的这项艺术追求，派人入名山取神木，奉献给吴王。此举的重要意义在于，一者可以讨好吴王，使他放松警惕；二者可以消耗实力，劳乏其国；三者可以制造民怨，扩大矛盾。

勾践听了，当即乐呵呵地批准了此项代号为"神木"的计划。

为了保障"神木"计划的成功实施，越国方面经过了充分的准备与品牌造势。首先，勾践一声"木工师傅到深山去"的命令，越国举国上下3000多位木工浩浩荡荡地开赴境内各地山林，开始寻找传说中的"神木"。当然，这个大规模的人员流动现象，自然也会引起吴国安排在越国的情报人员的充分关注。果然在极短的时间内，"越国三千木工寻神木"的情报就被送到了吴王夫差的案前。勾践这小子到底要干什么？夫差也有些看不明白了。其次，"寻神木"经过了越国智囊团的高明策划与品牌炒作，神木的品牌价值得到了淋漓尽致的完美体现。什么样的木材，才算理想中的"神木"呢？长得高？长得粗？这些硬件要素都体现不出来"神木"之神。身为附庸国的越国说自己国内的这棵木材很大，难道欺负吴国泱泱大国没有一棵大木材吗？吴王岂能容你打脸？什么是"神木"呢？除了硬件材质的高、大、粗、坚、正之外，还必须具备"神奇、神秘、神圣"的品牌文化内涵。

于是，我们看到这样的故事描述：越王勾践派出的三千木工大军，入山伐木遍访神材，居然一无所获。这项工作难不难？那是相当的难！由于一年都远涉深山，风餐露宿，危险频生。离乡背井的工匠们都开始想念自己家中的亲人，众人思归难得归，于是都有了怨恨之心。这项工作苦不苦？那是非常的苦！在这样的环境中，一首唱出了三千木工千辛万苦寻神木的心曲《木客吟》，悄然流传出去。

正当吴、越两国的相关人士都耳闻了《木客吟》之艰难心声，所有的关注者都认为所谓的"神木"根本不存在这个世上，或者最起码越国的山中并无"神木"，大家都开始预测这一场轰轰烈烈的寻"神木"计划纯属闹剧，必将无功而返时，让人意想不到的惊喜神话终于隆重登场——木工们找到"神木"了。据说，找到的两棵"神木"是《木客吟》传出去之后，或许木工之苦感动了上苍，在一天夜里，深山中忽生"神木"一双，大二十围，长五十寻，树身挺直而硬朗，树荫覆盖数座山头。

一时间，越国上下都在传说天降"神木"事件，并一致公认那是因为越王精诚通天，故而天降神木以慰其愿。"神木"之神，终于得以贯注和体现。

意外寻得"神木"的勾践，香汤沐浴，亲自入山设祭而后伐之。他聘请了技艺高超的一流工匠用圆规墨线进行弹画校正，尔后雕刻得滚圆，又进一步刻削打磨，然后用朱砂丹青等颜料在上面绘各种线条，镌刻美丽花纹；同时，勾践还让人将白玉镶嵌其上，以黄金沿纹路装饰其表，形成了金灿灿如龙盘蛇绕一样的视觉效果。

这两件绝对堪称大师级的艺术珍品完成后，文种亲自押运"神木"沿水路抵达吴国，献给了吴王夫差，称："东海勾践赖大王神威，无意中竟得此神木巨材，不敢私用，特来献于大王。"当时，为了实施"神木计划"，勾践可真是舍得血本的。

伴随着"神木"而被送往吴国的这一批粗大木材，把山下所有的河道、沟渠塞满，"木塞于渎"，"木渎"因而得名。

夫差早就耳闻了越国传得沸沸扬扬的"神木"事件，内心早已痒痒。此刻目睹这两件经过大师加工后的镶金嵌玉的作品，艺术爱好者夫差两眼瞬间就被亮瞎了。"果然是艺术珍品呀！不负神木之名！"

这时伍子胥又不识时务地走了出来，劝谏夫差："大王，不可受也。难道您忘了吗？从前夏桀建造灵台，商纣建造鹿台，穷极民力，虚空国库，以至于阴阳不调、四时不顺、五谷不熟、灾害频发，最终走向亡国之路。大王，勾践献上的这双所谓神木，分明是在害您误政亡国呀！"

得获至宝，内心早已欣喜若狂的夫差，怎么会去理会和领悟伍子胥的谆谆教诲呢？他看着眼前的神木，内心却早已打定主意：一定要用这双神木亲自创意、监督建造出一座心目中最理想最完美的楼台，成就自己在建筑艺术领域的巅峰之作，以震撼诸侯。

夫差的这件巅峰之作，就是历史上著名的姑苏台。

姑苏台高三百丈，宽八十四丈，有九曲路拾级而上，登上巍巍高台可饱览方圆二百里范围内的湖光山色和田园风光，可谓雄伟壮观，直插云霄，百柱落地，巍峨高大。高台四周还栽上四季之花，八节之果，横亘五里，还建了灵馆、挖天池、开河、造龙舟、围猎物等配套建筑设施，供吴王享受生活。这项"三年聚材，五年乃成"的重大国家形象工程，不但是吴国历史上前所未有的大手笔建筑，也是冠绝江南、闻名天下的标志性建筑。

然而不可否认的是，有价值的艺术作品都是含辛茹苦的血泪之作。因为"神木"计划而催生的姑苏台工程，让吴国民众的幸福指数跌入最低谷，官民关系急剧恶化，社会问题暴露凸显。

《吴越春秋》称："行路之人，道死巷哭，不绝嗟嘻之声。民疲士苦，人不聊生。"

政治者，其实就是"正直"二字；治政者，核心在于"自正"一途。

《文子》中说："主者，国之心也。心治则百节皆安，心扰则百节皆乱。"道家强调身国同构，能胜人者，必先自胜。胜在何处？目悦五色，五色足以令人目盲；耳淫五声，五声足以令人耳聋；口贪五味，五味足以令人口伤。更兼驰骋畋猎令人心发狂，难得之货令人行妨。故而圣王之治，绝圣弃智，清静自正，塞兑闭门，守心若愚。

难得之货，虽然值得拥有，但是得到它，却失去了天下和自己的性命，这又有什么意义？

真正的管理，其实就是管制自己的多欲之心。

真正的战胜，其实就是降伏自己的非分之念。

静心读 《道德经》

将欲歙之,必固张之;
将欲弱之,必固强之;
将欲废之,必固兴之;
将欲夺之,必固与之。
是谓微明。
柔弱胜刚强。
鱼不可脱于渊,国之利器不可以示人。
是以圣人,去甚、去奢、去泰。

第 19 章

西施的美丽不可超越

女人,你的名字真的叫"弱者"吗?

女子之弱,在于其形体娇弱,没有大男子的铮铮铁骨、力能拔山,这是先天生理功能所造就的。

女子之弱,也在于其内心软弱,没有大男子的说走就走、勇武坚定,这是其社会心理所决定的。

若水般柔顺的女子,虽是弱者,但绝非弱势。早在 2500 年前,智慧的老子就看透了这一切,说出了"天下之至柔,驰骋天下之至刚"这样的千古哲理。在道家人士的眼里,上天为女人创造出的独特价值,就在于以柔而化刚,以弱而胜强。"知其雄,守其雌",重视阴柔的、隐态的力量,才能走得更长远。

事实上,那些宣称着让女人走开的战争,无论它怎么走,都绕不开女人这道湾。无可奈何被卷进战争旋涡中的女子,看似柔情似水,能载舟,更能覆舟。

美女海选背后的娱乐战争

在越国大力推进"神木"计划,以"文化产业"和"建筑艺术"的名义帮助吴国网罗天下能工巧匠、创意大师以及良材异宝,极力鼓动并全力配合吴王夫差角逐春秋时期"建筑艺术大师成就奖"的同时,另外一项被冠以"娱乐产业"

名义的隐态战争手段，也在紧锣密鼓地悄悄进行着。

《吴越春秋》里这样记载：

> 越王谓大夫种曰："孤闻吴王淫而好色，惑乱沉湎，不领政事，因此而谋，可乎？"种曰："可破。夫吴王淫而好色，宰嚭佞以曳心，往献美女，其必受之。惟王选择美女二人而进之。"越王曰："善。"

道家认为："鱼不可脱于渊，国之利器不可以示人。"强调政治领导人物和精神领袖人物，一定要懂得"愚之""伏藏"的道理，要学会隐藏和节制自己的欲望，以免为他人所识破、为他人所利用、为他人所掌控。

然而可悲的是，在春秋末年，吴王夫差纵欲而放荡，喜爱女色且沉湎于酒的种种私生活爱好，早已传遍了天下，成为公开的秘密。如何抓住这一点去谋取吴国，自然就成为一心想着灭吴雪耻的越国智囊团所研究的重要课题。

或许，对于吴国的太宰伯嚭而言，那是"上有所好，下必甚焉"。既然大王有此爱好，伯嚭自然也不肯落伍和落后，只有与君王同欢同乐同腐败，自然可以加深君臣感情，获取更大政治利益。但是，夫差的这些私人爱好对于越国而言，那就成了"敌有所好，我必图之"。

在伐吴"九术"具体实施过程中，为什么要先安排执行"遗之以巧工良材，使之起宫室以尽其财"这项计划先行，然后实施"遗美女以惑其心，而乱其谋"跟进呢？这里，其实体现出了"道生一，一生二，二生三，三生万物"的黄老道学"节事之道"的思想，也是在政令推行中最符合事物发展演化规律的完美工作流程设计。

老子认为："天下难事，必作于易；天下大事，必作于细。"要成就使天下共富共利的王霸之业，必须先从最细微的小事上入手，脚踏实地，循序渐进；要推翻颠覆看似强大的吴国政权，将不可能转化为可能，那就必须从最容易下手的地方入手，进行撕裂、击破。

什么是隐态战争中最容易下手的薄弱环节呢？那就是"心"——君王不加掩饰和节制的欲望和贪求。在隐态战争中，如果你能首先发现对手的欲望，然后有计划地实施激活欲望、扩大欲望，就可以利用其欲望、掌控其欲望，最终达到使之自败的战略目的。

吴王夫差既然乐呵呵地接受了经过精心品牌包装的"神木"，并且迫不及待地开始起造宫室，欲图打造与"神木"相匹配的国家形象工程。那么，建造宫室所需要花费的人力、财力、物力、精力的投入，就将一步一步把吴王夫差拖进欲望的深渊。这么宏大气派的建筑，需不需要各种奇珍异货来进行内部装饰填充？否则，会不会显得吴国太寒碜？这么顶级壮观的宫殿，不在此地多举办些能够代表吴国国家形象的各项高端奢华活动，会不会显得太浪费，丧失了应该有的价值？

这么高端的地方，这么隆重的场面，这么有英雄霸气且具艺术天赋的君王，怎可缺少伟大的娱乐精神与成规模的娱乐产业呢？

吴国需要什么？夫差需要什么？毋庸置疑，那就是娱乐！是享受！是歌舞！是女色！

就在越国三千木工浩浩荡荡进山寻"神木"的同时，另一项"伐吴"计划也紧锣密鼓地开始了。什么计划呢？在越王勾践的安排下，一批精通相人之术的专家级评委，也纷纷开赴越国各地进行"美女海选"。

《吴越春秋》载：

> 乃使相工索国中，得苎萝山鬻薪之女，曰西施、郑旦。

于是，中国历史上最早的一场"选秀"活动，也由此而拉开了帷幕。在这场声势浩大的"选秀"活动中诞生的冠、亚军桂冠，则分别由来自苎萝山下的平民女子西施、郑旦所摘取。

西施是谁？她为什么会成为这次"越国美女"海选中的冠军？历史上是真有西施其人，还是小说家杜撰的一个虚拟人物？

西施凭什么成为"美女"品牌代言人

西施，又称西子，本名叫施夷光，与王昭君、貂蝉、杨玉环并称"中国古代四大美人"。西施出生于越国旧都诸暨的苎萝村,她的父亲卖柴,母亲浣纱。苎萝有东西两个村子,施夷光住在西村,所以被叫作西施,意思是住在西村的施家女儿。

有些学者认为,在记载春秋战国历史比较严肃的史书中,如《史记》《左传》《国语》等均没有提到西施之名,可见历史上根本没有西施这个美女,所谓西施的故事不过是后人演绎出来的。然而在先秦至汉的其他诸子文献资料中,我们却多次看到"西施"的身影。如:

《管子·小称》:"毛嫱、西施,天下之美人也。"
《墨子·亲士》:"孟贲之杀,其勇也;西施之沉,其美也;吴起之裂,其事也。"
《庄子·天运》:"西施病心而颦其里,其里之丑人见而美之。"
《荀子·正论》:"是犹以人之情为欲富贵而不欲货也,好美而恶西施也。"
《战国策·楚策三》:"西施衣褐,而天下称美。"

可见在先秦时代,西施之美名早已深入人心,成为家喻户晓、人人皆知的美人。

美女,一般解释为容貌美丽清新的女子。在越国举办的这次"美女海选"中,家境贫寒的草根女子西施为什么能够脱颖胜出,并化身成为代表"美丽"与"美女"的品牌符号,数千年来无人可以突破和逾越?我们对于"美女"的评价标准到底是什么?什么样的女子才算理想中的美女呢?千百年来,莫衷一是。其实,每个人心中都有一杆秤。不同的时代、不同的年龄阶段的人,对美的理解和诠释是完全不一样的。

例如唐代人以体态丰腴、丰胸肥臀的杨玉环为美;而宋代人以身轻如燕、身姿窈窕的赵飞燕为美。这种审美差异,正如庄子在《齐物论》中所言,圣人不走是非分辨这条路子,草茎与房柱、丑女与西施,以及世上的一切怪异现象,从大道的观点来看,都是浑然一体的。

为什么西施之美，能得到普天之下的公认呢？笔者认为可以从以下几个方面进行剖析。

其一，西施之美，应该具备容貌之美。

中国有句古话叫"百越多美女"，自幼便生长在苎萝山下、浣纱溪边的西施，得越国山之秀、水之灵，一定拥有姣好的身材、动人的容貌、明丽的眼神、清亮的嗓音、协调的五官。该怎么描述呢？乌发娥眉、明眸流盼、朱唇皓齿、玉指素臂、细腰雪肤、柔若无骨……这一切美好的词语用在西施身上，应该都不为过。

所谓"美人如玉"，遥想当年站在浣纱溪边的西施，一袭布衫一头秀发，含辞吐言，珠圆玉润，气若幽兰，如夜莺百灵，令人肠回气荡。那份自然清纯，恰如璞玉，远离了浮华和巧伪，更如莲般清艳绝世，不染尘俗。

其二，西施之美，应该具备气质之美。

古人说，女人是水做的，而水是平静、宁和、温柔的。乾男坤女，阴阳有别，对于夫差这种霸气外露类型的男人，什么样的女子才会征服他的内心呢？那一定是弱女子。

道家认为："上善若水，水善利万物而不争。"按照中国传统文化的要求，男人要具备积极向上、自强不息的阳刚之美，女子则应具备娴静如月、娇弱如柳的阴柔之美。上天创造女人最大的成功，不是赋予她外表的天生丽质，而是一份女性独具的温柔气质。真正美丽的女子，应像水一样温柔体贴，柔顺不争，千娇百媚，柔情似水。只有女人如水，才会在无形中对男人产生吸引力，包容和改造男人的任性，激发和催化男人的保护欲，滋润和感化男人那干涸无情的心灵世界。

《金兰杂志》记载："西施举体有异香，每沐浴竟，宫人争取其水，积之罂瓮，用松枝栖于帷幄，满室俱香……"现代科学证实，雌激素是女人味的源泉，女性的这份阴柔之美恰与雌激素有关。

西施的这份柔情，这份气质，这份魅力，一言一行，一颦一笑，一举手一投足……宛如一潭秋水，足以令天下男子百般珍爱、回味无穷，使爱她的人为爱痴狂、身不由己。

其三，西施之美，应该具备坚强之美。

虽然女人在常态中多是看似无力的娇弱如水，然而滴水穿石，真正的美女更应该具备坚强之美、责任之美、执着之美。

女人从心底排斥战争，渴望宁静和平淡的生活。但是如果战争真正降临，当自己不可避免地被卷入战争，个人命运与家、国、天下产生了千丝万缕的联系时，女人与生俱来的母性与慈爱就会被激活，责任感也比任何人都强大。

春秋时期，剽悍务实的越人轻视生死、勇于冒险、不畏风雨、不惧险阻，这种胆剑精神影响了一代又一代人，身为越女的西施自然也不会例外。尽管西施明知道一旦摘得"美女"这顶桂冠，就注定要放弃自己现有的平淡生活和憧憬中的美好爱情，离开家乡、离别亲人，远涉异国而投送仇敌的怀抱，这份屈辱和污垢，这种心灵和人格的伤害，对于一个十几岁的清纯美丽少女而言，或许是"跳进黄河也洗不清"的。但是，她依然义无反顾地领受了这项艰巨的任务，承担着自己为这个国家的义务。在她那看似柔顺无骨的娇躯中，支撑着她整个生命意义的是为国为民的铮铮铁骨。

西施之美，美得让古今多少女子黯然失色，美得让多少堂堂七尺男儿汗颜！

其四，西施之美，应该具备故事之美。

道家认为："无形制约有形，虚空成就实有。"无论怎样完美的美女标准，随着时代的变迁和审美观念的转变，都是有可能被推翻的、被颠覆的，也都是容易被求新善变的世人所遗忘的。唯有被注入品牌内涵的美丽，拥有故事传奇的美女，才会永远绽放，深入人心。

西施是一个有故事的美女。西施身上那种与生俱来的故事和传奇，不但让负责这次越国"美女海选"的总评委范蠡、文种眼前一亮，也给予了他们在这场"娱乐战"的运筹推行中更多的灵感和素材。

你越国有美女，难道吴国就没有美女吗？难道其他诸侯国就没有美女吗？难道堂堂的吴王夫差，在后宫之中居然找不出几个容貌形态与西施不相上下的美女吗？夫差为什么非得接受和珍惜你们送来的美女呢？

西施的品牌形象和品牌价值必须包装。从哪个角度进行包装呢？要给吴王夫差灌输一种观念，强化一种认识——"西施非凡间之美女，乃天上的仙女"。经过这样一番价值重塑后，哪怕吴王夫差在审美观念上存在着选择性差异，或者夫差以后可能遇到比西施更美的美女，但是那都是人间之美、世俗之美，在非凡的西施面前实在不堪一提。

经过越国智囊团的精心策划，关于西施来自于月宫的品牌故事被炮制出炉。故事是这样讲的：西施本是月亮女神嫦娥的掌上珍珠。嫦娥十分珍爱它，时常带在身边，只在外出时让五彩金鸡守护。某一天，当嫦娥外出后，金鸡便像平日一样将珍珠抛来抛去玩耍。结果由于金鸡用力过猛，将珍珠一下子弹出月宫，直落九霄云下，掉进诸暨的浣纱溪里。

这颗有灵性的珍珠，被抛落凡尘后，看到此地风景迷人，远胜寒冷的月宫，便生了留恋之心，再不肯回到月宫。眼见金鸡追来，无处可逃的珍珠忽见溪边有一妇人浣纱，它急中生智，一下子跳出水面，径直飞入妇人的口里。妇人回到家中后，即有身孕，于十六个月后生下一女，就是西施。

"母尝浴帛于溪，明珠射体而孕"，多么让人怦然心动的品牌故事！出身贫寒人家的草根女子西施，不再是随处可觅的人间美貌女子。当你面对月亮女神昔日的掌上珍珠时，你还有什么理由不去珍惜她、疼爱她呢？

仙女化身的西施之美，到底与我们日常所见的世俗之美有多远的距离呢？越国智囊团并没有直接告诉我们，而是继续用"沉鱼"和"效颦"这两则故事来进行品牌深化。

这两个品牌故事告诉我们：西施之美，是自然天成独一无二的！是不可模仿更不可超越的！否则，故事中的东施就是你的真实写照！

当西施爱上了范蠡

既然西施和郑旦二人分别摘取了越国美女大赛的冠、亚军桂冠，接下来勾践就命人在会稽城东的土城建起一座美人宫，安排专人对她二人进行了为期三年的特训。

训练内容是什么呢？《吴越春秋》中说：

> 饰以罗縠，教以容步，习于土城，临于都巷。三年学服而献于吴。

俗话说，佛靠金装，人要衣妆。可可·香奈儿告诉我们："穿着破旧的裙子，人们记住的是裙子；穿着典雅的裙子，人们记住的是穿裙子的女人。"

所以首先，西施、郑旦二人学习的就是服饰搭配学，即怎样用绫罗绸纱来打扮自己，彰显高贵气质。其次，她们学习的是美容化妆的方法，所谓三分长相七分打扮，本来就天生丽质的两位美女，一旦掌握了浓妆淡抹的化妆技巧与美容方法，更显得千娇百媚、如诗如画，让人惊为天人。

再次，要进行仪态培训，从语言、腔调、笑容、举止、行步等方面进行礼仪教学，使其掌握王室贵族们的日常仪范，具备王家风度和贵族气质。

又次，一个美丽的外表只能把男人吸引到你眼前，想要留住还得靠内涵。琴、棋、书、画、歌、舞、曲、艺，凡是能够想到的，能够帮助西施、郑旦提升个人人文内涵与艺术修养的，一项都不能少。

最后，还要让这两位自幼生活在苎萝山下的女子到国都的繁华里巷去参观游玩，增长社会见识。

西施、郑旦的这三年特训，虽然有专业的老师进行授课教学，但是她们的校长是谁呢？就是范蠡。身为越国相国的范蠡主抓军事工作，而西施和郑旦两人未来的工作任务又与军事战争有着紧密的关系。如何让西施和郑旦系统全面地接受特训科目，如何随时检查学习进度和测评学习效果，如何有效化解二女对赴吴工作的恐惧心理，传授给她们如何快速获得吴王信任的要点诀窍，模拟演示如何与吴王交往的实战场景，讨论如何在吴宫的政治旋涡中进行有效自我保护的心得体会……这些科目内容的教学，没有任何一个老师能够比范蠡这位曾经在吴国为奴三年的亲身经历者更具有话语权。

那么，说到范蠡和西施，我们不禁要问：范蠡和西施真的是情侣关系吗？他们真的在这三年培训中私订终身吗？范蠡真的亲手把自己深爱着的准妻子西施献与吴王夫差，来实现报仇雪恨吗？范蠡和西施之间这种几乎家喻户晓的恋爱关系，是真实可泣的人间悲喜剧，还是后世文人对于"美女配英雄"的八卦演绎？

笔者认为：在吴越战争结束之前，说范蠡和西施私订终身结为情侣，这种说法是相当不靠谱！在吴越战争结束之后，范蠡和西施泛舟五湖，相伴终老，这种说法倒极有可能。

为什么说吴越战争结束前，范蠡和西施不可能成为情侣呢？

第一，范蠡本是楚国宛邑人氏，西施家世代居住在苎萝山下，一个在河南南阳，一个在浙江诸暨，绝非传说中的青梅竹马、两小无猜。

第二，范蠡出生于公元前520年，而西施到底出生于哪一年呢？虽然书上没有明确记载，但是我们可以推衍。根据当时的越国律法规定："女子十七未嫁，其父母有罪。丈夫二十不娶，其父母有罪。"西施是在公元前485年被送进吴宫的。她在被选派送入吴宫前，应该不会超过十七岁，正是属于"二八佳人、碧玉年华"的十六岁妙龄。越国的谋士绝不会知法犯法，将十七岁以上的剩女送到吴国去开政治玩笑的。西施入吴前是经过了三年的培训期，那她应该是在公元前487年离开苎萝山，进入美人宫的。那些年，范蠡不但是一位年近35岁的大叔，更重要的是已经在越国娶妻成家了。

有人说，范蠡是在初入越国的那5年游历中，与西施一见钟情的。这就更不可能了，在范蠡初入越国被安排下基层锻炼的公元前502年，我们的大美人西施才刚满一岁。

第三，野史中说，范蠡为了帮助勾践兴越灭吴，亲自出访，遍寻佳人，终在浣纱江畔与美女西施相逢，才子佳人，顿时一见钟情。这种说法也很不靠谱，身为越国相国的范蠡，恐怕工作还不至于那么清闲，可以一甩手就置国家大事于不顾，而去亲自踏遍越国千山万水寻访美人。

第四，在西施进入越都美人宫受训的这三年，范蠡是否会与这位已经丽质天成的美女私订终身结为情侣呢？也不太可能。范蠡骨子深处透溢出来的冷静，绝不会允许他因私废公，把一件极其简单的事情复杂化。

当然我们相信，西施是完全有可能在内心深处仰慕范蠡、暗恋范蠡的。试想：二八佳人，情窦初开，当西施被选拔并送入美人宫接受培训后，她已经知道了自己未来的命运将与国家前途紧密关联，她也知道了离别亲人远涉异国的凶险处境，这从天突降的改变势必让西施的内心掀起不小的波澜。能够接受吗？可以退缩吗？可能完成吗？

恰在此时，校长兼思想政治老师范蠡的出现，给少女西施迷茫的人生慢慢指明了方向，帮助她那颗对未来恐惧不安的内心渐渐平复，使她从一个未曾涉世的农家女孩一步步心生信念，走向思想的成熟。此时的西施，不再孤单、不再害怕，也不再彷徨……因为她知道，支撑着她走下去的，是整个国家。当然，还有范蠡这位在越国被传说得近乎完美的神一样的男人。

哪个少女不怀春？尤其当你面对的是一个有苦痛经历、有智慧谋略、有责任担当，任何困厄险阻都不足以打败的强大男子。更关键的是，这个传说中的完美男人范蠡，竟然成了自己的人生导师。

这是一份懵懂的爱，也是一份不可说破的爱。或许真的爱是一种信仰吧，正因为西施爱上了范蠡，她才会无条件地信任范蠡，相信他不会放弃自己，信赖他有智慧也有能力解救自己。所以，西施的心平静了下来，也沉淀了下来，开始能够坦然地面对和接受这项凶险无比甚至有可能背负千年骂名的工作。对一个不谙世事的单纯少女而言，因为她爱这个男人，所以她爱这个国家。

这一切改变，都是因为爱情！

我们来猜测：对于西施眉目间不经意就流露出来的这份爱情，范蠡知道吗？他肯定知道。他会采取什么策略呢？是接受还是拒绝？笔者觉得，依照范蠡一贯的性格，他首先应该用装傻来回避，"一痴一醒"，以道家的装傻示愚功夫来轻描淡写地化解。要是实在化解不了，又不能伤了西施的心，怎么办呢？

明朝梁辰鱼在他的《浣纱记》剧本中，有一段假托范蠡之口对西施的告白，或许是非常有智慧的回答。剧中，范蠡说："我实宵殿金童，卿乃天宫玉女，双遭微谴，两谪人间。故鄙人为奴石室，本是夙缘；芳卿作妾吴宫，实由尘劫。今续百世已断之契，要结三生未了之姻，始豁迷途，方归正道。"红尘解决不了的问题，可以推给仙界；现实解决不了的问题，可以推给命运。要知道，我们都是遭受上天惩罚的苦命人，要正视命运，接受苦难。或许只有等到革命胜利的那一天，将功折罪，我们才有机会走到一起，修成正果吧！

时光飞逝，日月如梭，转眼之间三年的培训期就结束了。而西施和郑旦二人，也由天生丽质的农家女子，成长出落为才艺精通、谈吐高雅、气质高贵的大美女。尤其是经过专业的训练后,那举手投足一颦一笑间,百媚顿生,让人神色恍惚、失魂落魄。

品牌路演与伍子胥猜想

成果出现之日,也将是离别故土之时。谁将送她们二人去吴国呢?还是相国范蠡。

当西施和郑旦这两位越国美女的品牌被成功塑造后,如何形成持续品牌传播力?如何在两位美女即将离开越国进入吴宫这个节点上,再一次发起规模性事件营销,为"美女"品牌注入更多的故事内涵,以增强品牌的真实度与美誉度呢?这也是属于"节事"之道的核心内容。

号称世界上最伟大的品牌炼金师斯科特·贝德伯里曾用极为睿智精确的话来定义品牌的概念。他说:"品牌是一个不断变化的隐喻故事。"是的,真正的强大品牌就是讲故事。当故事被足够数量的受众群体深刻铭记并不断重复传播时,也就是品牌转向名牌的开始。

范蠡又是如何策划讲好"美女出越"这个品牌故事的呢?经过越国有关部门有意无意的消息透露:三年前在举国关注的"美女海选"中一举夺得冠亚军桂冠的西施、郑旦,经过在美人宫艺术学院的三年进修,终于顺利毕业。近日,两位美女将以越国和平友好使者的身份出使吴国,为越国的文化娱乐事业走上国际舞台开新篇……消息传播出去后,越国民众沸腾了,他们像打鸡血似的到处打听美女出越的行进路线,争取一睹芳容,不负此生。

后来,当范蠡带着西施、郑旦的车队高调地出现后,早已迫不及待的越国民众闻讯,纷纷从四面八方赶来,欲求先睹为快。望着眼前严重的交通拥堵,范蠡早已成竹在胸。只见他不慌不忙地告诉围观者:"鉴于围观群众的一致请求,我们决定给予大家这个先睹为快的机会。但是为防止人多失控,出现踩踏伤害事件,我们决定,凡是想要见到我们越国两位绝色佳人的,请先交纳一文钱买门票,依次排队,统一观赏。"

此言一出,眨眼间,装钱的梳妆盒便满如小山了。范蠡则让西施和郑旦登上早已安排好的华丽小楼，凭栏而立。果然，这两位女子灿若桃李、美若天仙，可谓秀绝人寰，让人百看不厌。一传十，十传百，络绎不绝赶来的围观群众，纷纷慷慨解囊争相观看，有的竟付数次之多。

这番美女出越，范蠡通过在沿途各地举办的数日"路演"，仅仅单次一文钱的门票收入，其所得金钱收益便在短时间内堆积如小山，开创了"美女经济"之先河。后来，范蠡让人将这些钱悉数缴入越国国库。

借助于"美女路演"，范蠡不但让西施、郑旦这两大美女的品牌得以疯狂的复制传播，同时也巧妙地制造出"大场面"，来帮助西施、郑旦训练万人之上的气度和处乱不惊的胆魄。这些课程内容，都是在美人宫内学不到的。

就这样一路造势，一路前行，走走停停，一行人渐渐抵达吴越边境。后来又弃车登船，沿杭州湾北上，入太湖进姑苏，面见夫差。今天，在西施由越入吴的路线上，南自诸暨，北迄苏州，所在均有西施遗迹。

《吴越春秋》载：

> 乃使范蠡进曰：越王勾践窃有二遗女，越国洿下困迫，不敢稽留，谨使臣蠡献之。大王不以鄙陋寝容，愿纳以供箕帚之用。

范蠡对夫差说："敝君勾践无意中发现并得到了两位女子，觉得这是上天恩赐给我们的宠儿，想来越国地势低洼，君臣困厄，实在没有福气让她们留下，所以敝君极其慎重地委派我范蠡把她们献给大王。如果大王不觉得她们长得丑陋难看，还请大王收留下这两位女子，以作妻妾之用。"

说完，范蠡便吩咐将西施、郑旦二位美人带进殿来，让吴王夫差亲自点评。

对于范蠡携领二美女进入吴国之前的高调造势，早有情报人员将此事汇报给夫差了。说实话，夫差也很好奇，越国此番献上的美女到底有多美？胜得过我吴宫的后宫佳丽吗？

待到西施、郑旦二女进殿的那一刻，吴王夫差的心被瞬间秒杀了。

你看你看，她们在静立时，若精美的玉脂美器，品相高雅，让人不禁产生欲轻轻抚摸、不忍释手的念头；她们在起舞时，若微风轻拂细柳，婀娜多姿，体态轻盈，霓裳羽衣，翩跹若九天仙子，不染半点尘俗。她们娉娉婷婷地走来，千般风情，万种妩媚，如吟诗般的温存软语，似夜莺低声呢喃……

从见到西施、郑旦的那一刻起，夫差心里只有这样几个字——妙啊！妙不可言！

半晌，夫差才回过神来。他如获至宝地对范蠡说："你们越国进贡的这两个女子，很好！寡人很喜欢！从这个事件可以证实，你家大王勾践确实忠于吴国，寡人对他很放心！"

夫差高兴了。但是，有人着急了。谁着急了呢？吴国相国伍子胥。

伍子胥见到吴王的这副表情，心想"坏事了"。他也不顾那么多，慌忙站出来劝谏夫差："不可，王勿受也。臣闻'五色令人目盲，五音令人耳聋'。昔桀易汤而灭，纣易文王而亡，大王受之，后必有殃。"

大王，这两个美女可不能要呀，要了就是要亡国的节奏呀！我听说过分贪恋五彩缤纷的颜色，会使人的眼目失察；太过迷恋婉转动听的声乐，会使人的耳朵失聪。想当年，夏桀就是因为迷恋妺喜而轻视商汤，最后葬送了自己的国家；商纣王也是由于宠爱妲己而轻视文王，最后断送了自己的江山。但凡绝色女子，多是妖祥之物！软玉温香，可是杀人不见血的利刃呀。大王，千万不能接受此二女，一定要给越国退还回去！

伍子胥确实是非常厉害的军事战略家，他一次一次地识破了范蠡和文种的计谋，这或许是跟他早年在城父有幸聆听老子教诲有关。那一句"五色令人目盲，五音令人耳聋"，就是老子《道德经》中的原句。然而可悲的是，伍子胥辅佐的却是霸气而叛逆的夫差。对一心想证明自己成长起来独立起来的夫差而言："凡是伍子胥所反对的，我都要坚持；凡是伍子胥所坚持的，我都要反对。"君臣不合拍，国家注定多难！

最后的结局是："吴王不听，遂受其女。"

接受两个女子，就能亡国吗？这也太危言耸听了吧，夫差想想都觉得好笑。要是依得伍子胥，我恐怕就只能不吃不喝，当个政治木偶了吧？假如那样，我纵然称雄于天下，人生又有什么意义呢？我要开创属于自己的未来，尽情地享受人生。

此时的伍子胥，内心的悲哀或许只有箕子能懂。

箕子是何人呢？商纣王的叔父。话说当年，商纣王刚继承王位的时候，并无荒淫之象，也被群臣认为是个明主。可是有一天，纣王忽然拿出一双别人奉献给他的象牙筷，请大臣们观看。群臣都觉得此筷雕花镂云，精致大方，赞誉之辞，声声不绝。然而箕子一见到这双象牙筷时，却对国家的前途命运表示出深深的担忧来。

箕子为何担忧呢？他认为：君王既然使用了稀有昂贵的象牙作筷子，那么肯定不会再使用陶制土烧的餐具了，当餐具开始"高端大气上档次"时，君王自然也不会继续去吃普通饭菜了。当君王在尽情享受美味与奢华的同时，他还会继续穿着粗布缝制的衣服，住在低矮潮湿的茅屋下吗？不！君王一定会穿上一套套的绫罗绸缎，住进富丽堂皇的宫殿之中。如此演变发展下去，吃的、穿的、住的、用的、玩的……都要与之配套，奢侈之风将不可遏制。长此以往，必将民贫国疲，王朝走向败亡之期也不远矣！

由俭入奢易，由奢入俭难。任何事物的发展都是一个由小到大、由量变到质变的过程，如果一些不好的事情在刚出现苗头的时候不加以节制，最后的发展结果也是可想而知的。

美国麻省理工学院教授、混沌学开创人之一洛伦兹在1972年发表《蝴蝶效应》论文时提出："在巴西一只蝴蝶翅膀的拍打，能在美国得克萨斯州产生一个龙卷风。"同样，控制论的创立者维纳也常引用这样一首民谣："钉子缺，蹄铁卸；蹄铁卸，战马蹶；战马蹶，骑士绝；骑士绝，战事折；战事折，国家灭。"钉子缺这样一个微不足道的小事，经逐级放大竟导致了国家的灭亡。可见，在线性系统中的小扰动，一经放大到混沌系统中，那就是"失之毫厘，差之千里"。

对此类现象，中国古人早就以"见微知著""千里之堤，溃于蚁穴"来告诫警示后人。正如韩非子说："圣人见微以知萌，见端以知末，故见象箸而怖，知天下不足也。"

眼见着吴王夫差不听自己的劝谏，伍子胥在对国家未来命运表现出深深的忧虑之余，只能盼咐暗中调查西施、郑旦的所作所为，严防她们迷惑君王、影响决策。一旦发现她们像妹喜妲己那样谗害忠良、祸乱朝纲,就抓住端倪,深化打击,用事实来让吴王夫差清醒认识越国君臣的狼子野心。

然而,伍子胥又想错了。西施进入吴宫,确实是有任务的。但是这种任务的开展方式,绝对不是伍子胥所能想到的常规方式。

那西施的任务到底是什么呢?又是如何开展的呢?

西施的可怕与可爱

不少人在谈到西施时,都把她评价为中国历史上第一位女间谍。他们认为越国把西施送进吴宫的主要目的,一是干政乱政,一是刺探情报。

事实果真如此吗?笔者认为此说欠妥。

要说西施干政乱政?她一个弱女子干预过什么政事?她影响过吴国哪项重大决策?吴国重要朝臣的任免跟西施有关吗?伍子胥和公孙圣之死,是西施在暗中阴谋陷害吗?且不说我们找不到这样的案例事实来证明,即使真的西施产生过干政乱政的举动,别说一直在暗中倍加提防的伍子胥不会轻易放过,就连夫差也绝对不会允许的。再说西施刺探传递情报,同样难以立足。吴王会告诉一个后宫妃子多少有价值的情报?即使真有情报需要传递,西施靠什么来传递?她走得出后宫吗?离得开夫差的视野吗?逃得开伍子胥的眼线吗?在吴越两国的表面友好期内,要等到西施窃取传递有价值的情报,恐怕得等到黄花菜都凉了。

那么,西施的主要工作任务是什么呢?笔者认为是这三个方面:消耗体力、消耗精力、消耗国力。那么,西施在实施这以"消耗"为目的的三大战役中,采取的工作手段与策略是什么呢?

笔者认为,西施所采取的主要工作手段只有一种,那就是让吴王夫差爱上她。一个男人得到了你,并不代表他会珍惜你、重视你。看风景不如说风景,得到往往就是失落的开始。如何让夫差宠爱自己、保护自己、愿意为自己做任何事呢?

那只有一种可能,就是让他死心塌地、无怨无悔地爱上你。

如何让吴王夫差爱上你呢?凭美貌?美貌看久了,总有审美疲劳的一天。

凭心机？西施只不过是一个溪边浣纱的邻家女孩，哪里有那么多心机？尤其是在吴宫这种政治旋涡中，靠心机只会适得其反，激起夫差的反感，激怒失宠妃子的反击，让一心想痛下杀手的伍子胥有机可乘。

美人计的最高境界是什么？陷身吴宫的西施应该怎么做，才是万全之策呢？

第一，顺心意。

要扮演弱女子的角色，做一个最好的倾听者，永远不唱反调，不给夫差增加压力。作为一个领导者，夫差虽然无所顾忌地在享乐，但是内心并不快乐。每天处理政事，要忍受老臣的劝谏唠叨；回到宫中，还要面对嫔妃的争风吃醋。如果此时西施再以唠叨者的身份参与进来，即使夫差再迷恋她的姿色容颜，也会在内心构筑起一道防火墙，她永远都无法得到和征服他的心。所以，西施的顺从和不争，赢得了夫差的内心世界。他需要一个宁静的女子陪伴着他，无争无扰，忘掉忧愁，没有任何城府心机，简单地享受人生。

第二，守柔弱。

柔弱者可得长生，坚强者常常易折，这是道家的智慧。在西施进入吴宫后，处心积虑的伍子胥应该不止一次地提醒过夫差："要提防西施对你的蛊惑""要趁早清理西施这个祸水""女色亡国，前车之鉴"……夫差会相信吗？尽管夫差内心很爱西施，但他还不是那种因为爱就可以放任一切的人。尤其是当有人提醒你，陪伴在你身边的是有朝一日会伤害你的人，她会让你的国家灭亡……夫差，真的还能无动于衷吗？不会的。他也会暗中观察，考验西施。

在吴宫这样的政治旋涡中，顺从就是智慧，简单就是道术，柔弱就是霸权，委屈就是武器。每当夫差有意无意地向西施透露出伍子胥劝他远离西施，甚至处决杀害西施的建议时，西施总是以守柔弱的策略，理解伍子胥的立场，夸赞伍子胥的忠诚，甚至还会真诚地向夫差建议："应该以国事为重，不要因为我而荒废政事……"

美丽，让男人停下；善良，则让男人留下。西施的简单与示弱，不但博取和加深了夫差对她的好感，也让伍子胥的处心积虑一一落空，甚至适得其反。

第三，示可怜。

西施自幼就患有心口痛的毛病，一直不见好转。每当西施发病之时，那种凝眉的病态之美，可怜楚楚，娇弱无力，不但融化了夫差这个男人坚强的心，也让他产生了一种欲借助征服天下这种行为来帮助西施获得安全感，给她无穷的信心。

我们说："男人征服了天下，也就征服了女人；女人征服了男人，自然征服了天下。"夫差，他真的爱上了西施。他要把天下征服了给西施看，他要做天下最了不起的男人，这样才配得上西施这位天下最美丽的女人。

爱情，真的会让人变成傻瓜。

鱼玄机写诗道："吴越相谋计策多，浣纱女神已相和。一双笑靥才回面，十万精兵尽倒戈。"自从西施入吴后，在"健康战""娱乐战""经济战"的多重消耗下，肝肾两亏的夫差越来越感到力不从心了，与伍子胥的关系也进一步恶化了。然而，得益于爱情滋润的夫差，虽然疲惫，却也快乐。他为了给娇弱的西施一个永久的安全感，竟意气风发地迈出了争霸天下的步伐。

因为西施，夫差对于越国似乎越来越有感情了，也不那么防范了。爱人西施的故乡，那最起码也是我夫差的半个故乡吧！

这一切改变，都是因为爱情！

而越王勾践，在得知西施入吴后的这一切改变时，终于按捺不住拊掌大笑："善哉，第三术也！"

静心读

《道德经》

天下之至柔,
驰骋天下之至坚。

第20章

史无前例的粮食战争

在2500年前,道家学派创始人老子在自己的著作中,就旗帜鲜明地提出了"是以圣人终日行,不离其辎重"。所谓"兵马未动,粮草先行",要想实现宏图霸业,巡牧天下,你就得先通过战争手段来把自己锻造成为强国霸主;要想取得战争的胜利,你就必须切实保障一切军需物资的及时供应和战略储备。在这些战略物资中,最重要的莫过于粮食。

任何政治家都难以逃脱粮食的政治。无论是毛泽东提出的"深挖洞、广积粮、不称霸"主张,还是列宁阐述的"真正的经济基础是粮食储备,没有它社会主义制度只是一个愿望"真相,都给我们呈现出一个无情而不争的事实:无论时代如何变迁,粮食供给始终是人类生存与发展的根本。"民以食为天",没有粮食,就不要奢谈国家的稳定。如果一个国家连基本温饱都无法解决,其他的发展就只是空中楼阁、镜花水月。

所以,基辛格在20世纪70年代接受媒体采访时,就曾赤裸裸地公开宣称:"如果你控制了石油,你就控制了所有的国家;如果你控制了粮食,你就控制了所有的人。"

天灾促成的战机

当越国对吴国开启"隐态战争"模式,以"艺术输出、文化输出、娱乐输出"的名义进行非常规暗战攻略,眼见着吴王夫差乃至吴国举国上下浑然不觉,正逐步在欢乐中舒舒服服地堕落时,越王勾践在欣喜之余,又迫不及待地追问自己的谋士团队:"下一步,我们又该进入哪一道伐吴程序了?"

接下来这项运用"粮食武器"的作战计划,我们姑且把它定名为"请籴计划"。

越国的智囊团对待国防安全与粮食战略问题,是如何看待的呢?在这个问题上,不但相国范蠡提出了"兵之要在人,人之要在谷。故民众则主安,谷多则兵强。王而备此二者,然后可以图之也"的国家富强总纲领。主管越国农业的大夫计倪也为越王勾践献上了"内蓄五谷,实其金银,满其府库,励其甲兵"的发展策略,主张从农业、商业、经济、军事四个方面入手进行蓄积,通过收聚而不散,以备妖祥和不测。

兵法上说:"善制敌者,必先去其所恃。"明确而又清晰的农业政策与粮食战略,可以帮助自己的国家实现富强。但是它能不能被赋予战争的攻伐功能,瓦解和攻破敌对国的粮食储备和农业政策,扰乱敌对国的经济稳定和政局稳定呢?

回答是肯定的。越国大夫文种就曾多次向越王勾践建议,可以通过"请籴"的方式来对吴实行粮食战争。何谓"请籴"?"籴"是一个会意字,从入从米,也就是买入大米的意思。用今天的话来说,就是收购粮食、进口粮食。请籴,即为"借粮"。为什么要向吴国借粮呢?

《越绝书·越绝请籴内传第六》说:

> 大夫种始谋曰:"昔者吴王差不顾义而愧吾王。种观夫吴甚富而财有余,其刑繁法逆,民习于战守,莫不知也。其大臣好相伤,莫能信也。其德衰而民好负善。且夫吴王又喜安佚而不听谏,细诬而寡智,信谗谀而远士,数伤人而巫亡之,少明而不信人,希须臾之名而不顾后患。"

在文种对勾践的陈述中，我们可以整理出以下几条理由。

其一，当年吴王夫差羞辱过我们越国的君王，我们通过请籴借粮这种非常规手段，可以实施战略性的报复，以图为君王复仇。

其二，我们要报仇，贸然发动战争是不可行的。因为吴国现在还很富有，财货非常充足，战备物资相当充分。再加上吴国的百姓在国内各种国防法令的逼迫下，长期进行着军事训练，可谓举国皆兵，这是天下尽知的事实，我们是千万不能拿自己的鸡蛋去碰吴国的石头的。

其三，虽然吴国的军事力量很强大，但是吴国的政治并不清明。臣僚之间并不和谐，喜欢互相攻伐，毫无信任感可言；社会上道德风气败坏，民众背弃道义；吴王夫差本人追求安逸享乐的生活，又不采纳接受贤臣的劝谏，为人虚伪贪名而缺乏实质的智见，信赖阿谀奉承的小人，而疏远直言敢谏的贤士，经常做出一些伤害他人的事实却不思悔改，且转过身来就会忘记。这个人哪，既缺乏自知之明却又不相信他人忠告，贪图虚假的美名而无视无穷的隐患。我们为什么不能试一试呢？

怎么试探呢？文种建议："君王卑身重礼，以素忠为信，以请籴于吴，天若弃之，吴必许诺。"君王可以降低自己的身份，以吴国臣属的礼节去觐见吴王，告诉衷情以表示自己的难处和诚实，向吴王请求购买粮食，借以试探。假如上天抛弃了吴国，我们"请籴"的请求吴王一定会答应的。

文种的这个建议，是在什么时候提出的呢？很早就提出了。什么时候被纳入正式的隐态作战计划呢？公元前487年，伐吴"九术"被正式立项批准。何时开展实施呢？公元前484年，亦即越王勾践十三年。

既然这个"请籴"的计划如此高明微妙，为什么不早日实施呢？越国难道也存在官僚主义作风吗？非也！再高明的计谋，也必须待以时机成熟才可以有效实施，方能达到天衣无缝之妙。越国要借粮食，假如勾践才被放归越国就狮子大开口向吴王借粮，这难免会引起多疑的夫差警觉，徒增祸患。倘若越国今年天地人和，粮食作物喜获丰收，此时偏偏不知好歹去问吴国借粮，那更是暗藏祸心、图谋不轨。

越国的君臣千盼万盼，终于盼来了自己国家的天干地旱、粮食减产。

公元前484年的秋天，越国遇上了天灾，农作物收成非常不好。这场自然灾害发生后，虽然给越国的经济发展带来了伤害，但是由于此时越国已经走向富裕，更兼有相国范蠡、大夫文种、计倪等一大批"早知天地之反，为之预备"的贤臣主持工作、安排救灾，所以并没有造成太大的打击。

在智者的眼里，"祸兮福之所倚，福兮祸之所伏"，灾害中往往蕴藏着难得的机遇。在智者的手里，妙计能安天下祸福，奇谋可转阴阳乾坤。遇到灾害后，为了政局的稳定，堵塞宣传渠道，隐瞒灾祸实情，是一种常见的政治手段。同理，为了敌国的误判，刻意放大和渲染自然灾害的严重性，更是一种诡秘的谋略。越国遭受到的饥荒，不但可以降低和弱化吴王夫差对于越国的戒备心理，同时也可以催生和强化夫差的自信骄傲之气，以致他一定会开心地认为这是老天爷在故意惩罚抑制越国，而帮助成就吴国。

如果此时越王勾践能够派遣使者前往吴国，一方面向夫差陈述渲染灾情，影响其判断力；另一方面以卑微可怜的姿态和厚重的礼物献上，请求粮食援助，那对越国的强大和吴国的弱化将具有重要的战略意义。

这一步策略，我们把它叫作"危机转嫁法"，也就是"嫁祸于人"的另外一种表现形式。

谁去吴国进行外交公关呢？这个任务自然又分配给了主管越国内政、外交工作的大夫文种。此趟入吴，文种除了代表越国君王给吴王进贡了许多奇货珍宝外，自然也免不了私底下给吴国太宰伯嚭的返利分红。

"人道主义"背后的阴谋

在伯嚭的积极配合与精心安排下，夫差在姑苏台接见了文种。只见文种向夫差跪拜奏请，上演了一出悲情戏。文种说："大王呀，越国今年水旱不调，五谷歉收，人民饥饿困乏，路上到处都聚集着亟待拯救的灾民。上天有好生之德，更何况大王心怀圣德呢！今敝君万般无奈，特差遣贱臣前来向大王请购粮食万石，以解救目前的饥荒，希望大王秉着崇高道德，予以批准。敝君承诺：只等明年谷物成熟，当即偿还。"

高帽子一戴，夫差有点忘乎所以了。只见他不假思索地当场应允："越国臣服吴国多年，寡人看你家大王一向老实忠厚，信诚守道，不怀二心。现在越国陷于困境之中，勾践不耻而求助，说明他对寡人信赖依托。本着人道为重、人权至上的原则，寡人岂能够因为爱惜财货而不施以援助之手呢？什么请购粮食，太看不起寡人了吧。一个字——借。寡人借粮食给你们，满足你们的愿望。"说完，就当场吩咐官员准备开仓借粮，施行救援工作了。

《吴越春秋》载：

> 吴王曰："越王信诚守道，不怀二心，今穷归愬，吾岂爱惜财宝，夺其所愿？"

刚好此时，得知越国使者文种被夫差召见消息的伍子胥匆匆赶进来了。虽然伍子胥由于与夫差天生性格相冲，早已称病赋闲在家，但还是相当关心政事的。这不，伍子胥一听说越国来使者了，而且这个使者还是足智多谋的大夫文种，凭着自己军事谋略家的天生敏感度，马上就猜想到——越国没安好心！不行，我一定要去揭穿他们的阴谋！

如旋风般急匆匆而至的伍子胥，脚步还没站稳，刚好听到夫差借粮的承诺。他不管三七二十一，当即劝谏自己的君王："大王，万万不可！如今吴、越二国势不两立，不是吴国占有越国，就是吴国被越国所占有。这借粮的事，简直就是养活敌寇而促使自己的国家破亡呀。粮食借不借给越国，对我们而言都无伤大雅，借给越国并不会让越国人从内心感恩我们，对我们也产生不了真正的亲近和归顺；不借给越国，也不会制造出太大的怨恨，反正两国的关系已明明白白摆在这里。再说了，越国有圣臣范蠡，这个人勇以善谋，相当厉害，肯定会暗中策划，把越国对我们的作战进攻计划进行了巧妙掩饰，并以请籴借粮为借口，来暗中空虚我们的国库。所以老臣认为，越国的请籴，并非出于解救饥荒之困，而是隐含了军事意图的呀！"

要论起国防安全意识和军事谋略，伍子胥那是聪明绝顶，一条复杂而隐秘的奇谋就这么被他给揭穿了。末了，还当着文种的面大加夸赞范蠡是"圣臣"，摆明了是要挑唆越国臣僚关系嘛。然而，文种与范蠡之间的关系，那是属于志同道合，建立在同等的价值观上面的，岂是那么容易就被挑唆的？

对粮食这个国家的根本问题，夫差也猛然意识到应该慎重对待了。但是，他内心还是存在一份侥幸的，宁愿生活在虚假而美好的欺骗之中。夫差问："勾践自会稽兵败后，经过三年的劳动改造，已经低下了曾经高昂的头颅，对寡人彻底屈服了。勾践给我养马驾车，在多次国际峰会的宣传下，天下诸侯谁人不知？寡人现在释放了他，让他回去守护自家的宗庙，这份恩德等同父母，勾践怎么会做出反叛的举动呢？"

伍子胥说："忽悠！绝对是忽悠！勾践当初的所作所为，不过是在走投无路的情况下，不得已低三下四，马上就会盛气凌人了。大王呀，现今越国受灾，民众穷困，我们应该趁机出兵一举攻破他们。为什么大王您不遵从天神的意志，不顺从地神的启示，却反而想着要给我们的敌人输送粮食呢？这难道就是那狡猾的狐狸和野鸡之间的游戏吗？我听说那狐狸故意压低了自己的身体，导致野鸡被迷惑住，相信狐狸的诚意了。最终狐狸目的达到了，而野鸡也丧失了生命。对待国家的生死存亡问题，我们怎么可以掉以轻心呢？"

夫差的大脑彻底被伍子胥给搅乱了："你这是什么逻辑？勾践作为君王，因为遭受自然灾害的摧残而向我国借粮食，我为他提供粮食援助。我错了吗？恩望义来，其德昭昭，我的德行光明卓著，我还担忧什么呢？"

伍子胥继续苦口婆心地劝谏："臣闻，'狼子有野心，仇雠之人不可亲'。我们不能对凶残的狼崽子们讲亲善，那老虎岂是人可以用食物喂饱而不吃血肉之物的？那狠毒的蝮蛇怎能让它任意活动？这太危险了！现在大王置吴国的国防安全和人民幸福于不顾，却去对虎视眈眈的仇人大加援助；您不采纳忠臣的意见，却去顺从敌人的欲望。我此刻似乎已经看见越国攻破吴国，到处一片废墟，蛇和鹿这些动物在曾经辉煌的姑苏台上活动，王室宫殿荆棘遍布，一片惨败……希望大王认真回顾和思考下当年武王伐纣的历史故事吧！"

伍子胥这段悲愤激昂的话，又让在一旁默不吱声的伯嚭抓住把柄了。伯嚭开始插话了："相国大人，难道周武王不是商纣王的臣子吗？他竟然率领了诸侯去讨伐自己的君子，虽然他战胜了商纣王，但是他符合道义吗？"于是乎，伍子胥和伯嚭两个人，开始就武王伐纣是否符合道义这个历史遗留问题展开了针锋相对的辩驳。矛盾的焦点，从越国借粮这个问题上迅速被转移到内部价值观之争了。

看着伍子胥盛气凌人的样子，夫差突然感到自己真的好讨厌这个白发老头子。虽然他讲的话也有那么几分道理，虽然明知道他也是为了吴国的利益。但是，为什么自己就那么讨厌他呢？为什么他总是恶毒地把我比喻成昏庸无能的纣王，难道我在他心目中就是如此的不济吗？不！我不能让你否认我的价值，我有我自己的思想和主见，我才是这个吴国的君王，整个天下都将承认我夫差的价值，都将臣服在我的脚下……

正当夫差暗自想着的时候，却不知道这场臣僚的战火又蔓延到自己身上来了。

伯嚭对夫差说："大王您看，伍子胥这么多年来，我发觉他做臣子的意义，就是抵制君王的爱好、违背君主的心意而自说自话。假如大王您真的错了，怎么会到现在还没有发觉呢？"

伍子胥也火了："大王，别听伯嚭的。伯嚭的所作所为，无不是在讨取您的欢心，以便于谋取自己的私利。想当年，就是他暗中策划放掉了石室中的囚徒，然后又多次接受越国赠送的财宝美女，对外和仇敌结交示好，对内迷惑大王左右政治。伯嚭就是那个被越国收买了的，完全代表越国说话的利益集团代言人，还请大王明察，不要被伯嚭这个奸诈小人给玩弄了，不要再相信他的美言了。"

既然大家都等着夫差表态，夫差也就不能沉默了。只见他清了清嗓子，开始了会议总结报告："我个人认为，太宰伯嚭是对的。伍相国你总是听不进我的话，对我不够尊重，不能让我满意，这并不是忠臣的做法，我看你才是那种巧言谄媚的人。"

完了，在这场吴国内部政治斗争中，忠心为国的伍子胥就这样被扣上了"巧言谄媚"的黑帽子，使越国多年精心培养下的利益代言人伯嚭又赢取了阶段性的胜利。伍子胥完败，伯嚭就更加肆无忌惮了。只见他话锋一转，开始切入本次议题的核心内容——到底要不要借粮食给越国？

伯嚭不慌不忙地对夫差奏请道："臣闻，'邻国有急，千里持救'。自古以来，称王天下的人都要分封亡国者的后代，被拥立承认的霸主为什么要辅助被消灭者的后裔？这并不是我们一厢情愿的，是古已有之的国际惯例。越国向吴国借粮食，为什么不能借呢？我认为完全可以借嘛！一方面，越是纳贡于吴国的臣属之国，救越国就是救吴国；另一方面，越国是借粮食，并不是讨要粮食，虽然让我们国库空虚，但是别人不是承诺了吗？明年秋天谷物成熟的时候，如数偿还。越国请籴借粮这个事情，从本质上讲既没有真正地损耗吴国国力，又能在各诸侯国开展正面的舆论导向。我们借助于越国的借粮事件，大力宣传吴国的人道主义，不但可以修补先王当年在楚国犯下的历史暴行，又有助于我们未来称霸天下的形象建设。我不知道大王为何在这个事件上还犹豫不决，迟迟不能定夺。"

　　夫差仔细揣摩着伯嚭的每一句话："救越国就是救吴国。说得多好呀！看问题多深刻呀！"于是吴王夫差当场宣布："越国请籴之事，寡人完全同意，马上安排出谷物万石，即刻执行救援工作。"末了，夫差又对文种说："你今天看到了吧？寡人为了帮助你们越国，可谓力排众议。你们千万要记住感恩，来年如果丰收，一定要及时偿还，不可失信于天下。"

　　文种也是个好演员。只见他跪倒伏拜，起来时已经热泪盈眶了。他对夫差拍胸脯表示："大王如此恩德，对越国施以援助，解救饥荒，敝君怎敢不践约呢？"

　　文种领着谷物万石归来，越国举国上下无不欢欣雀跃。在群臣的配合下，这批谷物被分发到越国各境，百姓无不歌功颂德，对国家的前途未来和国家领导班子的治政能力充满了信心。

　　粮食，是国家的根基，不可不慎；粮食，是战争的核心，不可不察。在利益集团的左右下，吴国不惜打开自己的粮库，以极其愚蠢的慈善行为面对暗藏祸心的越国，进行国际援助和粮食供应。这种行为，无异于将自己的饭碗递送到他人手上，暴露出严重的国防安全隐患。试想，一旦越国在粮食问题上进行毁约、拖延、扼制，吴国则很容易在国家的生存发展和国际竞争态势中处于被动地位，在战略上受制于人。

"转基因"粮食的始作俑者

自从越国在吴国借走万石谷物后,吴国的最高领导人夫差确实忧心忡忡,并在反思几个问题:"越国会不会如约归还吴国援借的粮食呢?如果不偿还该怎么向大臣和国民交代?如果不偿还该如何预防国内危机?太宰伯嚭到底是不是越国利益集团的代言人?伯嚭真的背着我出卖国家利益吗?……"

然而,夫差做梦也没有想到,真正可怕而残酷的事实在于,越国的"借粮"其实并不算阴谋,最大的阴谋居然隐藏在"还粮"这个环节。

自从文种成功地在吴国借出万石粮食后,越王勾践也在困惑于一个问题:"从吴国借出的粮食到底要不要还?如果不还,违背道义,失信于天下,给国家增利的同时其实也是在抹黑。如果偿还,对吴国的发展壮大起不到什么牵制作用,千辛万苦的谋划也就失去了现实意义。难道只能眼看着谋划变成笑话吗?"

习惯了当"甩手掌柜"的勾践,把这个难题甩给了自己的智囊团去研究思考、制定对策。

由于有了来自吴国的援助,越国的农业和经济保持了相对较为稳定的发展。到了第二年(公元前483年),越国大地上一片生机,祸去福来,居然喜获丰收。让人啼笑皆非的是,自然天灾"风水轮流转"转向了吴国,现在轮到吴国的农作物颗粒无收了。

怎么办?还粮食呗!吴国虽然还没有来得及向越国催粮,但是第一时间获悉情报的越国智囊团已经研究出还粮的具体方案了。

这套方案的核心就是:履约还粮,不失信于天下;不但要还粮,还要多还。要给吴王夫差一个大大的意外惊喜,彻底消除他对越国的防范戒备心。

但是,在偿还的粮食中假以手脚,以人所不知的隐秘方式对吴国进行多重打击。

假以什么手脚呢?越王勾践一道密令传下去后,相关人员对于紧急征收起来准备偿还吴国的谷物,进行了一场史无前例的"转基因"种子试验。如何试验呢?他们精挑细选出最好最大的谷粒,把接近九成的谷粒进行了蒸煮。这批谷物被放在锅上这么轻轻一蒸,使之达到刚好不能发芽的程度,尔后再把接近一成的正常谷种均匀地掺杂在其中，肉眼根本无法识别和察觉。

然后，文种再度出使，浩浩荡荡的车队运载着这批"转基因"粮食，顺理成章地进入了吴国。

获悉越国大夫文种前来偿还粮食的消息后，夫差那份激动与欣喜真的是无以言表，他太开心、太高兴了！为何如此高兴呢？

第一，越国还粮了，证明夫差的眼光没有看错人；作为君主，他的决策是正确而英明的，没有犯下严重的政治错误。

第二，越国能够按时还粮，证明了他们对吴国的忠诚之心，最起码对吴国是臣服的，并不是像伍子胥口中传说的那样恐怖可怕。

第三，越国偿还的数量远远超过了所借的万石，吴国赚发了。有了这些凭空得到的多出来的粮食，吴国不但可以缓解当前面临的灾荒问题，还有余粮可以作为北上称霸的军需储备。你说吴王夫差能不高兴吗？

夫差随手抓起一把越国偿还过来的这些谷物，只见一颗颗谷粒粗大饱满，又圆又亮，成色特别好。不难看出，这些都是经过了越国精选出来的优良谷种。夫差对伯嚭说："我听说越国土地肥沃，谷物作种子堪称首选。吩咐下去，今年吴国的粮食种植，全部改用越国偿还的优良谷种吧。"

吴王夫差这一条政令的颁布，可把举国上下亲手推进了苦难的深渊。就在那一年，怪事出现了。吴国采用了越国提供的这批所谓优良谷物播种后，只见广袤的田野里一片荒芜，偶有稀稀拉拉、星星点点的几棵嫩芽发出，也是如同秃子头上的头发，惨不忍睹。更奇怪的是，不仅姑苏城外的郡县如此，举国千里之地也都是如此遭遇。

全国性的粮食绝产，这可是吴国前所未有的奇闻。夫差紧急召见伯嚭询问："为什么越国偿还的谷物下种之后，举国绝收？"

伯嚭其实也稀里糊涂，不知其所以然。情急之下，他只能见风使舵地回答："这大概是由于吴越二国水土、气候存在着差异吧。"无计可施的夫差只能在内心接受这个解释，懊悔于自己当初盲目的决策。他至死也没想到，越国偿还的这批看似精挑细选的谷物，居然是经过了技术改良后的"转基因"粮食。

这是一个设计巧妙而又隐蔽的阴谋，越国智囊团精心策划的这一代号为

"请籴"的隐态作战计划，是由三道程序组合构成的。首先，越国以求助者的身份向吴国发起"请籴"的外交行为，通过祭出道义的旗号来申请援助，达成粮食进口的目的来进行"危机转嫁"，趁机空虚吴国的粮库。其次，通过扶持利益集团代言人出面浑水搅局，以"道德"和"人权"的大棒排挤打压吴国忠臣，攻破吴国国防安全屏障。最后，以诚实和信义的名义出奇谋，把一批进行技术改良后的"转基因"粮食高调地输送到吴国，播种落地，使其粮食绝收而误农事。

然而这一系列的恶果，夫差是毫无察觉的。

《文子》曰：

> 离散则国势祸，民背叛则上无威，人争则轻为非，下怨其上则位危。四者诚修，正道已矣。

由于忠臣失位，奸佞当道，夫差一直被蒙在鼓里，过着自己极其奢华的享乐生活。他的心里，除了日夜为西施所系，神魂颠倒外，还有一个不可遏制的欲望，那就是——北上称霸，会盟诸侯。

静心读

《道德经》

不尚贤,使民不争;

不贵难得之货,使民不为盗;

不见可欲,使民心不乱。

是以圣人之治,虚其心,实其腹,弱其志,强其骨。

常使民无知无欲,使夫智者不敢为也。

罪莫大于可欲,祸莫大于不知足,咎莫大于欲得。

故,知足之足,常足矣!

第 21 章

防不胜防的意见领袖

古贤有云:"祸从口出。"

善逞口舌之能者,迷者能稀里糊涂误己,智者可清清楚楚误人。人心变幻人心险。在人与人之间、国与国之间的各种交往中,各类看似美丽的"陷阱"无处不在,各种以假乱真的现象让人眼花缭乱。儒雅的不一定是君子,怒目的不一定是魔王,诚恳的未必就是善人,好听的未必就是良言,卑辞厚礼的不一定就是真心归顺,喜从天降很可能引发乐极生悲。

面对变幻无常的社会万象,我们该如何立足真实获得真知,讲求真信掌握真理呢?老子告诉我们:"信言不美,美言不信;善者不辩,辩者不善;知者不博,博者不知。"信,指的是真实;美,指的是华丽。在老子看来,真话通常都不漂亮,不华丽,却是真正为人言好。相反,把话说得动听,说得一环扣一环,让人一步步进去,表面看起来美丽、动听,可实际上却是最不靠谱、最虚伪,也是最害人的东西!

孙中山先生说:"所谓固国家不以山溪之险,威天下不以兵革之利,其道何在?精神为也。"欲成万人之上的领袖尊者,当知"信言不美,美言不信"的道理,当听"生于忧患,死于安乐"的忠告,时刻强化国防安全意识,以防外邪入侵。要不惧苦口良药、不畏逆耳忠言,善辨虚假逢迎之言、善堵阿谋媚上之门,善于拨开纷杂的乱象看到事物的真实内在，这样才能明辨秋毫、智行天下。只有着眼于大局长远，不贪图眼前蝇头小利的人，最终才能大其己、成其私，赢取全盘的胜利。

孔子品牌传播的幕后推手

吴王夫差一直念念不忘"北上称霸"。既然夫差有此兴趣，越国君臣自然是喜闻乐见，当然也会不遗余力地投其所好。所以在这件事情上，越王勾践可以说是拍着胸膛跑步前进，为吴军北伐筹备钱财，以图将战火转移到其他国家。此举不但可以缓解自身压力，继续让越国获得发展富强的机遇，还能让穷兵黩武的吴国国力急速消耗，何乐而不为呢？

"打吧！打吧！你们开战，我为你们鼓掌呐喊！"越王勾践心里一定这么热烈地企盼着。

但是，吴军北伐，打谁呢？凭什么去打别的国家呢？每一场战争，都是需要理由的。这个理由的成立和成熟，自然免不了有人暗中煽风点火。谁有那么大的本事，可以鼓动和左右吴王夫差发起一场军事战争呢？

这个人，就是春秋时期赫赫有名的资本财阀、跨国儒商集团董事局主席、非政府组织意见领袖、著名学者子贡。

子贡是谁？他为什么有这么大的能耐？

子贡是春秋末年卫国人，出生于公元前520年，与范蠡同龄。他本姓端木，名赐，亦称卫赐，又名子赣，到了后来立字时才取名为子贡，是孔子的得意门生之一，曾被孔子赞为"瑚琏之器"。

子贡为什么有影响一国之君发动战争的能耐呢？我们来做以下分析。

首先，子贡出身于贵族名门，具有天生的门第优势。

其次，子贡是举世公认的知名学者、意见领袖，具有超强的外交能力。

最后，子贡学通仕商，富甲天下，具有雄厚的资产与高层人脉。

儒学能在当时成为世之显学，在司马迁看来，与子贡这位品牌赞助商和意见领袖的推动是分不开的。由此可见，收得一名好的徒弟对于一个学派的发展壮大是何其重要。

战争其实就是一笔生意

子贡虽然很厉害，在春秋末年的政坛上很有影响力，但是作为儒家学者的他不是注重仁德吗？他为什么要策划鼓动吴国的北伐战争，让百姓生灵涂炭呢？

这件事，要从孔子的祖国——鲁国遭遇到的一场危机说起。

我们知道，在春秋时代，周天子的权威名存实亡，拱卫周室的诸侯相继坐大，并彼此间展开激烈的兼并和掠夺战争。在长期的战争中，许多小诸侯国分别被吞并，而仅存的几十个国家中，紧接着又展开了一系列的争霸战，你方唱罢我登台，各领风骚几十年。在无休止的征伐与争霸中，各诸侯国都被拖累得筋疲力尽。于是，要求停止战争休养生息的弭兵会盟又拉开了帷幕。

弭兵之后，虽然各诸侯国之间的外部战争得以抑制，但是此消彼长，各诸侯国内部积聚起来的新矛盾和新斗争又开始了紧锣密鼓的上演。那些手握重权的卿大夫们，为了获取更多更大的控制权，外抚民心，内蓄谋士，排除异己，瓜分利益，在各显族之间拉开了新的战场。比如齐国，自桓公称霸后到齐景公之时，朝堂之上就主要形成了高、国、田、鲍、晏五大家族相互抗衡制约。由于田氏第五代首领田桓子采取了大斗出贷、小斗收进的策略笼络民心，与齐景公横征暴敛的做法形成了鲜明的对比，因而齐民"爱之如父母，归之如流水"，增加了户口与实力，势力便一家独大。

公元前483年，齐国田氏家族的第七代人物田常雄心勃勃，有意通过一种一劳永逸的方法，彻底挫败其他四大家族，继而获得对齐国的绝对控制权。怎么办呢？最好的办法就是策划发起一场外部战争，通过战争来打击政敌，完成对内部政局的重新洗牌。战争，打谁呢？田常略一思索，便把目光投向了邻近的鲁国。

当田常率领的齐国大兵开赴齐鲁边境，对鲁国形成虎视眈眈志在必得的企图时，孔子坐不住了。孔子急啥？他是鲁国人呀。孔子一生都致力于天下和平运动的奔走宣讲,到头来生养自己的故土却未能幸免于战火洗劫,这岂不是太不给孔子面子了。

于是乎,为了拯救自己的国家免于战火,孔子便为门下精英弟子们进行了一番慷慨激昂的演讲:"鲁国,是祖宗坟墓所在的地方,是我们出生的国家。我们的祖国危险到这种地步,你们为什么不挺身而出呢?"一听老师愤怒了,武艺高强的子路、满腹经纶的子张纷纷请命,要代替老师前去救鲁。然而,孔子都摇头否决了。

最后,直到子贡站起身来表态由他前去,孔子才干脆利落地答应了。

矛盾和祸患出来了,我们该怎么样去解决才最有效呢?是仰仗着自己的力气和武艺过关斩将,杀敌军个片甲不留?还是在两军阵前以道德仁义的高度苦口婆心进行规劝,寄希望于对方良心发现,羞愧撤军?这些方式对目的性和阴谋性很强的田常有用吗?他会听吗?

可以说,毫无用处!田常需要的是什么呢?他需要的是利益,看得见的、赤裸裸的利益。如何在有效满足他利益的同时,又让鲁国避免战火荼毒呢?那就需要精于生意之道的子贡去为鲁国引开矛盾祸患,为田常创造更大利益和价值空间了。

子贡首先来到齐国,找到田常说:"来来来,田老板,我们做一桩生意吧。"做什么生意呢?子贡告诉田常:"鲁国不好打,你攻打鲁国是犯了战略性错误的,这个生意是要亏本的。为何我说你要亏本失败呢?你看,鲁国是很难攻打的国家。它的城墙单薄而矮小,它的护城河狭窄而水浅,它的国君愚昧而不仁慈,大臣们虚伪,士兵们懒散,这样的国家有啥好打的呢?不可以和鲁国交战!你要赢利,为何不去攻打吴国呢?吴国的城墙高大而厚实,护城河宽阔而水深,铠甲坚固而崭新,士卒经过挑选而精神饱满,一等的人才、精锐的部队都在那里,又派英明的大臣守卫着它,这样的国家是容易攻打的。"

子贡这番不符合逻辑的话,把田常的鼻子都快要气歪了。田常脸色一变说:"你认为难,人家认为容易;你认为容易,人家认为难。你用这些话来指教我,是什么用心?难道你认为我的脑子进水了吗?小心我让你吃不了兜着走。"

子贡一笑,田常怒了,鱼上钩了。他于是接着说:"别急,别急。我听说,忧患在国内的，就应该去攻打强大的国家。忧患在国外的，就应该去攻打弱小的国家。田老板，咱明人不用说暗话，我可知道你的忧患在国内哟，你要打的不是鲁国，而是你们齐国朝堂上的政敌，对不对？一点点大小的鲁国值得你打吗？大家都能够轻而易举完成的事情，你的功劳和成就体现在哪里？若是打胜了呢，你的国君就更骄纵，你国中的大臣就更尊贵，算过这笔账没有？靠这种手段想要成就大业，太困难啦！你难道不知道你的算盘会被打翻，你的处境将很危险吗？"

田常傻眼了。这怎么办？兄弟，给哥哥支个招呗？

子贡乐了："打鲁国干吗，太没成就感了，要打就打吴国这样的强国。吴国这么强大，你的国君能不对你表示重视吗？齐国举国上下敢不全力以赴表示配合吗？把那些不听话的家伙全部弄上战场去消灭了吧，你的目的不是达到了吗？这多干净利落，稳赚不赔呀，哥哥。"

这番话果然高妙，正中田常下怀。田常马上表示出亲热和喜悦，对子贡说："唉！兄弟，你这话我爱听。但是有个问题，我率领的军队都已经开赴鲁国了，如果贸然从鲁国撤军转攻吴国，这临时改变作战计划，大臣们一定会怀疑攻击我别有用心，可怎么办？"

子贡说："这不要紧。你只需按兵不动，千万别出兵攻打鲁国就行。我帮你把齐国和吴国的战火点起来，把吴军引过来救鲁国，你不就可以出兵迎击吴军了吗？"

田常就这样被子贡忽悠得一愣一愣的，最终决定采纳子贡的建议，坐等吴军来攻打自己。

如果说，子贡在与田常的这一轮谈判中，是以纯生意人的身份和立场直接从利益入手，用利害关系牵制和阻止了田常率领的齐军对鲁国的攻伐。那么，他接下来又将以何身份奔赴吴国去游说吴王夫差呢？

"国际化视野"下的套

面对夫差，子贡的身份标示转换成了另外一个符号，那就是著名学者、国际政治观察员、意见领袖。

意见领袖又叫舆论领袖，是指在人际传播网络中经常为他人提供信息，同时对他人施加影响的"活跃分子"。由于他们具有特别的技术、知识、个人性格或其他特点，在传播效果的形成过程中可以起到重要的中介或过滤作用，所以由他们将信息扩散给受众能对他人产生至关重要的影响。

什么样的人可以成为意见领袖呢？

首先，要生活经验丰富，知识面广。

其次，要具有广泛的交际，同公众联系密切，在社会上享有较高的威望。

再次，意见领袖还必须具有较高的社会经济地位。

最后，意见领袖性格外向，思想活跃，勇于创新，属于新观念、新事物的带头鼓动者。

吴王夫差念念不忘称霸天下，其他诸侯国对他的称霸如何看待？当前是否具备称霸的历史性机遇呢？当出身显赫、知识渊博且横跨学界、商界、政界多领域的跨界文化学者子贡高调地出现在姑苏城内，表示要对吴国进行考察访问时，夫差马上安排时间接待了子贡。

一见面，伶牙俐齿的子贡就对夫差劈头盖脸进行了一番"国际化视野"的洗脑。

子贡对夫差说："大王有心称霸天下，这是值得肯定与庆贺的，也是天下人对美好未来的强烈呼唤。但是，我们自身想明白了没有？要称霸，我们的霸气修炼出来没有？一个未来的霸主，必定是一个有强烈责任感和公道心的人，绝不会坐视一个具有合法地位的诸侯国被人消灭而不闻不问。我们要率先挑起霸主对天下和平的重担呀。"

吴王很好奇："那该怎么挑起呢？"

子贡说："目前就有这么一个千载难逢的好机会呀。大王您知道吗？在山的那边海的那边，有一个拥有万辆战车的齐国准备攻打一个仅有千辆战车的鲁国，这像话吗？是可忍孰不可忍？霸主应该做什么？维护各诸侯国的秩序呀！现在，这么好的机会送到了眼前，大王如果不加以珍惜，我都替大王感到忧虑呀。"

看吴王没有说话，子贡接着说："我帮您算一笔账。大王如果肯以准霸王的姿态，高调发声，驰援鲁国，最起码能够获得三大好处。第一，我们不远千里帮助鲁国，不谈条件不计报酬，赚的是名声。只要有了救援鲁国的行为，吴国的大国形象与公道就自然深入民心，列国都会承认吴国的权威地位。第二，齐国富裕且强大，曾经做过春秋霸主，攻打齐国可以让我们有利可图。只有首先把齐国的强大霸气打压下去，各诸侯国才会承认我们吴国的强势地位，给予我们应得的尊重。第三，讨伐强暴的齐国，可以用来敲山震虎，震慑同样强大的晋国。您看，名义上我们是在保存危亡的鲁国，实际上却阻碍了强齐的扩张，打出了自己的霸气，没有比这样做获利更大的了。聪明人是绝对不会错失这样的良机的。"

夫差有些犹豫不决："先生说得倒是挺好的。但是我有些担心一旦出兵伐齐，越国会不会在我的后方搞小动作？防人之心不可无呀。要不我干脆先把越国给灭掉，再来出兵救援鲁国！"

子贡早就料到夫差会这么说，只见他站在道义的高度，对吴王夫差进行了严厉而真诚的批判教育："您太让我失望了！这样做还有一点天下霸主的雄心与责任吗？这样会让各诸侯国不齿的。越国的军事实力连鲁国都比不过，而吴国的强大至今仍难以超越齐国。大王把齐国搁置在一边，却去攻打不堪一击的越国，等回过头来，鲁国早已成为齐国的囊中之物了。我看大王是没有勇气担负起维护天下正义的重任了。这应该具有什么样的品质呢？我听说：勇敢的人不回避艰难，仁慈的人不让别人陷入困境，聪明的人不肯错失良机，施行王道的人不会让一个国家灭绝，凭借这些才能树立起霸主的道义。大王，您一定要听我的，我们现在应该保存越国，以向各国诸侯显示仁德；援助鲁国，攻打齐国，同时给晋国施加威力。如此，各国诸侯一定会竞相来吴国朝见，称霸天下不是成了吗？"

末了，子贡不忘告诉夫差一句："大王若果真畏忌越国，我帮您出面去敲打敲打越王，让他派出军队追随您，这样不就可以把您内心隐隐不安的顾虑给消除了吗？"

就这样，吴王夫差又轻而易举地被子贡给搞定了，舒舒服服地掉进了子贡布下的棋局中。

儒商始祖与道商始祖的首轮合作

子贡真的是去越国敲打警告越王吗？不，他是去给越王勾践送丰厚的利益分红。

一直以来，越国地处偏僻，少有中原名人光顾。在获悉知名学者子贡先生要来越国访问的消息后，越王赶紧令人清扫道路，安排范蠡、文种到郊外迎接，自己则亲自驾驭着车子到子贡下榻的馆舍表示亲切问候："有朋自远方来，不亦乐乎！越国偏僻落后，大夫您怎么会屈尊光临此地呀？"

子贡一看勾践的态度，唷，表现得不错嘛，加十分。"江海之所以为百谷王者，以其善下之。"这句话是老子说的。但是由于孔子极其尊崇老子并多次向老子求学，作为学生且长期陪伴在孔子身边的子贡因而也有机会亲耳聆听老子教诲。子贡知道，君王一旦懂得了谦逊卑下，知道该如何去尊重知识分子和掌握舆论话语权的意见领袖，就已经行进在成功之路上了。

子贡半开玩笑："大王呀，这还不是因为你在这儿，我才不远千里赶来的嘛。"

越王赶紧谦卑地请求指教。子贡也就明人不说暗话，对勾践一五一十地讲出了此行的真实目的："您知道吗？我这次过来是帮您来了。我在见您之前已经见到了吴王夫差，并且极力鼓动他出兵攻打齐国，这个结果不是你们一直想要但是久久未能实现的吗？经过我的一番指点，夫差终于开窍，准备趁齐国伐鲁这个时机出兵，与齐国军队进行正面交锋。但是，夫差对您还是有些放心不下，本来准备先把越国给收拾了再北伐的，幸好有我在场，帮您把这场危机给化解了。记住我给您的几点忠告：'无报人之志而使人疑之，拙也；有报人之意而使人知之，殆也；事未发而闻之者，危也。'您一定要继续韬光养晦，保持低调。我也知道您身为一国之君却遭受了奇耻大辱，一心想着报仇雪耻。但是，您欲报仇的想法一定要极为隐秘，不要让吴王疑之、知之、闻之。"

勾践一听子贡这话，赶紧给子贡磕头伏拜。为何他身为一国之君居然给子贡磕头？一是感恩子贡的金玉良言，初次见面，对我太好了。因为激动。二是我隐藏极深的报仇念头，身为中原人的子贡怎么知道，听子贡的意思似乎夫差也有所察觉，这该怎么办？因为恐惧。

那接下来勾践应该怎么办呢？子贡告诉越王："接下来，我们一起来演出戏吧。吴王这个人，贪功名而不知利害。吴国热衷打仗，几番下来，弄得国家疲惫衰败，士兵难以忍受，百姓怨恨国君，大臣内部又发生权力争斗而生乱。我们该怎么演戏呢？大王现在应当派出一支打着'国际维和'旗号的小分队去辅佐吴王，用实际行动来投合他的心志，用重金宝物来获取他的欢心，用谦卑的言辞尊敬他，继续保持屈服的姿态。这样，他就没有后顾之忧，一定会去攻打齐国。"

"大王算过没有，吴王北伐，越国会赢利多少呢？不管吴国军队有没有取胜，越国都将是最大的赢家。如果他打不赢，这是大王的福气。一旦他打赢了，定会带兵逼近晋国，而我会北上会晤晋国国君，提醒他共同攻打吴国，借以削弱吴国的势力。您想想，吴国的精锐部队全部消耗在齐国，重兵又被晋国牵制住，大王是不是就可以趁它疲惫不堪的时候给以致命一击呀？这样一定能灭掉吴国。"

这番对话，简直让越王勾践心里乐开了花。他似乎看到了胜利在望，大仇得报后的扬眉吐气。

那一天晚上，就在子贡下榻的馆舍之中，时任越国相国的范蠡与子贡彻夜长谈。

范蠡和子贡，一个是文子的得意弟子，一个是孔子的高足门生，真要追溯起学术师承渊源来，可以说都是老子道学门下的第三代正宗传人。他们二人，虽是同龄，但出身与人生境遇却大不相同。范蠡出身于贫寒农家，智慧远见，深藏若虚，特立独行，平素寡言沉默，低调无华；子贡则出身于贵族世家，见闻广博，外向活跃，口若悬河，其思维如天马行空、纵横无拘。范蠡和子贡的对话，既有学术的争鸣和交融，又有对越国现状及天下局势的分析评说，还有各自人生经历的感悟交流。

范蠡为什么在离开越国之后，会选择在齐国经商创业？我想，这肯定与子贡访越的那一夜，两人思想的交流碰撞有关。范蠡最后能够成为财神、商圣，被尊为道商的始祖，这或许也得益于被誉为"瑚琏之器"的儒商始祖子贡的某些启发和引导。

当子贡离开越国时，越王不但完全接受了子贡的建议，还为他送上了越国宝剑、黄金、马匹等珍贵的礼物。然而，子贡却没有接受越王的厚礼。

子贡重新回到吴国静待消息。五天之后，大夫文种前来朝见吴王，代表勾践郑重表态："敝君私下听说大王将要发动正义之师，讨伐强暴，扶持弱小，那可真是激动万分，天下有救了。敝君请求出动越国境内全部军队三千人，由他亲自披挂铠甲、拿着锐利的武器给大王打先锋，纵然战死也无限光荣。今天敝君先派贱臣前来，进献祖先珍藏的铠甲二十件、屈卢良矛、步光利剑，用来作贵军的贺礼。"

在春秋时期，要论演技的娴熟，越王勾践绝对可以角逐"影帝"的桂冠。

被假象迷惑了双眼的吴王听了非常高兴，扭头问客人子贡："越王说他想亲自跟随我攻打齐国，我们要不要带他去？"子贡回答："这是不可以的，做人千万要厚道。您今天接受了人家的礼物，调动了人家所有的人马，还要人家的国君跟着出征，这是不道义的。传出去多损大王的威望和美名呀。"

夫差做梦都想称霸，称霸之后到底能得到什么呢？还不是为了那份威望与美名吗！于是，他欣然接受了子贡的劝告，辞谢了越王随军出战的强烈请求，开始调动九个郡的兵力，浩浩荡荡地开赴出去打齐国。而此时，在政治上被严重边缘化的白发苍苍的伍子胥，已无力回天了。

最后，子贡还不忘搂草打兔子，又往晋国跑了一趟，对晋定公发出极其善意的警告："现在齐国和吴国即将开战，如果吴国取得了胜利，恐怕会顺道把晋国给一起打了，要千万小心呀。"晋定公深表无奈，我招谁惹谁了？齐国和吴国打仗，怎么还扯上我晋国了？难道我流年不利犯太岁吗？那该怎么办呢？

子贡说："你们晋国要强化国防安全意识，准备好武器，休养士卒，随时做好打仗的准备，等着吴军的到来。"就这样，晋国也被子贡顺手拎出来，赔上自己的本钱去帮助越国消耗吴国的实力。

《史记》中说：

> 故子贡一出，存鲁，乱齐，破吴，强晋而霸越。子贡一使，使势相破，十年之中，五国各有变。

如果在春秋时期要评选奥委会主席，一定非子贡莫属了。他这么一出使，凭着三寸不烂之舌，五个国家的前途命运都被串联在一条"利益"的大绳上，构成天然的五环，牵一发而动全身。鲁国得以保存了，齐国的田常通过战争顺利完成了洗牌运动，手握重权了，晋国得以强化了，越国被成就了。唯独吴国被稀里糊涂地忽悠着，上了那艘滑向欲望深渊的大船，驶向不归路。

在子贡的这趟出访中，旁人可谓看得清楚明白：这子贡眼里看着的是齐国，心里想着的是鲁国，嘴里说着的是吴国，都以为他是为了晋国，谁知道他的核心目标却成全了越国。看着自己的弟子折腾出这么大的动静，孔夫子想不通了："我的初衷是保存鲁国，这个端木赐太过分了，他绕了这么大一个弯子，让五个国家的命运都发生了改变，并不是我愿意看到的。哎！太过分了！太危险了！"

子贡为什么要不遗余力地暗中帮越国，甚至连合理的报酬都不领受呢？据民间野史传说，早在老越王允常在位之时，因为吴、越二国战事不断，出于家族后代的安全考虑，允常夫妇曾经偷偷给自己的一个女儿办理了移民手续，送去了远在卫国的小姨子身边抚养。允常的这位小姨子是谁呢？就是卫灵公的夫人南子。后来，这个名叫勾环的女子，就成了子贡的夫人。这层关系，连身为兄长的勾践都不甚清楚，孔夫子他老人家又怎么会了解呢？至于我们，就更加难以考证其真伪了。

静心读《道德经》

执大象，天下往，往而不害，安平太。乐与饵，过客止。道之出口，淡乎其无味，视之不足见，听之不足闻，用之不足既。

第22章

猎鹰计划与伍子胥之死

如何才能洞彻吉凶的先兆呢？

《黄帝四经》告诉我们："凡人好用雄节，是谓妨生""凡人好用雌节，是谓承禄。"这需要我们掌握辨析"雄节"与"雌节"这两种关于治国强军与修身去患的基本处世规则。大凡自以为是、桀骜不驯、态度强硬者，都称之为"雄节"；大凡温和、婉顺、谦恭、卑让的，都称之为"雌节"。好用雄节即有害于自我生存，作为王公大臣容易走向毁灭，身为普通百姓则易导致灾祸临头。正所谓守国则不安，做事则难成，求取谋望则无获，征伐敌国则不胜，自身难以长寿，家族也难以兴旺。而那些好用雌节的，可以说是承接福禄，妙不可言。总体来说，那是"守则安，事则成，求则得，攻则胜"，自身不但可以享受长寿福，还能让子孙繁荣昌盛，好处多多。

在《道德经》中，关于"雄节""雌节"的辩证关系与制衡规则，老子以"柔弱胜刚强"之语一言概之。

伍子胥的性格缺陷

公元前483年，那可真算得上是一个多事之秋。

那一年，越国对吴国发起的"转基因"粮食战争初见成效；那一年，著名学者子贡单枪匹马玩转了五个国家，直接把吴王夫差忽悠得出去"北伐"了；那一年，越国暗中操控的"猎鹰计划"又取得了突破性的进展，使智勇双全的吴国相国伍子胥惨遭夫差赐死。

何谓"猎鹰计划"呢？在伐吴"九术"中，越国智囊团主张通过隐态战争手段，"强其谏臣，使之自杀"。这里的"鹰"，指的是鹰派。鹰派，是一个广泛用于政治上的名词，常用以形容主张采取强势外交手段或积极军事扩张的人士、团体或势力；另一解释为以强硬态度或手段卫护国家民族利益的个人、团体或势力。

吴国的鹰派人物是谁呢？

毋庸置疑，那就是掌握吴国军事大权并一直主张对越动武的忠臣伍子胥。

伍子胥是怎样为自己埋下了身死的祸根呢？其实，这真的怨不得他人，只能怨自己没有眼力，举荐了夫差来继承阖闾的王位。

《吴越春秋·阖闾内传》中记载：

> 是时，太子亦病而死。阖闾谋择诸公子可立者，未有定计。波太子夫差日夜告于伍胥曰："王欲立太子，非我而谁当立？此计在君耳。"伍子胥曰："太子未有定，我入则决矣。"阖闾有顷召子胥，谋立太子……阖闾曰："寡人从子。"立夫差为太子……

夫差能坐上吴王的宝座，是怎样得来的呢？真的是因为他优秀吗？不，这是伍子胥一句话定下来的。当年，老吴王阖闾确立的太子波由于体弱患病，一命呜呼了。谁来继承自己的伟大事业呢？阖闾就考虑在众多的公子中挑选可塑之才，来确立新的太子。

关于夫差的身份问题，有学者依据"波太子夫差"的原文，说夫差是阖闾的孙子。俞樾先生考证并非如此，这里应该是"波"与"次"之误，即夫差是阖闾的次子，"次太子"之说出于吴地俗间的尊称。再说了，阖闾选择太子的范畴并没有扩大到自己的孙子辈，而是"谋择诸公子可立者"。《左传》也记载当阖闾死后，夫差使人谓己曰："夫差！尔忘越王之杀而父乎？"并没有说阖闾是夫差的爷爷。

阖闾要重新海选确立新太子，身为次子的夫差有没有可能性入围晋级呢？很难。因为父亲阖闾对他的评价不高，称他是"愚而不仁"，不但愚蠢缺乏智慧，还个性残暴，认为他很难奉守吴国的正统。然而，夫差的高明之处就在于他找对了人，他找到了当时深得阖闾信任并足以影响重大问题决策的伍子胥。伍子胥也犯傻了，一激动就对夫差拍胸脯承诺："只要我一出马，太子这个事就可以定下来了。"经过伍子胥的大力举荐后，阖闾果然没有坚持自己对夫差的不良印象，选择了夫差为新任太子。

所以说，伍子胥身死，怪谁呢？首先要检讨自己。如果不是伍子胥自己拍着胸脯打包票，夫差是不可能登上王位的。

自从夫差掌握了吴国政权后，好管闲事的"干爹"伍子胥一直是夫差自我膨胀的阻力。这老头，太可恶了，什么都要管。早知道当了国君还要处处受制于人，我还当这个国君干吗呢？一点都不好玩嘛。对成年男子夫差而言，厌烦伍子胥的唠叨，讨厌伍子胥的监管，处处与伍子胥过不去，似乎成为他摆脱上一代政治风气，企图开维新之路闯自主特色的呐喊和抗争。

然而，作为父亲的阖闾那一句"愚而不仁"的评价，似乎就是一个来自于法老的可怕诅咒和预言。夫差那种种属于年轻人的抗争和叛逆，越来越真实地表露出他的无知和可怕，也越来越让伍子胥后悔当初的决定。

怎么办呢？为了国家的前途命运，自己捅破的窟窿只有自己去修补。所以，夫差越是做出愚蠢的决定，伍子胥越是要试图想方设法去扭转和改变他。

在黄老道学管理体系中，"心印"是管理的最高境界。

心印之道，在于彼此之间的真信。《亢仓子》说："道德盛，则鬼神助；信义敦，则君子合；礼义备，则小人怀。""信全则天下安，信失则天下危……人不相信，由政之不平也。"《吕氏春秋》说："信而又信，重袭于身，乃通于天。""君臣不信，则百姓诽谤，社稷不宁。"夫差和伍子胥之间的这种君臣遇合，貌不合，神悖离，裂痕越来越大。君臣之间，哪里还有什么"上无为而下必有为"的协调，哪里还有什么"将能而君不御"的默契，哪里还有什么"天地相合，以降甘露"的美好。有的，仅剩下了折磨、煎熬。

对于伍子胥的评价，《越绝书》中称："子胥勇而智，正而信。"见多识广的子贡曾这样评价："夫子胥为人精诚中廉，外明而知时，不以身死隐君过。"什么意思呢？首先，伍子胥是一个勇敢而富有智谋的人；其次，伍子胥是一个正直而诚实的人；再次，伍子胥是一个对身外的事件看得很透很深的人；最后，我们都承认，伍子胥是一个好人，但也是一个不能正确认识自己的人。他可以不惜身死也不愿意隐瞒宽容君王的过错，做不到揣着明白装糊涂，这样的性格才是致命的要害。

《文子》一书中说："闭四关，止五道，即与道论。"是哪四关呢？黄老道学认为，是"耳、目、口、心"这四关。为什么要闭呢？伍子胥就是典型的案例。笔者对伍子胥的性格评价是八个字："心直、耳快、眼毒、嘴硬。""心直"，内心太过于正直忠诚，学不会欺诈，守不了愚拙，绕不来弯子，心中坦荡荡。有一种说法是"直来直去损人丁"，再高妙的智慧都难以藏住。"耳快"，作为吴国最高军事长官和相国，伍子胥接收的信息多、渠道广，该管的工作他在管，不该管的事却偏偏因为耳朵利索他也在管，这就很讨人嫌了。"眼毒"，一方面是指他看事透彻，无论多么隐秘的诡计都能洞察先机，瞒不过他的心；另一方面是指他看人糊涂，夫差的王位、伯嚭的高升，哪一个不是出于伍子胥的举荐？"嘴硬"，指的是伍子胥在语言表达和沟通上，缺乏语言表达艺术，没有掌握智臣的劝谏方式，吃亏就吃在口中语言的强硬上。所以文子告诉我们，"故闭四关，终身无患。"

夫差和伍子胥君臣二人的这种强硬状态，是不是不可避免的呢？并非不可调和。他们之中只要有一个人肯让步、肯示弱，能够守雌节，都可以相安无事。正如《道德经》中说："知其雄，守其雌，为天下溪；知其白，守其黑，为天下式；知其荣，守其辱，为天下谷。"刚健勇猛的本领，虽然能够克敌制胜，但是肆于刚勇，贪于妄进，则必然会遭受天下人的厌恶。所以，深知本性雄强的毛病，我们就应当守持雌柔而不争，虚心谦下如同天下所归的低谷。哪怕知道自己聪明睿智通晓事理情理，也应当内含自守，外用其愚，这是成功与体道的法式。做人切不可看得太明白，说得太直接。当我们荣贵显达的时候，万不可高亢其上，而要懂得低调谦恭的态度，这样才能避免祸殃，长立于不败之地。

可悲的是，夫差和伍子胥二人都做不到"守雌节"的态度，这就注定了悲剧必然成事实。

"裸官"有风险，入门需谨慎

伍子胥虽然贵为吴国相国，其真实处境却异常困难。

第一，与吴国最高领导人夫差的不一心，使其政治诉求和强国主张完全发不出声，在政治上被严重孤立化、边缘化。

第二，与吴国权臣伯嚭的不合情。俗话常说："一碗饭成恩人，一斗米成仇人。"由于内部的权力斗争，伍子胥和伯嚭二人明枪暗箭，早已势如水火。自从伯嚭成为越国利益代言人后，伍子胥在政治上更是一败涂地。《吴越春秋》说伯嚭"受越之赂，爱信越殊甚，日夜为言于吴王，王信用嚭之计。"

第三，伍子胥对西施入吴后的严重敌意和西施对伍子胥表现出来的理解宽容形成了鲜明对比，这让夫差更加看不起伍子胥，认为伍子胥企图剥夺和破坏君王追求美好爱情的权利。英雄一怒为红颜，弱女子西施表现出来的可怜和无辜，对伍子胥更是形成了一种看不见的暗伤。

第四，面对吴国国内的三方势力合力挤压，伍子胥都已经吃不消了。我们不要忘了，他还必须面对越国制订出来的清晰而又明确的"猎鹰计划"。四重压力的合围之下，伍子胥困兽犹斗的强硬态势，反而助推和激化了悲剧的提前到来。

是什么原因引爆了夫差与伍子胥君臣之间的矛盾焦点，最后直接导致伍子胥被夫差赐死的呢？我们应当反思伍子胥自身存在的问题。伍子胥被赐死，主要是两大原因造成的。

第一大原因是行为的过失。伍子胥千不该万不该，不该做了吴国的裸官。作为吴国的最高军事长官，你都把儿子送去敌国安居了，你还会全心全意地投入到对齐国的北伐战争中去吗？伍子胥在吴国做裸官这事，成了夫差心中永远无法释然的疙瘩。

第二大原因是言语的过失。伍子胥一贯的暴烈脾气和充满负能量的言语，让夫差在被多次激怒的状态下，赐死了伍子胥。

负能量言论，害死人

夫差在艾陵之战得胜后，便高调地返回吴国，然后找到伍子胥准备谈话，狠狠敲打他的傲气，以让伍子胥有所收敛。最起码你身为臣子应该懂得如何尊重君王，给我面子吧！你不是一直觉得自己是军事天才，看不起我吗？你不是说我最后一定要打败吗？你不是诅咒我"天地行殃，祸不远矣"吗？今天，我用我的实际行动和战争成果向你表明——我能！我可以！没有你伍子胥，我夫差依然强大！

夫差对伍子胥说："先王在世的时候，曾经为了你个人的家仇，在西面结下了楚国这个大强敌。当然话又说回来，我们吴国因为打败楚国而在江南树立了名望，这也少不了你的功劳。现在你老就老了，好好退休享福不就行了吗？为什么你还如此不够安分守己，反而到处惹是生非，制造谣言呢？你怪罪我的战士民众，扰乱我的法令制度，用一些怪异反常的事物妄图挫败我的军魂。幸亏呀，上天为吴国赐下洪福，先王的遗德也还保佑着我们，这次北伐齐国，我们胜利了。你看，我还是很低调，并没有认为这是我的个人功劳，这都是吴国有神灵护佑的结果。你说说你，对于吴国的强大出过什么力呢？"

在《吴越春秋》记载中，夫差用了"生变起诈，怨恶而出"的言语，直接针对伍子胥负能量的言论，提出了严厉的指责。

伍子胥被夫差彻底激怒了。只见他挽卷起袖子，朝着夫差露出自己的手臂，然后又解下自己的佩剑。解下自己的佩剑做什么呢？估计伍子胥拿着剑往桌子上这么使劲一拍，或者往地上就这么一扔，以此表达自己的强烈愤慨。

伍子胥对夫差说："从前先王在世时，他因为能够虚心听取大臣的忠告，所以国家才会强大，也没有陷入大灾大难中。现在呢？我们的大王却抛弃了我们这些忠诚的臣子，从来不会考虑国家的长期战略忧患，没有危机意识。您的那些小成就不过是'孤僮之谋'，纯属小儿把戏，是绝对不可能成就霸业的。上天如果要抛弃一个人，一定会使他先遭遇小小的喜事，然后让他接近更加严重的祸患。如果大王不能醒悟，吴国真的就会短命了，我不忍心隐居起来看到大王被人活捉呀！"

有效的沟通在管理中真的是非常重要。在沟通中，70%是情绪，30%是内容；80%是倾听，20%是表达；90%是尊重，10%是方法。你看看，夫差的本意不过是想当面敲打、小小羞辱一下伍子胥，提醒他要有所收敛，发表政治言论不要这么充满负能量。伍子胥不但没有领会这次会议的主旨精神，反而变本加厉。一方面，他对着自己的老板"攮臂大怒，释剑而对"，在态度上相当不尊重；另一方面，他不但不能正确认识和肯定赞扬老板取得的可喜成绩，然后提出自己的补充意见，反而讥讽老板的成就是"孤偾之谋"。给你一个坡让你退休下去，你不但不肯退让一步，反而声称这是不忍心看到夫差被人活捉。

　　将心比心，如果你是夫差，你身为一国之君，你的部下以如此激烈的言论和不恭敬的举动对待你，你会怎么想？

　　末了，伍子胥又给整出一句负能量四射的话来。他对夫差说："如果我比你先死，请把我的眼睛挂在城门上，我要看着吴国的灭亡。"

　　夫差是彻底崩溃了。这次两个人的会面又闹得不欢而散，夫差心中的疙瘩更加大了。

　　在这事之后，又发生了几件让夫差受不了的负能量事件。有一天，夫差坐在大殿上给群臣开会之时，眼前出现了幻象，看见了四个人影面向庭院，背靠背地坐着。又过了五天，夫差看见眼前有两个幻影人相对，朝北的人把朝南的人给杀了。

　　为什么会出现幻象呢？按照分析，是越国对夫差实施的"健康战"产生作用了。夫差由于贪恋美色，过度纵欲，出现了严重的肾亏现象。中医理论认为，肾水缺乏，肝木就得不到长养，而肝开窍于目。夫差患上的这个眼睛毛病，其实应该看医生、开药方、节欲望、补肾水，通过一段时期的调理就可以修复起来的。

　　但是，伍子胥抓住了这次难得的教育机会，又对夫差进行了负能量灌输。伍子胥对夫差说："大王要失去民众了""臣子要背叛和杀害大王了"……吴王当时就很愤怒，批评伍子胥说："子言不祥。"你不要再说这些不吉祥的负能量言语了，好不好？伍子胥怎么应对，他补充了一句："非唯不祥，王亦亡矣！"大王，不只是不吉祥哟，您还要被灭亡了！

许多人在重组自己的偏见时，总以为自己是在思考。夫差被伍子胥的负能量折磨得实在无语了。《吴越春秋》称："王不应。"但是即便这样，夫差仍然没有萌生要杀死伍子胥的念头。

又过了些日子，夫差在文台上举办了一次酒会。当着吴国群臣的面，吴王宣布："在前段时间结束的北伐齐国战争中，有两个人贡献很大，就是太宰伯嚭和越王勾践。伯嚭在战场上立功了，我准备给他上等的奖赏，为他封爵；越王为我们北伐战争提供了军事援助，我准备再增大给他的封国，感恩他的无私奉献。你们觉得怎么样？"

在群臣恭贺的赞歌声中，一个不协调的声音出现了，这个声音的发出者就是伍子胥。只见他一屁股坐在了地上，流着眼泪唱着悲歌："于乎哀哉！遭此默默。忠臣掩口，谗夫在侧；政败道坏，诒谀无极；邪说伪辞，以曲为直。舍逸攻忠，将灭吴国。宗庙既夷，社稷不食；城郭丘墟，殿生荆棘。"

在这般喜庆的酒会中，意想不到地出现这样的搅局者。吴王能咽得下这口气吗？这可不是私人空间的谈话，这是群臣皆在公众场合，你伍子胥到底想干吗？你就这么一直和我过不去吗？夫差这次是真的怒了。他大声斥责："老臣多诈，为吴妖孽。乃欲专权擅威，独倾吴国。寡人以前王之故，未忍行法。今退自计，无沮吴谋。"

你这老头子专门善于搞阴谋诡计，简直就成了吴国的妖孽了。你这么闹为的是什么呢？还不是想自己独断专权把持朝政，见不得伯嚭他们比你好，一心妄图颠覆我的国家。你以为你让自家儿子移民齐国的事我不知道？我如果不是顾念先王和你的感情，早就把你给法办了。回去好好想想吧，不要再来扰乱吴国的谋略了。

夫差仍然没有动杀机。

伍子胥却大喊出来："你杀我吧，你现在就杀我吧。从前夏桀杀死了关龙逄，商纣杀死了王子比干。现在大王把我杀了，刚好我和关龙逄、比干配成忠臣三人组合。"

伍子胥回家之后，和吴国大夫被离私下探讨接下来该怎么办，是逃走还是自杀这个话题时，又不幸被传入夫差的耳朵里去了。夫差听说伍子胥怨气很重，也开始冲动了，你不是想死吗？不是想成就所谓忠臣的千古名声吗？你都做了我们吴国的裸官还谈什么忠诚度？那好，我就成全你吧。

世界上最遥远的距离，不是生与死，而是我就站在你面前，你却不知道我爱你。世界上最遥远的距离，不是我就站在你面前，你却不知道我爱你，而是用自己冷漠的心，为爱你的人掘出一条无法跨越的沟渠。

处于狂惑状态下的夫差派人给伍子胥送去了一柄属镂剑，那意思再明显不过了——你自杀吧。

一代将星，就这样陨落了。那一天，农历的五月初五，山河在哭泣、风雷在悲鸣，中国历史上的智勇忠臣，对吴地人民有重大贡献的杰出军事家、城市规划大师伍子胥，永远告别了他一生倾尽了心力的吴国，他的身体被装进皮革之中，投入了滚滚的江涛……

将遇明君则显，不遇则险。伍子胥为什么走上了一条与其父伍奢几乎一样的道路？他的人生悲剧到底是谁酿成的呢？

我们的史学家在谈到这个问题时，有人把伍子胥的死归咎为吴王夫差的愚蠢和狂惑，有人把责任推给了以范蠡、文种为首的越国智囊团制订的"猎鹰计划"，还有人则让老天爷来背负和承担这个历史责任，就像《越绝书·越绝德序外传记第十八》所言：

> 夫吴知子胥贤，犹昏然诛之。传曰："人之将死，恶闻酒肉之味；邦之将亡，恶闻忠臣之气"。

其实，如果伍子胥能够在劝谏吴王时改善一下自己的强硬态势，能够多采取一些委婉柔弱的语言艺术，能够对吴王夫差多一些饱含正能量的鼓励肯定和积极向善的殷切期许；或许，吴国的国运与伍子胥的个人命运完全就可以改写。如果这一切自我改善伍子胥都尝试了仍然无济于事，那何不采取蘧伯玉的那一套主张——"邦有道，则仕；邦无道，则可卷而怀之。"也不失为明智之举。

性格决定命运！"强梁者不得其死！"老子的教诲，让人终生受益无穷！

相传，伍子胥死后化为"涛神"，可保佑江河湖海平安，后世人专设庙宇祭之。直到今天，每逢农历五月初五，姑苏城内的人们还会聚集在胥门之外，通过"端午节"来祭奠那位皓首苍髯的伍子胥，迎接他的忠魂归来，护佑吴地平安。

自从伍子胥被吴王夫差赐死后，吴国政坛也经历了一次不小的震荡和清理：大夫被离由于与伍子胥交往密切，被判剃去头发并遭到了刑罚处置，王孙骆也推辞而不上朝。时隔不久，夫差又为自己赐死伍子胥的行为深感懊悔愧疚，转而对太宰伯嚭也开始怀疑起来了。而都城之外的民间，更是谷物"连年不熟，民多怨恨"。吴国朝野上下，彻头彻尾的离心离德，岌岌可危。

公元前482年，鲁国的鲁哀公、晋国的晋定公在黄池（今河南封丘县西南）约会夫差，举行会盟大典。看到颇有影响力的老牌诸侯邀请自己会盟，夫差兴奋得几天几夜难以入睡。为了跨越式提升吴国的地位，夫差不顾太子友"螳螂捕蝉，黄雀在后"的善意忠告，而固执己见地调集全国可用之精兵，甲胄鲜明地朝黄池浩浩荡荡地出发了。

就在夫差志得意满地与鲁哀公、晋定公并排站在封禅台上，检阅三军，光彩夺目之时，就在鲁哀公、晋定公赞扬吴王"上马可治军，下马可治国"，夫差正沉浸在他一生中辉煌美好的幸福时刻，一个不幸的消息也随之而来。越国在掌握吴军精锐部队尽出的情报后，由范蠡、洩庸二人秘密在吴越边境集结了三万精兵，一举打通长江沿线，以迅雷不及掩耳之势一举攻进吴国国都，打败了太子友，焚烧了姑苏台，还顺手拖走了吴国的大船。

一向乖顺听话的越王勾践，终于在吴王夫差人生中最有脸面的那一刻，为他送上了一份特殊的贺礼——以军事行动狠狠地打了吴王的脸。夫差傻眼了！天下震惊了！黄池会盟，谁才是真正的明星？谁才是霸气惊天的英雄？

静心读 **《道德经》**

知者不言,言者不知。
塞其兑,闭其门。
挫其锐,解其纷。
和其光,同其尘。
是谓玄同。
故不可得而亲,不可得而疏;
不可得而利,不可得而害;
不可得而贵,不可得而贱。
故为天下贵。
是以圣人,方而不割,廉而不刿,
直而不肆,光而不耀。

第 23 章

逆袭的勾践成了天下霸主

道家无为,而无不为。

无为而治是黄老道学治理天下的最高境界。欲大为者必先"无为"。但是执行"无为"的对象是谁呢?庄子在《天道篇》中明确地告诉我们:"夫帝王之德,以天地为宗,以道德为主,以无为为常。""帝王无为而天下功。""无为"并不是适合所有人的行为标准,而是适用于"上者""主者",是"侯王"和"圣人"这些具备特殊身份的成功人士。

道家之动,合于时而发于机。无为,既不是开端,也不是末端,而是介于"有为"与"无不为"之间的中端。有道之士只有在虚静、守中的状态下,才可以迅速发现事物隐秘变化的征兆和动向,真实掌握制约阴阳祸福成败存亡的动态机关,食其时,盗其机,行于可行,止于当止,因势利导,或出或隐,故能大功于天下、名彰于千秋。

越王勾践的道家领导力

仇恨,就像一粒种子,只要它被埋进了心田,迟早都会发芽的。我们常被人劝诫要"放下仇恨"的类似言语,其实可以看作处于失势状态下的暂时隐忍不发。

或许,世界上也确实存在着为数不少的可以抛开家仇国恨,淡看成败风云的大觉者，但越王勾践绝对不是这样的人。设身处地地想一下，身为一国之君，勾践身着粗布，顿顿粝食，尝苦胆，吃蓼草，为的是什么？还不是因为耻闻天下的仇恨。一旦天时地利与人事俱备，面对着上天赐予的翻盘机会，他可以做到一笑泯恩仇吗？

复仇，成了支撑着勾践带领越国走向富强最有效的激励口号。

但是，如何将"复仇"这个虚幻的梦想转化为实际的行动呢？如何围绕"复仇"这个命题去进行一系列程序分解与步骤落实呢？在什么前提下必须隐藏自己的"复仇"意图，在什么环境下必须强化自己的"复仇"意志，一旦实现"复仇"这个阶段性目标后，又该朝哪里走呢？在这个过程中，身为君王的勾践该做些什么？能做些什么？

《文子》告诉我们："征伐者，因民之欲也。能因，则无敌于天下矣。""知而好问者圣，勇而好问者胜。乘众人之智者即无不任也，用众人之力者即无不胜也。"要掌握黄老道学中"为无为，则无不治""夫唯不争，故天下莫能与之争"的成功制胜法则，就必须认识"因"与"乘"这两大关键。"因"，就是你能不能尊重规律、尊重客观、尊重人心。"乘"，就是你能不能放下自我的执着、突破自身的限制，凝聚外力壮实内在、借助外势成就真我。

在这段长达二十年的"复仇"项目推进中，勾践做了什么呢？他就干了两件事："任智""节欲"。

何谓"任智"？就是借助人力资源的优势，任用贤良忠正的智谋策士，让众多本与你个人命运无关的局外人紧密团结在自己的身边，通过激活、引导，任凭他们脑袋中独具见解的智慧思想、成功方略围绕你的目标运转、服务。

越国之所以能够快速实现复兴富强，与越王勾践在管理中所采取的择人任智、充分授权这套"无为而治"的体制是分不开的。平台是大家的，无论你属于范蠡、文种这样的经世之才，还是众位大夫臣僚、士族长老；无论你是像计倪这样的年少位卑者，还是像越女、陈音这样的民间草根人才；无论你属于来自越国境外的不知名人士，还是属于子贡、申包胥这样的商界、政界权威人士……都因为越国这个平台而得到充分尊重和才能施展。

在勾践的眼里，只要能帮助自己实现复仇雪耻，只要能有助越国富民强国，谁都有机会脱颖而出，成为越国的重臣。

何谓"节欲"？就是节制欲望。这里的欲，不只是性欲，也包括物欲和情欲。

作为一国之君，当越国逐步走向富强后，你的生活作风有没有出现大的变化？是继续保持吃苦耐劳、艰苦创业的革命精神？还是走向骄奢淫逸，追求个人的感官刺激与享乐？除此之外，你能否继续保持谦虚亲民的领导作风，能否有效控制至高权力给自己带来的决策障碍？面对忠臣和智臣的劝谏，你能不能听得进反对的声音，容不容得下他人的质疑？

勾践的领导作风是如何的呢？自从他在吴国"劳动改造"释放归越后，虽然念念不忘报仇雪耻，但是前三年只是偷偷想，既不敢谈，更不敢干，把一切痛苦和想法都埋藏在心底。到了公元前486年（归国后四年），勾践看着逐步恢复起来的越国经济，耳听群众的呼声，便觉得自己腰板直了、胆子大了、拳头硬了，有资本去跟吴国较量一下了。于是，勾践主动找到自己的君王师范蠡，向他请教："先生呀，吴国给我的仇恨太深重了。我想同先生商量，现在报仇可以了吗？"

对于勾践的自鸣得意，范蠡当场就予以了否决："不可以。我听说，上天不肯成全的时候，应该等待天意的转变。强行索取的事不吉祥，如果君王不守天时，将丧失威德、身败名裂，逃亡在外以致死亡。大王，您要相信，那吴国迟早会是您的吴国，不要着急，要是主意打得过早，事情就反而难以预料了。"

听人劝，吃饱饭。勾践只能把仇恨之火强压下去，不再胡思乱想。一年之后，勾践听说吴王沉湎声色，喜欢舆论吹捧，热衷娱乐事业，排斥忠正之臣，又有些蠢蠢欲动了。国家凝聚力涣散的吴国，此时可伐吗？范蠡则对以"人事至矣，天应未也"，勾践又暂时打消了即刻复仇的念头。

伍子胥被赐死后，勾践又认为是个好机会。他问范蠡："现在可以行动了吗？"范蠡毫不照顾面子地对勾践说："不行。这仅仅是吴国走败局的开始，再等一等。"

这么漫长的等待，到底何日才出头呢？作为臣子，我们在据理力争，否定

"老板"方案的同时,也必须充分考虑到其内心承受力。太漫长的国家战略容易让团队丧失信心和进取心,在一定的时间范围内,必须给团队呈现出看得见的阶段性工作成果。为了照顾勾践的感受,范蠡告诉他:"等明年吧。吴王明年一定会去北方出席黄池会盟,那时吴国的精锐部队肯定会悉数跟随以壮国威,国中定然空虚,我们可以趁机袭击他一下。"

虽说心急吃不了热豆腐,但是我们也可以先嚼点炒豆子解乏嘛。

后来发生的故事我们也都知道了,就在夫差倾巢而出、尽享尊荣的巅峰时候,来自越国的"打脸行动"也紧锣密鼓地展开了。血的代价终于让夫差痛苦地接受了一个事实——伍子胥是正确的。那个看起来像狗一样温驯服帖的越王勾践,一旦跳起来咬人,制造出的伤害也是要命的。

这场没有任何悬念和难度的偷袭战,虽然以越国的完胜而告终,但是越国真的有能力一举灭掉吴国吗?这也是短期内不可能实现的。所以,面对吴国的求和,越王勾践纵然有100个不情愿,也只能默认。撕破了脸面的吴、越二国,就这么僵持、等待着。越国所等待的,是一个对自己最有利的战机;而吴国所等待的,是在温水煮青蛙式的演进中彻底滑入败亡的深渊。

这一等待,又是接近十年之久。

虽然在这场等待中,勾践也曾愤怒过、抗争过,也曾怒而发疑:我跟你谈人事,你对我说要等天时;现在天的报应到了,你又说要等人事,你到底在搞什么名堂?难道是在欺骗我吗?"妄其欺不谷邪"?然而,勾践最终并没有以君王的身份要求范蠡必须顺从他的主观意愿,而是在发火之后依旧保持克制和冷静,接受范蠡的整体安排。而范蠡,也为了适当照顾勾践的情绪,在公元前479年、前478年小范围地兴师伐吴,给吴国制造恐怖紧张气氛。

无论如何,这份整体长达二十余年的隐忍和节欲,对于一个领导人来讲还是极其难能可贵的。

战前的动员准备必须充分

勾践接下来又该做什么事呢?那就是要首先同主管军事训练和担纲复仇总

指挥的相国范蠡商议：今年能不能伐吴？在什么时候可以伐吴？

《国语·越语下》记载，越王召见范蠡说："如今一年又快要结束了，你看伐吴的事情该怎么办呢？"范蠡此时也不再劝阻了，对勾践说："大王您不提议，我也要请求大王可以出兵攻打吴国了。臣闻'从时者，犹救火，追亡人也。'战机难得，稍纵即逝，犹如扑灭大火和抓捕逃犯一样，我们赶紧筹划行动吧。"勾践大喜过望："太好了。"

既然"伐吴计划"取得了各位重臣的一致支持，那接下来就是向主要管理班子下达任务，形成具有可操作性的军事作战计划，做到统一认识和责任分解。

十月，勾践召集了八位大夫开会。他说："在攻打吴国这个事情上，目前我们的武器装备已全部落实准备到位，而且我也咨询了申包胥，听取学习了他对吴作战的先进经验。现在，我想征求下各位大夫们的意见，该如何具体执行、有效推进呢？"

在这次会议上，洩庸、苦成分别从"军纪的严明"和"赏罚的诚信"两大方面阐述了自己的观点；文种则围绕"如何在军队内部开展正面舆论导向工作，帮助将士分辨是非，避免受到敌军宣传蛊惑"谈了自己的看法。范蠡作为内定的战时最高军事指挥官，针对战场上的防御工事和守备问题、军事保密工作提出了具体要求；大夫皋如、扶同对战争的合理性、合法性提出了建设性意见，并对如何在周王室开展舆论宣传，如何通过"广恩""知分"等手段让其他诸侯国参与伐吴分利，形成对吴国强大的舆论威慑力阐述了独到见解。而主管越国气象预报和农业的大夫计倪，则从气象预报、地理勘测、民心稳定三方面着手安排自己的工作任务。

这一次战争筹备会议，给我们后世留下了宝贵的军事战争文化遗产，许多理论观点在今日仍然独领潮流。如"审赏则可战""审罚则可战""审物则可战。是非明察，人莫能惑""审备则可战""审声则可战。谓吾国君名闻于周室，令诸侯不怨于外""广恩、知分，则可战""候天察地，参应其变，则可战"。

通过会议统一认识、形成方案后，如何去有效落实呢？接下来就要开展征兵工作了。如何让征兵工作进展顺利，让自己主动挑起的战争行为得到各诸侯国的承认和支持呢？

《吴越春秋》载：

> 勾践恐民不信，使以征不义闻于周室，令诸侯不怨于外。令国中曰："五日之内，则吾良人矣；过五日之外，则非吾之民也，又将加之以诛。"

勾践为了取得军事行动的合法性、合理性，也为了解决征兵工作的难度问题，便派出使者把越国准备讨伐无道的吴国这项足以引起各诸侯国秩序混乱的大事，向周王室做了汇报，以表示对周王室的尊重；同时越国还公开向各诸侯国承诺——战争一旦取胜后，大家都有分红，胜利的果实属于我们大家。你们一定要在舆论上公开支持越国，不要在背后玩阴谋诡计。如此一来，越国即将发起对吴国的征伐战争就闹得沸沸扬扬，天下皆知了。勾践命令官吏贴出征兵告示，凡是五天之内主动前来要求参战的，那便是越国的良民；凡是超过五天仍然不来响应的，不但会丧失国家赋予的"良民"荣誉称号，而且逃避兵役的还将直接面临国家的法律制裁。

当战争的激情被点燃，民众为国家而战的荣誉感被激发出来后，如何保持这份战争激情的纯洁性，避免受到各种信息源的干扰左右呢？在这期间，勾践对自己的王后夫人及群臣官吏都做出了严格的责任划分和工作安排。

勾践回到后宫中，对自己的夫人说："马上要打仗了。从今天开始，你要管理好自己的后宫，不要干涉我的任何决策和行动。我们夫妻之间也应该达成思想上的高度统一：'内政不出，外政不入，各守其职，以尽其信。'后宫中出了问题，我要追究你的责任；如果因为战争出现了重大决策失误导致严重后果，那是我要担负的责任。"勾践说完这番话后，便深掩宫门而去。而越王后，除了严格要求自己不添乱之外，唯一能做的就是静心为国祈福了。

勾践对不参与军事行动的朝臣大夫进行了严厉的训话："从今以后，内政不出，外政不入，各人管好自己的本职工作，恪尽职守，不要乱套。如果你们在国中供养贤士不平等，农业生产工作没有落实到位，使我对不起国家人民，这首先是你们的罪过。如果我在越国之外作战，率领的将士们贪生怕死，面对敌人不敢勇敢地战斗，最后让战争以失败告终，这是我的责任。记住，国内的政事我今天就授权给你们管理，你们不要总是向我汇报请示；国外的战争战况你们也不得插手过问，明白了没有？"

群臣齐声回答："敬受命矣！"完全明白了！

既然明白了，那就集结军队，准备开赴吴越前线迎接战斗吧。

行军作战，什么最重要呢？当然是军纪严明、赏罚有信最重要。

伐吴的军队集结起来后，越国的最高领导人勾践便坐在露天的阅兵台上开始了阅兵和鼓舞。为了严明军纪，在军队拉练演习和开赴边境期间，勾践抓住了一些违犯军令之人进行严厉的治罪，同时在全军宣布："那些不服从命令，思想不端正、行为很恶劣，不能英勇顽强抵抗敌人的，你们的结局就是这样。"

在道家看来，"夫佳兵者，不祥之器也"。战争带来的就是杀戮和伤害，就是不祥和灾殃。倘若万不得已必须出兵，那一方面绝对要严明军纪，防止军心不稳酿成大灾患；另一方面也要恩威兼施，宽以待人。人心都是肉长的，不要把兵士们简单地视为杀人机器，而应该爱兵如子，当成自己的亲人或生死兄弟看待。

勾践派出专职巡查官吏巡视全军，宣布道："将士之中，如果属于有父母而没有兄弟者，请来告诉我。如果你们不幸落入敌军之手或者牺牲在战场上，今后你们的父母病了，我就会像我的父母患病一样，医治照顾他们；如果你们的父母以后死亡了，我也会像子女一样代替你们去安葬掩埋他们。""如果将士们因为患病不能随军参战，我不会抛弃你们，我会给你们提供医疗条件和生活饮食。""如果你们有人因为身体体质原因，承受不了铠甲和兵器的重量，我就减轻你们身负的重量。"……

越王宣称：我爱护你们众将士，犹如对待自己的儿子一样发自真心。但是，你们千万不要辜负了我的爱，一旦违犯军令犯下死罪，哪怕你们是我的亲儿子，我也绝不会轻易饶恕。

行军作战，除了军纪之外，还有什么最重要呢？那就是士气。如何激发出越国将士们的士气呢？越国智囊团又为勾践策划、炒作出"怒蛙"事件出来。

有一天，越王勾践率领伐吴大军在行军途中，突然路边跳出一只气鼓鼓的大青蛙来。勾践看见这只青蛙后，居然让三军停止前进，他要干什么呢？只见越王勾践低下头来伏在车前的横木上，面对眼前这只气鼓鼓的青蛙行起了注目鞠躬礼。这是何故呢？勾践解释道："我一直希望看到将士们在开赴前线面对敌人时的愤慨士气，可惜一直没有看到。今天我见到这只青蛙，它虽然是没有智慧的低等动物，但是它全身散发出来的那份怒气，让我深深地折服了。这就是我尊敬它，并对它鞠躬致意的缘由。"

越军将士听了这个故事后，无不为之动容。我们的君王连一只小小的青蛙都尊重，难道我们还不如一只青蛙吗？人争一口气，树争一张皮。被戳中了要点，越国将士们纷纷抱定与敌军决死的信心，扬眉出鞘的越剑挥洒出一片凌厉的杀伐之气，人人以为国捐躯战死沙场为荣。

"不战而屈人之兵"取决于国家经济实力

在越国出兵伐吴争霸之时，越国将要伐吴的消息，经过对周王室的请示报备和通报各诸侯国，早已天下皆知了。所以，当公元前475年十一月，浩浩荡荡的越国军队在勾践、范蠡、文种的率领下开赴前线时，吴王夫差也把本国的精锐部队紧急集结到一个叫"没"的地方。

吴国人听说越军来了，忍不住长长呼出了一口气——该死的越国人，你们终于来了。这是什么意思？难道吴国人渴望战争吗？他们期待在战场上被揍个半死吗？不是的！这是一份心理压力的释放。当你预感或获知到一个可怕的灾殃即将降临时，每天就会不断重复在自己内心勾勒、设计出可能发生的悲惨场景，这份由自己制造出来的煎熬折磨，其痛苦远远胜过真实面对危机的时刻。

越国人终于打过来了，最起码吴国人有了真实的敌人，不再每天跟幻想敌厮杀斗争了。所以，吴军士气高涨，主动出兵挑战，一天之内来回五次之多。

越王勾践看到这情景，有些按捺不住了，准备答应交战。然而，勾践企图应战的方案被越国最高军事指挥官范蠡给否决了。范蠡说："在朝廷里说得好好的，怎么一到战场就不算数呢，这行吗？大王，请暂且忍耐，先不要和吴军交战。"

勾践虽然是一国之君亲征督战,但是他并不具备指挥权。他也知道,战争这事可不是闹着玩的,自己其实没那么聪明,还是乖乖听话吧。

为什么越军兴师动众开赴前线,面对嚣张叫阵的敌人,范蠡却置之罔闻不理不睬呢?

《国语·越语下》是这样记载的:

> 臣闻古之善用兵者,赢缩以为常,四时以为纪,无过天极,究数而止……古之善用兵者,因天地之常,与之俱行。后则用阴,先则用阳;近则用柔,远则用刚。后无阴蔽,先无阳察……刚强以御,阳节不尽,不死其野。彼来从我,固守勿与……尽其阳节,盈吾阴节而夺之。宜为人客,刚强而力疾;阳节不尽,轻而不可取。宜为人主,安徐而重固;阴节不尽,柔而不可迫。凡陈之道,设右以为牝,益左以为牡,蚤晏无失,必顺天道,周旋无究。今其来也,刚强而力疾,王姑待之。

范蠡给勾践解释:我听说古代善于用兵的人,以星辰出没和四时转换的规律为准则,不越过天道的极限,到了一定的度数就停止。善于用兵的人,被动防守时用阴柔雌伏之道,深藏于九地之下;主动进攻时用阳刚雄起之道,发动于九天之上。用兵没有一定的格式,需要根据具体情况来做决定,敌进我则退,敌退我则进;防守时不能过于隐蔽,攻伐时也不能过于显露。如果敌方顽强抵抗,说明他们的阳气还没有耗尽,就不要同他们死战;当敌方来寻我交战时,我们就坚守不战。如果准备出战,一定要乘敌方遭到灾祸的时候,而且还要看他们的民众是饥是饱、是劳是逸,方能作为是否出战的决策,直到敌方高涨的士气耗尽,我方暗中积蓄的斗志饱满,然后才可夺取胜利。敌方阳气没有耗尽前,不要轻易地攻取;我方阴气没有耗尽前,虽然柔弱也不可能被困迫,唯有顺应天道,才能进退周旋而变化无穷。我们之所以不应战,这是敌方的来势过于凶猛迅速,大王还是暂且等一等吧。

范蠡的这套兵法思想,以客观世界的自然变化之道为原则,采用了道学思想的"阴阳、盈虚、主客、刚柔、攻守、进退"等术语进行专业展开，完美地诠释出了老子"反者道之动"的变化策略，具有极高的军事指挥艺术。

老子《道德经》告诉我们："祸莫大于轻敌，轻敌几丧吾宝。""慎终如始，则无败事。"战争，是国之大事，一线牵连着国家前途命运的成败存亡，在任何时候都不能掉以轻心，必须做到"在战略上藐视敌人，在战术上重视敌人"。我们不要盲目欣喜，以为越国大军兵临姑苏城下就胜券在握。我们也不要盲目判断，以为伍子胥、公子庆忌这些吴国军方鹰派人物被杀死，吴军丧失了具有军事指挥艺术的将领就会溃不成军。我们更不要错误地相信姑苏城内那些饱受自然灾害摧残的吴国军民，面对他国军队侵犯国土的时刻，真的会乐颠颠地协助越军打开城门，以"带路党"的身份"箪食壶浆，以迎将军"。

伍子胥虽然已经不在人世了，孙武虽然早就离开吴国了，但是伍子胥和孙武当年创建并留下的军事遗产还在，装备精良、训练有素而又谙熟战阵善于攻守的吴国军队并非绣花枕头。再说了，伍子胥虽然被杀死，可伍子胥主持修建的姑苏城依旧坚固地矗立着，成为越军攻不破、越不过的一道难关。

吴都姑苏城，分为外廓城、大城和内城，其布局严谨合理、规模宏大、城坚墙厚。外廓城周长68公里多，大城外围长达47公里多，设有8座陆门和8座水门，周围有护城河两道。内城周长12公里多，由高4.7尺、宽2.7尺的城墙围绕，设有3个陆门和2个水门。陆门有内外两重，可藏卒数百，以备突然出击之用。陆门内周长约177米，城墙高8.1米，下以条石为基，上砌城砖。

当年伍子胥在筑城时，为防止日后发生不测，采用糯米砂浆的工艺技术制成了一批砖，砌在了墙内。这糯米砂浆比纯石灰砂浆强度更大，更具耐水性，还能承受强度很大的地震，堪称历史上最伟大的技术创新之一，哪怕是现代的推土机都难以推倒。

凡战之道，"攻心为上，攻城为下"。面对这样一座易守难攻的大城，面对吴国训练有素的精锐护国军，如何在尽量降低己方损失、严格控制战争伤亡的前提下，达到兵家所推崇的"不战而屈人之兵"的最高境界呢？

所谓"善战者，不怒"。在范蠡看来，我不打你、不攻你，只用围城之计来绝望你。掐断吴国都城与外界的一切联系，全面封锁通往城外的小运河，切断吴都的粮食补给,掐断吴都与其他诸侯国联络的生命线,让你变成一座孤城、死城,你还有多大的能耐来折腾?吴、越二军对峙,国家的经济水平是个硬指标。连年受灾的吴国,有这个资本和实力跟越军耗下去吗?

越军的这一围,不是三天,也不是三月,而是三年。

《国语·越语下》称:"居军三年,吴师自溃。"

伍子胥为何成了"带路党"

公元前473年,吴国都城经过越军长达三年的围攻封锁后,军民疲困,举国绝望,士卒离散,无力战斗。最后,坚固的姑苏城终于失守,越军进城。吴王夫差见大势已去,与王孙骆、伯嚭及卫队趁着夜色突围偷偷跑了。

对于吴地军民而言,智勇忠义的伍子胥就是他们的保护神。虽然伍子胥惨遭杀戮,但是他的忠魂还会不会继续保护吴国呢?伍子胥曾经留下遗言,要家人于他死后把他的眼睛挖出挂在城门上,他要亲眼看着越国军队灭掉吴国。当越军进入姑苏城之际,伍子胥有没有看到呢?他又会做何感想呢?站在越国智囊团的思考角度,我们又该用什么手段来顺应尊重吴国军民对伍子胥的信仰,但同时又避免吴国忠贞义士的抵抗呢?

据《吴越春秋》描述:正当越军乘勇追击逃亡的夫差欲进胥门之时,伍子胥显灵了。越国兵将都看到伍子胥的头大得像车轮一样,眼睛就像光亮夺目的闪电,胡须头发四面散开,那光亮映射到十几里之外。越军十分害怕,便驻扎军队停止不前。就在当天夜里,电闪雷鸣,飞沙走石,暴风骤雨就像弓箭手射来的利箭一样迅猛。越国军队出征吴国以来,第一次遭遇到了莫名的恐惧和挫败。而范蠡、文种见此情形,就虔诚地祭祀伍子胥,恳求借路。那一夜,范蠡和文种同时梦见了伍子胥对他们说:"我知道你们越国军队是迟早要攻入吴都的,所以我要求把我的头放置在城门上,以此来观看你们攻入吴国。但是,我这样做只是为了使夫差愧疚,并不是针对你们的。虽然你们攻入吴国,我于心不忍,制造了暴风雨来迫使你们回去。然而越国讨伐吴国,这是天意,谁也改变不了的事实。越军要想进城,可以改道走东门,我将会给你们重新开辟道路,打通城墙，使你们畅通无阻的。"

这个听起来神乎其神，犹如 UFO 光临地球般的轰动故事，经过越国政治宣传小分队的刻意渲染和有效传播后，吴地臣民百姓都明白了这样几个事实。

一、伍子胥是个大忠臣呀。他哪怕被吴王赐死，也确实还在保佑着我们。

二、伍子胥都说了，越国灭亡吴国是天意。我们要承认这个事实，接受这个现实。

三、伍子胥的灵魂都给越军当"带路党"了，我们也要配合越军入侵，不制造麻烦。

就这样，彻底失去了民心和信心的夫差，纵然能够逃到天涯海角，哪里又有他的安全栖身之处呢？

被重重围困在姑苏山上的夫差，眼见大势已去，只得派出王孙骆向越国求和，请求愿为附庸，世世代代事越。来使的言辞切切，让越王有些心动了。然而在面对这个重大问题决策的关键时刻，范蠡一扫往昔的柔弱卑下之风，以强硬的姿态予以拒绝，并且警告勾践："天与不取，反受其咎。"

越王呀，你为什么不动脑子想想呢？夫差能有今天，这不都是相信了你的眼泪吗？你难道还打算重蹈覆辙不成？坚持"去末取实"原则的范蠡，装起傻来让人揪心，清醒时刻又让人痛心。"宁做真小人，不做伪君子"，这句话易谈易论，一旦实行起来终是残酷无比。

为了防止再生波折，范蠡左手扶着战鼓，右手挥起鼓槌，亲自擂鼓发起收网行动的指令，直接以铁腕手段和铁血意志攻打姑苏山，准备擒拿夫差。

看着被越军团团围住的吴王夫差，范蠡对他进行了公开宣判："吴王你犯下了五条罪过你可清楚？第一，你杀了伍子胥。第二，你杀了公孙圣。伍子胥为人有先见之明，又忠诚守信，你却使他身首异处，抛入江中。公孙圣敢讲真话，直言不讳，你也把他杀害了。第三，齐国并没有得罪你，你却借口多次讨伐他们，让那么多牺牲在战场上的将士祖先没人祭拜，土地变成废墟，父子兄弟阴阳相隔。这是你犯下的战争罪。第四，越王勾践立国在偏僻的东海边上，好歹也是一国之君，你却让他割草喂马，做你的奴仆。第五，你重用逢迎拍马的奸佞小人伯嚭，让他断送了吴国。"

这个世界的真相，往往都是由强者主宰和书写的。所谓"英雄末路""美人迟暮"，你都已经失败了，又何必在乎对手以什么理由来宣判你呢？

夫差当死。但是谁能杀死他呢？勾践不想杀，范蠡不能杀。范蠡说："做臣子的不能杀死一个国家的君主，这是原则性问题。我必须保持对吴王的尊重。"勾践看着吴王，想起自己曾经受到的种种屈辱，往事历历在心头。什么是敌人？敌人就是那些迫使我们变得强大的人。深感自己变得越来越强大的勾践硬下心来，对夫差说："这个世界上从来没有活上一千岁的人，早死晚死横竖都是死，还不是那么一回事？你还是自己动手吧。"

废话，既然早死晚死没什么区别，那你干吗不先去死呢？只不过，夫差已经无心争论了。纵然争论，又有什么意义呢？求生无望的夫差哀叹一声道："我接受你们的建议了。请给我一块布条，蒙上我的眼睛吧，我实在是没有颜面在死后面对伍子胥。"国破思良臣，家贫思贤妻，人之将死，其言也善。虽然夫差最终开悟明智了，可惜这一切都来得太迟了。

人生就是这样大起大落，你永远不知道下一刻会发生什么，也不会明白命运为什么要这样对待你。

一代君王，就这么魂断姑苏山了。

对于老对手的死亡，勾践也心存敬意。他命令越军将士，每人手捧一抔黄土，堆成一座山，以君王之礼安葬了夫差。

吴越战争《十胜论》

历史是面镜子。

吴国的灭亡，夫差的身死，什么线索是构成的主因？是孙武的离去，还是伍子胥的被杀？是西施的入宫，还是伯嚭的腐败？到底谁该承担历史责任呢？我们又能从中获得怎样的反思呢？

《尉缭子·战威》言："凡兵，有以道胜，有以威胜，有以力胜。"根据个人对夫差和勾践二人的分析总结，笔者认为吴国之所以败亡，越国之所以富强，主要体现在十个方面的差距，即这套吴越战争《十胜论》。

第一，在个人性格上。

史料称"夫差狂惑""贪功名而不知利害""少明而不信人"，甚至连他的父亲阖闾给他的评价也是"愚而不仁"，都证明了夫差的智商对事物发展演变缺乏正确的判断力。在情商上，夫差的人生旅途又太过一帆风顺，地位和权势助长了他的绝对自信和刚愎自用。而他的对手勾践，却是善于隐忍，敢于放低身份、降下架子、丢掉面子。为了复仇，哪怕为人奴仆、尝人粪便这种人生中的奇耻大辱也甘于忍受，能够付诸行动。

第二，在个人作风上。

夫差热衷务虚，范蠡对他的评价是"数言成汤之义，而不行之"。勾践作风务实，自被吴国释放归国后，能够听取范蠡"去末取实"的建议，在克己自责的状态下，"焦唇干舌，苦身劳力，上事群臣，下养百姓"，奋战在全民创业第一线。

第三，在个人兴趣上。

夫差重娱乐，喜听美言，喜好美色，喜欢美物。文种称他"喜安佚而不听谏，细诬而寡智，信谗诐而远士"。他不相信忠臣伍子胥却宠信伯嚭，"卑辞厚礼"成了他的致命毒药，"神木""佳人"成了他的亡国祸根。勾践重学习，喜听忠言，善纳劝谏，广聚贤士。伍子胥评价他"越王朝书不倦，晦诵竟夜，且聚敢死之士数万……服诚行仁，听谏进贤"。

第四，在领导艺术上。

夫差"德薄而恩浅，道狭而怨广，权悬而智衰，力竭而威折，兵挫而军退，士散而众解"。他作风奢侈，大兴土木，求奇宝，造宫殿，挖邗沟，热衷政绩形象工程，缺乏领导艺术与核心凝聚力。而勾践则"身不安重席，口不尝厚味，目不视美色，耳不听雅音"。他出不敢奢，入不敢侈，厉行节俭，随时做到自我管理和自我约束。他"内修其德，外布其道，君不名教，臣不名谋，民不名使，官不名事。国中荡荡无有政令"，开创了黄老道学"无为而治"的历史先河。"行之六年，士民一心，不谋同辞，不呼自来，借欲伐吴"。

第五，在管理团队上。

夫差与他父亲阖闾相比，最大的差距就是在用人上。阖闾在位时，专诸、要离这样的勇士可以为他抛头颅洒热血，孙武、伍子胥这样的大臣可以为他贡献才智。而吴国在夫差的治理下，君臣不和，团队离心离德，"其大臣好相伤，莫能信也"，内部拆台从未间断。勾践尊师重友，上下一心，群臣教诲，勾践敬从。蠡善虑患，勾践能行，君臣分工明确。"种躬正内，蠡治出外，内浊不烦，外无不得。臣主同心，遂霸越邦"。

第六，在外交政策上。

夫差四面树敌，得罪天下。他"强于齐晋，而怨结于楚""轻诸侯而凌邻国"，与越、楚、齐、晋等国的外交关系都紧张，口碑极差。勾践"南则距楚，西则薄晋，北则望齐，春秋奉币、玉、帛、子女以贡献"。可谓广交朋友，与人为善，非常注重搭建平台，用心维护越国的国际形象。

第七，在经济发展上。

夫差表面上制造出盛世繁荣的泡沫假象，实则穷兵黩武，国中空虚，谷物"连年不熟，民多怨恨"。勾践内蓄五谷，实其金银，满其府库，励其甲兵，民富国强，众安道泰。

第八，在民生问题上。

夫差贪图个人享乐，吴国官吏贪腐严重，民疲士苦，人不聊生。越国缓刑薄罚，省其赋敛，开仓谷，贷贫乏，救其不足，损其有余，最早提出了天下共富理念。勾践通过"与民同苦乐，激河泉井，示不独食"，使"人民殷富，皆有带甲之勇"。

第九，在军事斗争上。

吴国军队虽然军事素质过硬，身为最高领导的夫差却缺乏国防安全意识，对智谋之士不加重视，军事决策任凭个人喜厌。反观越国，勾践不但有专业智囊团为其提供决策参考，制定出清晰明确的伐吴"九术"进行隐态战争，而且还能够进行任务分解，具体落实和逐步实施，甚至在军事行动中越王勾践也只能听命于军事指挥官。

第十，在国家战略上。

吴国的国家战略虽有伍子胥、孙武早期制定出"西破强楚，南服越人，北上中原"的战略，但是称霸的目的是什么？是匡扶天下还是满足君王个人的征服欲望？吴国的国家战略是存在着核心缺陷的。更何况，夫差根本并没有听从伍子胥"灭越"的劝谏，逐步偏离正轨而不能严格执行。而越国的称霸是为了什么呢？勾践看到和思考的问题是"今诸侯之地，或多或少，强弱不相当。兵革暴起，何以应之？"他的理想是"寡人虽不及贤主、圣王，欲执其中和而行之"。如何执行中和之道呢？那就是"不贪天下之才，而天下共富之"；"其智能自贵于人，而天下共尊之"。天下凭什么共尊越王勾践呢？

《越绝书》上说：

> 勾践之时，天子微弱，诸侯皆叛。于是勾践抑强扶弱，绝恶反之于善，取舍以道。沛归于宋，浮陵以付楚，临沂、开阳，复之于鲁。中国侵伐，因斯衰止。以其诚在于内，威发于外，越专其功，故曰越绝。
>
> 夫越王勾践，东垂海滨，夷狄文身，躬而自苦，任用贤臣，转死为生，以败为成。越伐强吴，尊事周室，行霸琅琊，躬自省约，率道诸侯，贵其始微，终能以霸。

在春秋末年，周天子势力微弱，各诸侯国都不听从周王室的号令。偏偏这位地处东海之滨的夷狄之君勾践，却能够刻苦自励，任用贤臣。他使行将灭亡的越国恢复生机，实现了越国的伟大复兴。在越国攻灭强大的吴国之后，范蠡继续促成勾践"北渡兵以临齐、晋，号令中国""横行于江、淮东，诸侯毕贺，号称霸王"。

称霸之后的勾践，首先做出尊奉周室的道德表率，被周天子元王封为伯爵；其次还亲自聘问诸侯，与他们订立天下安定的信约，并把过去吴国侵占的沛地还给宋国，把浮陵交还给楚国，把临沂、开阳交还给鲁国。正是因为他内心深怀的诚信仁义和"中和"之道，对外行动上能够显示出威严正义，使越国能够成就和实现"天下共尊"的霸业，才让中原诸侯之间互相侵伐的行为得到制止，而天下暂归于和平。

吴王夫差为追求一己之私欲而称霸天下，越王勾践为谋求天下之共富而图谋霸业。前者谋私志，后者求公道。《道德经》中言："以其无私，故能成其私。"故：失德天下，吴王必败；以道治政，越王必胜。

静心读

《道德经》

勇于敢则杀,勇于不敢则活。

知此两者,或利或害。

天之所恶,孰知其故?

是以圣人犹难之。

天之道,不争而善胜,不言而善应,不召而自来,繟然而善谋。

天网恢恢,疏而不失。

夫物芸芸,各复归其根。

归根曰静,静曰复命,复命曰常,知常曰明。

不知常,妄作,凶。

知常容,容乃公,公乃王,王乃天,天乃道,道乃久。

没身不殆。

第肆篇

道商合一 富传千载

给勾践上的最后一堂哲学课

成功之路,最忌自满。一旦骄傲自满,得意忘形,我们很可能就迷云障目、前功尽弃了。所以,老子在《道德经》中对我们发出振聋发聩的忠告——"保此道者,不欲盈"。在生命中,有时候我们为了追求更远大的目标和成就,必须学会放弃眼前的一些现实利益,才能进入一个更加广阔的天地。只有保持这大道的虚空,使自己经常处于谦卑进取的状态,才能永创新高,不断获得与实现更高层次、更大境界、更广领域的非凡成就。

让一切都回归自然开端,让生命返还于婴儿状态,让成功指数在归零后重新启动,这份魄力,当属大智大勇者所有。

范蠡为什么会离开越国

范蠡为什么会选择在成功之后悄然隐退呢?

这是源于忘恩负义的勾践对他进行的政治迫害,还是那位美若天仙的西施让他动了心,最终促使他宁愿放弃一切富贵功名,也要演绎一场流传千古可歌可泣的爱情?

真实的情况是如何的呢?笔者分析认为,促使范蠡在人生成功的巅峰时刻猛踩刹车,戛然而止,功成身退的客观原因,主要有以下六大因素。

其一,与他接受的思想教育有关。

范蠡接受的是道家思想教育。在老子的道学思想体系中，极为重视"天时"的重要性，认为人无论是进步或退步，都要符合大自然时令的安排，不违时，不逆时，只有顺从于自然法则去行无为之功，动合于时，才能进退皆利。在道家的眼里，世界上没有什么所谓的成功与失败，都是时也，运也。"时来天地皆同力，运去英雄不自由"。天下大势，如日月之升沉，如花之开与谢，如潮之起与伏，都只是此一时、彼一时，成一时、败一时，兴一时、衰一时而已。此乃自然之气数，非人力可以挽留。

范蠡是不是这样认识天道，注重天时的呢？我们看《国语》中是如何记录范蠡的思想认识的："夫圣人随时以行，是谓守时。""时不至，不可强生。""蠡闻之，上帝不考，时反是守，强索者不祥。""臣闻之，得时无怠，时不再来，天予不取，反为之殃。""臣闻之，圣人之功，时为之庸。"

老子说："多言数穷，不如守中。"中，是道家认识事物发展变化进程的一个关键节点和度数。仅就吴、越战争中的范蠡而言，勾践在槜李之战的失败就在于远离"中"。失败前和失败后，范蠡面临的人生转折机遇就截然不同。在勾践吴宫为奴三年期满被遣归越国的那一刻，也是一个"中"的特殊时机。归国了，复国和富国、强国才有希望；不能归国，失国和亡国就随时将有可能。现在，又是一个新的"中"的机遇呈现在范蠡眼前了：吴国灭，夫差死，越王勾践成功坐大。此时、此地，孰动孰静？是进是退？

"物壮则老，是谓不道。"成功前和成功后这两种不同状态，二者能够相比吗？

范蠡该如何正确面对所谓的成功，该如何面对当年勾践"不谷之国家，蠡之国家也"那番情真意切的许诺呢？

"虽有荣观，燕处，超然。"对道学思想的深刻领悟，对富贵功名的淡泊超然，对成功巅峰的冷静反思，让范蠡有了独异于常人的隐退想法。

其二，与旁观者的善意提醒有关。

范蠡之所以干脆利落地隐退，也与夫差临死前发出的一封书信提醒有关。当时，越国军队里三层外三层把夫差率领的残败吴军重重围困，自感"英雄末路"的夫差突围无望，便一方面派出王孙骆前去越营求和示弱；另一方面亲笔写了一封书信，然后绑在箭上射向了越营。这封信射落在越营后，自然是被军士捡到后交给了范蠡。信上说了些什么呢？《吴越春秋》是这样记载的：

> 吾闻："狡兔以死，良犬就烹；敌国如灭，谋臣必亡。"今吴病矣，大夫何虑乎？

夫差对范蠡和文种说：兄弟们呀，放过我吧，这样对我们大家都有好处。我听说，狡猾的兔子一旦赶尽杀绝后，猎狗的命运必将是被投进锅里烹杀了；敌对的国家一旦被你全力灭亡后，你们这些出谋划策的大臣们一定会遭殃的。没有了敌对势力，你们自身还会有存在的价值和必要吗？你们这些高明隐秘的计谋还能让失去敌国威胁的君主睡个安稳觉吗？两位兄弟呀，吴国都已经破败不振了，你们何苦赶尽杀绝呢？图个什么呀？

夫差的这封信，虽然没有达到策反的效果，也没能动摇范蠡坚定不移执行"剩勇追穷寇"的信心，最终也没有挽回自己的命运。但是，范蠡不得不承认：夫差说得有道理。

范蠡想起了师父计然给自己的善意提醒："越王为人，长颈鸟喙，可与共患难，不可与共荣乐。"

所谓旁观者清。他人的善意提醒，也让范蠡产生了远离越王的念头。

其三，与勾践的态度转变有关。

越军破吴之后，勾践就在吴国的文台上大摆筵席，召开庆功会。此时，群臣欢歌笑语，十分高兴，勾践吩咐乐师即兴创作"伐吴"之曲以助兴。然而，乐师现场演奏的这首《表功曲》中，不可避免地出现了赞美范蠡、文种功绩的词句。这个时候，与"群臣大悦"形成鲜明对比的是，唯独勾践面无喜色。

老子告诉我们："见小曰明，守柔曰强。"范蠡马上就明白了——这首功高盖主的颂歌让越王很不爽了。

越王勾践为什么很不爽呢？虽然你是越国的君王，但是范蠡和文种既是你的老师，更是你的臣子，他们劳苦功高，不恰好证明你领导有方吗？

勾践不悦，有他的考虑：现在，敌国已灭，敌人基本上不存在了，一大帮子谋臣们胸怀这么高深莫测的智谋，可不是一件好事呀。就说这个范蠡吧，他就让我很不放心。为什么范蠡让勾践很不放心呢？

第一，范蠡智慧比他高。范蠡的满腹才学，可谓上晓天文、下识地理，无论是对政治管理还是经济发展，无论是兵法韬略还是农业生产，甚至医学、易占，无所不精、无所不晓。勾践虽然贵为君王且又虚心好学，但是徒弟始终是徒弟，在很多地方都是难以达到范蠡的高度的。

第二，范蠡想法比他毒。不说别的，单是让勾践尝吴王粪便这种馊主意他都想得出来，这让勾践心有余悸，太可怕了。

第三，范蠡心肠比他狠。败局已定的吴王夫差派出使者前来求和告饶，勾践都已经软下心来准备同意了，而范蠡偏偏不允许。后来，在范蠡毫不退让的坚持下，夫差被迫自刎身死。

第四，范蠡忍耐比他强。为了在越国实现自己的价值，范蠡曾经心甘情愿下基层，忍受埋没五年之久；为了完成越国的复国大计，范蠡手一挥就是"十年生聚，十年教训"的二十年规划。这份异常超人的忍耐力，勾践是丝毫不具备的。

第五，范蠡名声比他响。连伍子胥这样久经江湖风雨考验的行业前辈，都不得不承认范蠡属于"智臣""圣臣"，而身为君王的勾践除了在各诸侯国广受传诵的耻辱外，还有什么？勾践虽然胜利了、雪耻了，但是总感觉胜利者的桂冠与自己无关，而更多的是属于范蠡他们。这让人很想不通。

最重要的是第六点，范蠡还是如此年轻。年轻，就有活力、有野心、有企图，更有资本。勾践会想，我曾经冲动地许诺要与他平分天下，他会不会真的来分享我的胜利果实？

领导最喜欢什么？那就是患难与共，你帮我扛着。

领导最讨厌什么？那就是利益平分，你替我享受。

人与人之间，往往就是这样，只有遇到困难陷入险境时，彼此才可能抱团取暖，同舟共济，互相不计较。一旦危患消除天下太平，朋友之间、兄弟之间，都有可能为了"分蛋糕"而反目成仇，再动干戈。

勇略震主者身危，功盖天下者不赏。一想到自己哪怕雄霸天下，面对范蠡还是显得如此弱智和不堪一击时,勾践的心情能够好得起来吗?

庆功宴上的落寞君王,并没有真正体会到胜利的喜悦。

其四,与文种的矛盾处境有关。

文种和范蠡都是楚国人,他们当初在宛邑终日而语,疾陈霸王之道,纵论天下局势,形成了什么样的可行性方案呢?就是共同结伴前来越国谋职。为什么会来越国呢?一是为了个人的发展空间,越国地处东海之滨,亟须引进高层次人才和先进性文化;二是通过扶持越国作为楚国的"战争代理国",继而牵制吴国,让楚国彻底摆脱吴国的战争骚扰,获得历史性发展机遇。

现在,吴国这颗不安分的"钉子"被拔除掉了,越国也真实地强大了,身为楚国人,如何给楚国一个交代?对范蠡而言,这无所谓。范蠡本是一介布衣,楚国政府一直没有给他应该有的重视,没有提供给他自我实现空间,范蠡对楚国是没有多少特殊感情的。再说了,天下是周天子的天下,我们都是周天子的臣民,争论什么楚国、越国呢?然而,文种会这样想吗?文种进入越国的时候可不是普通草民,而是楚国高级公务员。无论我们把他看成是辞职改投也好,还是打着国际人才交流的旗号被公务遣派到越国对口扶持也罢,越国的一家独大真的是文种内心所期望看到的吗?他昔日的老领导会不会对他有所要求有所暗示?

我们不可得知。

但是文种的处境一定不会坦然。接下来是应该让越国真正实现独立自主,还是和平演沦为楚国的附庸?是继续兢兢业业让越国走上持续发展之路,还是有意调控暗中抑制防止越国变成楚国的新威胁?成功,给我们带来的不仅仅是快乐和满足,更多的是困惑和失落。在这种情况下,文种肯定会跌入重重矛盾之中,迷茫错乱。

文种的这份矛盾心理和工作中的反常变化,范蠡清楚。更要命的是,越王勾践也察觉到了。经过长达数年的国防安全意识教育,勾践对范蠡和文种这两个楚国人也不怎么放心了。

其五,与西施遭受的不公正待遇有关。

在兴越灭吴的复兴计划中,西施虽然是一介女流,但是她发挥出来的作用是巨大的。姑苏城被越军攻破后,作为长期潜伏在吴国内部战线的"隐态战争"

小组成员,西施也自然被带回了军中跟随大军回到越国。那时,与西施同赴吴宫的另一女子郑旦,由于身体原因已香魂早逝。回到祖国怀抱的西施,也面临着众多的不公正待遇。勾践对她的不怀好意,越王后对她的敌意防范,家乡人民对她的误解和非议。没有人会把西施看作打入敌军内部劳苦功高的英雄儿女,更多的人把"不洁""祸水"的恶名加在了这个善良单纯而又无辜的弱女子身上。

就像后人评说的那样:"宰嚭亡吴国,西施陷恶名。浣纱春水急,似有不平声。"看着西施遭受到的不公正待遇,范蠡也会自我反思:我用了三年的时间来精心培养西施,她也是我的学生之一。但是,她今天的结局是福还是祸呢?这么美丽纯洁的女子,为了国家利益忍辱负重,到头来反遭泼污,我该怎么去帮她?当年我一手的栽培,是成就了她,还是害了她?

在深深的自责和良心拷问中,范蠡也在思考如何给西施一个新的出路,如何给这个善良的女子一片宁静的天空。

其六,与其人生战略和自我价值彰显有关。

《道德经》告诉我们:"出生入死。"何谓"生"?荣誉与成功,良性平稳的**发展态势**与一帆风顺的人生旅途。何谓"死"?卑贱和黑暗,破蛹成蝶的生命突破和不可预知的未来旅程。

自从公元前 502 年初入越国,到帮助勾践兴越灭吴大功告成的公元前 473 年,范蠡在越国已经生活了近 30 年了,47 岁的范蠡正在慢慢向知天命之年迈进。那么,什么样的人生状态才算是符合天命呢?怎样去知晓洞悉天命呢?天命是终结还是新的开端呢?当年的"小疯子"虽然年龄不再小了,但是他的疯劲一定还在。他肯定会思考这样的问题。

今天所拥有的成功,真的实现了人生的全部意义和价值吗?

今天所拥有的"相国""上将军"这些荣誉和权势,真的给人生画上圆满的句号了吗?

人生还可以树立起新的使命和航向吗?潜能还能被再次开发吗?

老子说大道"渊兮,似万物之所宗"。真正的道是什么?我得到了吗?学道、修道又是为了什么?如何获得更大的人生突破,进入那份"恍兮惚兮""深不可测"的无极境界,得到真正的自由呢?

智慧的人生就是这样，当你取得一个辉煌后，若想拥有另一个辉煌，就必须把以前的辉煌放弃，从头开始。要解决上述问题，唯一的方式就是卸下担子、放弃利益，去其荣而守其辱，用"深藏功与名"的态度把今天所谓的成功完全清零，让自己的人生不再止步于句号，而是续上一连串充满希望和未知的省略号……

富贵功名，循环往复，好花难常开，好景难常在。通古晓今的明势之人，不但有骑日月吞山河之王者气势，更须有淡名利知进退的超脱胸襟。道家所谓"无死地"者，实乃智谋高士永创新高、再铸辉煌的反常之用。老子说："损之又损，以至于无为。"不要让曾经的辉煌成为你前进的绊脚石，不要让眼前的利益成为你致命的枷锁。唯有超越生死之节，跳出利害之关，去荣守辱，降尊处卑，主动去分利、让利、捐利，方可"外其身而身存"，在利人利己中不失其利，最后"终生无咎"。

《越绝书》称：

> 始有灾变，蠡专其明，可谓贤焉，能屈能伸。

在这六大要素的综合权衡下，范蠡对胜利之后的内部局势及利害关系分析，那可是洞幽察微、预知未变。他心生退意，只待其时。

越国的国家命运线有多长

是什么事件促使了范蠡真正的离去呢？

《越绝书》载：

> 越王既已胜吴三日，反邦未至，息，自雄，问大夫种曰："夫圣人之术，何以加于此乎？"大夫种曰："不然。王德范子之所言，故天地之符应邦，以藏圣人之心矣。然而范子豫见之策，未肯为王言者也。"越王愀然而恐，面有忧色。

在班师回越的途中，勾践回想起曾经英雄无比的夫差都被自己给打败了，那一份"问天下谁是英雄"的豪气顿生。心情倍儿爽的勾践趁着休息时间，得意扬扬地问大夫文种："古代圣人留传下来的智慧谋略，确实非常厉害。这个世上还有比这更厉害更高明的吗？"文种回答："大王呀，厉害的不是谋略本身，而是您能够虚心听取范先生的话，能够以无为的心态依计而行。正因为您的无为，所以天地的符瑞都一一显示在我们越国，这得益于范先生可以用心感召天地的机运，所以才会成功。其实，范先生还有很多高明的预见之策，恐怕他也不会对大王说吧。"

勾践得意扬扬地显摆自己，文种却用范蠡的高明计策狠狠向勾践泼了一盆冷水。这突然间当头而淋的凉意，让勾践再也得瑟不起来了。范蠡这么厉害，他到底藏了多少计谋还没对我讲？他究竟还知道些什么？于是越王"愀然而恐，面有忧色"，越想越害怕。

回到越国后，勾践左思右想总是不能释然。于是他安排了个时间，单独约范蠡谈话。

这次谈话，勾践态度一如既往的谦卑。他对范蠡说："寡人因为听从了先生的计谋，所以才能够侥幸战胜吴国，这些功劳都是先生的。寡人听说先生'明于阴阳进退，豫之未形。推往引前，后知千岁。'您能够上知五百年，下知一千年，这太厉害了。寡人太崇拜先生了，能不能对我说说越国的未来国运如何呢？寡人愿意虚心垂意，听于下风。"

范蠡苦笑了一下，明白自己被文种这位兄长善意地"出卖"了。怎么办？拒绝回答越王的问题？那样勾践会更加寝食难安，君臣隔阂会更重。回答他，明确告诉他越国能够有多长时间好发展？会被谁给兼并灭掉？天下局势会如何演变？那样更是愚蠢至极，范蠡可不想像伍子胥那样泄露天机。既不能不说话，又不能说真话，更不能说假话，那该怎么说呢？

范蠡又开始给勾践上起了最后一堂哲学课。他对越王说："我哪里有传说中的那么神秘厉害，这都是谣传。与其说我具有推往引前的神通，还不如说我掌握了阴阳变化的枢机。大王，如果您真的想听我谈这些话题，那我们就必须签订一个保密协议，您不能到外面随便乱说。然后，我就可以把如何预测未来、如何掌握识别万物生杀权柄、如何掌控天下最重要的核心理念转让给您。"勾践一听大喜过望，为了求得"邦之重宝"，当场对天起誓承诺不会泄密出去。

范蠡对勾践说："事业的成败，国家的兴衰，运势的起伏，这是什么原因构成的呢？这是阴阳进退的自然规律使然。阴盛阳就衰，阳显阴就隐，不是东风压倒西风，就是西风压倒东风，丝毫没什么好奇怪的，探讨起来也丝毫没有意义。那我们要探讨什么呢？关键是如何去把握这种阴阳规律，在本该衰败的时候，如何控制住不让它正常衰败；在本该旺盛的时候，如何扶持住不让它出现意外波动。这套方法的核心就是'守中'。大王，您要知道，反者道之动，万事不可走向极端。在历史的舞台上，由于阴阳规律的转化、势能的起伏、民心的向背、利益的损益，一直呈现给我们的是'三十年河东，三十年河西'这个怪圈，最后导致潮起潮落，国强国弱，各国诸侯以'你方唱罢我登场'的轮流坐庄形式上演着历史悲喜剧。由此可知，一旦走向了极端，无论是国家还是个人都会倾覆。所谓'阴入浅者即岁善，阳入深者则岁恶'。凡是阴性的、负面的、凶恶的、具有危害性的事物，我们不要怕它产生，但是必须控制在'浅'这个范畴内，这样即使隐患的苗头出现，也不会为害。凡是阳性的、正面的、善意的、具有积极性的事物，我们也不要认为它带来的后果就一定是美好的，如果一味任由它肆意发展到'深'的场面，那么再好的岁运都会因为被提前透支而拖垮，最后走向毁灭。我们只要掌握了这个阴阳消长的规律，把事物发展变化的枢机定位在'中'这个节点上，就可以预测、控制未来的发展态势了。我刚才讲的这些话，都是自古以来像尧、舜、禹、商汤这些圣王传承下来的治国预见之道。"

范蠡讲的这番话，是对老子道学思想的活学活用，即用自己的语言对老子道学思想的另一番阐述。那么，这番话在老子的《道德经》中是怎么说的呢？老子告诉我们："大曰逝，逝曰远，远曰反""祸兮福之所倚，福兮祸之所伏""正复为奇，善复为妖，孰知其极""多言数穷，不如守中"……难怪两千余年后，诺贝尔奖获得者、日本物理学家汤川秀树告诉我们："老子似乎用惊人的洞察力看透个体的人和整个人类的最终命运。"

越王勾践听了范蠡的讲解，不再追问"越国未来还能够兴旺多少年"这些话题了，而是用丹砂将范蠡讲述的言论抄写在绸布上，并且放进枕头里，当作传国之宝珍藏起来。

《越绝书》曰：

> 范子已告越王，立志入海。此谓天地之图也。

范蠡把这番话告诉了勾践后，就下定决心准备离开越国。他要"面朝大海"去迎接"春暖花开"，重新规划一段完全属于自己的未来生活；他要真正地畅游和融入天地之中，去实现自由而浪漫的价值人生。范蠡的心不在勾践一人身上，也不在越国一国身上，他的心在天地，在天下万民。

范蠡的这段人生规划，我们称之为——天地之图。

西施有没有追随范蠡而去

既然要走，肯定不会说走就走。

那么，在内心打定要走的主意后，范蠡接下来又做了哪些走的准备呢？

其一，范蠡要与自己的夫人、子女秘密商议。

位高权重的越相范蠡准备裸退，重新开始一段不可预知的流亡者生活，自己的家人会支持吗？这对家人是伤害还是有助呢？就算举家一致认可全票响应，全家离开越国是不是明智之举？如果你没有特别大的野心和阴谋，何必闹出如此大的动静呢？勾践有说过要将你们全家抄斩吗？

范蠡通过和夫人的一番坦诚交流，终于形成了一套可行方案：即范蠡带上大儿子出走，而夫人与小儿子继续留在越国。为什么要夫妻分离呢？难道范蠡不怕自己走得干净利索，让夫人、孩子和家中其他老少惨遭横祸吗？其实，这恰恰是范蠡的高招。他通过与家人的分离和示拙，故意给越王留下一个随时可以掌控的把柄以表忠心，相当于告诉越王——我的离去并不是背叛你，更不会反对你，我并没有和你彻底决裂。我家中妻儿老小的身家性命都交给了你，你还有什么不放心的？范蠡的这位原配夫人着实伟大，她为了丈夫的理想、为了家族的安危，不惜放弃自己的幸福婚姻，默默无言地选择了夫妻分离。

其二，范蠡要给西施一个承诺。

西施归越后所蒙受的种种歧视和不公正待遇，让范蠡内心深深不安。如果自己在越国继续主政，或许可以对西施的保护多一些，但是伴随着自己的离去，西施这个弱女子的命运就更加难卜了。她既无法回到苎萝山下面对父老乡亲，也难以在越都无忧无虑地生活，她的前程该怎么办？想到最后，范蠡只有一个主意：让她伴随我而去吧。

《吴越春秋》载：

> 越浮西施于江，令随鸱夷以终。

后世学者对于西施的归宿问题，始终纠缠在两种认识上。一种是美好的故事结局，西施伴随范蠡泛舟五湖之上，组建了新的家庭，开始了幸福生活。另一种是悲惨的故事结局，西施被越国人装进了牛皮袋子里抛尸江上，就此终结了生命。

笔者个人更倾向于前一种认识。

"越浮西施于江。"何谓"浮"？有人说就是沉没的意思，即抛尸江上。然而，《论语·公冶长》中也说："子曰：'道不行，乘桴浮于海。'"孔夫子的人生态度是，大道如果不能够得以推行，我不如乘一艘小船，在海上随风漂泊，以江海寄余生。

这就奇怪了，为什么同样一个"浮"字，我们译注的学者不会认为孔圣人是悲愤之余企图自杀横尸江上，却将悲剧的结果硬套在西施头上呢？这不是双重标准又是什么？

再说"令随鸱夷以终"这句话，我们都把"鸱夷"理解为皮囊，这是因为伍子胥当年就是被夫差盛进了这种牛皮囊子，狠心抛向了江河中。那西施是不是也同样被装进了皮囊中呢？然而，我们忽略了一个细节，那就是范蠡在离开越国后第一时间就化名为"鸱夷子皮"。"令随鸱夷以终"，或许暗喻着让西施伴随化名鸱夷子皮的范蠡终老。那么，谁可以令呢？越相范蠡。为什么不说"令随范蠡以终"呢？因为随着范蠡的易名出走，世上已再无范蠡之名了，带走西施的正是鸱夷子皮。

"越浮西施于江,令随鸱夷以终。"这是范蠡对西施的一句承诺,一位顶天立地的男子汉带着命令口吻的霸气宣言。或许那是最后一次范蠡以越国相国的身份找到西施谈话,并对她说:"我已立志出海,泛舟于五湖之上。我知道你受的诸般委屈,你还是跟我走吧,越国亏欠你的,天下伤害你的,就让我用余生来代替它们向你赎罪,照顾你终身。"

西施,还有任何理由拒绝这样的豪情宣言吗?更何况对她宣言的这位男子,正是西施多年来一直暗恋不止、崇拜不休的偶像。

其三,离开越国之后,范蠡又会做什么呢?他未来将作何打算?

就在子贡入越之时,范蠡曾与子贡彻夜长谈,子贡的人生给了范蠡很多前所未有的启示。范蠡第一次发现,原来像子贡一样去从事经商治产,可以活得如此洒脱。一个成功的商人不但可以富裕一人一家,还可以借助金钱财势的力量去结好诸侯,为天下和平做出贡献;一个真正的商人身上沾染的不一定就是世俗铜臭之味,还可以借助商业的交易传播自己的学术思想……原来商人的命运还可以如此精彩!

对范蠡而言,他若有心继续从政,虽然各国诸侯都会高车驷马相迎请,但是这种做法合情合理吗?这算不算是对勾践的一种背叛呢?你范蠡智谋那么高深,如果跳槽到了任何一个不起眼的小国家,都会让天下诸侯震惊的。留在越国的妻儿命运怎么办?你就职的国家会不会遭受各诸侯国的共同封杀?想来想去,还是去经商吧。一方面,可以向勾践表白:我彻底放弃以前的政治斗争智慧不用了,你大可放心。另一方面,商业虽是贱业,但是道学思想不是强调"贵以贱为本"吗?根据道家阴阳学说的观点,贱中方能证贵,俗中方可证圣,天下还有什么比经商更适合自己的路吗?

其四,范蠡要离开越国,他是私自出逃还是向勾践请示汇报过?他的离去是毫无征兆的莫名出走,还是精心选择了合适的时机?

史料中记载:那一天,范蠡找到越王亲自表达了自己希望裸退的愿望。他说:"我侍奉大王,在以前没有消灭过尚未萌生的祸根,后来又没有救援过已经倾覆成灾的祸患,幸好大王祖上有灵,才能帮助您反败为胜。按照规矩来讲,

'主忧臣劳，主辱臣死'。但我一直苟且偷生，这种羞愧让我不堪忍受，我现在终于鼓起勇气向您请辞诀别，还请批准。"

越王一听范蠡要走，马上就"泣下沾衣"，比后世那位哭出了一片天下的刘备还要善于表演，也不知道是悲痛还是激动。勾践对范蠡说："现在越国的群臣官吏和举国百姓，哪一个不在赞扬你的功绩呢？哪一个不呼吁我把国君的名号交给你，等待着你去执行命令呢？你现在说走就走，是打算放弃我们越国，放弃继续帮助我了吗？我还是那句话，如果你继续留下来安心工作，我把国家分一半给你共同统治。如果你执意离开，你的妻儿都会被杀掉。"

一贯冷看利益的范蠡，怎么会轻易相信勾践的虚假承诺呢？他说："君王您有您行使制度的权力，我也有我追求自由的意愿。"

当天晚上，范蠡就收拾打点了细软珠宝，带上了一笔可以满足安家创业的启动资金，还有西施和自己的长子以及两三名随从，乘坐一叶扁舟进入烟波浩渺的太湖，悄然而去。大文豪苏东坡后来在记录此事时说："五湖问道，扁舟归去，仍携西子。"

范蠡离去之时，第一时间得到消息的勾践"愀然变色"。范蠡出走，既在他意料之内，又在他意料之外。勾践紧急召见文种询问："蠡可追乎？"

文种回答："追不回来了。范蠡选择出走的这个时辰太厉害了，没有人可以制止他的行为。我请大王不要派人去追了，他是不会回来的。"

当然，范蠡也没有忘记对自己有知遇之恩的老大哥文种。范蠡在临走之前，曾给文种留下了一封劝退的书信，提醒文种："天有四时，春生冬伐；人有盛衰，泰终必否。高鸟已散，良弓将藏；狡兔已尽，良犬就烹。子若不去，将害于子，明矣。"哥哥呀，你该走了，再不走越王就会杀掉你的。

然而，一向多谋的文种却没有从范蠡的信中读出紧迫感。他或许是太相信勾践的诚信了，或许是太看重自身的实力了，或许是太放不下来之不易的富贵了，或许是太舍不断对越国人民的深厚感情了。

范蠡走后数月，文种被勾践猜忌而不幸步入了伍子胥后尘，并以"企图颠覆国家"的罪名赐死。

《越绝书》曰：

> 胥执忠信，死贵于生；蠡审吉凶，去而有名；种留封侯，不知令终。

失去的总是最美好的。面对着宁愿掉头离去也不肯与他分利共治天下的范蠡，中国春秋时期第一影帝勾践真实地感动了——"世上只有师父好呀！"

越王勾践既没有派出兵将围剿追杀范蠡，也没有动用政治舆论来恶意丑化他，更没有杀掉他的全家。"你让我放心，我便让你安心；你若不让我省心，我便让你撕心碎心。"欠了范蠡这么大一个人情，勾践是怎么还的呢？

首先，勾践给范蠡的妻子封了一个女官的荣誉职位。

其次，他又把围绕会稽山的诸暨一带作为范蠡的永久性封地，把地处绍兴山阴县的苦竹城封给范蠡的儿子，并郑重宣告："这是我师父的封地，如果有谁胆敢侵害他们的利益，一定会受到上天的惩罚。"

这还不算，勾践还用"春祭三江，秋祭五湖"的独特方式，对那位"乘扁舟，出三江之口，入五湖之中，人莫知其所适"的恩师范蠡进行了更为隆重的祭祀和怀念。勾践为范蠡建立生祠，安排能工巧匠铸造了一尊范蠡的铜像，并把这尊铜像置于自己座侧，但凡遇到不能决断的政事时，便会煞有介事地向铜像请教讨论。勾践还规定，每隔十日，由越王亲率国中众大夫集体朝拜范蠡铜像。

勾践这样做有意义吗？有意义，他要做给天下人看。勾践要让天下人知道，我勾践是一个好学生，尽我所能地让恩师范蠡的丰功伟绩和高风亮节名扬天下。

不管勾践是真心补偿还是政治作秀，他对范蠡的敬仰与崇拜，那是谁也不可抹杀与否定的。

静心读 《道德经》

含德之厚,比于赤子。毒虫不螫,猛兽不据,攫鸟不搏,骨弱筋柔而握固,未知牝牡之合而朘作,精之至也。终日号而不嗄,和之至也。知和曰常,知常曰明,益生曰祥,心使气曰强。

功成、名遂、身退,天之道。

第 25 章

我不求财财自来

孔老夫子曾苦口婆心地教育我们:"富与贵,是人之所欲也,不以其道得之,不处也。"

近年来,"仇富"一词在各种新闻报道和评论中被广泛使用。世上没有无缘无故的恨,"仇富"到底是一种怎样的现象?"仇富"到底仇的是什么呢?从人性的一般特点看,爱有多深,恨就有多深。从某种程度上讲,产生仇富的深层原因是个人对财富所具有的强烈占有欲。从社会经济制度来剖析,我们会发现,社会经济发展的不均衡和制度的不完善也会进一步刺激和加重人们的仇富心理。这主要体现在"造成财富存量在个人间的不均衡""造成财富流量在个人间的不均衡"以及"造成个人财富获取规则的紊乱"三大方面。

归根结底,影响社会和谐稳定的"仇富"现象,其实质内容并不是仇"富",而是仇"不正当的财富";并不是仇"富人",而是仇"为富不仁"之人。

正如《吕氏春秋》所言:"贵富而不知道,适足以为患,不如贫贱。"如果我们创业有法、生财有道、富而好德,这样老百姓不但不会仇恨我们,反而会举世尊崇,千秋传诵。

范蠡为何辞官下海经商

范蠡是我们都熟知的道商始祖,千秋商圣。

古往今来,社会上一直把做买卖的人称作"商人",把做买卖这个行为称作"经商"。为什么古人会以"商人"冠名一个群体?

"商人"一词的起源与中国历史上的商朝有关。传说中,商族是高辛氏的后裔,居黄河下游。商族人的祖先契,是一位杰出的军事领袖,由于他跟随大禹治水,功不可没,后受封于商地,成为商族人"天命玄鸟,降而生商"的玄王。六世之后,聪明多谋的王亥"立皂牢,服马牛,以为民利",他把经过训练的牛拉着车驮着货物,沿着黄河北岸到各诸侯国去做买卖。在外族人心目中,做买卖的就是"商人"。

商族是一个非常重视贩运贸易的部族。在当时,操纵商业活动的贵族们顺着商王朝建立驿传制度所开辟的驿路,驱使着大批商业奴隶,"通川谷,达陵陆""大车以载,利有攸往",在商业运输和货物贩卖中盈利丰厚。正因为商业贸易的高度发展,商朝也博得了"商邑翼翼,四方之极"之美名。武王伐纣后,殷商的遗民被周公迁移至洛阳,由于失去土地无以为生,再加上政治管制,这些商民们只好依靠买卖维持生计。久而久之,"商人"便不再是一个专用的族名或地名,而演变成一种职业的代称。

作为老子道学思想的第三代传承人,范蠡之所以非常坚决地辞官下海,主要有三大因素。

其一,效仿。

范蠡步入经商创业之路,得益于儒商始祖子贡对他的启发;同时也想效仿子贡那样借助商业贸易的形式来交流传播学术思想,继而影响改变他人命运和社会风气。

其二,悟道。

悟什么道呢?当年孔子去洛阳求道于老子,老子曾对孔子说"良贾深藏若虚,君子盛德若愚"。什么样的商人才算是良贾?为什么良贾应该深藏若虚?藏的是什么呢?是藏智慧,还是藏钱财,或是藏货物?藏在哪里最安全?自己的身上，还是家中？是藏在子孙的户头，还是藏在天下百姓的手中？为什么老子会说"金玉满堂，莫之能守"？如何突破和改变"莫之能守"的怪圈？为什么老子会说"处众人之所恶，故几于道"？商业被称为贱业，位列士、农、工、商之末，这算不算"众人之所恶"？如果算，那"商"中又有何"道"？

在创业中提倡一个原则，那就是"人无兴不立"。创业其实是一件异常沉闷和苦累的事，如果缺乏个人兴趣和自我价值与荣誉，那就很可能会折戟沉沙，半途而废。而在范蠡的眼里，由"道"与"商"这两个毫不相干话题引发出来的系列思索，就像一套《十万个为什么》，激起了他对未解之谜的浓厚兴趣，这份兴趣成为推动他创业的最大动力。

其三，超越。

超越什么呢？站在"道"的高度，超越普通商人对利益的浅层理解，超越普通商人"唯利是图"的道德价值观，超越普通商人"金玉满堂，莫之能守"的历史怪圈，超越普通商人富而不贵、凡而难圣的成就修为。

世人皆知，商人逐利、贪利。什么是利呢？一言概之，利就是好处、有益。

在亚当·斯密的《国富论》中，"自利原则"是资本主义政治经济学总纲领，人的自利行为就是个人对自身利益的追求过程，在"看不见的手"的指引下，经济人追求自身利益最大化的同时也促进了社会公共利益的增长。而自利与他利在市场竞争的过程中又逐渐形成互利。承认自利，尊重他利，发展互利，构筑了整个西方经济学经济发展原则的基础。

无利不起早，这是人之本性使然。从某种意义上讲，因为有了"利"的存在，才有了个体的自我价值实现和社会的文明发展进步。所以，追名逐利并不可恨，我们不应该去简单否定和批判它。对于"利"，我们可以采取"善者因之，其次利道之，其次教诲之，其次整齐之，最下者与之争"的思路进行疏导。正所谓"仓廪实而知礼节，衣食足而知荣辱"，真正的礼义廉耻都产生于国家整体经济实力的提高，而荒废于举国贫乏民不聊生。

黄老道学"重生"，不应该仅仅看着是对个体生命的尊重，还应该包括和体现在社会整体的国计民生。诚如范蠡当年对勾践所言："昔者神农之治天下，务利之而已矣，不望其报。不贪天下之财，而天下共富之。"

商人求利，难道仅仅是为了利己吗？有没有舍弃自身利益而利人、利国的先进代表呢？

郑国曾经就有这么一位利国利民的商人，他叫弦高。

公元前627年，经常来往于各诸侯国之间从事国际贸易的商人弦高，在去周王室辖地经商的途中，遇上了秦国军队。当弦高得知秦军要去袭击自己的祖国郑国时，他并没有因为自己"商人"卑贱的身份而事不关己高高挂起，也没有因为自己先人一步掌握了这个军事情报大发战争不义之财。弦高一面派人急速回国报告敌情，一面伪装成郑国国君的特使，以12头牛作为礼物，犒劳秦军。因为有了弦高的半路杀出，秦军以为郑国已经知道偷袭之事，只好班师返回，从而使郑国避免了一次灭亡的命运。后来，当郑国君主要给弦高国家奖励时，却被婉言谢绝："作为商人，忠于国家是理所当然的，如果受奖，岂不是把我当作外人了！"

由此看来，商人并非都是利欲熏心道德丧失的；商人的作用，也完全可以救国于危患时刻、救民于水火之中。

有没有可能，将治国之道应用于治产之道，总结和提炼出一系列福泽后人的商业思想体系？如果能够实现，不但可以为后来人提供"以智启财"的经营智慧，还能构建商人的伦理道德规范，让"商家"名扬千古，让商人"贱民"的不公正地位得以改变、提升……这该是多么有益于人生、有益于社会的头等大事呀！

范蠡有这样的想法吗？《史记·货殖列传》称：

> 范蠡既雪会稽之耻，乃喟然而叹曰："计然之策七，越用其五而得意。既已施于国，吾欲用之家。"

既然我可以让一个国家富强，又怎么会不能让一个家族兴旺呢？就让我以自身、自家为样板典范，给天下人做出榜样吧。

老子道学强调："守其一，万事毕。"何谓"一"呢？就是我们每个人的心！

守住自己的本心，就不会迷失方向，流浪生死；把握住天下人的心，就会事业兴旺，无往不利。

人与人之间，因为彼此的利益需求而产生各种"交换"性质的商务行为，不但影响和改变了人们的世界观，也影响和改变了整个人类社会。既然"众人熙熙，皆为利来，众人攘攘，皆为利往"，那么我们就应该持守"天之道，利而不害"的最高准则，为天下人创造财富，与天下人共享利益。以财富的力量为依托，以百姓的心愿为枢纽，善运财帛如流水，去帮助天下人排忧解难，拯救灾患。倘若能够站在"道"的高度，从富己过渡到富人，从富国贯穿到富民，从富一国升华为富天下。这样的商人，不是行道又是作何呢？

范蠡，因为自己的想法而激动起来。虽说子贡家族世代经商，我这后来之人未必就会逊色于他。

正是基于"效仿""悟道""超越"这三大主因，离开越国的范蠡既没有去继续从政，也没有去讲学传道，而是内心坚定誓不回头地踏上了一条立志"以商证圣"的漫漫征途。

齐国：范蠡自主创业第一站

范蠡创业的第一站是哪里呢？那就是齐国。

他为什么不"衣锦还乡"荣归楚地，反而要化名迁居齐国呢？这除了老牌楚国与新霸起来的越国之间复杂的政治关系外，也还有三大主因。

第一，齐国具有悠久的工商业文化底蕴。

齐国及齐文化的缔造者是谁呢？

就是那位先后辅佐了六位周王的著名谋略思想家、政治家、军事家、经济学家姜太公。

姜太公虽有"谋圣"之誉，早年却穷困潦倒，半生寒微，仕途一直不畅。《封神演义》这部小说称，姜太公32岁时到昆仑山投拜在元始天尊门下学道，几十年工夫下来，却被师父认为"生来命薄，仙道难成，只可受人间之福"，于是派他下山建功立业。72岁那年，新婚不久的姜子牙挨不过妻子的唠叨，羞羞答答地迈入了经商创业的队伍中。结果，天生不善生意算计的他，四次创业经历都以失败而告终。

查阅相关史料，我们也看到了姜太公早年曾经历了"屠牛朝歌、卖食盟津"的长期流浪生活与商业实践。虽然姜太公的小买卖没干出什么伟大成绩，但他注定是要干一桩大买卖的人。"太公八十食周禄"，经过了一场"直钩钓鱼"的事件策划后，80岁的姜太公终于转运遇到明主了。人逢好运精神爽的姜太公，辅助文武二王兴周伐纣，在牧野之战中立下首功，最后分封行赏时，被封为齐国君主。

若论道商学术思想的雏形形成，或许姜太公的历史作用也不可忽视。他的谋略不仅仅体现在"愿者上钩"上，更是中国最早的货币专家。在《六韬》中，被纳入了高级公务员编制的姜太公对周文王讲："天下非一人之天下，乃天下之天下也。同天下之利者，则得天下；擅天下之利者，则失天下……能生利者，道也；道之所在，天下归之。"如何与天下同利呢？伐纣成功后，姜太公就建议散鹿台之钱，发巨桥之粟，以赈济天下的平民百姓。

想当年，齐国建立之初，以营丘为中心，方圆仅五百里，属于典型的小国寡民，不仅自然条件恶劣，还要面对被征服者随时可能发生的暴乱。治国有方的姜太公，在政治上采用"因循自然"的指导思想，尊重地方风俗，消除土著隔阂，力求天下归心；在经济上针对齐国土地多贫瘠多盐碱，不适合耕种的现状，把"通末业"制定为富民强国的基本国策，大力发展工商业和渔业。"劝其女工，极技巧，通渔盐"。积极支持民众捕鱼晒盐，鼓励大姑娘小媳妇缝衣服、织腰带、做鞋子、制帽子，再通过长途贩运搞活国际贸易，一下子使得齐国变为令人刮目相看的"东方大国"。

《史记·齐太公世家》称：

> 太公至国，修政，因其俗，简其礼，通商工之业，便鱼盐之利，而人民多归齐，齐为大国。

第二，齐国具有成熟的工商业发展思想。

当姜太公用自己的思想奠定了齐文化的基本走向，"以太公之圣，建国本"为齐国搭建起大国的平台，夯实了国家之本后，是谁让齐国真正实现了以商兴国、举国富强的呢？就是后来那位"九合诸侯，一匡天下"的管仲。

管仲少时丧父，老母在堂，由于生活在贫困线下，不得不过早地挑起家庭重担，为维持生计与鲍叔牙合伙经商。管仲经商的口碑并不好，赚了钱总是欺负合伙人。但鲍叔牙不但没有和他决裂闹崩，反而理解他的难处，并把他举荐成为齐国的相国。或许正是因为这一段从商的经历，管仲在他的治国方略中对工商业极其重视，他说："治国之道，必先富民。""治国常富，乱国常贫。"一个国家的前途命运是兴旺还是衰败，首先取决于民心的向背。怎么能够顺应民心呢？那就是要让人民先富起来，要让他们有基本的生活保证。只有"仓廪实"才能知礼节，只有"衣食足"才能知荣辱，只有生活富裕才能实现人民群众的尊严感与幸福感，也只有全民共同富裕才能国家强大，威震诸侯。

如何才能够让国民富裕呢？在管仲的富民思想体系中，他认为首先应该抓农业。农业生产是国民经济的支柱产业，一切伟大目标先从温饱问题开始解决。然后要农、工、商各业同时兼顾发展，"务本饬末则富"。但是，先富起来的社会阶层和未富起来的社会底层如果差距拉大，会出现什么后果呢？"夫民富则不可以禄使也，贫则不可以罚威也。法令之不行，万民之不治，贫富之不齐也。"富人太富，就会不服从国家的统治；穷人太穷，也就不惧怕法律的惩罚，这样下去国家的秩序就会受到影响。怎么办呢？那就必须调节贫富差距，由国家控制经济方向，做到"上下有义，贵贱有分，长幼有等，贫富有度"，让老百姓在国家经济政策下，依据游戏规则获得财富。

管仲还告诉齐桓公："王者藏于民，霸者藏于大夫，残国亡家藏于箧。"一个国家只有藏富于民才能实现长治久安、和谐太平，所以必须做到"散积聚，钧羡不足，分并财利，而调民事也"。

第三，齐国具有完善的工商业管理制度。

为了富民强国，管仲当年为齐国制定了完善的工商业管理制度，通过行政手段、经济手段、税收手段来进行一系列国家层面的宏观调控。

首先，在行政方面，管仲把国都划分为六个工商乡和十五个士乡，把国政分为三个部门，制定三官制度。工业立三族，商业立三乡，川泽业立三虞，山林业立三衡；又设"轻重九府"，观察年景丰歉，根据人民的需求来收散粮食和物品，在管理体制方面形成统一的格局。

其次，管仲采取由国家铸造钱币来促进商品流通的措施，制定捕鱼、煮盐之法，鼓励齐国当地人到其他国家从事贸易，实行粮食"准平"政策。食盐和铁器是人们日常生活和生产所必需，却又不能随地生产随时取用。于是管仲提出了"官山海"的政策，实施制盐业和冶铁业的国家垄断性经营，实行食盐和铁器的国家专卖。在农业生产税收方面，管仲提倡"轻税薄役，不烦不扰，取民有度，天下同利"的税收政策。他一方面根据土地的肥沃和贫瘠，制定实施"案田而税，相地而衰"的土地税收标准，即根据土地的好坏不同，来征收多少不等的赋税；另一方面颁布"上年什取三，中年什取二，下年什取一，岁饥不税"的具体征收政策，根据年成的好坏，以合理性的赋税提高了人民的生产积极性。

第四，齐国还具有优厚的招商政策和投资环境。

管仲曾提出："请以令为诸侯之商贾立客舍。一乘者有食，三乘者有刍菽，五乘者有伍养。"他请齐桓公颁布法令，为各诸侯国的商人们提供免费住所。对于带着一辆马车来齐国经商的商人，另免费供给食物；对于带着三辆马车来齐国经商的商人，除了提供住所、食物外，还免费提供马的饲料；对于带着五辆马车来齐国经商的商人，更有提供仆人为之服务的优惠条件。在商业税收方面，管仲"弛关市之征，五十而取一"。即减少各种税费的征收，只象征性地征收商人们营业额的2%。

齐国的这些招商引资优惠政策，吸引了大批的商人携带着大量的财富，源源不断地蜂拥而来，使"天下之商贾归齐若流水"。

正因为齐国的商业文化底蕴深厚，完全破除了"重农抑商"旧势力和旧思维的束缚，政府招商政策和行业规则健全完善，商业氛围和经营环境都趋于成熟，大背景大气候远胜于各诸侯国，可谓独占天时之机。善于审时度势的范蠡自然也不会放过这样一个好地方，在这片面朝大海的黄金海岸上，投资有政策，致富有保障；辽阔浩瀚的大海拓展了范蠡的胸怀和眼光，给了他创意无限的发展空间。

范蠡在齐国是如何经商致富的呢？他属于"苦身戮力，勤劳致富"。范蠡从越国离开时，既没有私自挪用越国的国有资产，也没有大船装载搬空家中所有财宝，而是用一叶扁舟，随身携带仅仅能够维持生计的"轻宝珠玉"。范蠡到了齐国后，既没有攀权结势、官商勾结，也没有买贱卖贵、坑蒙致富，而是带领儿子和随从在海边结庐而居，"耕于海畔，苦身戮力，父子治产"。一家人在海边开荒种地，引海水煮盐，获取了迁居齐国后的第一桶金。

在范蠡的商业经营生涯中，他还善于运用"品牌优势"进行多元发展。

在范蠡离开越国的那一刻，他的内心已打定了主意：曾经的一切，就让它都随风而去吧，无论是"相国""上将军"的名衔，还是"小疯子""范蠡"的名姓。

既然离去，何必念念不忘？学学自己的师父计然，改名易姓，时显时隐，多么洒脱自在！

既然不想再用范蠡之名示人，那应该叫什么呢？范蠡思来想去，终于定下了"鸱夷子皮"这个化名。"鸱夷子皮"到底是何物？就是生牛皮制作的革囊，可作酒器使用，亦即"酒囊袋子"的意思。范蠡为什么会用如此奇怪的名字呢？大多数说法是，范蠡为了纪念被装进了牛皮革囊中沉江的伍子胥，这是他对对手的尊重和缅怀。笔者个人的看法是，牛皮囊子外实而内虚，其实也隐喻着老子道学思想"虚其心，实其腹"的人生智慧，体现了范蠡甘居卑贱的归零心态，以及他以"酒囊饭袋"形象深藏功与名的游戏人生态度。

鸱夷子皮不但是范蠡的个人之名，更是范蠡的经营品牌。在耕种、煮盐之余，范蠡还兼营渔盐业、水产业、畜牧业和商业贸易。做生意，如何打出、打响自己的品牌，让客户第一时间记住你，让商人圈子主动地传播你，这是一门高深的学问。自从"鸱夷子皮"的商号打出去后，许多人的好奇心被彻底激发了。怎么会有这么怪名字的商人商号呢？他们经营的到底是什么？他们的产品品质和服务如何？

好奇心激发了了解欲，了解欲又促成了购买力。就凭着"鸱夷子皮"这个招牌，再加上"务完物"的精品战略，"逐什一之利"的价格优势，以及范蠡对天时的提前预测和对商机的准确判断，没过几年，范蠡就在齐国积累了数千万家产，成了闻名天下的齐国首富。

是金子在哪里都会发光，尤其是人性中的智慧之光与道德之光，更是挡也挡不住的。在品牌传播的推动作用下，齐国出了一位经营有道、仗义疏财的商人叫鸱夷子皮。这个消息就像长了翅膀一样疯传开来，不仅在商人的圈子里广为人知，到最后居然传到齐平公的耳朵里去了。齐国居然出了这样一位大贤？齐平公也很好奇，为了体现自己的"礼贤下士"，便对这位鸱夷子皮先生发出隆重邀请，诚聘他为齐国的相国。

范蠡通过综合权衡分析后，并没有拒绝齐平公的邀请，而是很坦然地接受了齐国的相印。他为什么会再次从政呢？笔者分析认为，一方面是出于范蠡想追寻先贤管仲以商兴国的足迹，渴望系统学习和深入研究管仲富民思想的全部内容，才做出的这个决定。试想，范蠡要完成这个学习计划，以商人的身份去查阅国家档案文献，无异于天方夜谭，倘若有幸成为齐国的相国，这倒是顺理成章。另一方面存在的可能是，范蠡在自己这几年的经营过程中，发现了齐国商业环境和经济政策方面的某些缺陷和不足，这种政策漏洞偏偏又严重制约了富民国策的具体落实，要弥补和调整它，除了高居相位，掌其权，谋其事，别无他途。

范蠡在齐国为相三年，具体干过哪些卓有成效的工作呢？取得了哪些成就呢？无论是正史还是野史，甚至民间传说中都没有相关的记载，因此我们不得而知。既然范蠡隐姓易名化身为鸱夷子皮治齐，肯定就不想在政治上太过高调，避免使齐国赶超、代替已经称霸的越国跃升为天下的焦点吧。

《史记·越王勾践世家》曰：

> 齐人闻其贤，以为相。范蠡喟然叹曰："居家则致千金，居官则至卿相，此布衣之极也。久受尊名，不祥。"乃归相印，尽散其财，以分与知友乡党，而怀其重宝，间行以去……

居齐相三年，范蠡再一次急流勇退。他感叹道："我以道治家，则有千金之富；我以道治国，官至卿相之位。这是好事吗？不好！我以布衣草民的身份久受尊名，长享富贵，这不符合自然规律，再待下去恐怕不吉祥呀！"

为什么说不吉祥呢？在道家看来，"月满则亏，物盛则衰""盈而不溢，盛而不骄"，这都是天道循行的法则。老子给我们的教诲是"不欲盈"，不要让事物发展进入极端，不要只知道进步不知道退步、只知道追求不知道放弃，这样的人生是容易遭来横祸导致缺损的。是呀，齐国的政治斗争太复杂了，政治旋涡太深不可测了，齐平公身为国君丝毫没有实权和威望，齐国真正的掌权者就是田常。当年，田常为了独揽齐国大权，可以冒天下之大不韪把齐简公杀掉，然后立简公之弟姜骜为齐平公，自立为太宰。如今，田常真的能够容忍得下身边还有一个智谋高深的鸱夷子皮吗？对于范蠡而言，他既不想站队在田常这边充当下手，也没有满腔雄心要改变齐国时局，都已经叫"鸱夷子皮"了，都自认为是个酒囊饭袋了，还掺和你们的政治斗争干吗呢？

范蠡虽然手执相印，却始终不忘初心，总认为"我不过是一介布衣"。这份清醒，是极其可贵的。

范蠡交还了齐王的相印，并邀来朋友乡人，把在齐国辛苦创业积储下来的数十万资产尽数分给他们，只留下些便于携带的珠玉，作为未来东山再起的资本。

散尽家财之后，急流勇退的范蠡便连夜离开齐国，远行他乡。

道商视野：取财于"天下之中"

我们常说，"好男儿志在四方"。遨游四方者，在于寻找对自我发展有利之地而立足，开拓事业；并非志在"四方流浪"，居无定所。地球是圆的，气运是流动的，人不可能在一个地方长期发财，也不可能在一个地方长久倒霉。所以，有计划、有节律地更换新的环境，对于寻求人生更大发展空间的人来说，更容易快速得"势"，这也是全世界的人类活动从古至今总是不断出现大批移民的深层次原因。

接下来，范蠡又去了哪里呢？他去了"陶"。让范蠡留下来的"陶"地在哪里呢？有多种说法：湖南华容说、山东定陶说、山东肥城说、安徽涡阳说。由于太史公当年惜墨如金，未肯细说，再加上历代文人的猜想传讹以及今人对于名人故里的刻意追捧，我们在这里对"陶"地暂不做具体分析，继续把这个艰巨而光荣的任务交给专业人士去考证。

范蠡为什么会选择"止于陶"呢？因为此地"东邻齐鲁、西接秦郑、北通晋燕、南连楚越"。《史记》中称，范蠡"以为此天下之中，交易有无之路通，为生可以致富矣。于是自谓陶朱公"。

如果说，范蠡从越国迁徙至齐国，他的选择是综合权衡了国家商业政策和城市商业氛围这个"天时"因素；那么，范蠡接下来对"陶"地的选择和认定，则是出于对经营环境这个"地利"的高度把握。范蠡认为"陶"地居于天下之中，诸侯四通，可谓各地客商的集散之地和商业交易枢纽之地，天下的货物交易都必须在此地中转交易。在当时，越国盛产蚕桑、齐国广耕锄、秦国多冶炼、赵国善土木，各诸侯国有各自的特产与需求。在地理位置上立身于天下之中，我们得到的好处就是商品多，货源足，信息广，客源众，还有哪里比此地更加适合搞国际贸易和商业经营呢？于是范蠡选择此地定居下来，并为自己重新改了个名字叫陶朱公，率领家人重新创业，"复约要父子耕畜，废居，候时转物，逐什一之利"。通过流动的商贸活动，来赚取丰厚的利润，不久范蠡便再次成为当地首富，财产更是远胜昔日。

司马迁在《史记》中评论范蠡说：

> 故范蠡三徙，成名于天下，非苟去而已，所止必成名……范蠡三迁皆有荣名，名垂后世。臣主若此，欲毋显得乎！

范蠡的"三迁"，并不是简单的消极隐匿，避祸保生，而是以积极的姿态重新规划定位人生。他顺从天地自然的演变规律，以"复归于婴儿"的无极状态择善而居，白手起家。每到一处新的环境，范蠡总能以常人难以想象的艰苦创业精神和非凡的远见智慧，择人任时，审时度势，带动共同富裕，践行功成不居，屡屡创造出人生奇迹。所以，太史公赞其"三迁皆有荣名"。

范蠡在"陶"地"取天下之中"而经商治产，这个"中"，除了地理位置的

"居中"外，还有没有更深层次的意义呢？

中国的圣人极其看重"中道"，所以老子有"守中"之法，孔子有"中庸"之论。据说，当年孔子带弟子进鲁桓公庙见到一种器物，便问守庙人："这是何物？"守庙人答道："这是欹器。"孔子说："我早有耳闻，欹器它虚则倾，中则正，满则覆。"随后，孔子让弟子往欹器中注水。当水注入一半时，欹器是端正的；当水注满了之后，欹器竟然突然翻倒。孔子当时颇有感触地叹了一口气说："物满则覆，为人处世也是如此，要谦虚，不可自满。"

道家哲学告诉我们：一切现象界的事物都是不长久的。阳尽阴生，阴尽阳生，形极必变，理穷必变，物极必反。一切事物都在变易中走向它的反面，一切有无都在交易中完成彼此的转换。虽然阴阳万变无穷，但一切差异都是从"中"而起，一切对立都是经过中间环节而相互过渡。

范蠡作为道商的始祖，是如何破解"金玉满堂，莫之能守"的课题，给自己的智慧人生交出一份满意答卷的呢？

其一要"中和"。

我们常说，和气生财，以和为贵。范蠡以"不贪天下之财，而天下共富之"的中和理念，在陶地搭建了共赢共富的"陶朱公"交易平台，让"陶朱公"的品牌魅力洒向四方。

其二要"中正"。

范蠡根据老子道学"天之道，利而不害"的教诲，制定了公平交易、正直无欺的行业标准，对任何商业交易只取"什一之利"，把厚利让于他人，自己甘居其薄、甘居其不足。

其三要"中虚"。

"生意兴隆通四海，财源茂盛达三江。"为什么百川归海不归山呢？那是因为大海总是把自己放到最低的位置上，时刻保持着"虚中"的状态。

范蠡秉承着"江海之所以为百谷王者，以其善下之"的理念，时刻保持着虚怀若谷的谦卑心态，使天下诸侯都愿意与他交往；他完美演绎着"良贾深藏若虚"的虚中智慧，使天下商人都乐意与他交易。只有心善如渊海，才能容纳和接受一切新的事物和观点，才能创新和创造、成就新的高度。正因为范蠡身上所具备的无我无私的道德品质，以及不执不泥的投资智慧，就像上善之水，圆转无方，从不失利。

不管是谁，只要与范蠡合作，都会得到如天雨般无私的润泽之利，所以各诸侯国商人都愿意将资金交付给他使用。通过"使财帛如流水"，范蠡让层出不穷的商机在他"谷底"汇聚，让源源不断的财富在他手中运转。有了这份独具魅力的实力、财力、智力、能力、口碑力、吸引力，范蠡想不发财都很困难了。

其四要"中通"。

中国从来就不缺少身家显赫的富豪，也不缺少好善乐施的好人，缺的往往是既有钱又懂如何行善的有道之士。一个成功的大商人，只有从中极图的观点去为人处世，才能中和圆满、左右逢源，在商业经营的重大转折时期，化干戈为玉帛、化对手为朋友、化竞争为竞合。范蠡乐于奉献，热心助人，不像其他商人那样自私保守，忌恨打击同行参与者。他通过自己的"陶朱公扶贫基金会"扶助贫困弱小，用自己的商业经验和人脉、渠道帮助他人实现共同致富。而范蠡借助这种"用中"的手段，可以使自己选择进入、开发创新的新兴产业快速实现规模化效应，能够有效拉动一个地区的产业集群发展。

喝水不忘挖井人，共同富裕起来的人们纷纷发挥品牌传播的作用，于是天下皆称道陶朱公，到处都传诵着陶朱公范蠡的美名。

其五要"中立"。

《史记·天官书》曰："斗为帝车，运于中央，临制四乡。"范蠡一直提倡"知斗则修备"，居天之中的众星之主是北斗，万人之中的天下之主是圣王，如何成圣为王呢？那就必须树立起以天下为己任的主人翁精神，承担天下兴旺之大责。对于世间的功名富贵，范蠡保持着清醒的认识，并自称已经达到了"布衣之极"，权势与财富已经丝毫动摇和牵制不了他的心智。但是范蠡并没有丧失顶天立地的大丈夫气魄，而以"富天下，利天下"的大我之心，毫不犹豫地肩负起自己的历史使命，帮助天下人发财致富。

天生万物，以人为贵；天地万物，人居其中。得人心者，得天下；失人心者，失天下。一切学问，唯有得其"中道"者方可顶天立地，获得大成功。正是由于对"中和之道"的深刻理解和透彻领悟，化名为陶朱公的范蠡在"居天下之中"的陶地，转眼工夫便又创造了无数的财富，家财亿万，富比王侯。

如何让自己的身体生命或者事业恒久于天下呢？

老子为世人给出了他的药方："是故甚爱必大费，多藏必厚亡。知足不辱，知止不殆，可以长久。"在任何时候，面对任何事物，如果我们不知用"中"之法，过分地贵重爱惜名利地位者，必有无辜的耻辱和大破费；过多地收集珍藏资金财物者，必有惨重的损失和大灾难。为什么呢？因为宇宙万物本平衡，你得到多少，就会失去多少；失去了多少，也会得到多少；多付出则多收入，多收入则多付出，一切尽在自然中，一切尽在阴阳中。接下来该怎么办？范蠡马上清醒地认识到：宜将钱财散出，以消弭其灾。不要让财富积累突破人生的中线滑向极端深渊，唯有知足知止者，身体生命和事业才会长久平安，只有当财富不再成为心灵羁绊的时候，它才有可能转化为智慧境界与幸福人生。

于是，范蠡再一次遵循老子"圣人不积"的教诲，将家中的财产全部捐出去，散尽家财，潇洒从容。

有时候，范蠡自己也想不明白："我到底靠什么赚钱的呢？我好像什么也没做过呀？我为什么就摆脱不了富贵的命运呢？"被财富追着赶着缠着恋着的范蠡，在创造了一个又一个的人生奇迹后，给我们留下了一句最让人摸不着头脑的话——"我不求财而财自来！"

老子"多言数穷，不如守中。"可谓妙矣！

静心读 《道德经》

名与身孰亲?

身与货孰多?

得与亡孰病?

是故甚爱必大费,多藏必厚亡,知足不辱,知止不殆,可以长久。

圣人不积。

既以为人己愈有,既以与人己愈多。

天之道,利而不害;圣人之道,为而不争。

第 26 章

道商五宝：开启以智启财新模式

商人的本质是追求利益最大化。

有利益的地方就有欺诈，越是高利、暴利的行业和领域，其风险与欺诈指数也越高，这是由道学中"利害相参"的客观规律所决定的。然而，带有欺诈行为的商业活动只能欺一时，欺不了一世，只能欺寥寥几人，欺不了天下大众。天理昭昭，大道无私，善恶之报，如影随形。凡是那些寄希望于坑蒙拐骗、巧取豪夺等种种非法手段来实现盈利的商人，其后果必将遭受大自然最严厉的惩罚。正之谓"天网恢恢，疏而不失"。

德国经济学家熊·彼特在1912年就指出，"现在经济发展的根本动力不是资本和劳动力，而是创新。"道学智慧强调以无生有、以小博大、以柔胜刚。道商不可避免地也追求盈利，但是他们求取的是合乎天道、合乎公理、合乎律法、合乎道德的绿色利益。一个项目、一种策略，是否具有创意，是否具有新意，关键在于我们能否打破固有的思维模式，"出有入无"地走向广阔的创意思维领域，悟出万事万物都存在一种相似的"共性"——道。

道商生意经：有无相生

范蠡身为道商始祖，能够在"十九年中三致千金"，屡屡成为亿万富豪的核心奥秘是什么？是官商勾结巧取豪夺吗？是坑蒙拐骗以假乱真吗？是仅仅依靠诚信经营薄利多销吗？是搭建平台网络人脉吗？古往今来，研究范蠡的经商之道，学习陶朱的致富之策，已经成为天下商人孜孜不倦乐此不疲的最大兴趣。

范蠡是靠什么实现"我不求财而财自来"的经商大成就呢？我们认为，范蠡那份看似轻描淡写自然而然的成功背后，既有进入齐国享受政策优势的"天时"，又有移居陶地占得天下中位的"地利"，更少不了苦身戮力、勤俭创业的"人力"，和择人任时、与时逐势的"人谋"。

范蠡是如何依靠"人谋"而行商致富的呢？我们来温习一下《史记》中一句话："以为此天下之中，交易有无之路通，为生可以致富矣。于是自谓陶朱公。"

"交易有无之路通。"何谓"有"？何谓"无"？"有无之路"如何得通？

一般而言，我们常人所谓的"交易有无"，就是买进卖出、交换易货。一件货物、一个产品、一种技术或服务，你有我没有，此地有余彼地不足。于是，善于捕捉商机的商人就会敏锐地发现供需双方的阴阳盛衰，然后通过收购其有余、销售其不足，进行互通有无的经营行为，在满足和平衡市场需求的同时赚取应得利益。

如果真要追溯"交易有无"的本源思想，那就又有另外一番妙论了。话说，"交易"本是《易经》中易理的含义之一，即阴、阳通过互相交通对流，而发生的交互作用。易学家认为：阳有"先与之，后取之"的德行，阴有"先取之，后与之"的德行。"取"和"与"即对立物交通。其具体过程是，作为宇宙万物根本的"阳"先将元素散发于"阴"，"阴"从"阳"中取得所需"阳"元素并与自身的"阴"元素交配、沟通，从而生育繁衍万事万物，然后又返回于"阳"。如此周而复始，永不停息。

依此而论，我们中国人把商业经营行为称之为"做生意"，其实早就隐含了阴阳运动，万物生发，彼此共赢，财源滚滚的"生生不息"之意趣、意境。"无"与"有"，是道学思想中两个独特的哲学概念。道家认为世间万物都是从"无"开始的。小到生命，大到宇宙，都有一个开始，这个开始的形态就是

"有"，在"有"之前是未曾开始的"无"，甚至在"无"之先还有连未曾开始都未曾开始的"无"。道学思想中的"无"，并非没有和不存在，而是无所不包、无所不容、无穷无尽、不可描述的"大有"与"万有"。事实上，无形的大道具有无穷无尽之功用。无论是宇宙的演化，还是事物的发展，无论是人生的进取，还是财富的累积，都是从"无极"中生育出"有极"，从"有极"中孕育"万象"，在那种"道，冲而用之，或不盈"的取之不尽用之不竭中，完成"道生一，一生二，二生三，三生万物"的万物化生，让世间的一切发展虽周而复始，却又新意无穷。

老子告诉我们："有无相生。""有"和"无"是如何相生的呢？老子为我们做了举例说明：三十根辐条共一个车毂，辐条实有，间隔虚空，正因为虚实相间，才成就了车子的功用。用黏土烧制出来的陶器，外形实在，里面虚空，正因为虚实协调，才成就了陶器的功用。房屋要开凿门窗，才能让空气、阳光和人物进出流通，房屋实有，门窗和内室虚空，正因为虚实配合，才成就了房屋的功用。所以说，任何事情都要阴阳共济，虚实结合，才能够产生无穷的妙用。

陶朱公范蠡的"交易有无之路通"，"有"是什么呢？就是有形的产品、产业、货物、实物、技术、资金。"无"是什么呢？就是无形的口碑、品牌、文化、创意、思想。在道商的视野里，隐性知识比显性知识更重要；潜在市场比显在市场更重要；无形资本比有形资本更重要；情感认同比物质功能更重要；人力资本比物质资本更重要；外部资源整合比内部资源整合更重要。

带动身边人创富，你才会更富有

从无形的经营手段和策略方式上，范蠡是如何以智启财，思想致富的呢？

我们暂且抛开各种版本的《陶朱公商术》这些理论思想，仅从几则民间流传的小故事中来窥识其经营智慧。

第一，货通有无，贸易得利。

小城镇是介于城市和乡村之间的雏形城市。小城镇建设要解决的不是城市问题，而是农村问题、农民问题。在河南《卢氏县志》中，曾记载有这么一个故事。相传，范蠡有次来到一个集镇上，打听后方知原来这就是大禹治水的熊耳山下古莘卢邑。范蠡了解到，此地盛产核桃、木耳、山珍野味、肉类皮毛、粮食药材等土特产品，但是农民缺少食盐、葛麻布衣、日用杂品等。了解掌握了当地市场的供需有无后，范蠡便在当地开了个杂货铺，收购起山货来。

为了帮助当地老百姓脱贫致富，范蠡收购山货的价格很高。消息传开后，供货人都往这里跑，还不满一个月，各种山货就堆满了几个大库房。看着堆积如山的货物，范蠡让人进行了分拣归类，按各地商贾的需求，先把各类上等货用牲口驮运出山，送往各要货的地方出售；得款后，范蠡再到市上购回食盐、葛麻布衣和各类日用杂货等。

在这种货物交易的"互通有无"下，范蠡不但自己赚钱了，还通过商机的传播和商业氛围的打造，让远近的商贩们因为利益的驱动而闻风前来，各种供货商、采购商络绎不绝。在解决了当地缺少食盐、葛麻布衣、日用杂品苦恼的同时，范蠡还带动当地居民学着做生意。来来往往的人多起来后，各项需求也增加了，无论是现有的农副产品和土特产交易，还是伴随出现的客栈住宿、餐饮、农业、养殖……什么生意都好做了，人人都有利可图。渐渐地，这个地方的人开始富裕起来，逐步形成了一个各种商品交易的集散地、大集市。

为了纪念范蠡对当地经济做出的巨大贡献，后来的卢氏县令便将此地的村、湖、镇都命名为"范蠡"。

第二，化无为有，循环经济。

循环经济作为一种科学的发展观，一种全新的经济发展模式，最早是由美国经济学家波尔丁在20世纪60年代提出生态经济时谈到的。

不知道波尔丁是否了解过，在2500年前的中国大地上曾出现过一位名叫范蠡的大商人，他不但最早提出了预测经济发展与农业丰歉的《十二周期循环论》，而且亲自实施开展了体现道家"天道循环""道法自然"思想的产业循环经济链。

浙江永嘉楠溪江边的碧莲白泉乡前山，有个山头岙窟。相传在春秋时期，不知道从哪里搬来了一个大户人家，在山坳里选了一块地方便开始砍树造屋，居住下来。家长是个名叫陶朱的老人，大家都尊称他为陶朱公。

陶朱公和家人挖了三十来条沟，每条沟有十来丈长、三四尺宽、一尺来深。挖好后，放上柴草，盖上细泥，饲养白蚁。待白蚁养起来后，便把鸡放到沟里吃。于是，鸡长得又大又肥，蛋又下得很多。陶朱公心地很好，常常做好事。每逢青黄不接时，他便到外坳、长坦一带看看山下几个村庄，哪一户屋顶上若升不起炊烟，就把粮食、鸡蛋送去。

这一年秋天，雨水好，粮食丰收。村民们自备了许多礼物准备送给陶朱公，没想到来到他家时，整座屋里没有一个人。一打听，才晓得陶朱公早已搬到别地去了。后来，村民们听从外面归来的生意人说，陶朱公就是当年越王勾践的大夫范蠡。白泉村的人们为了感谢陶朱公的恩德，就为他隐居过的地方起名陶朱坑。

范蠡变害为益饲养白蚁，以白蚁养鸡，以鸡生蛋，以鸡、蛋养人养财，以人、财养德养道，其循环体系完美体现了老子道学"周行而不殆"的思想智慧。难怪，美国物理学家卡普拉会如此评价道家："在伟大的精神传统中，在我看来，道家提供了关于生态智慧的，最深刻、最完美的说明，这种说明强调一切现象的基本同一和在自然的循环过程中个人和社会的嵌入。"

第三，有无相生，品牌经营。

品牌是商业经营的核心要素之一，尤其是在产品同质化越来越严重的今天，品牌的神奇作用越来越得以凸显，消费者往往只为品牌特别是名牌而消费。品牌之所以被人推崇备至，是因为它具有巨大的无形资产，可以在消费者心目中赢得更多的信任、树立起更好的形象。

对于品牌背后潜藏的巨大无形价值，老子早就给我们揭示了，"故有之以为利，无之以为用"。人们只知道一切实有的产品和技术能够产生利益，却不知道无形的价值决定着价格和客户，并发挥着巨大的功用。

范蠡在长达 19 年的经商生涯中，不但率先创建了"鸱夷子皮"和"陶朱公"的商业品牌，将个人价值与商业价值完美融合，并且还曾站在行业的高度创立了"商"的品牌。

据说，范蠡有一次做生意到了商洛。商洛的青铜器具天下闻名，当时上至豪门，下至百姓都以使用青铜器为荣耀。范蠡打听到邻近的秦国需求量大，就雇了很多牛车和人，准备到商洛地区收集青铜器，然后长途贩运到秦国去出售。具有品牌战略远见的范蠡为了让自己的产品与众不同，就在装载货物的牛车和每樽青铜器上都铸以"商"字，打上了自己独特的品牌烙印。

浩浩荡荡的运输队伍抵达秦都咸阳后，秦人远远便看到牛车上巨大的"商"字；后来在挑选中，又发现一件件光亮耀眼、精美绝伦的青铜器上也铸着"商"字。这样一传十，十传百，买到称心如意商品的人们都相互传播："商人来了，我在商人那里买到的……"

很快，范蠡贩运的这批青铜器具便销售一空，质优货真的产品与独具魅力的品牌让范蠡获得了丰厚的回报。

第四，以无取有，融资借势。

范蠡是中国商业史上最早的资本运营高手。

在金融学和会计领域，资本通常用来代表金融财富，特别是用于经商、兴办企业的金融资产。广义上，资本也可作为人类创造物质和精神财富的各种社会经济资源的总称。哈佛商学院教授斯蒂文森认为，"创业是不拘泥于当前资源条件的限制下对机会的追寻，将不同的资源组合以利用和开发机会并创造价值的过程。"资源的种类很多，有有形资源，也有无形资源；有物质资源，也有非物质资源。成功的创业者大多都是资源整合的高手，创造性地整合资源是他们成功的关键因素之一。

有一次，范蠡在经商中获知了一个巨大的市场需求信息：吴越一带需要大量马匹；同时北方多牧场，马匹便宜又剽悍。假如能将北方的马匹低成本、高效率地运到吴、越，一定能够大获其利。然而问题是：买马不难，卖马也不难，就是运马难。千里迢迢、人马住宿费用代价高昂且不说，更要命的是沿途常有强盗出没。怎么办？

经过一番调查，范蠡了解到北方有一个很有势力、经常贩运麻布到吴越的巨商姜子盾。姜子盾因常贩运麻布早已用金银买通了沿途强人。于是，范蠡就把主意放在了姜子盾的身上。在获知某天姜子盾将要经过城门时，范蠡写了一张告示张贴在城门口，大意是：新组建了一支运输队，开业酬宾，可免费帮人向吴越地区运送货物。果然,姜子盾看了告示之后主动找到范蠡,求运麻布。范蠡满口答应下来。

老子说:"将欲夺之,必固与之。"就这样,范蠡的马匹通过为姜子盾的货物提供免费运输服务,最终安全到达吴越地区。马匹在吴越很快卖出,范蠡又获得了巨大的商业利益。

第五,无中生有,有奖发动。

范蠡也是中国商业史上最早设计并实施"天使创投"项目和开展"幸运大抽奖"的商人。

当年,范蠡来到鲁国的一个集市后,见人气虽旺,可是商人只习惯于摆地摊经营。范蠡很好奇,便上前问那些摊主:"这么旺的人气为何不开店铺?"摊主告诉他,这里是5天一集,所以没有必要开设店铺,更主要的原因是开设店铺所需的资金可不是小数目。

范蠡掌握情况后,就对这些摊主们说:"我在你们的摊位前踩上一个脚印,三天后你们从脚印往下挖,就可以挖到建造店铺的资金。但你们切记,经商要以诚为本,不可欺诈盈利。两年后,我来收回本金,利息随意。"说完,范蠡便顺着众人的摊位走了一圈。他的这番话,有人信有人不信。三天很快到了,有人记起范蠡的话来,便顺着他当时的脚印往下挖,果然挖出一锭金元宝来。原来这事是真的!于是在这条集镇上摆地摊的商人们,纷纷欢天喜地挖起元宝,他们用这元宝造起了店铺。不久,这里就形成了一个天天有集市的集镇了。

两年后,当范蠡再次踏上这片街市时,富裕起来的商家们纷纷热情相迎,个个都奉还上本金和利息。就这样,范蠡凭着"幸运大抽奖"式的天使投资,扶持帮助了众多的商人进行了规模化经营,春秋战国时期的商业也因范蠡的周游而一片兴旺。

范蠡,用自己的实际行动完成了"以道经商,天下共富"的人生梦想。

借商立德：商人必须遵循的价值信仰

我们认为，创意思维的生发，创意经济的推动，无不在"负阴抱阳"的冲和交演中，遵循着"道生之，德畜之，物形之，势成之"的规律进行演变推进。太史公评价范蠡"交易有无之路通"，范蠡除了娴熟地运用无形的经营智慧、商业谋略、品牌视角、战略远见，以及秉持"生而不有，为而不恃，长而不宰，功成而不居"之道心进行创投扶贫外，又是如何利用有形的产品、技术来构建自己的"陶朱公商业帝国"的？范蠡在有形的产品研发、推广过程中，又是如何进行"有"与"无"的完美融合的？

第一，富贵鱼——授人以渔，授人以愉。

范蠡不但是淡水养鱼技术的研发者，也是史上第一本系统讲解淡水养鱼科普教材《养鱼经》的作者，还是中国商业史上最早从事文化产业与民俗产业的领军者。

鱼，在古代中国一直被视为吉祥物；早在上古时代，鱼已成为瑞应之一。《史记》上曾记载周王朝有鸟、鱼之瑞，《诗经》中以黄河的鲂、鲤暗喻宋、齐两地的女子，将食鱼与娶妻联系起来。这是因为鱼繁殖力强，生长迅速，象征着家族兴旺、人丁众多。

当年，越王勾践败退会稽之时，身为大夫的范蠡在为越王奉上鲜美鱼汤的同时，也向越王献上了"养鱼富国"之策："畜鱼三千亩，其利可致千万，越国当盈。"范蠡弃官从商后，曾广泛传播推行淡水养鱼技术，并创造了将野生鱼驯养的拦箔养鱼法。全文不足500字的《养鱼经》中，记述着养殖鲤鱼的一整套经验。

范蠡充分认识到，"鲤不相食，易生又贵也"，指出了鲤鱼在生产和经济上都有很高的价值。从战国到秦汉，家养鲤鱼得到很大发展。唐朝以后，饲养鲤鱼的方法已传到日本、朝鲜、希腊、罗马等地。

当淡水养鱼全面展开并形成产业规模效应后，如何让鲤鱼养殖产业实现更大的商业利益与经济价值呢？范蠡首创性地对"养鱼"的产业规模化与民俗吉祥文化进行了有效结合，开始了中国最早的文化创意产业。

范蠡使人们认识到吃鱼有三种好处：一者，鱼是"活"的象征，多吃鱼"聪明灵活"。二者，鱼怀卵量大，繁殖率高，多吃鱼有"多子多福""人丁兴旺"之意。三是"鲤"与"蠡""利"谐音，"鱼"与"余"同音，通过年年有余、吉庆有余等文化概念的输出，可以使消费者获得内心祥和吉庆的感知价值。

现代商业理论认为，消费行为是实现自我需要的手段和工具。品牌核心价值并不是企业或商家自有的，它一定来自于消费者的心声，来自于消费者发自内心的精神满足和记忆深刻的美好回味。只有当一个品牌的核心价值贴近消费者的内心需求，从产品价值、服务价值升华为体验价值后，才能拨动消费者心弦，让他们心灵受到感染、震撼，从而获得消费者的认同、喜爱和忠诚。

无中生有，无中之有是大有。通常来说，我们认为商业利润是来自产品本身，包括了成本、价格等因素。但事实上，真正的利润往往是出自"无中生有"的商业模式中，而新的商业模式则是来自生活方式的重新理解。范蠡通过"年年有余""吉庆有余"的文化输出，让每个人的内心世界充满着喜庆富裕、美好无限的正能量，泛舟五湖、以道经商的他自然也就通过富民富己而"渔翁得利"了。

我卖的不是鱼，是文化；我售的不是鱼，而是授人以渔、授人以愉。后来，被带动富裕起来的人们通过年年吃鱼，来怀念陶朱公范蠡的勤劳致富与智慧创业，感恩他三散其财的伟大道商精神。甚至在民间习俗中，鲤鱼也成了"财神"范蠡的象征。每到新春佳节来临之际，乡间里就有人在黎明时分挑着担子，在盒里盛着小鲤鱼，一边走一边敲着小锣鼓，嘴里喊着"财神爷来了！"于是家家户户赶紧把门打开表示欢迎，送给来人一个红"封包"，对方就送上一条活鲤鱼。

第二，玉如意——万事如意，不求自来。

在商业经营中，作为道商，一定要居其实而离其虚、求其真而去其浮。以随心所欲、不僵化、不固执的"上德无德"精神为行商之法则，秉承自然真实的天性，去顺从大道的规律，随机而应变，以"心"的变化去适应外物的变化而创新不断。

范蠡是"如意"的发明者。"如意",又称"握君""执友"或"谈柄",一般由玉、木、骨制成,多呈S形,首尾两端作云形或芝形,中央一点圆形,类似于北斗七星的形状。有人曾说"如意"是随佛教传入中国的,这并不可信。"如意"的产生年代足以远溯先秦时代了。唐朝宰相段成式在他的《酉阳杂俎》中写过三国时孙权曾得宝物的故事,这件宝物中不但有范蠡研发制作的"琉璃",也有"白玉如意":

> ……掘地得铜匣,长二尺七寸,以琉璃为盖。又一白玉如意,所执处皆刻龙虎及蝉形,莫能识其由。使人问综,综曰:"昔秦皇以金陵有天子气,平诸山阜,处处辄埋宝物,以当王气,此盖是乎?"

范蠡为什么会发明"如意"呢?有几种说法,一说是"如意"由范蠡为官时手执的牙笏演变而来;一说是范蠡在经商过程中为便于出行减负,曾进山埋藏随身财宝并做了个记号,后来当他寻回财宝时,意外地发现埋藏财宝的边上长出了一株灵芝。惊奇之下的范蠡遂以灵芝为形,创新出了"如意"。个人认为,范蠡之所以发明"如意",是他通过有形的产品来倾注、表达其经营智慧与人生境界,并以此为商人的形象标识,确立行业的最高典范。范蠡一直强调:"知斗则修备,时用则知物。"这里的"斗",并不是战斗的"斗",而是北斗星的"斗"。范蠡之所以能够在商业经营中窥其天机,屡屡避祸致富,这跟他掌握了观测星斗变化规律来预测年岁丰歉、经济行情的学术思想有关。何谓天机?何谓心机?何谓商机?道家认为,天以斗运为机,人以心运为机。而商机的把握,无非就是对天地的自然规律进行预测和对人心的需求喜厌进行激活满足,正所谓"仰俯天地,洞察人性"。一个成功的商人,必须随时"知斗而修备"。如何才能时时刻刻提醒自己"知斗"呢?那就只有把理论产品化,把虚无实有化。

道家认为,"如意,心之表也"。"如意"不但代表北斗天心,也代表人心。正当范蠡苦苦思索该运用什么样的元素设计出"知斗"的产品时,西施的心痛病犯了。"西子捧心"给了范蠡无限怜爱的同时,也给了他创意的灵感源泉。是呀，我们很多商人为什么会求财不利，人生不顺呢？很大程度上是我们藏着太多私心的缘故。正因为人心隔肚皮，所以人与人之间失去了互信，彼此之间失去了共利，有无之间失去了流通，自私和闭塞可谓商人最大的天敌。如何才能让我们在掌握天机、心机、商机的同时，敞开心扉，坦诚以待，打开心量，谋富天下呢？那就必须把北斗和心的元素都设计进去。

《太清玉册》称："如意，黄帝所制战蚩尤之兵器也，后世改为骨朵，天真执之，以辟众魔。"假托黄帝之名著书立说，在中国历史上早已不鲜见。但是假托黄帝之名设计产品，范蠡算是开了先河。只是不知，后世动辄标榜自己属"宫廷御用"之类的产品，可否留存有当年商圣范蠡的一二真心。

"如意"能辟什么魔呢？辟的是俗世商人那自私、贪婪、闭塞、负义、愚蠢等种种心魔。为商者若心存天下苍生，善于跳出和超越常人的浅薄见识，出人所不思之奇思、逆人所乐行之常行、为人所难为之大为，才是道商之"德"。唯有心魔降伏，才能万事如意，自然"我不求财而财自来"。如此，则圣功生焉，神明出焉！

范蠡通过对"如意"的开发设计，告诫商人要善于观测天运，示人以真心、诚心、正心、良心。在"如意"的原型设计中，其头部呈弯曲回头之状，也是被范蠡赋予了"久受尊名不祥""回头即如意"的人生哲理。你们为何人生不如意呢？那是你们不懂得"回头"的道理。"如意"这项伟大的创举，堪称中国商业史上最早的商人群体形象工程标识（CIS）。

魏晋之后，作为吉祥之物的"如意"得到了普遍的使用，逐渐演变成财神手中的宝物，成为帝王及达官贵人等上层人士权力和财富的象征。

第三，天星秤——道德标尺，行业规范。

有道之士，显露出来的都是德行。大道无形而无名，常人要理解大道，只能从道所显露出来的"德"来粗浅地认识道的表面，只有从德中才能体现出道的体性、从事物的运化中才能显化出德的功能。

老子说："孔德之容，唯道是从。""孔德之容"究竟是一种什么样的德行？商人应该具备怎样的商业伦理与行业道德？如何在商业经营中建立利益与正义、财富与道德相一致的理想秩序？如何杜绝见财贪利、见利忘义的不良行为呢？道商始祖范蠡再一次将市场规则、商业伦理与产品创新相结合后，发明了十六两的道商天星秤。

相传范蠡在经商中发现，商人在市场买卖东西，都是用眼估堆，很难做到公平交易，于是产生了要创造一种测定货物重量的工具这种想法。一天，范蠡经商回家，在路上偶然看见一个农夫从井里汲水，方法极其巧妙：井边竖一高高的木桩，一横木绑在木桩顶端；横木的一头吊木桶，另一头系石块，此上彼下，轻便省力。范蠡顿受启发，回家仿照着做了一杆秤：用一根细直的木棍儿，一头钻上小孔，小孔系上麻绳，用手来掂；细木一头拴上吊盘，装盛货物，一头系鹅卵石为砣；鹅卵石移得离绳越远，吊起的货物就越多。秤做出来后，一头挂的货物多，鹅卵石就要移得远，才能平衡。范蠡觉得，必须在细木上刻出标记才行，但用什么东西作标记呢？他苦苦思索了几个月，仍然不得要领。

这天夜里，范蠡夜观星象，抬头看见了天上的星宿，便突发奇想，决定用南斗六星和北斗七星作标记。从此，市场上便有了统一计量的工具——秤。

范蠡为什么要用天星作为计量的标志呢？在古代中国，不但范蠡崇拜北斗星，连孔子等众多圣贤智哲也都崇拜北斗星。孔子曾说："为政以德，譬如北辰。"《河图帝览嬉》称："斗七星，富贵之官也。""斗主岁时丰歉。"道家文化认为，自然界天地的运转、四时的变化、五行的分布以及人间世事，否泰皆由北斗七星所决定。北斗第一为司命星君，第二为司禄星君，第三为禄存星君，第四为延寿星君，第五为益算星君，第六为度厄星君，第七为慈母星君，总称七司星君。

为了防止一些心术不正的商人卖东西时缺斤少两，不讲诚信，范蠡在南斗六星和北斗七星之外再加上福、禄、寿三星，以十六两为一斤。就这样，具有道商伦理道德规范意义的十六两天星秤便一代一代地流传下来了，成为世人称量自己良心的衡器。

《文子》说："衡之于左右，无私轻重，故可以为平。"范蠡通过"天星秤"的创新研制，不但解决了商业交易中的公平问题，同时还告诫经商从业者：商人作为货物流通的承载者，最重要的是信用，富贵必须与道德匹配。作为商人，我们必须认识到，"举头三尺有神明"。经商之道必须光明正大，公平交易，诚实守信，不欺天地；否则，短一两无福，少二两少禄，缺三两折寿。

20世纪70年代，美国的商业研究人士率先提出了企业伦理概念，后来日本也步入研究后尘。有人认为，中国对企业伦理的认识与研究尚处于起步阶段，对企业伦理的内涵了解不够。如果各国的经济学者、商业研究者能够多花一点时间了解中国的范蠡，能够深入思考一下范蠡创制的"十六两天星秤"的创新价值，以及天星秤对商人的道德规范与商业伦理的探索性意义，我们就会明白一个道理——道商天星秤，称量的是天下商人的道德良心！

第四，聚宝盆——琉璃重宝，传家有道。

老子道学思想认为："大曰逝，逝曰远，远曰反。"事物发展的规律就是极则反、极则变。当纯物质的文明发展到极限后，世人就要通过市场经济，通过文化与精神的消费来满足其深层次需求。

在中国所有的财富传说中，最令人着迷，也最令人向往的莫过于"聚宝盆"的传说了。

2009年6月某日，中央电视台"国宝档案"栏目，节目主持人任志宏播报说：

在无锡鸿山一古墓中出土的"琉璃"，经有关专家考证为2500年前越国大夫范蠡的心爱之物。早在吴、越战争时期，为了帮助越国发展经济实现复兴，范蠡在工匠们的配合下，精心制作了比现代足球小一些的玻璃圆球，用8条蛇的图案围绕在圆球周围，还用红、黄、蓝、绿等色配上，看上去小巧玲珑，但又显得特别珍贵华丽，当时勾践把这些产品命名为"蠡"。

后来，隐居齐国的范蠡在经商之余，以潜心烧制琉璃为乐。为了将毕生的商业思想传于后世，福泽天下，范蠡用烧制琉璃的工艺结合神仙家的炼丹炉外观，倾其心力打造出传说中的聚宝盆，并将商业思想文字铸入其中，成为一件传世之宝。据说，实物炼成之日，流光溢彩，直冲霄汉。第二天，范蠡散尽了自己的亿万家财，只"怀其重宝，间行而去"。

据说，在范蠡大去之前，曾秘密炼制了一批数量极少的琉璃聚宝盆，作为高端的"私家订制"传世重宝，分赠给了自己的弟子和后人。

第五，财神篆——印天之兆，无往不利。

在企业经营和商业发展中，一般的商人只知道向管理要效益，抓生产促效益，却不知道高明的经营者能极目思远，向虚空求实有，在无中创生机。

据说，范蠡还有一宝，叫"天地图箓"，后世也称"财神图箓"。

何谓天地图箓呢？图和箓，是传说中上天授予圣人或帝王的神秘图像或文字，以象征天命所归，如传说中伏羲氏获得后依此而演画八卦的河图、大禹得到后依此治水成功并划分九州的洛书等。对于这种传说中的神秘图箓，我们的至圣先师孔子是深信不疑的。《论语·子罕》中称："子曰：凤鸟不至，河不出图，吾已矣夫！"

范蠡的智慧和好运真的与"天地图箓"有关吗？《越绝书》中曾记载有这么一段文字：

> 夫阳动于上，以成天文，阴动于下，以成地理。审察开置之要，可以为富……故天倡而见符，地应而见瑞。圣人上知天，下知地，中知人，此之谓天平地平，以此为天图。

近代研究中国古文化的学者认为，图箓的产生来源于几个方面：一种是由道气演绎而成的文字；一种是代表天体星宿尤其是九星运行的轨迹图；一种是结合了阴阳五行和先天易理象数的高层次数学模式图。总之，如果有幸能够"膺箓受图"，家国天下就会应运而兴。

范蠡到底有没有掌握和拥有这套"天地之图"呢？在《越绝书》中，大夫文种曾对勾践说："王得范子之所言，故天地之符应邦，以藏圣人之心矣。"由此可见，范蠡确实是"天地图箓"的秘密拥有者，这也是让称霸之后的越王勾践深感恐惧的原因之一。

或许，正因为参透了"天地图箓"的奥妙，集权势、财富、智慧、美人于一家的范蠡，一生才会如此潇洒自如。他居官可致卿相，治家能致千金，不求而财自来，不贪而功自高，想什么就做什么，做什么就能成就什么，进退之间游刃有余，将自己的才智发挥得淋漓尽致！试想，古今中外，有几人能够立身贱业而跻身圣位？正如秦相李斯在陶山幽栖祠的发问："千载而下，孰可比伦？"

数千年来，陶朱公范蠡在经商贸易上的道商思想，后来均被视作商界久久奉行的商业准则；而范蠡"以道经商，以智启财，散财济贫，天下共富"的思想，也成为中华民族世代相传共同推崇的一种美德，其"陶朱遗风"被永久地留传下来。当然，商人世代祭祀陶朱公范蠡的习俗也令人难忘。每逢年节，商人都要悬挂一幅装裱讲究的范蠡圣像于中堂，点香焚烛后，再由长及幼依次向范蠡圣像行跪拜之礼，其典礼之隆重，较之民间祭拜祖宗神位远有胜之。

在民间流传的文财神画像中，范蠡锦衣玉带，冠冕朝靴，白脸长须，温文尔雅。他手执"玉如意"，身携"聚宝盆"，常有"招财进宝""年年有余"相随。事实上，范蠡所创新研发和陶朱世家所传承拥有的"富贵鱼、玉如意、天星秤、聚宝盆、财神图箓"，被冠以"道商五宝"之名，早已成为商人秘而不宣的重宝。

在商界，曾暗中流传着这样一条不成文的规矩，凡是拥有"道商五宝"的大成商人，方可称"陶朱世家"。是以《史记》言："故言富者，皆称陶朱。"

《抱朴子外篇·安贫》说：

> 盖闻有伊吕之才者，不久滞于穷贱；怀猗顿之术者，不长处于饥寒。达者贵乎知变，智士验乎不匮。故范生出则灭吴霸越，为命世之佐，入则货殖营生，累万金之赀。夫贫在六极，富在五福。

约翰·霍金斯在《创意经济》一书中指出："我确信，在 21 世纪，一个国家只有设法将个体作为具有思想和创造力的人融入其经济体系，才能获得成功。""在这种经济中，大部分人在大部分时间依靠创意而非地产或资本赚取大部分收入。"

伟大的进步总是来源于思想。在司马迁的眼里，道家"以虚无为本，以因循为用。无成势，无常形，故能究万物之情。不为物先，不为物后，故能为万物主"。在鼓励创新的时代背景下，富于想象力和激情的"中国道商"们，一旦有幸进入"上善若水"的大道众妙之门，必将能从"万物之所宗"的道学智慧里深刻领悟商业活动与经济发展的变化本质，以较少的物质资源消耗迅速地将个人悟道心得转化为具有知识产权的成果、设计和产品,在相应的领域形成核心竞争力。"执古之道,以御今之有"的道商们,足以构建出一个真正道商合一、德配天下的商业帝国,谱写中华民族新的辉煌,并为人类社会的文明与进步做出更大贡献!

静心读 **《道德经》**

道者,万物之奥,善人之宝……故立天子,置三公,虽有拱璧以先驷马,不如坐进此道。

天下万物生于有,有生于无。

第27章

富传千载的陶朱世家

中国的老祖宗在给后世子孙留下浩如烟海的文化遗产的同时，也向我们甩出了一句深刻的俗话，叫"富不过三"。古今中外大量家族兴衰史表明，无论某一家族通过什么途径发家致富，保持富裕状态的时间，很少有超过三代的。汉朝的周亚夫位列丞相，有富有贵，却不幸因儿子犯科而自己被拘，五天粒米未进，竟然呕血饥饿而死；受汉文帝宠信的邓通，具有私自铸钱的权力，可谓富贵至极，最后却逃亡而客死他家，死时身无分文。人说"读史可以明智"，我们不禁要追问：吕不韦积金至斗的钱财在哪里？其富可敌国的钱财又在哪里？

"富不过三"就像是一个可怕的魔咒，不但在中国国内得到了不断的验证，在国际社会上似乎也已深入人心。一份调查数据显示：全世界约70%的企业是家族式企业。在这批企业中，大概有80%的企业的生命在第二代手中完结，约有13%的企业能够传到第三代。面对全球家族企业普遍面临的"穷子孙"问题，一部分人士开始奔走演说，希望呼唤激活出传说中可以延续企业长寿基因的企业家精神，让自己的家族可以"富N代"。

当全社会都在为"官二代""富二代"问题苦思不得其解的时候，作为经商有道的"陶朱世家"第一代族长，范蠡有没有思考过家族传承和商业传承问题呢？当家族不幸遭遇到不可避免的祸患时，范蠡做出过怎样的决定？他是如何构思布局让"陶朱遗风"畅行天下的？

范蠡周游列国的主要目的

作为中国历史上第一位旅游达人，范蠡在他的商业经营生涯中，除了由楚至越、由越至齐，再由齐入陶地的著名"三迁"外，还去过很多地方。在今天浙江的绍兴、诸暨、宁波、桐庐、富阳、永嘉；江苏的无锡、宜兴；山东的临淄、肥城、定陶、枣庄；河南的南阳、卢氏、嵩县；河北的蠡县，江西的婺源，湖南的华容，安徽的涡阳，还有今天的国际大都市上海，都曾留下了丰富而动人的与范蠡相关的史料典故和民间传说。

范蠡游行天下，他是怀着什么目的呢？他难道不害怕越王勾践的猜忌和迫害吗？

史料显示，在范蠡辞官裸退并离开越国后的第三年（公元前465年），越王勾践已不在人世了。所以，就算勾践内心有一千个不情愿，也无力阻挡范蠡的潇洒步伐了。

范蠡为什么要周游列国呢？笔者认为他主要有以下五个目的。

一、生意交易，产业布局。

范蠡通过周游列国来调查地方市场，了解供需信息。他一方面可以在了解掌握各诸侯国商业形态后，绘制商品货物出产供需图，便于自己第一时间做出调货发货、"互通有无"的快速反应，体现"与时逐"的思想。另一方面为了节省生产和运输成本，提高产品产量，带动规模效应，范蠡还会"因地制宜"地进行异地种植与产业规划布局。

范蠡从事过哪些产业开发与项目经营呢？根据史料记载，范蠡除了从事商业贸易外，还先后从事过生态农业（戮力垦荒耕作）、畜牧业（畜五牸）、淡水养殖业（养鱼）、盐业（齐国海滨开发）、车船制造业（旱则资舟，水则资车）、陶瓷加工业（制缸先师、兴陶祖师）、珠宝业（结绿、玄黎，非陶猗不能市也）、皮毛加工业、运输业、信贷业、投资业、旅游业和慈善行业……作为中国商业史上第一位开创了多元化、集团化经营模式的董事长，范蠡拥有如此众多的产业和项目，纵然他有三头六臂也定难施展开来。主要有谁在帮助范蠡打理产业，并具体参与其经营管理呢？

《史记》上说得很清楚:"苦身戮力,父子治产。"首先是家族企业,父子管理;其次是"择人而任时",选择有丰富经验的合作伙伴,聘请有智慧的贤能智士做职业经理人,共同协助管理。

据说,范蠡曾经带领家人来到过江苏无锡。他在这边修河挖渠,引水溉田,筑桥铺路,在五里湖和梁溪河地区教导当地百姓淡水养鱼之道,带动乡民发展毛竹加工业。范蠡通过经济手段的帮扶济困,带领吴地人民走出战争创伤,快速恢复战后生产,改变区域经济状况,在太湖地区一度被传为佳话。

在无锡,几乎处处可见与范蠡有关的历史印迹:无锡最大的内湖叫蠡湖,最大的内河叫蠡河,最大的江南园林叫蠡园,梁溪河畔最有名的景点叫仙蠡墩,仙蠡墩上有蠡公碑和蠡公亭。在无锡地区至今还流传着这样两句民谣:"种竹养鱼千倍利,感谢西施和范蠡。"

陶瓷的发展史是中华文明史的一个重要组成部分。早在欧洲人掌握瓷器制造技术一千多年前,中国人就已经制造出很精美的陶瓷器具了。在英文字典里,陶瓷和中国是同一个单词"CHINA",清楚地表明了中国就是"陶瓷的故乡"。《吕氏春秋》曾记载,越王勾践为了制止靡费,禁止用铜制造礼器,使得显贵们只能改用原始瓷来烧造礼乐之器。2003年,伴随着江苏无锡鸿山越国贵族墓的抢救性考古发掘,这座越王勾践时期的越墓向世人展示了庞大的越国地下乐器库,其中就有500余件青瓷乐器。这些青瓷文物的出土,自然让人联想到当时全面主持越国国家复兴工程的相国范蠡。

范蠡不但与越国青瓷的研发和技术改良创新有关,还是江苏宜兴这边公认的"兴陶祖师""造缸先师"。据说范蠡曾在宜兴的丁蜀镇开展陶器加工业,帮助战后的古陶都宜兴恢复陶业生产,并使宜兴的陶业达到鼎盛。他改进烧窑技术,在西施的启发下发明了"垫脚石"和"闷窑"技术,曾将单孔的馒头窑改为多孔窑,对最初的坛坛罐罐进行技术改良制造了大缸,并发明了"七石缸"和"二十石缸"。

范蠡为了畅通陶器销售和陶土开采运输,还出巨资开凿"蠡河"四十三里,造起了张泽桥,为宜兴水利建设之第一人。《丁蜀镇志》载:"闻名遐迩的宜兴东方大河——蠡河横贯丁蜀镇区,南接湖父,北连张泽入氿,直通武宜运河,沟通大江南北，全长 21.3 公里。"

在宜兴，与范蠡、西施有关的遗址有：慕蠡洞、蠡墅、蠡墙围、蠡河、古窑群、蠡河浜、蠡庄等；以及西施荡、归美桥、施荡桥、施荡村、西施洞、西施梳妆台等。老百姓常说："窑炉一开，金钱就来。"可见，他们内心充满了对范蠡与西施的无限感恩和怀念。

在今天，当我们自豪地抬起头告诉世界"我是中国人"时，我们是否记得，CHINA（陶瓷）与范蠡的一系列美丽故事。

范蠡也是中国历史上最早开发治理上海黄浦江的第一人。

清人钱中谐在《论吴淞江》中引用明朝太仓人曹允儒的观点："古者，吴淞水盛，春申君从江腰开一浦，南泄其水于三泖，人遂称其为黄浦。""自范蠡围田，东江渐塞，后春申君迁就其间，始开黄浦。"所谓围田，也称圩田，就是由筑堤挡水、围水造田而发展起来的一项开发、利用滩地的技术。看来，在明朝已有知情人了解到黄浦江的开发过程中，首先是因为范蠡的围田，后来才有春申君的"迁就其间"。上海学者王振川先生以为，今天的黄浦江以东，就是当年范蠡围海造田后逐步形成的；今天的黄浦江开阔的水面，也就是当年范蠡围田的界河。

据何铸先生考证，范蠡和西施等人还来到了桐庐分水镇蠡湖村定居，范蠡在此改荒滩为良田近千亩，其所垦之地叫"范坂"。在范家村和范坞，至今还有保存着《范氏宗谱》的范蠡后代子孙在此居住。在河北蠡县，不仅有许多关于范蠡在留史村经营皮革的传说；20 世纪 90 年代初，蠡县有关部门干脆将县城内一条东西大街更名为"范蠡路"，彰显出范蠡与蠡县非同一般的关系。

二、政治斡旋，危机化解。

《韩非子》记载了一则范蠡在齐国帮助田常（田成子）化解危机的故事。有一次，田常因政治危机要逃离齐国而奔燕国。他为了便于沿途的稽查，特意带上了当时齐国著名商人鸱夷子皮，利用其商人的身份协助自己出逃。

那时候，田常是齐国的太宰，而范蠡化名的鸱夷子皮不过是位卑的商人。作为随从的鸱夷子皮背着行李跟在田常后面一路紧行，眼看就要到达关隘。这时范蠡对田常说："主公您听说过干湖之蛇的故事吗？"田常摇头，表示未曾听闻。范蠡说:"话说有个湖泊干涸了,住在湖里的蛇准备搬家。小蛇对大蛇说:'您在前面走,我在后面跟,路人看到了,就会认为是两条普普通通的蛇,会不假思索地将我们打死;如果您背着我,人们一定会感到非常奇怪,甚至会将我们看作神灵,不仅不敢杀害我们,还会诚惶诚恐地向我们敬礼。这样,我们岂不能安全地搬家了吗?'大蛇一听这是好主意,就照办,于是小蛇爬到大蛇的背上,大蛇背着,而且还用它的大嘴衔着小蛇的小嘴,就这样大摇大摆地走上了大路。过大路时,果真路上的人见此情景,还以为是神灵,使纷纷让道,一副虔诚的样子。"说到这儿,范蠡停了下,看了看田常一脸的迷惑,就接着说:"看现在,您着装华丽,气度高雅。而我呢,一袭旧衫,形象丑陋。如果让华丽高雅的主公扮成我的门客,那么其他人看见了,就会认为我可能是一千乘小国的君主;如果把您扮作我的手下,其他人就会把我看成万乘大国的卿相;如果把您扮着我的仆人,人们就会把我看成是万乘大国的君主。"

田常一听就明白了,马上接过范蠡手中的行李,背在自己背上,扮着范蠡的仆人,小心谨慎地跟在后面。来到关口,守关的关吏一看这架势,吓得问都不敢问就放行了。不仅如此,在住宿投店的时候,旅馆的主人也慌忙出门迎接,好酒好肉免费招待不说,还偷偷把这俩神秘客人报告给了燕国的官府。

就这样,调换了身份的二人,轻而易举地见到了燕国国君。

三、公益扶贫,天使投资。

作为先富起来的财富榜领军人物,范蠡并没有为富不仁、穷奢极欲地追求个人享乐,也没有遮遮掩掩、害怕露富而当起守财奴。他每过一段时间,每到一个地方,都会进行慈善救济,广施钱财给身边需要帮助的穷朋友。《史记》上记载他在19年中曾有三次轰动天下的裸捐行为,事实上范蠡更多的随机性不具名的慈善援助行为不胜枚举。

聚财不如聚人,求财不如求福,积财不如积德。《道德经》告诉我们:"重积德,则无不克。"只有我们"重积德",才能从财奴、财迷的狭隘圈子走出,进入财主、财神的大视野。只有我们以道经商,财德两施,天下人才都会欠你一个人情,都会感念你的恩德,都会用满腔的真心化为无边的念力回报给你。这才是范蠡道商思想体系"积贮之理,福生于内"的不传之秘。范蠡通过用钱财帮助社会底层人士脱贫，用产业和技术带领社会大众参与创业，共同致富，成了天下商人的道德楷模。

四、收徒传人，思想扶贫。

我们知道，在政治管理上，越王勾践是范蠡毋庸置疑的真传弟子。在范蠡辞官离越、周游列国的这一段人生岁月中，有没有秉承老子"吾将以为教父"的思想宗风，继续发扬"好为人师"的优良传统，通过"思想扶贫"来带动大众共同富裕呢？如果我们把范蠡尊崇为道商始祖的话，谁是当之无愧的中华道商第二人呢？这个人就是范蠡的亲传弟子，晋商始祖猗顿。

《史记集解》载：

> 猗顿，鲁之穷士也，耕则常饥，桑则常寒。闻朱公富，往而问术焉。朱公告之曰："子欲速富，当畜五牸。"于是乃适西河，大畜牛羊于猗氏之南，十年之间其孳息不可计，赀拟王公，驰名天下。

猗顿，本姓王，是春秋末期鲁国人。他年轻时家境贫寒，祖辈以耕读为业，"耕则常饥，桑则常寒"。俗话说，穷则思变。在猗顿生计艰难，苦苦思索如何振兴家道之际，无意中掌握了一个重要的信息情报。猗顿打听到，富甲天下的陶朱公正在"以道经商"，广收门徒。于是猗顿当即做出了一个影响和改变其一生命运的决策——"往而问术"。陶朱公范蠡面对着猗顿这样一介寒士，既缺乏商业贸易的从业经验，又缺乏足够的资金实力，便因人制宜地告诉猗顿致富秘法："子欲速富，当畜五牸。"五牸，即雌性的牛、马、猪、羊、驴，泛指雌性牲畜。范蠡对猗顿说："千里之行，始于足下。你想快速脱贫致富，这很好！但是必须清醒地认识到自身的劣势和不足。你家境贫寒，难以从事大手笔的珠宝与贸易，但可以先从第一步迈出，通过畜养少数牛羊，渐渐繁衍壮大，将来一定可以实现富裕的。"

俗话说："激励是天下最好的老师""钱是人的胆"。穷书生猗顿不但获得了天下首富陶朱公的激励与指点，还意外领取到了一份创投资金。茅塞顿开的猗顿回去之后，严格按照师父范蠡的教导，一步一个脚印，辛勤创业，以智求财，先后从事养殖业、治盐业、运输业、珠宝业、艺术鉴赏业，用十年时间创下了富甲天下的商业奇迹。

猗顿深知：自己的人生命运能够得以改变，完全在于幸运地选择了陶朱公这位导师。所以，猗顿在获得成功后，便与师兄勾践采取了同样的方式来感恩纪念师父，不但为恩师范蠡盖建"陶朱庙"，还当仁不让地接过"思想扶贫"的接力棒，毫无保留地把自己感悟的商业智慧著成《箴言集》一书广泛散发流传。

作为先富起来阶层的代表人物，猗顿尊道贵德，广行仁义，乐善好施，赈济穷人。每遇到国难当头，他便把自己的粮食和马匹捐给国家，保家卫国；看到流离失所无家可归的灾民，就开仓放粮济贫民，"急公奉饷上有利于国，恤孤怜贫下有利于民"。猗顿的言行一致，从不妄语，有求必应，从不落空，生前为乡民办了不少实事，官皆敬之，民皆仰之。猗顿祠古碑文载："猗顿不朽有三：为国立功，为民立德，己身立言。"司马迁称"长袖善舞，多财善贾，其猗顿之谓乎"，又赞他"其财能聚，又复能散"。在现今山西临猗县城南有王寮村西有猗顿墓，而当地的王寮村、王景村，据说都是以猗顿儿子命名的。

在开展"思想扶贫"的过程中，为便于道商思想更广范围的传播和复制，范蠡和他的弟子们将那些高深莫测的道学思想通俗化、简易化、大众化，并整理成《致富奇书》《陶朱公术》等加以流传。后世的商人们又在此基础上加以发挥、充实、演绎和细化，撰写出一系列冠以"陶朱公"品牌的《理财致富十二法则》《理财致富十二戒律》《商场教训》《经商十八法》等，并统称为"商人之宝"，对中国传统商业思想的发展成型起到了重要的作用。

五、诗意人生，逍遥悟道。

很多人一提到道家，总是习惯性地把她看成是失败者的自我安慰哲学。正如林语堂在《吾国与吾民》中说的那样："每一个中国人当他成功发达而得意的时候，都是孔教徒，失败的时候则都是道教徒。道家的自然主义是服镇痛剂，所以抚慰创伤了的中国人之灵魂者。"

大道之学，乐生而离死、快乐而自在、纵横而通达、超脱而圆融。道家的逍遥无为，并不是失败者的镇痛剂，而是大成功者的诗意生活状态。道家认识自然，不但通过"静观"来认识大道的不变本体，获得"感而遂通"的唯心认识，还善于通过"玄览"来认识大道的变易法则，进一步在万化中获得万变、万用的无穷妙趣。得道之人，他们看穿了名利的诱惑，化解了彼此的争端，回归了心灵的虚静，重现了人性的纯真。松前月下，或三三而论道；霞光烟云，或两两而参玄；出山而运筹帷幄，功成帝师；退隐而深藏南山，大梦千年……这幅充满诗情画意的艺术人生浪漫画面，让多少人心神向往，毕生追寻。

人生的意义，应该是心灵的富足、灵魂的怡然。"人建功立业，但他诗意地栖居在这大地上。"范蠡的诗意人生就是这样，与天下第一美人西施相携相伴，泛舟于五湖，周游于列国，以旅游整合世界，用道商发展经济。一壶浊酒，歌遍山河八万里。一叶扁舟，唯见长江天际流。因循自然的陶朱公范蠡，观天道而悟人道，以人道而证商道，不管外部环境如何喧嚣繁华，自己的内心世界都悠然宁静、逍遥无羁。"纵浪大化中，不喜亦不惧。应尽便须尽，无复独多虑。"人生的潇洒，莫过于此。

时至今日，全国有逾十家著名风景区皆与范蠡西施有关，范蠡理所当然地成了中国历史上第一位旅游达人，旅游形象大使。

范蠡丧子：为富者不可践踏法律

韩非子曾有一句极其深刻的名言："儒以文乱法，侠以武犯禁。"一个平等而稳定的社会秩序应该是高于一切的，哪怕是王子犯法，也当与庶民同罪。然而在中国历史上，文人们总是靠笔杆子扰乱法制，侠客们总是用暴力触犯律例，好好的社会秩序就都被这些"能力卓绝"的人给搞坏了。在一个迷信"有钱能使鬼推磨"的社会环境中，有钱足以买到一切商品，包括重获生命；有钱可以摆平一切难题，包括践踏法律。正所谓"千金之子，不死于市"。只要你舍得花钱，什么勾当也有人替你干。

一项调查显示，中国富人的形象不佳，奢侈、贪婪、腐败正在成为描述富人形象最常用的词。今天，一部分"先富起来"的人在拥有了相当的财富之后，不是想着如何去承担更多的社会责任和义务，而是倚仗"家产万贯"的底子，以一种"财大气粗"的骄横和无知，屡屡有恃无恐地践踏法律底线，制造各种非正义的社会麻烦。为富不仁,已经成为商人群体的致命硬伤。

范蠡在以勤俭持家,以智慧兴家,以道德传家的同时,有没有以智乱法、以财谋私,让自己成为法外特权阶层的代言人呢?

《史记·越王勾践世家》记载了这样一则故事。

天有不测风云,人有旦夕祸福。范蠡在陶地居住期间,有一次,他的二儿子在楚国经商时,因为过失杀人被当地政府拘禁了。杀人者偿命,面对着极有可能被判处极刑的儿子,范蠡陷入了情理与法理的矛盾之中。

作为父亲的范蠡,首先应该具备的家庭伦理道德就是"慈爱"。为了尽到一位父亲的天职,范蠡便打点好一千镒黄金,装在褐色器具中,用牛车装载了黄金,准备安排小儿子前去楚国打点关系,营救出自己的二哥。没想到,范蠡的这项安排引起了他大儿子的严重抗议。大儿子说:"家里的长子就是家督,有协助父母管家的责任。现在二弟被抓,父亲不派我去,却让小弟前往,肯定是我这个做哥哥的不好啊!"认为自己颜面尽失的大儿子,强烈要求以长子的身份代弟出行,如果范蠡不予允许,他就会当场自杀。

大儿子这一抗议,让范蠡更加为难了。妻子西施劝范蠡:"就让老大去吧。我们只不过是抱着一线希望去尽力而已,哪怕小儿子去了,也不一定可以顺利营救出老二来。但是你不让老大去,这样又会白白搭上老大的性命,还是好好考虑一下吧。"西施为什么这么劝范蠡呢?因为长子不是西施亲生的,她作为继母要体现出宽容的仁德;而小儿子是在陶地后西施亲生的,她作为生母可以让亲生的孩子让出这个机会。

范蠡不得已,只好改派老大前往营救。临行前,范蠡写了一封信,要大儿子送给旧日的好友庄生,并对长子说:"到楚国后,要把千金送到庄生家,一切听从他去办理,千万不要与他发生争执。"范家老大到了楚国以后,在一穷屋陋巷内找到了庄生的家,献上了父亲的书信和黄金。庄生对他说:"你赶快回去吧,不要留在这儿,等你弟弟放出来后,也不要再问清被放的原因。"这样一个贫穷之人,连自己的温饱问题都解决不了,有什么本事救出二弟?范家老大有些不相信眼前之人。救弟心切的他私自留在了楚国,没有听父亲的安排,也没有听庄生的劝告,而用自己另外准备的黄金结交楚国权贵,四处活动打点关系。

范蠡为什么交代长子找庄生呢？因为庄生以廉洁正直闻名楚国，连楚王也尊他为老师。庄生为了让范蠡长子放心，收下了范蠡送来的金子，交代夫人妥为保管，待事成以后再如数还给范家。然后，庄生安排了一个合适的时机去面见楚王，说："大王，草民近日夜观天象，楚国将有不好的事情发生。要赶紧修德免灾、消除不利呀。"如何消除不利呢？庄生建议，大赦天下，体现上天好生之德。楚王说："您不用多说了。为了国家利益，我完全照办。"于是，楚王就派使者查封贮藏三钱的仓库。这时候，范家长子花钱打点的楚国办案人员就告诉他："楚王将要实行大赦了。"长子问："怎么见得呢？"官吏说："每当楚王大赦时，常常先查封贮藏三钱的仓库。昨晚楚王已派使者查封了。"

范家长子错误地认为，自己撞大运了。楚王既然大赦，弟弟自然可以释放了，一千镒黄金交给庄生没有发挥作用，太可惜了。一贯节俭的家风让范家长子犯下了人生中不可弥补的错误，他重新敲开了庄生的家门。庄生看见他很惊奇："你没离开楚国吗？"长子说："始终没离开。我为了营救二弟在楚国四处打点关系，终于听说楚王大赦，我想弟弟自然会得到释放，所以我特意来向您告辞。"那意思很明显：你没帮我办成事，那黄金你得退还给我。庄生也是个聪明人，就让他进到内屋，自行取回金锭，再次装进了牛车。

看着得意扬扬而去的范家老大，庄生十分气恼，活了一辈子居然被年轻人耍了，太没面子了。为挽回面子的庄生于是再次面见楚王，说道："您即将实行大赦，做好事为楚民免除灾祸。但我在外面听路人都说，此事源于陶地富翁朱公的儿子杀人后被楚囚禁，他家派人拿出很多金钱贿赂楚王左右的人，让您实行大赦。所以君王并非因为道德水准高，体恤楚国人而实行大赦，而是由于金钱左右和践踏了法律的公正，大赦是为了帮助朱公儿子获救的。"楚王大怒道："我虽然无德，怎么会因为朱公的儿子布施恩惠呢！"楚王当场下令，先杀掉陶朱公儿子，第二天才下达赦免的诏令。

这场本来万无一失堪称完美的策划，因为掺杂了面子工程的因素，范家长子最后只能携带弟弟尸体回家了。

"千金之子，不死于市。"老大回到家里，范家上下都悲痛欲绝，只有陶朱公范蠡独自苦笑，他说："我早就知道老大会把这件事办砸。他不是不爱自己的弟弟，只是执着太多不能做到放弃。老大从小和我一起，过惯了创业的苦日子，知道生活艰难，因此对钱财看得很重。小儿子一生下来就看到我十分富有，乘坐上等车，驱驾千里马，到郊外去打猎，哪里知道钱财从何处来，所以把钱财看得极轻，弃之也毫不吝惜。原来我打算让小儿子去，因为他舍得弃财；自从长子出发后，我就早有思想准备了，日夜等待的就是他把二儿子的尸首送回来。"

《史记》中说："唯朱公独笑。"范蠡的笑，是老年丧子后的强颜欢笑，也是心情释然后的坦然之笑。在这场情与法的较量斗争中，范蠡其实早就预知到了结局，他难道不能干预和改变吗？完全可以。为什么范蠡并没有积极主动地去扭转事态向良性发展呢？这是身为黄老道家学者的范蠡对法律的敬畏和尊重。

黄老学派认为，现实社会中的人性是驳杂不纯的，要让社会秩序回归到有度，仅仅依靠道德、仁义的教化是不行的，必须重视刑与法的力量。《文子》中说："故圣人立法，以导民之心，各使自然。故生者无德，死者无怨。"我们每个人在社会大环境中，不能单纯从自私的功利目的出发，以一己之私破坏天道的公正，以"妄为"和"强索"的行为去扭曲社会的正义。"犯法者，虽贤必诛；中度者，虽不肖无罪。是故，公道而行，私欲塞也；人莫得恣，即道胜，而理得矣！故反朴无为。"

《淮南子》告诉我们：

天下有至贵而非势位也，有至富而非金玉也，有至寿而非千岁也。
原心反性，则贵矣；适情知足，则富矣；明死生之分，则寿矣。

财富的积累并不一定能够给人带来尊严，尊严是靠我们每个人的言行来赢取的。一个真正的企业家，传承的不一定是有形的产品，而是无形的思想和精神；一个真正的道商，留下的不仅仅是如山的财富，而是符合天道的价值观念。在熙来攘往的如梦繁华中，我们又有几人能够循天道而行，宁可自己独自承受生命中最大的痛苦，也不违逆游戏规则，随时保持和坚守着公正严明的修身、治家道德底线。

《史记·货殖列传》载："后年衰老而听子孙，子孙修业而息之，遂至巨万。"范蠡后来年老力衰，就把经营产业的事情完全交给了子孙，自己则安享晚年。在子孙们的经营下，范家的产业有了更大规模的发展，积累的家族财富更加庞大。

范蠡通过"传人"和"传家"两条途径，成功地打破了"富不过三代"的定律，实现了道商事业的基业长青。

千年以后，自称"范蠡后人"的北宋名臣范仲淹，曾在越州绍兴城翠峰院范蠡旧宅留诗曰："翠峰高与白云闲，吾祖常居山水间。千载家风应未坠，子孙还解爱青山。"这位被朱熹夸赞为"有史以来天地间第一流人物"的范氏后人，对范蠡推崇备至，倍感荣耀，并以"爱青山"作为范氏"家风"。在范仲淹身上，同样也承传了先祖范蠡好公、好德的思想，"先天下之忧而忧，后天下之乐而乐"，以清白为操守，以廉洁为自好，以慈善为宗风，以朴素为家教。"终身非宾客，食不重肉，临财乐施，意豁如也。"在范仲淹为官杭州恰逢大饥荒之时，就运用先祖的道商之学，一改开仓赈济的老办法，开创了"以工代赈，募民兴利"的救灾新模式；同时，又运用价值规律调节粮价，以经济手段确保了杭州城"民不流徙"。

范蠡的后代除了范姓子孙外，还有部分以陶、朱、忻为姓。据悉，全国各地共6万多忻姓人，他们都是范蠡之后。为什么要姓"忻"呢？原来是心中要有斤两的意思。据其家谱序言称："范蠡灭吴后，隐居四明东田湖，取名陶公山，自号陶朱公，改姓为忻，至今宁波忻氏独盛……"而东田湖就是今天的宁波东钱湖，亦称东钿湖。

范蠡作为我国民间传说和正史评议中，唯一有着完美形象和圆满人生的魅力男人，其政治家、军事家、经济学家等多重身份，从政到商的成功经历，史上绝无仅有。让人费解的是，对这样一位完美的历史人物，为何历代统治者不曾大张旗鼓地宣传、表彰其功呢？为何太史公不能在《史记》中单独为范蠡立传呢？更有甚者还恶意诋毁污蔑范蠡，称其在越国与西施私通，归隐后靠官商勾结牟利，行慈善意在洗钱漂白，未救子实智慧不及……实在可笑至极。

对待这些问题，我们只能从道家看问题的立场回答解释为——大成若缺、大美不言、大功不赏。范蠡的完美颠覆了很多人的价值观。你看，范蠡辞官而去，不愚忠；富甲天下，不清贫；美人相伴，不寂寞；救子消极，不尽心……这样的人怎能成为道德模范，享受荣誉尊荣呢？

　　殊不知，道家先祖老子早就说过："故致数誉无誉。是故不欲禄禄如玉，珞珞如石。"在道家的眼里，最高的荣誉就是无荣誉，也就是无须通过别人的赞美称誉来抬高和标榜自己。具备最高荣誉和道德的人，不要求别人称赞他为晶莹的宝玉，而宁愿坚守坚硬质朴的山石。在见仁见智、各执一词的红尘浊世里，如果我们能够抛弃大众所追求的功名、利禄、权势、尊位等世俗价值观，随时保持一颗清醒的、纯朴的、欢乐的心，以"至人无己，神人无功，圣人无名"的精神状态常作逍遥之游。久之，则可以打破心灵上的种种隔阂和限制，"乘天地之正，而御六气之辩，以游无穷"，达到自身与外物相冥合的境界，"天地与我并生，万物与我为一"，让自我的精神世界得到彻底解放。

静心读《道德经》

是以圣人处上而民不重；处前而民不害。

是以天下乐推而不厌，以其不争，故天下莫能与之争。

圣人在天下，歙歙为天下浑其心。

百姓皆注其耳目，圣人皆孩之。

第28章

黄老道学的幕后推手

在人类发展的历史长河中,摆脱贫弱、实现富强始终是人们的一个美好愿望。中国该以什么样的方式实现"国民"与"国家"的双向富强,成为世界强国,也成了众多有识之士孜孜不倦探索追寻的话题。

中华文明的最高标准就是尊道贵德。"道"既然是宇宙万物的原理和规律,能够生成和长养万物。那么,一向强调"重生""贵生"的道家学派,除了对个体生命的健康养护有着独到的"养生"之效外,对于社会整体发展过程中国计民生的思考,对于错综复杂的国际关系和世界舞台上大国博弈的生态平衡,又有着怎样的思想主张和应对策略呢?

黄帝是如何成为"黄老学派"形象代言人的

何谓"黄老道学"?王充在《论衡》中说:"黄者,黄帝也。老者,老子也。"

《汉书·艺文志》云:"道家者流,盖出于史官,历记成败存亡祸福古今之道,然后知秉要执本,清虚以自守,卑弱以自持,此君人南面之术也。"君人南面之术,就是君主治国的学说。

黄老道学这门学术体系到底是由哪一位高人创立的?创立于何时?是在什么时代背景下创立的?由于文献的湮没,后世人对其创立者和传承体系、学术主张一直语焉不详。但是,越来越多的学者把目光聚焦到了范蠡身上。

老子的道学思想成就了范蠡,而范蠡无疑是老子思想最完美的诠释者。范蠡一生奉行老子道学思想,其进退取予无不洋溢道德玄风。在后世学者的眼里,范蠡俨然成了老子的化身。如葛洪在《神仙传》中"老子条"就记录称:"或云,(老子)在越为范蠡,在齐为鸱夷子,在吴为陶朱公……"作为老子道学思想的重要传承人和最早践行者,范蠡为什么会创立黄老学派?他是在什么时代背景下创立的黄老学派?黄老学派又具有怎样的独特价值体系呢?我们需要重新来认识一下中华民族的"人文初祖"黄帝,探讨下范蠡创立的这门"如何运用老子道学思想实行治理天下"的思想体系为何要祖述黄帝?他仅仅是"扯大旗作虎皮"吗?

范蠡将自己在治国理政领域形成的学术思想体系冠名为"黄老道学",原因如下:

其一,因为黄帝是华夏民族的共同祖先;

其二,黄帝之所以能够成为天下共主,这与他人生中学道的经历是分不开的;

其三,黄帝开创了以德治国、以法治国的传统风尚;

其四,黄帝具有丰富的战争经验;

其五,黄帝热爱发明创造;

其六,黄帝热爱旅游事业。

正因为黄帝和老子是举世公认的得道圣人,其智慧成就具有不可逾越的思想高度,范蠡将自己的学术体系以"黄老"冠名,可谓再合适不过了。

范蠡治道思想《八十八字诀》

范蠡是在什么前提下创立的黄老学派呢?由于没有可信的资料文献,我们只能进行推测。

当年,范蠡化名鸱夷子皮在齐国经商,由于其过人的商业智慧和社会成就,受到了齐平公与田常的联合邀请出任齐相。在担任相国的三年任期内,范蠡坚守内心对越国的承诺和对天下和平的责任。一方面，他"治国不争霸"，绝不会再度扶持起来一个足以与越国争霸的齐国，使天下战火再起；另一方面，他"执政不逞强"，善于避祸保身的范蠡也不会让自己在执政、施政过程中锋芒太露，由此而招来田常的猜忌和政治打击。

范蠡该怎么办呢？混日子领空饷是他的人生风格吗？他也无法让自己变成那样的人。既要韬光养晦不求发展，又要恪尽职守为国谋福，那唯一可行的方案就是做个学者型的官员，在一手抓经济建设的同时，另一手抓学术建设，为自己在任期内无法实现的政治理想埋下伏笔，留给后来人一笔巨大的政治遗产。

在这样的时代背景下，在"积贮之理"的思想指导下，范蠡将老子的道学思想与齐国的姜太公治政理念、管仲的治国策略相结合，又将遭遇外部危机而绝处逢生的"越国经验"与面临内部危机而暗潮涌动的齐国现状相参照，以日月升沉、赢缩转化的"天之道"，对应阴阳刑德、人权法治的"人之道"，通过精心选拔和培养后备人才，安排组织相关人员记录和编撰了《黄帝四经》和《管子》等思想著作。正如冯友兰先生所说，《管子》一书"中心是黄老之学的论文"。这也是很多学者都好奇《黄帝四经》和《管子》二书相同或相近的段落文句多达二十三处的缘故。

在范蠡这样一个男人的心中，他未能亲手让齐国雄霸天下，固然有难处可以谅解，但更多的是属于人生的遗憾。怎么弥补呢？只能通过"积贮"，暂时贮存和保留下思想财富与富强纲领，把这个艰巨而光荣的开发运用任务交予后来人。

三年期满，任务完成。自觉功成而无事可干的范蠡只能再次辞官归印，深藏功与名。

道学的精微在黄老一脉。庄子在认真研究了道法儒墨名阴阳各派学说后认为，天下学问本出于一家，这就是"无所不在"的道术。庄子在《天下》篇中指出，古之所谓道术者，是完备的学问，足以"配神明，醇天地，育万物，和天下，泽及百姓，明于本数，系于末度，六通四辟，小大精粗，其运无乎不在"。因而是"以天为宗，以德为本，以道为门"的圣人所要研修推行的真学问。而"道术"概念的提出，那要追溯到越国复兴前期，身为相国的范蠡给勾践的国家富强提案中,就旗帜鲜明地提出了"左道右术"的思想纲领。

如果范蠡确实是黄老道学派的创始人,那么最能体现范蠡"治道"思想的观点主张与学术体系是怎样的呢?经过笔者个人的整理,提炼出范蠡治道思想八十八字诀,即:

> 左道右术,去末取实;
> 国之三事,持节定倾;
> 因循乘盗,顺于四时;
> 卑柔徐图,豫之未形;
> 阴阳盈虚,强索不祥;
> 执中则昌,无过天极;
> 民众主安,谷多兵强;
> 缓刑薄罚,省其赋敛;
> 天门地户,福生于内;
> 法权两用,不失其正;
> 静心自守,天下成利。

或许,正是由于范蠡出越入齐、两度为相的特殊人生经历,和他对国家富强天下和平的成熟深远思考,才使得他对老子的大道之学的理解由"本体论"转向了"实践论"。在道术并用、道法并重的思想指导下,在"持盈、定倾、节事"的系统分类下,重点探索治国之道的黄老道学,为我们更进一步接近老子"修之于邦,修之于天下"的大成境界,提供了极具可行性的方案。

在治国理政的具体应用中,黄老道学派的研究者和追随者们,应该秉持一种什么样的总原则去建功立业、谋福利于天下呢?那就是需要在"阴阳"二极的波动状态下,以"守中和"思想为核心要义,去实行"执两用中"。"阴阳"二极有什么具体体现呢?这就一言难尽了。简单总结为十五大原则:"身国同构""道术同修""有无相抱""雌雄合节""动静相宜""政经同步""文武并重""刑德并举""生杀兼用""内外合谋""君臣同欲""上下一致""隐显合度""鬼神同功""圣王同心"。

黄老道学思想体系认为：天下难治。难治的不在天下，而在自身。所以，懂得了治身的道理，也就会明白治国的大略。

当年，广成子语重心长地对虔心求道的黄帝说："天地有官，阴阳有藏，慎守汝身，物将自壮，我守其一，以处其和。"而《文子》中也同样提出：

> 夫至人之治也，弃其聪明，灭其文章，依道废智，与民同出乎公。约其所守，寡其所求，去其诱慕，除其贵欲，损其思虑。约其所守即察，寡其所求即得，故以中制外，百事不废，中能得之，则外能牧之。中之得也，五藏宁，思虑平，筋骨劲强，耳目聪明。大道坦坦，去身不远。

谈道不离身，打铁不离墩，如何谨守"中一"呢？道家学派提出了天人合一、身国同构的思想主张。文子计然认为："人受天地变化而生。"人体"头圆法天，足方象地，天有四时、五行、九曜、三百六十日，人有四肢、五脏、九窍、三百六十节。天有风雨寒暑，人有取予喜怒。胆为云，肺为气，脾为风，肾为雨，肝为雷，人与天地相类，而心为之主。"在道家学者眼里，"治身"恰如"治国"，一国之主为王，一身之主为心，五脏六腑、四肢百骸、气血筋骨都是自己的臣民。

心正则身内百神安泰，君正则国中群臣拥护，只要为人君者保持清静内守的心态，减少欲望的干扰，不折腾，不妄动，不费心劳神，不心驰神疲，"知清静为天下正"，就可以让天地间的正能量充足旺盛，邪气消潜，实现"身"与"国"同治。

曾开创了中国历史上最辉煌的"贞观盛世"的唐太宗李世民，在位时曾大力发扬"尊祖作风"，以黄老道学思想治身治国。李世民说："夫安人宁国，唯在于君。君无为则人乐，君多欲则人苦。朕所以抑情损欲，克己自励耳""夫君者，俭以养性，静以修身。俭则人不劳，静则下不扰"。明确以不劳民不扰民为大唐王朝的执治原则。唐太宗还对范蠡的"守持盈"之道有着深刻的领会，并为教育太子李治曾经专门撰写了一篇《盈诫》，通过自己对"盈"、对"德"、对"道"的深刻理解，成为帝王治国安邦之道和永保泰盛的理论经典。

公元711年，唐睿宗召道学大师司马承祯入宫，询问阴阳术数与理国之事。

司马承祯回答道："为道日损，损之又损，以至于无为。夫心目所知见，每损之尚不能已，况攻异端而增智虑哉！"睿宗又问："治身则尔，治国若何？"司马承祯回答道："国犹身也，故游心于淡，合气于漠，与物自然而无私焉，而天下治。"睿宗感慨道："广成之言也！"

国际道商文化研究院曾提出了"以国家为神，以经济为血，以文化为气，以民生为精"的观点。一个国家要整体平衡健康，才能神采飞扬。经济落后是血虚，经济发展起来了但是贫富差距太大是血液变异，经济发展起来了但是文化落后，在国际社会上没有地位是典型的气虚，假如民生没有调控好就会乏力，缺少骨气，难以持久见功。鉴于此，我们必须遵循"治国之道，必先富民"的方略，民富则国强，民安则国泰，民裕则国福，民利则国兴。欲求强之在国，必先富之在民。

范蠡兵法

富国与强兵，同样是相辅相成的两个方面。范蠡认为："知保人之身者，可以王天下；不知保人之身，失天下者也。"为一国之领导，首要任务就是确保民生问题，让老百姓生命得到保障、生存没有隐患、生活能够幸福，这样一个国家才会充满生机。所以，富国富民是国家兴旺的前提条件。但是，范蠡同样又看到了另外一个问题，他说："使百姓安其居，乐其业者，唯兵。"强兵也是富国的重要保证。

没有稳固的国防，一旦外敌入侵，老百姓流离失所，经济建设就无法继续进行，国之政体就会动荡不安。所以，为了保持一个安全的经济建设环境和生活环境，必须建立与国家地位相适应的国防。

战争，这是一个残酷的话题；兵法，这是一门诡秘的学问。自古以来，作为"国之利器"的兵法谋略如帷灯匣剑，不可示人。战争的目的是什么呢？是使用武力来达到国家目标。但是，有战争就有流血，有利益就有伤害。一旦战争爆发，就会让成千上万的人死亡、受伤、沦为难民，让大气、海洋、土地受到污染，物种毁灭，环境遭受严重破坏，摧毁各种建设设施，破坏人类古老灿烂的文明。战争需要消耗大量的人力、物力、财力，严重影响人们正常的生产、生活，会给社会带来经济衰退、社会退步，让战后的人们心灵上遭受难以愈合的创伤。

既然战争是如此的恐怖可怕，那一向推崇"贵生""乐生"理念的道家是怎么看待的呢？道家为什么历代多出兵法大家，这是否证明他们也是好战分子？对于战争，道家的观点是鲜明的。老子认为："夫佳兵者，不祥之器，物或恶之。故有道者不处。"作为老子思想的代言人，范蠡也曾对越王勾践阐述过他的立场："臣闻兵者凶器也，战者逆德也，争者事之末也。阴谋逆德，好用凶器，试身于所末，上帝禁之，行者不利。"道家不废战。如果有他人、他国、他民族要打乱本国的发展进程，破坏人民的美好生活怎么办？范蠡提议："收天下雄隽之士，练卒兵……为天下除残去贼。"《文子》亦云："有圣人勃然而起，讨强暴，平乱世，为天下除害，以浊为清，以危为宁，故不得不中绝。"以杀止杀的目的，是保障"生"的权益。

当战争来临时，为了避免或尽量减少战争带来的伤害，为了阻止和消弭战火的无端蔓延，道家人士就会坚定不移地挺身而出，用智慧和谋略作为武器对战争行为予以制止和反击，以除暴安良、惩奸罚恶。诚如老子所言："兵者不祥之器，非君子之器，不得已而用之，恬淡为止。夫乐杀人者，则不可得志于天下矣。"

《黄帝四经》曰："道生法。""道"就是宇宙万事万物运行发展的总规律、总纲要，正因为其大道无穷，所以不可窥测、无象无名。"法"就是大道演变的总规律在某一具体领域的应用智慧和实践经验，正因为落实于具体细节，所以有形可论、有法可循。所谓兵法，无非指的是宇宙自然这个大道总规律在军事战争领域中具有普遍意义的指导法则。

我们该如何运用老子道学思想来指导军事战争的取胜呢？

范蠡是中国历史上少有的军事指挥家与军事理论家，他曾对勾践说："兵甲之事，种不如蠡。"在青年时代就对自己的兵学造诣信心百倍了。作为道家学派的学者，范蠡一生著述颇丰，不但在商业、经济、政治领域有传世思想，也有兵书传世。《汉书·艺文志》著录的兵学名著"兵权谋"一类中，在《吴孙子兵法》《齐孙子》《公孙鞅》《吴起》之后，专门列有"《范蠡》二篇"。遗憾的是，外界普遍认为《范蠡兵书》已经失传，只有一些碎片性质的文字散落在一些古代文献中。

老子说："以正治国，以奇用兵。"范蠡的兵书有些什么内容呢？清人孙承泽在《春明梦余录》卷四三《兵部二·营阵》中说："范蠡兵法，先用阳后用阴，尽敌阳节盈吾阴节以夺之。其曰设右为牝，益左为牡，早晏以顺天道，盖深于计者也。"

老子早就说了："一阴一阳之谓道。"范蠡的师父计然本来就是"学阴阳"的，可见范蠡的兵法思想与阴阳哲学有不可分割的联系，而上述文字在《国语》中也有过类似阐述。

《史记·白起王翦列传》裴骃《集解》引张晏曰："《范蠡兵法》：'飞石重十二斤，为机发，行三百步。'"机发，就是不用依靠人力，而借助于机窍和机巧进行飞石类重武器发射。由此可见，在范蠡所处的时代就已经有了扭力或对重发射弹丸的投石车。在单纯的形而上阴阳哲学之外，作为"兵技巧家"的范蠡让人产生了更浓厚的兴趣，这些军事装备和重武器研发是范蠡亲自参与设计的吗？难道范蠡真的是万能的神人吗？他精于占卜医学，懂得农业水利，在商业和经济上能进行生产技术改良和产品创新，在城市发展中能设计主持城市规划与建设……这到底要多强悍的人生和通达的智慧，才可以如此多才多能？

《范蠡兵法》是什么时候失传的呢？明人徐伯龄《蠫生传》写道："以文章举进士不第，遂弃蝌蚪业，学拥剑，读《太史公》《范蠡兵法》，曰：'熟此则取苏秦黄金印易事耳。'"可见，在明朝《范蠡兵法》不但尚存，而且还被公认为具有胜人一筹的谋略，可以助人轻易摘取成功的"黄金印"。

在范蠡的兵法思想体系中，以"定倾危"的救亡图存为兵法使用目的，以"先行不利"的慎战主张为使用原则，以"柔弱胜刚强"的策略为核心指导，以"阴节""阳节"的盈虚变化为动静枢机，以"天、地、人、物"为整体参照，以

"豫知未形"为备战理由,以"谷多、民众"为军事保障,以"匿身无见其功"为系列展开。在范蠡的战略布局与统筹指挥下,吴国迅速地由强盛转向衰败,越国由卑弱破落而富裕崛起。在二十余年的时间内,范蠡创下了"兴一国灭一国"的军事成就,使偏居东海蛮夷之地的越国走出了岌岌可危的大败局,最终实现了诸侯共尊的天下霸业。后人在评说此事时,留下了"勾践非范蠡无以存国"之说。

陈撄宁先生评说:

> 自古道家,无不知兵者,所谓有文事必有武备也。若专尚清静无为,其何以靖内忧而攘外患乎?……范蠡诸人在兵家皆有著作,虽其书不传,然班氏《艺文志》及刘氏七略,皆载其名。盖道家最善于沉机观变,不轻举,不妄动,老谋深算,施于战阵,常操必胜之权。故兵学遂为道家特长,非此不足以定大业。

对于范蠡"兵道"的继承,黄老智库机构国际道商文化研究院有一系列研究成果陆续问世,其"八卦复九宫"的战略分析模式和"隐态战争"的系统阐述,是范蠡兵道思想的再现。

黄老智库,思想生辉

范蠡不但是军事指挥家和兵法著作家,也继承了其师计然"阴所利者七国"的咨询顾问传统风尚,成了中国历史上赫赫有名的智库品牌建设推动者。

国家的发展和竞争,首先是战略和智慧的竞争;一个大国的崛起和衰落,必与智谋之士的多寡分不开。国无智谋之士则不强,君无智谋之士则不立,事无智谋之士则不成,兵无智谋之士则不胜,商无智谋之士则不兴。一个国家的发展和政权的稳定,如果我们把内部的管理体制与体制内人才看作"内核"的话,那么出自民间的、山野的、非主流的外部智慧型人才更是必不可少的"外脑"。只有内外结合,以完善的制度和良好的心态,定期或不定期虚心采纳外部的观点，才能实现水火既济，形成其长远的竞争优势。

黄老道学是塑造中华民族精神的源头活水之一。2500年来，蕴含着丰富哲理和智慧思维的老子"大道"之学，作为宇宙万物的总规律或总法则，不但成为治国安邦的经典思想，更以其"通万物""容乃公"的包容精神，散发在各家各宗、各学各派的思想体系中，创造了中华文化的一个又一个辉煌成就。

随着时间的推移和机运的成熟，范蠡在齐国"无为而治"留下的大量思想遗产，也终于在百年之后迎来了历史性的发展机遇。经过田齐桓公、齐威王、齐宣王等几代君王的努力，第一所由官方举办、私家主持的特殊形式的高等学府"稷下学宫"成功创办并全面推广。这所具有智库咨询性质、教育培训性质、学术研究性质的稷下学宫，曾容纳了当时"诸子百家"中的几乎各个学派，汇集了天下贤士多达千人，"邹衍、淳于髡、田骈、接子、慎到、环渊之徒七十六人，皆赐列第为上大夫，不治而议论"。儒、道、名、法、墨、阴阳、小说、纵横、兵家、农家等各家学派林立，学者们聚集一堂，围绕着天人之际、古今之变、礼法、王霸、义利等话题，展开辩论，相互吸收，共同发展，使稷下学宫达到鼎盛，有力地促成了天下学术争鸣局面的形成，世称"百家争鸣"。

在"百家争鸣"那个思想生辉的时代，许多闻名天下的思想学者如申不害、田骈、接子、慎到、环渊等人，"皆学黄老道德之术"，人才的广泛聚集和学术思想的自由发展，使黄老之学在那段岁月里被注入了无穷的活力。另有一部分学者虽非黄老学派人物，但其思想主张也或多或少地受到了黄老道学的影响。如那位"善养浩然之气"的孟子，其思想或许受益于范蠡"神主气之精……百里之神，千里之君；千里之神，万里之君"的影响；而他那句"天时不如地利，地利不如人和"的千古名言，与范蠡"持盈者与天，定倾者与人，节事者与地。""此逆于天而不和于人"更是惊人的相似。儒家还有一位集大成者的学者荀子，他接受了道家唯物主义的天道自然观和黄老学派的"精气"说，对"死生有命，富贵在天"这一传统儒学"天命"观念进行了改造，将儒家有意志的"天"，改为自然之天、物质之天。

在荀子的思想观点中，认为"不为而成，不求而得，夫是谓之天职""强本而节用，则天不能贫；养备而动时，则天不能病"，这番言论亦暗合范蠡的"黄老"治道思想。

国家要实现富强,除了完善的政治体制、强大的国防军事和稳定的群众基础外,围绕这一切的就是国民经济的发展。从发展的趋势看,世界上许多国家都是通过增强经济、科技等基础国力,来提高民族凝聚力,实现富国强兵。

范蠡以其承传的道学思想体系,不仅辅助勾践开创了"于是越王内修其德,外布其道,君不名教,臣不名谋,民不名使,官不名事。国中荡荡无有政令"的无为而治之先河,帮助了越国"内实府库,垦其田畴,民富国强,众安道泰"的举国共富盛景。在先秦时代,黄老道学也创下了"一枝独盛,压倒百家"的繁荣,成为诸子百家中最人多、势众、成果丰的学派,并创造和催生了中国历史上曾让全世界惊讶赞叹的汉唐盛世。

汉初,主张无为而治的黄老学派思想迅速占据了历史舞台。由于黄老学派在政治上继承了老子道学的无为政治,同时又吸取了儒家的礼义仁爱思想、名家的形名思想、法家的法治思想等,"因阴阳之大顺,采儒墨之善,撮名法之要",具有强烈的包容精神。当时社会初定,国家需要安宁,经济需要恢复与发展,人民需要休养生息。黄老道学所推崇宣扬的这种去掉机诈巧伪后因循自然的无为,"与时迁移,应物变化,立俗施事,无所不宜,指约而易操,事少而功多",具有了积极的进取精神,遂受到汉初统治者的重视。汉文帝、景帝、窦太后及陈平、曹参、田叔等大臣等都以黄老学作为治国的指导思想。清人孙星衍在《问字堂集》中说:"黄老之学存于文子,两汉用以治世,当时诸臣皆能道其说,故其书最显。"汉惠帝时,齐国丞相曹参特意用厚礼将精通、传播黄老之学的盖公请到相府,向他虚心请教治齐之术。盖公回答:"治道贵清静,而民自定。"

司马迁曾专门在《史记·乐毅列传》中对黄老道学的传承脉络作了整理:

> 乐臣公学黄帝、老子,其本师号曰河上丈人,不知其所出。河上丈人教安期生,安期生教毛翕公,毛翕公教乐瑕公,乐瑕公教乐臣公,乐臣公教盖公。盖公教于高密、胶西,为曹相国师。

从汉初到汉武帝即位的七十年时间里,因为君臣共同推行无为而治、与民休息的黄老政治，国家呈现了太平景象，出现了所谓的"文景盛世"。据记载，文帝、景帝时期，老百姓家给人足，都城和偏远之地府库都装得满满的。京师之钱累巨万，穿钱的绳子腐烂了，钱散乱了无法数清。太仓之粟，陈陈相因，充溢露积于外，至腐烂不可食。众庶街巷有马，仟佰之间成群。富足的生活使人人自爱而避免犯法。

到了唐朝，统治者尊李姓老子为皇祖，老子及黄老道学思想受到了空前的尊崇。由于唐朝君主对于黄老道学的重视和推行，大唐帝国在中国古代史上产生了一段光辉灿烂的时光，并以自己绚丽的光彩照耀整个世界。盛唐时期的中国，国富兵强，出现了一个路不拾遗、夜不闭户，从长安到东海岸边可以不带一分钱、不背任何粮食，人们和谐相处、友爱互助，而且是百国来朝的贞观之治和开元盛世。

《吴越春秋》中曾记录范蠡对勾践的表态说："辅危主，存亡国，不耻屈厄之难，安守被辱之地，往而必返，与君复雠者，臣之事也。"事实上，中国历史上每逢大变革的特殊时期，都会有道家代表人物"下山"，与时迁移，应物变化，以深谋大略唤醒时代、导引潮流，静可以无事无为因循自然，动可以力挽狂澜革故鼎新，在变中求机，在乱中求治。

正如章太炎在《国学讲演录》中评范蠡：

> 历来承平之世，儒家之术，足以守成；戡乱之时，即须道家，以儒家权谋不足也。凡戡乱之辅佐，如越之范蠡，汉初之张良、陈平，唐肃宗时之李泌，皆有得于老子之道。

继"稷下学宫"这个智库品牌之后，范蠡还以他的"兵法"思想，促进了幕府谋士群体和中国智库业的蓬勃发展，孕育和催生了"绍兴师爷"这个具有越地特色的知名品牌。

近年以来，无论是联合国前秘书长潘基文在联大会议上关于"天之道，利而不害；圣人之道，为而不争"的阐述，还是俄罗斯领导人梅德韦杰夫以老子信徒的身份，不遗余力地来推广道学理念。种种热象的背后，都让我们看到了一个可喜的事实,那就是:作为中华民族的优秀文化遗产,老子的道学思想从古延续至今,从中国传到了国际,已经突破了时空和民族的界限,冲破了当代所谓"神学""哲学""科学"的范畴,被还原到了原始的道的领域,道家思想的广博性与实用性,已越来越引起世人的重视和瞩目。

静心读 《道德经》

执古之道,以御今之有。
能知古始,是谓道纪。

太上,不知有之。其次,亲而誉之;
其次,畏之;
其次,侮之。
信不足焉,有不信焉。
犹兮其贵言。
功成事遂,百姓皆谓我自然。

第29章

道商思想催生世界首富

在以财富论英雄的现实社会里，富贵发财是人们孜孜不倦追求的一大目标，"恭喜发财"堪称这个世界上最美丽动听的金玉良言。就连一向耻于言利的孔圣人，也曾经面向社会发出这样的感慨："富而可求，虽执鞭之士，吾亦为之。如不可求，从吾所好。"既然至圣先师表了态，后世那些坚信"万般皆下品，唯有读书高"的儒家学者们，自然也以头悬梁锥刺股的大无畏精神，信心满满地朝着"书中自有黄金屋"的人生理想境界迈进。为了能让自己富裕发财，从此过上衣食无忧随心所欲的幸福生活，红尘俗世之人那更是八仙过海、各显神通，人人都在竭尽所能，追名逐利，起早贪黑，四处奔波。

世人有了求财之心，世上就产生了掌财之神。在中国人的心目中，对能满足人们祈求财富心理的"财神"，可谓倍加推崇，无限热爱。每逢过年过节，家家户户都要悬挂财神像，希望财神保佑求谋顺遂。作为中华民俗文化软实力的重要组成部分，"财神"信仰已成海内外华人增进民族认同、强化民族感情的文化纽带。可以这样说，在中国，有商人的地方就有财神；在全球，有华人的地方就有财神。

道商 = 商圣 = 财神

琉璃窗、朱漆门，堂上供着大财神；

> 大财神、出凡尘，三聚三散越王臣；
> 越王臣，富贵身，手里捧个聚宝盆；
> 聚宝盆、天下闻，财源滚滚满乾坤……

在"财神"这个大家族中，虽然各路财神都承载着人们招财进宝、日进斗金的美好祈盼，寄托着人们合家富贵、人财两旺的心愿。但是，中国历史上出现年代最早、供奉人群最多的财神，却是有"文财神""商圣"之尊的道商始祖范蠡。

范蠡是中国历史上极其少见的既证"圣位"又封"神职"的历史人物。作为一个与我们同样生活在这片土地上的人，范蠡凭什么跻身圣位，被尊为"商圣"和"财神"？什么境界才是中国人心目中的"神圣"？什么样的人物才可以成为中国人心目中的"神圣"？

神，是一个会意字，从示从申。"申"是天空中的闪电形，古人以为闪电变化莫测，威力无穷，故赞之为神。所以，"神"的第一层意思就是传说中开天辟地、掌控宇宙万物运动变化的天神，即天地万物的创造者或主宰者。除了先天的创世纪的神之外，凡人是否可以通过某种途径而成神呢？在中国文化里这也是可以的，这就是后天修炼的神。

没有卑微的职业，只有卑微的职业状态。在中国古代，由于历代统治者"重农抑商"的政策影响，商业自古就被视为"贱业"。所谓"士农工商"，商业处于社会末端地位。再加上在以农业为主导的传统中国社会对"商业"和"商人"的天生偏见，耻于言利的社会主流精英们认为商人不劳而获、不耕而富，见利忘义、唯利是图，投机取巧、坑蒙拐骗……商人不仅地位低下，而且名声也不太好，以至于"无商不奸"。战国时期的大商人吕不韦正是有鉴于商人地位卑贱，才毅然转型进行政治风险投资，最后实现由贱通贵的上升演变。然而，范蠡的人生却与此相反。他主动两弃相国之尊位，埋身潜心于社会公认的"贱业"之中寻求发展，在十九年中三致千金，广散钱财普施恩德，一举扭转了商人贪财厚利、损德弃义的不良形象，并最终赢得了"商圣"之誉。

老子告诉我们："心使气曰强。"只有内心的强大才是真正的强大。范蠡的这份勇气、魄力和大智慧，以及内心深处的强大和自信，让古今多少英雄富豪望尘莫及！

《易·说卦》还说："神也者，妙万物而为言者也。"所以，能够悟透和掌握天地自然运行的规律法则，对世间智慧能够触类旁通，在某门学问、某项技艺上有特高成就的人，也可以称神或圣。如诗圣、兵圣、神医等。

范蠡不但是公认的"黄老道学"派创始人与奠基者，也是"中国道商"的始祖。

人的进步是以头脑为标志的。要想商业经营成功，必须有"道"。什么是"道"呢？我们来看汉字里的"道"字。"道"字，左边一个"走"字旁，表示行动与前进；右边一个"首"字，表示大脑和思想。如何"观天之道"？必须通过大脑之"首"，去观察、发现、分析、领悟和认识宇宙自然运行的法则和规律。然后，按照这个法则和规律去执行和实施，依靠思维来指挥行动，借助思想来推动发展。如果把思想和行动这两点把握好、协调好，具备知行合一的复合智慧，那么成功之"道"的全部奥妙，已经全备、说尽了。

什么是"道商"呢？笔者在《道商》一书中，给出了这样的定义——"道商就是秉承'道'的思想与精神，运用'道'的规律与力量去经商创业，实现人生大成的智慧商人"。

"道"的思想与精神体现在哪些方面？这主要集中在老子所阐述的清静、无为、自然、和谐、柔弱、不争、处卑、善下、重势、贵德、乐生、创新等观点上。"道"的规律与力量又主要体现在哪些方面呢？

简单来说，其一就是"道生一，一生二，二生三，三生万物"，以及"道生之，德蓄之，物形之，势成之"的万物生成论；其二就是"天下万物生于有，有生于无""万物负阴而抱阳"的阴阳辩证论；其三就是"大曰逝，逝曰远，远曰反""反者道之动，弱者道之用"的阴阳转化论；其四就是"冲气以为和""知足不辱，知止不殆""多言数穷，不如守中"的中和节制论。

那什么样的境界算得上是"人生大成"呢？老子同样有自己的观点阐述。首先是"保生"，保护自己不受任何意外伤害。《道德经》中说："含德之厚，比于赤子。毒虫不螫，猛兽不据，攫鸟不搏。""陆行不遇兕虎，入军不被甲兵。"

避祸保生，走出伤害的陷阱和误区是首要任务。其次是"长生"。老子提出了"以其不自生，故能长生""无死地"的观点。最后是"永生"。老子认为"死而不亡谓之寿"，生命是短暂的，聚散是必然的，倘若我们不幸失去了肉身，但是活着之时的精神气节和丰功伟绩足以让"子孙祭祀不辍"，这才是道家所推崇的人生最高成就。如果我们从没有领悟"道"的思想与精神，也从不运用"道"的规律与力量，却妄图基业长青永保富贵，这无异于痴人说梦，盲目"贪生""厚生"的同时，必将过早"丧生"。

看来，"生意"真的是一门奥妙无穷的大学问。

在范蠡的人生中，他通过"观天之道，执天之行"，顺利完成了"治产"的实践化与"经商"的理论化二者的统一。

作为中国辞官下海经商的第一人，范蠡在离开越国后，带领儿子和随从门徒在齐国海滨结庐而居，苦力戮身，垦荒耕作，进行沿海经济特区的亲身开发与积极探索。在此期间，他还兼营渔盐业、副业并从事贸易。随着经营规模的扩大和商业交易的深入，范蠡又先后从事了生态农业、车船制造业、陶瓷加工业、畜牧业、水产业、珠宝业、旅游业等多元化经营，开创了中国历史上最早的多领域、跨行业集团化经营模式。

作为道家学派学者，范蠡不但以身作则地亲自参与生产经营和商业实践，还勤于总结商业经验、善于发现商业规律，给后世留下了大量的极其宝贵的商业思想。

范蠡认为，规律是事物内在的本质，是现象背后的真实，做生意尤其忌讳凭直觉、看表面、随大流。要想掌握规律必须善于观察并用心地领会，天、地、人三者之间是不断变化的。在复杂多变的市场形势下，要获利赚钱，就必须重视市场行情的变化，揣度商品供求和价格的变化，以便采取有针对性的对策。

老子主张"上善若水"，并给我们提出了"居善地，心善渊，与善仁，言善信，政善治，事善能，动善时"的七条准则。范蠡经商辗转吴、越、齐、鲁、楚、赵诸国，后又选择"东邻齐鲁、西接秦郑、北通晋燕、南连楚越，居于天下之中"的陶地，其居则处于"善地"。范蠡善识天地阴阳盈虚之道，其"十二周期循环论"思想精深，其逆市经营的"待乏"理论智慧高超，可谓内心虚静而"善渊"。范蠡经营"无敢居贵",自己仅"逐什一之利"而让厚利于人,发财后更是富而好行其德,三散千金,可谓与人"善仁"。范蠡退场"务完物"的经营思想,不坑蒙拐骗,不以次充好,可谓其言"善信"。范蠡从政则官居上大夫、上将军、相国,兴越灭吴,其功甚伟,经商则发挥产业化、规模化效应,谋求天下共富共利。范蠡以民间商业人士的身份行游天下,心有天下,通过商业项目引发小城镇建设,以商贸交易为手段推动地方发展,以经济为杠杆促进国家富强,建功勋于无形之中,可谓其政"善治"。范蠡经商有道,以物相贸易,经营"贵出如粪土,贱取如珠玉",以"积贮之理"累积财富福德,以"平粜之理"调节市场物价,以使"财币欲其行如流水"之原则进行创业投资,视人或物的"有余""不足"而扶持救济,广积善德,可谓其事"善能"。范蠡善于预测天时,通过观察北斗和岁星的动向而"知斗则修备",以积极态度和智慧远见"旱则资舟,水则资车",可谓其动"善时"。

冯友兰在《中国哲学简史》中说:"中国的圣人不是不食人间烟火,漫游山林、独善其身。他既入世,又出世,他的品格可以用'内圣外王'四个字来刻画。"能随时掌握自然变化规律,能够做到"不出户,知天下",就是圣心;能够顺应规律的力量办事,以"利而不害"的原则践行大道建功立业,可称神功。也只有像范蠡这样的人,手中有财富,心中有智慧,骨子里还散逸着老子所谓"道大、天大、地大、王亦大"的"王气",为人处世的境界更可体现出"生而不有,为而不恃,长而不宰,功成而不居"的"圣心",才会成就永恒而伟大的事业。

《左传》称:"神,聪明正直而壹者也。"如果一个人终生奉行善良正直的道德标准,不欺天地、不欺世人,不会轻易背叛和放弃自己的价值观,那样的人也是神人。

在中国历史上,比干、伍子胥、关羽、岳飞、文天祥、戚继光等忠贞将相之所以能够享受后人的祭祀怀念,就在于他们用自己的忠诚不贰之心,维护和捍卫了民族、国家的安全与尊严。

太史公司马迁认为:世有贫富,人皆逐利。千乘之主,万家之侯,百室之君,尚犹患贫,何况是普通编户之民呢?商人都在追求利益最大化。西方经济学的创始人亚当·斯密坦言："正是那些自私自利的商人，才促成了社会的繁荣和进步。"谋利逐利，人之常情，只要在符合于道、不亏于德的前提下进行，本无可厚非。然而，现实社会中很多人的财富积累却违背道德，建立在损人利己、损国利己的基础上。所以，亚当·斯密又说："人人都是自私的，要顺应和鼓励人们的自然天性。只有人们为自私的目的认真地做事情，对社会、对周围的人群才是有利的。但是人的自私行为也不能无限膨胀，要采用道德的、法律的、军事的、纯文学的方法对人们的自私天性进行约束。"

有人认为，道家的思想是反动消极堕落退后的，因为他们反对智慧和科技。老子不是说过了吗？"智慧出，有大伪。""绝圣弃智，民利百倍；绝巧弃利，盗贼无有。"但事实上，老子和道家学者并不是反对智慧本身，也不是反对技巧和利益本身，而是反对和批判伴随智慧而来的伪智、伴随创新与进步而来的带有损伤他人利益性质的骗术。范蠡作为道商的始祖，不但热衷发明创造与技术改良，而且他的每一款发明成功都奉行了"天之道，利而不害"的道德准则。在"十六两天星秤"的发明中，范蠡以圣人的思维将产品创新、行业标准设定与商业伦理建设提升到了一个全新的高度，对商人的自私天性进行了约束——短斤缺两就会折福折寿，天下商人谁敢冒此大不韪而行？

遗憾的是，随着计量制度的改革，自"十六两天星秤"被废除后，中国商业发展进程中迄今未见能将产品创新与商业伦理融合得如此完美的计量衡器了。今天，我们只有在"尊道贵德""唯道是从"的前提下，把握因循自然、顺势而为的原则，将黄老道学这种实用无穷的智慧思想体系应用于商业领域，以"道"这个最高法则来指导我们经商创业，重塑道德价值，正视商业伦理，在"变"中谋求创新和机遇。

所以，道商与一般商人最本质的区别就是他们非常重视商业智慧与创新达变，道商是具有"商商之富"的特殊商人，是商业游戏规则与商人伦理道德的制定者、执行者、监督者。

中国道商的历史贡献

"财神"与"商圣",不是自我标榜人为策划的沽名钓誉,而是社会集体公认的实至名归。

如何才能通过自己的后天努力修炼成"圣神"呢?首先就要正直不贰,内心具有明确的道德价值观和坚定的人生信仰。其次还应该勤学善悟,通达事理。最后还需要广行善德,普建大功,利益天下,为人类社会的文明进步与和平发展做出自己的贡献。恰如《荀子》所言:"积善成德,而神明自得,圣心备焉。"

范蠡不但在现实主义的富贵功名上取得了不朽的成就,也在道德价值观和学术思想体系的传承和延续上将"传富"与"传道"实现了完美统一。2500年来,范蠡的"道商"体系之传承,虽然隐而不彰,却薪火相传。

道家思想认为:"夫天命帝王治国之法,以有道德为大富,无道德为大贫穷。"一个真正意义上的道商,不但是一个大商家、一个实干家,更应该是一个思想家、谋略家、慈善家和教育家。范蠡在自己的经商生涯中,打破了在商业经营和传承中保守经商、秘不示人的陋习,而是周游列国遍行天下,积极开展思想扶贫教育和创业扶持工程。

猗顿作为中华道商第二祖,以一个落魄穷书生的身份投拜在范蠡门下,自接受"道商"体系教育后,便首先进行了"择地取财,养殖掘金"。他从鲁国迁徙往西河(今山西西南部地区),以低廉的价格购买了一些小牲畜和家禽在猗氏(今山西临猗境)南部精心饲养。由于他的辛勤经营,畜牧规模日渐扩大,几年下来就猪羊满圈、骡马成群了。在经营过程中,猗顿从范蠡商业思想中的"物之理也"入手,通过仔细观察、认真分析各种畜禽的生活习性,逐步摸索总结出"牛者顿足,马者夜饱,羊行自饱"的规律,继而创造了"盐水饮畜""斗米养千鸡"的饲养方法和为雄畜去睾丸的办法,极大地提高了饲养效率。善于创新的猗顿还用"留强去弱"的办法提高种畜质量,同时对本地和外地品种进行交配来繁育后代,为畜禽品种改良做出了巨大贡献。

当猗顿依靠畜牧业积累了雄厚的资本后,又将眼光投向时人未曾涉猎的全新领域——制盐贩盐。据称,猗氏之南的河东池盐为"池水浇晒之盐,可直食用。不须涑治，自成颗粒"。于是，猗顿便不断扩大池盐的生产与销售规模，一举成为当时我国著名的盐业大王。他发明的垦畦晒盐法，大大缩短了出盐时间，至今仍在沿用。

猗顿还首开了中华民族历史上集团化长途贩运的先河，成了当时的珠宝大亨和珠宝鉴定大师。他通过自己的运输队把河东池盐运到西域，又从西域换回一批批珍珠玛瑙、珠宝玉器，并在沿途各地设立了50多个珠宝店铺。西域各地的珠宝，就这样源源不断被带回猗地，经过猗顿的鉴定，分开种类，标明档次，划定价格，投入交易。经营珠宝，不仅使猗顿富比王侯，也使他对珠宝鉴赏达到了极高的水平。作为春秋时期第一奢侈品鉴赏家，猗顿对珠宝有着最高水准的鉴赏能力，以至于可以与相马的伯乐相提并论。这份核心技术优势和品牌影响力，让猗顿拥有了"与王者垺富"的新高度，各诸侯国的权贵们谁也不敢以商人看待他。

巨富后的猗顿，不但其财富与恩师陶朱公齐名，享有"陶猗之富"的美名，更继承了陶朱术的商业智慧，也承传了范蠡的道商之德。随着"猗顿产业集团"对外贸易规模不断扩大，来自四面八方到郇地和猗顿进行商贸交易的人络绎不绝，甚至延伸到齐、鲁、燕、楚等各诸侯国。由于猗顿对交通运输事业的发展，无形中改变了晋国所面临的被动和不利境遇，打开了晋国闭塞的大门，将晋国从偏僻落后的状态推向经济复苏、礼法文明的历史舞台。无怪乎孟子曰："晋，天下莫强焉。"猗顿居住的村落也逐步由一个畜牧区演变为远近闻名的商贸集镇。看着如此的繁华，猗顿干脆就在此建立了中国历史上第一座商城。当时，"西抵桑泉，东跨盐池，南条北嵋，皆其所有"，后人称之为"猗顿城"，至今古城墙遗址尚在。

汉·桓宽在《盐铁论》中说："宇栋之内，燕雀不知天地之高；坎井之蛙，不知江海之大；穷夫否妇，不知国家之虑；负荷之商，不知猗顿之富……"作为山西商业发展史及中国经济发展史上的重要人物，"中华道商第二人"猗顿后来被尊为晋商始祖。后世人们为了感恩怀德，同样给范蠡的这位弟子猗顿兴建陵墓，树碑立传，还盖了祠庙，永远怀念。

道家先哲亢仓子说：

> 故圣人之制万物也，全其天也，天全则神全矣。神全之人，不虑而通，不谋而当，精照无外，志凝宇宙，德若天地，然上为天子而不骄，下为匹夫而不惛，此之为全道之人。

作为"先富起来"的群体，我们当将自我的一颗真心投入到人类的文明、发展与进步中，为人类的幸福、美好生活而谋求。只有在这种自然无为的境界中，我们才能超脱一切个人主义、自私主义的荣辱得失思虑，让自己的心念通于天道、让自己的行为符合公道，如此自会圣功生焉，神明出焉。

现代社会，人道离天道越来越远，有极图之私心越来越背离无极图之公心，富的越富，穷的越穷。商道也好，人道也罢，基本上都是亏损那些不够的，以供奉那些盈余的。长久下去，社会贫富差距就会越来越大，这才是动乱与不和谐的根源所在。如何才能道商合一，证"圣"封"神"呢？老子告诉我们不二法门——"后其身而身先，外其身而身存"。圣人留名是为了给浑浑噩噩的愚迷世人点亮心灯，财神留名是为了让熙来攘往的芸芸众生如意发财。"孰能以有余奉天下？唯有道者。"只有真正的道商，才能够把自己有盈余的东西拿出来，去化散有余、弥补不足，平衡阴阳、德泽天下。

老子还告诉我们：

> 善建者不拔，善抱者不脱，子孙祭祀不辍。修之于身，其德乃真；修之于家，其德乃余；修之于乡，其德乃长；修之于国，其德乃丰；修之于天下，其德乃普。

真正善于建立大言大功大德的道商，他们的利益是不能脱离天下百姓这个人心基础的。就像道教祖师丘处机说的那样："其富贵者，济民拯世，积行累功，更为易耳。但能积善行道，患不能为仙乎？"如果能够依此行商演道，子子孙孙、世世代代的人们都会敬仰、怀念、颂扬和祭祀他们，并且会以道心继承和延续他们的事业，代代相传，绵绵不绝，惠泽天下的。

中国经济学，不是追逐钱财"损不足而奉有余"的富人游戏，而是经世济民"损有余以补不足"的伟大情怀。中国道商始祖范蠡,前半生以战止战,建立经世之功,将越王勾践培养成为春秋霸主;后半生以道经商,广行济民之德,培养影响了以猗顿、白圭为代表的商界圣人。他用自己的真实人生,完美演绎和谱写了"道学思想如何打造全球首脑和世界首富",其名虽千古而不去,"子孙祭祀不辍"!

静心读《道德经》

故从事于道者,道者同于道,德者同于德,失者同于失。

同于道者,道亦得之;同于德者,德亦得之;同于失者,失亦得之。

天长地久,天地之所以能长且久者,以其不自生,故能长生。是以圣人,后其身而身先,外其身而身存。非以其无私耶,故能成其私。

附 录　中国道商赋

夫道者，开天地之造化，定生杀之纲纪，示盛衰之轨辙，正损益之法度，穷性命之源元，运本末之妙用，启仙圣之堂奥，通天人之神机。上通无极，下达幽冥，远及十方，近观分寸，尊以度君，卑以立身，红颜皓首，雅士俗人，道通天下，无物不存。

夫商者，乃国之基，民之本也。众人熙熙，皆为利来，众人攘攘，皆为利往，利之所在，犹道之所处也！太上有言："圣人无常心，以百姓心为心。"众人皆趋利，圣人独让利，众人皆好利，圣人乐施利。故圣人之治也，明之以道，示之以德，诱之以善，共之以利。共利者，利天下之利也！此岂非愚人之心哉！

无道不立，无商不活，无德不贵，无利不生。天下有大利者，非聚敛财货之谓，乃顺万物之情，盗三才之用，养天下之民，演大道之化也。仙道贵生，利物则益生；治道贵平，中正则和平；商道贵富，智富则财富；人道贵利，利人则利己。此阴阳之变、大小之别，财货之交，本末之用也。故曰：以道经商，天下大利。

生万物者，大道也；育万物者，天地也；利万物者，圣人也；用万物者，道商也。商统于道，非道而弗之为；利和于义，非义而弗之取。观天之道，明盈虚盛衰贵贱之理；执天之行，定进退取予涨伏之机。均平用中，不贪为贵；守慈用柔，不争为宝；四海三江，上善若水；神州内外，陶朱遗风。循天之道，取地之利，集人之智，合神之机，故能"我不求财而财自来"，譬江海之纳百谷也，财富亦复如是。

大商若水，圣商若朴，富商若虚，道商若无。道商之利，乃天下之大利也；俗商之利，乃一己之私利也。后世学者，不识天下大利而耻言之，故言利者悉归于小人。以小人而谋利，则损不足以奉有余，终成天下国家之祸患也；以君子而谋利，则损有余以补不足，实乃乾坤九域之福祯也。故谋利者当如君子，君子者贵为道商。道商之利，甘食美服，安俗乐业，上富其国，下富其家，利而不害，为而不争也。

　　道商者，商之大也！道为神，商为形；道为体，商为用。以道启心，以心启智，以智启财，以财启众，众皆归道。使天下之众趋道若趋利者，非道商而孰能担之？

　　故中国道商曰：治国之道，必先富民。民富则国强，民安则国泰，民裕则国福，民利则国兴。强之在国，富之在民，神而化之，传之无穷，道商合一，利物益生矣！